文化伟人代表作图释书系

An Illustrated Series of Masterpieces of the Great Minds

非凡的阅读

从影响每一代学人的知识名著开始

　　知识分子阅读，不仅是指其特有的阅读姿态和思考方式，更重要的还包括读物的选择。在众多当代出版物中，哪些读物的知识价值最具引领性，许多人都很难确切判定。

　　"文化伟人代表作图释书系"所选择的，正是对人类知识体系的构建有着重大影响的伟大人物的代表著作。这些著述不仅从各自不同的角度深刻影响着人类文明的发展进程，而且自面世之日起，便不断改变着我们对世界和自身的认知，不仅给了我们思考的勇气和力量，更让我们实现了对自身的一次次突破。

　　这些著述大都篇幅宏大，难以适应当代阅读的特有习惯。为此，对其中的一部分著述，我们在凝练编译的基础上，以插图的方式对书中的知识精要进行了必要补述，既突出了原著的伟大之处，又消除了更多人可能存在的阅读障碍。

　　我们相信，一切尖端的知识都能轻松理解，一切深奥的思想都可以真切领悟。

■ 文化伟人代表作图释书系

The Organon or
Logical Treatises of
Aristotle

陈静 张雯/译

工具论（全新插图本）

〔古希腊〕亚里士多德 / 著

重庆出版集团 重庆出版社

图书在版编目（CIP）数据

工具论 /（古希腊）亚里士多德著；陈静译. —重庆：重庆出版社，2019.11（2022.10重印）

书名原文: The Organon or Logical Treatises of Aristotle

ISBN 978-7-229-14495-1

Ⅰ.①工… Ⅱ.①亚… ②陈… Ⅲ.①古希腊罗马哲学 Ⅳ.①B502.233

中国版本图书馆CIP数据核字（2019）第223999号

工具论
GONGJULUN

〔古希腊〕亚里士多德 著 陈 静 张 雯 译

策 划 人：刘太亨
责任编辑：陈渝生
特约编辑：姚振宇
责任校对：何建云
封面设计：日日新
版式设计：曲 丹

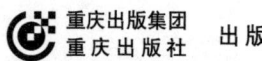
出版

重庆市南岸区南滨路162号1幢 邮编：400061 http://www.cqph.com
重庆市国丰印务有限责任公司印刷
重庆出版集团图书发行有限公司发行
全国新华书店经销

开本：720mm×1000mm 1/16 印张：27.5 字数：450千
2019年11月第1版 2022年10月第3次印刷
ISBN 978-7-229-14495-1
定价：58.00元

如有印装质量问题，请向本集团图书发行有限公司调换 023-61520678

版权所有，侵权必究

INTRODUCTION | **引言**

  对心灵科学，尤其是对其要素即思想的研究，非常有趣，它可以在很大程度上使研究者与形式推理的深奥相调和。美丽的花掩盖了地面的崎岖不平，但其生长的土壤和用途却更易吸引我们的注意。理想主义的魅力也以类似的方式不断褪去，但它在不切实际的空谈中仍然频繁出现。这阻碍了我们对有关逻辑学的构成和使用形成清晰的认识。我们不是否认逻辑学之间必然存在的联系，而是将其作为推理规律和心理学的科学。事实上，后者在《工具论》的几个议题中曾被多次提及，但如果我们想从逻辑研究中获得切实益处，就必须将逻辑学视作有关推理普遍原理的宣言，为谬误的检测提供直接检验，并由此建立真结论。

  所以，逻辑学主要与思想规律相联系，作为思想的宣言，它事实上次要地与语言相联系。为了进入逻辑学的心理过程，我们本应该关注与《工具论》本身有关的研究的实用性；然而，尽管这一主题很有吸引力，并已从科学的主题中吸收了很多，但讨论这一主题已远远超出本引言的范围。

  伊拉斯谟（Erasmus）有一段奇妙的表述：人类的理解力像骑在马背上的醉酒小丑一样，他在获得支撑，试图靠近一边的瞬间，又会倒向另一边。这也是人类的赞美和责难所具有的特点。从无知和夸张的角度来看待其主旨，逻辑学不是被局限在固有范围内，而是与抽象事实的整个调查相称的；这些事实则与问题、原因和实体相关。事实上，那些描述人类生活每一阶段的大部头，其本质可以被压缩成波爱修斯（Boethius）和奥德里奇（Aldrich）的几页论述。因此，如果它没有使理解力产生延展的效果，那它将归于渺小。这一点直至最近才被证实，并由惠特利（Whately）、曼塞尔（Mansel）和其他哲学家发扬光大。

事实上，无论是作为一门艺术，还是一门科学，逻辑学都不能解释心理概念的起源，但它包括了所有推理的规则。若因其未在理论上呈现出问题的可操作性，我们便说外科手术是无用的，这是很奇怪的。我们可以学习逻辑学，但可能学不会思考。而科学的不完美不能归咎于其要素的不完善，只能归结于研究者在其范围之内对唯一的实质具有劣势。逻辑学并未进入所有的思想现象中，其充分性体现在：它仅提供了可呈现论证合法性的某些形式，可检测谬误的某些测试以及语言使用中防止出现歧义的某些屏障。

因此，科学的实效性使人们能够在思想的路途中认识旅行者，并排除那些无序闯入者的言语谬论，但其实效性需要深入的证实。它具有探索性的影响力——仅仅依靠定义——即使在数学的精确性不起作用的情况下，我们也能向那些对深奥研究不感兴趣的人、意识到必须注重心智训诫的人，重点推荐这一实效。它就像一粒药丸，虽然不是针对每种疾病的灵丹妙药，但其目的是试图使人拥有健康的心灵，这需要强大的意志来吸收其令人作呕但有益健康的影响；毫无疑问，那些弱小的"智者"，他们虚弱的腹部，会厌恶并排斥它。辞藻华丽的演说家，可以忍受诡辩术那茂盛的枝叶吗？热情演说的繁花，应该被三段论的大斧修剪吗？无价值谬误的枯枝，应该毫无保护地暴露在真理的刺骨寒风中吗？

"逻辑学"这一术语（Logic）就像它所探讨的科学那样被广泛应用，出现在艺术或是科学领域，但它既不存在于亚里士多德的著作中，也没有出现在柏拉图的著作中。而"工具论"（Organon）这一称谓要归功于逍遥学派，他们一直反对斯多葛学派"逻辑学是哲学的'工具'"这一学说。据圣·希莱勒（St. Hilaire）先生所述，在15世纪之前，这本书并没有被称作"工具论"，并且这些论文被收集成了一卷。正如所预料的那样，它与罗得岛的安德罗尼科时代有关。大约公元6世纪，该书由波爱修斯译成拉丁文。亚里士多德并未将《工具论》作为一个整体，而是将其分为明显的几部分，即逻辑的、语法的、形而上学的，甚至亚里士多德学派所命名的分析法和辩证法也只适用于《工具论》的某些部分。尽管如此，在逻辑学的直接观点中，这一系统联系紧密，正如推理过程中对语言的精通一样，对于斯塔吉拉结构的任何附加，都不能增强基础三段论的紧凑性。这些论文被其作者在不同的论题中提及，后来的评论家们并未从整体上，而是根据其分类来讨论这一作品。值得注意的是，在亚里士多德现存的作品中，并未发现与范畴、解释或是诡辩的反驳论证有关的引文，因为这些由反对者第一次也是最后一次提出的论点，必将被质疑。

在本译文中，正如两种语言天才所说的那样，我将尽最大努力以贴切地传达作者的思想和意义。学生获益是我尤其关注的目标。因此，我在分析篇中的定义采用了亚里士多德的原话，对泰勒（Taylor）提出的三段论例子也已经过仔细地检验和纠正。为了解释易混淆的段落，我也有些偏离惯常的计划，除了用脚注在页面边缘加了解释外，读者也会注意到同一行中的词汇及其意义。凡是需要进一步阐明的地方，我都查阅了权威标准，其中，我尤其要感谢曼塞尔先生和惠特利博士在这方面的工作。在这艰巨的任务中，我无法忘记我那孤独的先驱者们。在赋予文本意义的过程中，托马斯·泰勒严谨的个性值得高度赞扬。我尤其要向麦钱特·泰勒斯学校（Merchant Tailors' School）校长赫斯西（Hessey）博士和莱恩萧（Lainshaw）的约翰·库宁哈姆（John Cuninghame）先生表示诚挚的谢意。

为使每卷篇幅大致相同，我改变了原定顺序，将波菲利（Porphyry）的引言放在《工具论》的结尾而不是开头。

奥克塔维厄斯·弗莱雷·欧文[1]
伯斯托，1853年6月23日

---

[1] 奥克塔维厄斯·弗莱雷·欧文是牛津大学基督堂学院文学硕士、萨里伯斯托教区牧师，他把亚里士多德的《工具论》翻译成英语两卷本，并在第二卷末尾附有波菲利的《导论》。为便于读者理解，在本书的中文版，我们把波菲利的《导论》放在《范畴篇》前面。——编者

INTRODUCTION OF PORPHYRY | **波菲利的《导论》**

1　导论的目的

克瑞塞欧瑞斯[1]（Chrysaorius），不管是出于哪一个目的——或者理解亚里士多德的范畴学说，或者提出定义——我们都须认识属、种差、种、特性与偶性的本质；另外，认识其本质也有助于对其进行划分与证明。因此，现在我将以导论的形式向你作一个简明扼要的概述，介绍前人关于这些问题的观点。我会尽可能避开较为深奥的问题，恰当地将注意力集中在较为简单的问题上。在导论中我会略过关于属与种的问题，比如，属与种存在于事物的本质中还是只存在于抽象的概念中；如果存在，它们是实体的还是非实体的；它们是与感觉分离的，还是存在于感觉中，并依赖于感觉的。因为这些问题极其深奥，我们需要更为详细的研究。不过，在这封信里我将试图向你阐释，前人——特别是"逍遥学派"的哲人——如何从逻辑的角度论述属、种以及上述其他概念。

2　属与种的本质

属与种似乎都不是只有一层含义。属是一些相互联系的事物的集合，这些事物在某一方面与另一事物存在联系，并且它们自身也相互联系。正如"赫拉克勒斯族"（Heraclidae）这个属既是根据某个人，即赫拉克勒斯本人来命名的，

---

[1] 克瑞塞欧瑞斯是罗马元老院议员，他在学习亚里士多德的《范畴篇》时遇到困难，便写信向波菲利请教，波菲利的回信就是这篇著名的《导论》。《导论》在中世纪成为逻辑学的必读文章。

也是根据与赫拉克勒斯有血缘关系的后代而命名的，因为他们有别于他族。

另外，从另一层含义上看，每个人出生的源头被称为属，属不是源自其祖先，就是源自其出生地。因此，我们称奥列斯特（Orestes）的属源自坦塔罗斯（Tantalus），许洛斯（Hyllus）的属源自赫拉克勒斯。再如，从属的方面来看，品达（Pindar）是底比斯人，柏拉图则是雅典人，因为对于每个人而言，出生的城市就像祖先一样，是出生的源头。这层含义似乎是显而易见的，因为祖先是赫拉克勒斯的人就是赫拉克勒斯族人，而柯克洛普斯（Cecrops）的后代，包括他们的近亲，都是柯克洛普斯族人。众多子孙后代最早的祖先被称为属。而后，源自同一祖先的子子孙孙越来越多，整个群体也被称为属，比如我们在将赫拉克勒斯的后人与其他人相区别时，就称整个群体为赫拉克勒斯族人。

再从另外一层含义上看，属是由它所包含的各个种之间的相似性而命名的，即某一个属就是归于这个属内各个种的源头，似乎包含所有归于它的东西。由此，属就具有三层含义，哲学家所考虑的属是其第三层含义。他们将属描述为，"对于种方面存在差异的许多事物的本质表述"，比如，动物这个属。有些谓项只能表述某一个事物，比如，"苏格拉底""这个人"与"这个东西"这些个体词。而其他谓项就可以表述多个事物，比如属、种、种差、特性与偶性。这些谓项都可表述多个事物，而非特指某一事物。比如，"动物"是属，"人"是种，"理性的"是种差，"能笑"是特性，"白色的""黑色的""坐"是偶性。不同于那些只能表述一个事物的词，属可以表述多个事物，但属又不同于同样可以表述多个事物的种。原因在于，种虽然也表述多个事物，但这些事物的区别不在种的方面，而在数目方面。比如，人作为种，可用来表述苏格拉底与柏拉图，而两人的差异不在种而在数。动物作为属，可表述人、牛与马，这三者不仅在数目方面存在差异，在种的方面也不相同。属也不同于特性，因为特性只表述具有该特性的某一个种以及归于这个种下的个体，比如，"能笑"这个特性只用来表述作为种与个体的"人"。但属并不是只能表述某一个种，而是可以表述许多在种的方面存在差异的事物。此外，属也不同于种差与共同的偶性。原因在于，即使种差与共同的偶性也可以用来表述多个事物，并且这些事物在种上有所差异，但这两者不能表述事物的本质，而只能表述事物的性质。当某人就被表述的事物的本质发问时，我们就会用这个事物的属来回答，而不是它的种差与偶性。因为种差与偶性不能用来表述事物的本质，而只能表述事物的性质。比如，在回答"人是什么样的"这个问题时，我们说"人是理性的"；在回答"乌鸦是什么样的"这个问题时，我们说"乌鸦是黑色的"。"理性的"是种差，而"黑色的"是偶性。然而，当我们被问到"人是什么"时，我们回答"动物"。动物是人所归于的属。于是，我们可以得出以下结论：属可以表述多个事物，因此不同于只能表述一个事物的个体词；属也可以表述在种的方面存在差异的许多事物，因此不同于作为种与特性来表述的词；属可以回答事物的本质，因此不同于种差、共同的偶性——因为后两者在表述事物时，不能回答事物的本质，只能回答事物的性质与状态。因此，我们已经清晰且充分地阐明了属这一概念，无赘述也无缺漏。

种可以用来表述各种形态，正所谓"形态首先值得被权威定义"，但种是归于属的。我们通常称人是动物的一个种，动物是人的属，正如白色是色彩的一个种，三角形是几何图形的一个种。尽管如此，当我们给属下定义时，通常也会提及种，因为属是在本质意义上表述在种的方面存在差异的许多事物的。而我们称种归于属时，就应该知道，在定义一个词时，我们需要用到另一个词。因为属一定是"种"的属，种也一定是"属"的种，两者联系紧密，以至于在定义两者其中一个时都要提及另一个。因此，哲学前辈给出了如下定义：种归于属，是属用于表述事物本质的概念；种在本质的意义上表述在数目上存在差别的事物。第一个定义只适用于最低级的种，即仅仅作为种存在的东西，而第二个定义适用于普遍意义上的种。

我们不妨将上面阐释过的东西换种方式说：每个范畴内都有最普遍与最具体的类别，其他的则被归为既是属又是种的类别。但最普遍的属上面没有更高

3

级的属，而最具体的种下面也没有更低一级的种。在最普遍与最具体之间，存在那些既是属又是种的属。为了理解它们，我们需要借助最高级的属与最低级的种。在某一个范畴下解释这些或许能更加清楚：实体自身是属，实体其下是有形物，有形物其下是生物，生物其下是动物，动物其下是理性动物，理性动物其下是人，人其下是苏格拉底、柏拉图与其他单个的人。就这一范畴而言，实体是最普遍的属，而且只是属；人是最具体的，而且只是种。而有形物作为种归于实体，作为属又包含生物；动物作为种归于生物，而作为属又包含理性动物；理性动物作为种归于动物，作为属又包含人；人作为种归于理性动物，却仅仅作为最低级的种，不再是任何个体的人的属。所有在个体之前起表述作用的都只是种，不是属。正因为如此，实体作为最高级的属，不再有属高于它；人作为最低级的种，也不再有其他种低于它，也不再有能够划分为种的任何东西。单个的人（苏格拉底、柏拉图、亚西比德以及"这个白人"为个体）也是种，是最低级的种，也是我们所提到过的最具体最特殊的事物。

介于两极之间的事物，是比它高一级的事物的种，也是比它低一级的事物的属。因此就出现两种关系，属比其种高一级，种比其属低一级。然而，在极端情况下就只有一种关系，比如，最普遍的事物是其下所有事物的最高级属，但在它上面却没有更高一级的事物。它的地位最高，是万物皆有的源头，显而易见，在它之上不可能再有更高级的属。同样地，最具体的事物是其更高一级事物的种，却不是居于其下的事物的属。最具体的事物包含其下所有个体，可视为所有个体的种，而比它更高一级的事物包含它，使它成为更高级事物的种。

综上所述，我们可以这样定义最高级的属：此属并非某一事物的种，在其之上也不再有更高的属。而对于最低级的种可以这样定义：此种并非某一事物的属，也不可以再划分成其他种，且在表述事物本质时，仅能表述它们在数目上的差别。

人们把在两极之间的事物称为次级的种与属，对于不同事物而言，它们既可以是属也可以是种。比最低级的种高级且比最高级的属低级的都被称作次级的属与种。因此，阿伽门农是阿特柔斯（Atrides）的儿子，阿特柔斯是佩洛普斯（Pelopides）的儿子，佩洛普斯是坦塔利斯（Tantalides）的儿子，一代一代追溯到宙斯。这些人的来源是相同的，即宙斯。但属与种却不适合用这个例子来解释，正如亚里士多德所言，"存在"并不是万物共同的属，也不能说万物在最高属之下，就都归于同一个属。那么，《范畴篇》中所写到的前十个最高级的属，就像十种最普遍的根源一样。如果有人将所有东西称为"存在物"，他这样说的意思一定是模糊的。因为若"存在"是万物共同的一个属，那么万物就都应被称作"存在物"。但由于最初的根源共有十个，且这十个是在名称上而非定义上彼此相同，它们即为十个最为普遍的属。在另一方面，最具体的种也有某个确切的数目，并非无穷无尽，只是居于其下的个体是无穷的罢了。显而易见，当我们从最普遍的属一路梳理到最低级的种时，柏拉图告诫我们无须多虑，只要对中间的东西用具体的种差进行划分即可。他告诉我们，无穷尽的东西既然不会产生什么知识，就不用多加考虑。在下行梳理至最低级的种时，必须要尽量将多的东西划分出来，而在上行至最高级的属时，要将"多"归为"一"；因为种与属——特别是关于属——是将多个种归到某一本质上。特殊和个别的东西与此相反，经常需要将"一"划为"多"。因为引入了种的概念，"许多人"被归到了"人"这一个种。特殊与个别的事物则由普遍的"一"变成了"多"，个别的事物往往是分开的，而普遍的往往聚集在一起，并可化为"一"。

在上文中我们已经对属与种的本质进行了阐述，属是"一"而种是"多"（属往往被划分为许多种），在表述事物本质时，属往往表述种，就像高级的往往表述低级的一样；但种既不表述与其最接近的属，也不表述更高级的事物。次序是不可逆的。同等地位的东西可彼此表述，就像马的嘶鸣于马而言，或是更高级的可表述低级的，就像动物于人而言。但低级的不可表述更高级的，比如，不可以将动物称作人，却可以将人称作动物。而种所能表述的事物，其归于的属、更高级的属乃至最高级的属也一样可以表述它，比如，我们说苏格拉底是动物,也是实体。因为高级的事物往往可以表述低级的事物,所以既然种可以表述个体,种归于的属与属归于的更高级的属乃至最高级的属一样可以表述种所表述的事物。因为最高级的属可以表述所有位居其下的属、种与个体;最低级的种所归于的属,则可以表述所有最低级的种及其个体;仅仅是种的就只可以表述其下的个体;仅仅是个体的就只可以表述某一个体。比如,某人名叫苏格拉底,他是个白皮肤的人,他也是正走来的索弗洛尼斯库斯(Sophroniscus)唯一的儿子。苏格拉底就被称为个体,而每一个体所同时具有的诸多特性都与他人的不同。苏格拉底的许多特性就无法在其他人身上找到。而某一人——我指的是一个普通人——所具有的许多特性是可以出现在许多人身上,或者所有个体的人身上,只要他们是人。显而易见,人归于其种,种归于其属,属可以被看作是整体,个体可以被看作是部分,而种则可以同时代表整体与部分。种所代表的部分依旧包含种其下的所有事物,只是在其归于的属中代表属的整体的一部分。

关于属与种,我们已说明了最普遍的属与最具体的种,也说明了同时具有属与种身份的情况,说明了什么是个体以及属与种分别有多少含义。

3 种差

种差可在普遍、特殊乃至最特殊的方式下进行谓述。如果某一事物在性质上的某些方面与它自身不同,或是与其他事物不同,那么它就是与另一个事物在普遍的方式上不同。苏格拉底就在性质上不同于柏拉图;对于苏格拉底自身而言,幼童时期的自己与成人时期的不同,要做某事的自己与不做某事的不同,"他们"总是在性质上的某些方面出现差别。当某一事物拥有其他事物所没有的不可分离的偶性时,我们就说这两者在特殊的方式上不同,这样的偶性可能是蓝眼睛、塌鼻子或者一处疤痕。并且,当某一事物是由于特殊种差不同于其他事物时,两者就是在最特殊的方式上不同,比如,人与马由于特殊种差而不同,即一个拥有理性,另一个没有。一般而言,种差使事物发生变化。普遍的、特殊的种差都会使事物发生性质的变化，而最特殊的种差使其变为另一种事物。因此，使事物变为一个新的种的种差，叫作"特殊种差"，而只是使其性质发生改变的种差，就叫作"普遍种差"。举例来说，当动物被加之以理性，动物就变成了其他东西，这一类理性动物也是归到动物的种。但种差一旦被移除，性质的变化就仅仅区别于剩下的东西。所以特殊种差直接使事物变为另一种事物，而普遍种差仅仅改变事物的性质。

特殊种差可以使属分化出不同种，而且将其加在属上也就形成了定义。然而，普遍种差仅仅能改变事物的特征、差异以及存在状态。再从头说起，我们必须说一些种差是可分离的，一些则是不可分离的。可分离的，比如，运动的与静止的，健康的与患病的，诸如此类；不可分离的，比如，直鼻子与塌鼻子，理性与非理性。关于不可分离的种差，有一些是本质上就存在的，有一些则是偶然存在的。比如，理性的、终将死去的、对知识持怀疑态度的就在本质上属于人；但鼻子是直的还是塌的，对于人而言，就只是偶然而不是本质上就存在的。因此，本质上存在的东西就须要包含在实体的定义中，并且产生一个特殊的本质，而偶性的东西无须包含在实体的定义中，它也无法产生一个特殊的本质，仅仅只能区别特征上的不同。本质上的差异不会变多或变少，而偶性即使是不可分离的，也可能增多或减少。因为属在表述其下的事物时既不多余又不缺漏，将属进行进一步划分的种差亦是如此。这些东西都使得事物的定义变得更为完整。每件事物的本质都是无法增多也无法减少的，然而拥有直鼻子或是塌鼻子，肤色是深或是浅，在程度上是可以增多或减少的。

至此，我们列举了三类种差，一类是可分离的，一类是本质上不可分离的，还有一类是偶然不可分离的。关于本质的种差，有一些是我们将属划分为种的依据，也有一些是使被划分的事物成为某一个种的依据。因此，关于动物本质的差异就包括：有生命的与可感知的、理性的与非理性的、终将死去的与永恒的，等等。有生命的与可感知的，这两者的区别在于动物的本质。动物是有生命的实体，被赋予了感知能力。而理性与非理性是不同动物间的差异，可用于区分"动物"这个属内不同的种。正是这些差异将属划分为种的种差，构成并完成了种的定义。动物可用"理性"与"非理性"划分为两类，或用"终将死去的"与"永恒的"划分为两类。"理性"与"终将死去"是构成"人"这个种的种差，"理性"与"永恒"构成了"神"，而"非理性"与"终将死去"构成了"非理性的动物"。因此，既然有生命的与没有生命的、可感知的与不可感知的将最高实体作了划分，有生命且可感知的种差加在实体之上就代表动物，而仅有生命而不可感知的就代表植物。显而易见，种差不仅可作为构成定义的因素，也可以作为划分种的依据。

对于属的划分与定义来说，这些的确都非常有用，但不包括偶然不可分离的种差与可分离的种差。在定义这些事物时，有人说种差就是种比属多出来的东西，比如，人比动物更具理性，寿命也更长（否则种如何会有种差），而且人与动物之间没有对立的种差（不然相同的事物之间就会有对立的特征了）。但他们也断言，动物理论上包含了位居其下的所有种差，但事实上却不包含任何一个。因此，任何一个事物都不是从非实体中诞生，也没有对立的特征存在于同一物体中。

他们也同样如此定义种差：种差是用来表述不同种之间差异的概念，以回答事物性质的问题。比如，人可用"理性"与"终将死去"的种差来表述，这就回答了人的性质，而避开了人的本质。当我们在回答"人的本质是什么"时，我们很可能会说"人是动物"；而回答"人是什么样的动物"时，我们会说"人是理性的、终将死去的动物"。因为事物包含了本质与形式，或类似于本质、形式的体系，比如，一尊雕像就包含铜——本质，也包含形体——形式。再比如，既普遍又特殊的人，本质上与属类似，形式上又与种差类似，但人的本质与雕像一样，包含了动物、理性、终将死去这些种差。于是他们将种差描述为"天然适用于同一属下的不同事物"，比如，"理性"与"非理性"将人与马区别开，而两者都归于动物这个属中。之后，他们如此说，"种差是个体的差异"，比如，人与马在它们所归于的属，即动物上没有差别，而当理性被赋予给人，就将人与马区别开了；再比如，我们与神都是理性的，而"永恒"与"终将死去"将神与人区别开。

而当他们用更为精确的方式讨论种差时，他们说种差并非划分归于属内的事物的偶然特征，而是存在于事物的本质以及本质的定义之中，比如，天然就会乘船航行虽然是人的特性，却不是种差。尽管我们可能会说，人天然就会乘船航行，而其他动物做不到，所以人就凭借这一点与其他动物区分开。然而，事实上，乘船航行的天然能力并不足以完成人的本质的定义，也不是人的本质的一部分，而仅仅是人的一个天赋。这样的种差不是特殊种差。特殊种差既可以将不同的种区别开，也可用于解释事物的真正本质。

关于种差就谈到这里。

4 特性

他们将特性分为四个方面：第一，仅仅存在于某个种内，但不一定存在于这个种内的每一个个体中，比如，人可以康复或者画出几何图形；第二，不仅仅存在于某一个种内，而是存在于整个种内，比如，人是双足的；第三，仅仅存在于某一个种内，并且存在于特定的时期内，比如，每个人在年老时头发都会变白；第四，仅仅存在于某一个种内，并且种内的每个个体总能表现出来，比如，人是能笑的。虽然他不是总在笑，但仍是能笑的。因为他是否具有能笑的特性，不在于他是否一直在笑，而是在于他是否天然地可以笑或者不笑，这是他专有的。同样的道理，马会发出嘶鸣也是专有的。他们认为，这些是特性，因为它们是可以换位的：如果有什么东西是马，那它就能发出嘶鸣；如果有什么东西能发出嘶鸣，那就是马。

5 偶性

偶性的出现与消失不会破坏主体的本质。偶性可以分为两种，一种是可分离的，另一种是不可分离的，比如，"睡觉"是可分离的偶性，但是对于乌鸦与埃塞俄比亚人来说,"黑色"是不可分离的。我们或许只能想象,一只"白色的乌鸦",或者"不是黑色皮肤的埃塞俄比亚人",但其本质没有发生变化。

他们也这样定义,偶性在同一事物中可能显示也可能不显示,也就是说,它既不是属,也不是种差,更不是种或者特性,而是事物固有的一种性质。

6　五类谓项的共性与差别

我们已经定义了上述所有谓项——属、种、种差、特性、偶性,现在我们开始谈论它们的共同特征与专有特征。正如我们所说的,所有这些谓项都可以谓述许多事物。属谓述的是归于属内的种与个体,种差谓述的也是一样;种谓述的是归于种内的个体;特性谓述的是种以及归于种内的个体;偶性谓述的是种与个体。比如,"动物"谓述作为种的马与牛,也谓述作为个体的"这匹马"与"这头牛";而"非理性"则谓述马与牛以及特定的个体。种仅仅谓述特定的个体,比如人;而特性谓述种以及归于种内的个体,比如,"能笑"谓述作为种的人以及作为特定个体的人。"黑色的"谓述作为种的乌鸦以及作为特定个体的乌鸦,是不可分离的偶性;"运动的"谓述人与马,则是可分离的偶性。然而,"运动的"主要谓述个体,其次才是包含个体的其他事物。

7　属与种差的共性与差别

包含种,是属与种差的共性。因为种差也包含种,虽然不像属一样包含所有的种。比如,"理性"虽然不像"动物"那样包含"非理性",但是它包含"人与神"这两个种。任何谓述属的事物,都谓述归于这个属的种。任何谓述种差的事物也谓述由种差形成的种。比如,"实体""有生命的""可感知的"都谓述作为属的"动物",那么也就谓述归于动物这个属的所有种以及归于这些种的个体。再比如,"理性的"是种差,"运用理性"谓述"理性的"这个种差。然而,"运用理性"不仅仅谓述"理性的",也谓述归于"理性的"这个种差的种。属与种差还有另一个共性,就是当属或种差不存在时,这

10

两者之下的事物也就不存在。比如，当"动物"不存在时，马与人也就不复存在；当"理性的"不存在时，也就不存在"运用理性"的动物。属的特性在于，它谓述的事物比种差、种、特性、偶性都要多。比如，作为属的"动物"谓述人、马、鸟、蛇；作为种差的"四足的"只谓述四足动物；作为种的人只谓述人的个体；作为特性的"能嘶鸣"只谓述马或特定的马。偶性谓述的事物同样也比属谓述的少。然而我们必须认定，划分属的种差，不是使属变得完整，而是用来划分作为实体的属。

另外，虽然属能够包含种差，比如，动物中，有的是理性的，有的是非理性的，但是种差不包含属。此外，属先于其下的种差而存在，因此属可以消灭种差。比如，如果"动物"被消灭，那么"理性"与"非理性的"也都被消灭。但是种差不会消灭属，因为即使所有种差都被消灭，仍然能够形成一种有生命的可感知的实体，那就是动物。

此外，正如我们前面所说的，属谓述事物的本质，而种差谓述事物的性质，而且，每一个种都会有它所归于的一个属。比如，"动物"是"人"这个种的属，但是"动物"有很多种差，如理性的、终将死去的、有智慧的、有知识的，这些种差将人与其他动物区别开。属是本质，而种差是形式。尽管属与种差还有其他共性与差别，但我们所论述的这些就已经足够充分了。

8　属与种的共性与差别

正如我们前面所说的，属与种都谓述很多事物，在这一点上存在共性；但是即便某种事物既被当作种又被当作属，种也只是种，而不是属。属与种都先于其谓述的东西而存在，而且每一个都是独立的整体，这也是它们的共性。

然而，属与种之间也存在差别。因为属包含种，种归于属，而不是种包含属，所以属谓述的范围比种的大。另外，只有以属为前提，加上特殊种差才会形成不同的种。显而易见，属天然先于种而存在。同样地，属可以消灭种，但是种不可以消灭属。因为种存在时，属也一定存在，而属存在时，种不一定存在。属以一对多的形式谓述其下的种，而种以多对一的形式谓述其归于的属。此外，属超过种，因为属包含了其下的种，而种超过属是通过特殊种差；而且，种不会变成最高级的属，属也不会变成最低级的种。

9　属与特性的共性与差别

属与特性都谓述种，这是两者的共性。比如，如果有什么东西是人，那么其也就是动物；如果有什么东西是人，那么其也就能笑。与此同时，属在同等程度上谓述种，特性也在同等程度上谓述每个共享它的个体，因此人与牛在同等程度上是动物，阿尼图斯（Anytus）与默利图斯（Melitus）在同等程度上能笑。属以一对多的形式谓述种，特性也是以一对多的形式谓述具有这种特性的事物。

然而，属与特性之间也存在差别。因为属是先出现的，特性是后出现的，首先必须存在动物，之后才会依据种差与特性将其划分；并且，属确实谓述多个种，但是特性只谓述具有该特性的某个种。另外，特性与具有特性的种可以互相谓述，但是属与任何事物都不能互相谓述。因为如果有什么东西是动物，那么其不一定是人；如果有什么东西是动物，那么其也不一定能笑；但是，如果有什么东西是人，那么其就能笑；如果有什么东西能笑，其就是人。此外，特性只存在，而且总是存在于具有该特性的所有种中；而属不只存在，而且总是存在于其下的所有种。最后，如果特性被消灭，属不会被消灭；如果属被消灭，具有特性的种也就被消灭；如果具有特性的种被消灭，那么特性本身也随之被消灭了。

10　属与偶性的共性与差别

正如我们前面所说的，属与偶性的共性在于，两者都谓述许多事物，无论是可分离的偶性还是不可分离的偶性，比如，"黑色的"谓述乌鸦、埃塞俄比亚人以及某些没有生命的事物。

然而，因为属在种之前出现，偶性在种之后出现，所以属与偶性之间存在差别。即使是不可分离的偶性，也是在具有偶性的种之后出现的；而且，属的共享者在同等程度上共享属，但偶性的共享者却不是在同等程度上共享偶性的。共享偶性的程度可以有强有弱，但是共享属的情况就与此不同。另外，偶性主要存在于个体中，但是属与种在个体实体之前天然存在。此外，属谓述归于属内事物的本质，而偶性则只是谓述事物的性质或者事物的存在方式。比如，如果问"埃塞俄比亚人是哪种人"，就回答"是黑种人"；如果问"苏格拉底还好吗"，就回答"他生病了"或"他很好"。

11 种差与种的共性与差别

我们已经说明了属与其他四类谓项有差别，这五类谓项中的任何一类都与其他四类有差别。那么共有五类谓项，任何一类都与其他四类有差别，四乘以五是二十，所以就有二十个差别。然而事实并非如此，逐次列举时，第二个谓项少一个差别，因为这个差别已经列举过了；以此类推，第三个谓项少两个差别，第四个谓项少三个差别，第五个谓项少四个差别。那么，四加三加二加一得出十，所以就是十个差别。

首先，我们说明属与种差、种、特性、偶性相区别，那么就有四个差别；在说明属在哪些方面与种差相区别时，也说明了种差在哪些方面与属相区别，接下来就只需要说明种差在哪些方面与种、特性、偶性相区别，那么就有三个差别。在说明种差与种相区别时，也说明了种在哪些方面与种差相区别；在我们说明属与种相区别时，也说明了种在哪些方面与属相区别；接下来就只需要说明种与特性、偶性在哪些方面相区别，那么就有两个差别；最后，我们只需要说明特性与偶性在哪些方面相区别，因为特性与种、种差、属的区别，在之前已经作出说明。因此，属与其他四类谓项有四个差别，种差与其他三类谓项有三个差别，种与其他两类谓项有两个差别，特性与偶性有一个差别，所以共有十个差别。我们已经说明了其中四个差别，就是属与其余四类谓项的差别。

12 种差与种的共性与差别再续

种差与种在同等程度上被共享，这是其共性。比如，个体的人均在同等程度上共享"人"这个种以及"理性的"这个种差。另一点共性在于，它们总是存在于其共享者中，比如，苏格拉底总是理性的，也始终是人。

种差表明事物的性质，而种表明事物的本质。虽然人被认为是某一事物，但并不是完全如此，因为种差加在属上才形成了人这个种。此外，种差存在于许多种之中，比如，"四足的"存在于许多不同种的动物之中，而种只存在于种下的个体之中。另外，种差在由其形成的种之前出现。比如，如果"理性"被消灭，"人"也就被消灭；而如果"人"被消灭，"理性"没有被消灭，因为"神"依然存在。最后，一个种差能够与其他种差相结合（比如，"理性的"与"终将死去的"相结合形成"人"），但是不同的种之间不能相结合形成另外的种。比如，一匹马与一头驴结合形成骡子，但是马与驴这两个种结合并不会形成骡子这个种。

13 种差与特性的共性与差别

种差与特性在同等程度上被共享，这是其共性。比如，理性的事物在同等程度上是理性的，能笑的动物在同等程度上能笑。另一点共性在于，种差与特性存在于每一个个体中。比如，虽然一个双足的人可能肢体残缺，但是"双足的"这个谓项总是可以谓述他，只因为"双足的"天然地适用于人；又如，"能笑"天然地适用于人，而不是因为人总是在笑。

种差与特性之间也存在差别。一方面，种差通常谓述多个种，比如，"理性的"谓述人与神，而特性只谓述一个具有该特性的种。另一方面，种差谓述具有种差的事物，这是不可换位的，而特性能够与具有特性的事物相互谓述，因为它们可以换位。

14　种差与偶性的共性与差别

种差与偶性的共性在于，两者都谓述许多事物；而且，种差与不可分离的偶性还有一点共性，即两者总是存在于每一个个体中。比如，"双足的"总是存在于人身上，"黑色"同样总是存在于乌鸦身上。

种差与偶性之间也存在差别。种差包含种，而不归于种，比如，"理性的"包含神与人。偶性包含个体，因其存在于许多个体中；偶性又归于个体，因为个体可能具有多个偶性。另外，种差不可以增多或减少，而偶性可以；相反的种差不能融合，而相反的偶性可以融合。

所以，以上所述就是种差与其他类谓项的共性与差别。

15　种与特性的共性与差别

我们在说明属、种差与其他类谓项的区别时，已经说明了种与属、种差在哪些方面存在差别。现在只需要说明，种与特性、偶性在哪些方面存在差别。种与特性的共性在于，两者可以相互谓述，比如，人能笑，能笑的是人（我们已经讲过很多次，能笑一定是一种天然适用的）；另一点共性在于，种在同等程度上存在于其共享者中，特性在同等程度上存在于具有特性的事物中。

种差与偶性之间也存在差别。因为种确实可以是其他事物的某个属，但是特性不可能是其他事物的特性。此外，种先于特性存在，而特性后于种出现，比如，先有人的存在，才有"能笑"的存在；种总是在本质上存在于主体，而特性有时潜在地存在于主体，比如，苏格拉底在本质上是"人"，但是他不一定总是在"笑"，尽管"能笑"总是天然适用于他。还有一点，事物的定义不同，事物本身也就不同。种的定义是，在属之下，在本质意义上谓述许多数目上存在差别的事物。有的关于事物的本质，有的涉及事物的本质的类别。而特性的定义是，仅仅存在于一个事物，或者总是存在于每个个体。

16　种与偶性的共性与差别

种与偶性都谓述许多事物，这是其共性。除了这一点外，这两者基本上没有其他共性了，因为偶性与具有偶性的事物极其不同。

种与偶性之间存在差别。种谓述归于种的事物的本质，而偶性则谓述事物具有哪种性质以及存在状态；而且，每个实体都共享一个种，以及共享很多偶性——可分离的与不可分离的；种先于偶性存在，即使是不可分离的偶性，也是在具有偶性的种之后出现的，因为只有存在偶性的主体先存在，偶性才能自然而然地在之后存在，并且具有从属于实体的性质；此外，对种的共享是同等程度的，但是对偶性的共享，即使是不可分离的，也不是同等程度的，比如，一个埃塞俄比亚人与另一个埃塞俄比亚人相比，虽然都是黑色的皮肤，但肤色深浅可能不同。

17　特性与偶性的共性与差别

最后，我们就只需要讨论特性与偶性，因为特性与种、种差、属如何相区别都已经论述过了。对于特性与不可分离的偶性而言，二者的共性在于，具有特性、不可分离的偶性的事物不能没有它们而存在，比如，不能笑的人不存在，不是黑色的埃塞俄比亚人不存在；而且，特性总是存在于每个个体，不可分离的偶性也是如此。

然而，特性与偶性存在差别。因为特性只存在于一个种内，比如，能笑只存在于人；但不可分离的偶性不只存在于一个种内，比如，"黑色的"不只存在于埃塞俄比亚人，也存在于乌鸦、煤、乌木以及其他事物。此外，特性与具有特性的事物能够相互谓述，并且是在同等程度上，而不可分离的偶性与具有不可分离偶性的事物不能相互谓述；个体对特性的共享是同等程度的，但是对偶性的共享不是同等程度的，有的个体多，有的少。

对于这五类谓项而言，虽然还有其他共同特征与专有特征，但我们所说的已经足够表明它们的共性与差别了。

目录 CONTENTS

引言 / 1

波菲利的《导论》/ 1

范畴篇 / 1

第一节　同名异义词、同义词、同源词 …………………… 1
第二节　事物及其属性的逻辑划分 ………………………… 1
第三节　主项和谓项之间的联结 …………………………… 2
第四节　范畴列举 …………………………………………… 2
第五节　实体 ………………………………………………… 3
第六节　数量 ………………………………………………… 7
第七节　关系 ………………………………………………… 11
第八节　性质和质 …………………………………………… 15
第九节　行为、受动以及其他范畴：位置、时间、地点和所有
　　　　 …………………………………………………… 20
第十节　对立 ………………………………………………… 20
第十一节　再论对立，尤指善与恶之间的反对关系 ……… 24
第十二节　优先 ……………………………………………… 25
第十三节　同时存在的事物 ………………………………… 26
第十四节　运动 ……………………………………………… 27

第十五节　动词"所有（to have）"……………………………27

解释篇 / 29

    第一节　我们在此讨论什么是名词、动词……………………29
    第二节　名词及其格………………………………………………29
    第三节　动词、动词的格以及普遍意义上被称作动词的词……30
    第四节　句子………………………………………………………31
    第五节　阐述………………………………………………………32
    第六节　肯定命题和否定命题……………………………………32
    第七节　反对命题和矛盾命题……………………………………32
    第八节　既非肯定命题也非否定命题的对立关系………………34
    第九节　有条件的对立关系………………………………………35
    第十节　增加了连接词的对立关系………………………………37
    第十一节　命题的构成及其划分…………………………………39
    第十二节　模态命题………………………………………………41
    第十三节　模态命题的序列………………………………………43
    第十四节　相反命题………………………………………………46

前分析篇 / 49

    第一卷 …………………………………………………………………49
        第一节　命题、词项、三段论及其要素…………………49
        第二节　命题的转换………………………………………50
        第三节　模态命题的转换…………………………………51
        第四节　三段论及第一种格………………………………52
        第五节　第二种格中的三段论……………………………55
        第六节　第三种格中的三段论……………………………57
        第七节　第一种格以及其余格中不完整三段论的完成…60

第八节	源于两种必然命题的三段论 ……………………	61
第九节	第一种格中的必然命题 …………………………	62
第十节	第二种格中的必然命题 …………………………	63
第十一节	第三种格中的必然命题 …………………………	64
第十二节	必然命题的理论对比 ……………………………	66
第十三节	可能事物及随之产生的命题 ……………………	66
第十四节	在第一种格中,有两个可能命题的三段论 ……	67
第十五节	在第一种格中,一个为简单命题,另一个为可能命题的三段论 ………………………………………	69
第十六节	在第一种格中,一个为必然前提,另一个为可能前提的三段论 ……………………………………	73
第十七节	在第二种格中,有两个可能前提的三段论 ……	75
第十八节	在第二种格中,一个为实然命题,另一个为或然命题的三段论 ……………………………………	77
第十九节	在第二种格中,一个为必然前提,另一个为可能前提的三段论 ……………………………………	78
第二十节	在第三种格中,有两个可能命题的三段论 ……	79
第二十一节	在第三种格中,一个为或然命题,另一个为实然命题的三段论 ……………………………………	80
第二十二节	在第三种格中,一个为必然前提,另一个为可能前提的三段论 ……………………………………	81
第二十三节	所有的三段论都是在第一种格中完成的 ………	82
第二十四节	三段论之前提和结论的质、量 …………………	84
第二十五节	所有三段论都仅由三个词项、两个前提构成 …	85
第二十六节	特定问题的对比以及它们通过什么格被证明 …	86
第二十七节	三段论的创造和构建 ……………………………	87
第二十八节	同一主项的特殊规则 ……………………………	89
第二十九节	将同样的方法运用于直接三段论之外 …………	91
第三十节	上述证明方式适用于所有问题 …………………	93

第三十一节　划分及其对于证明的不完整性 ⋯⋯⋯⋯ 93
第三十二节　还原三段论 ⋯⋯⋯⋯⋯⋯⋯⋯⋯⋯⋯⋯⋯ 95
第三十三节　产生于命题数量的误差 ⋯⋯⋯⋯⋯⋯⋯⋯ 96
第三十四节　误差产生于词项不准确的阐述 ⋯⋯⋯⋯⋯ 97
第三十五节　中项并非始终被假定为特称确定的事物 ⋯ 98
第三十六节　根据名词性称谓而进行的词项排序以及由例证而来的命题 ⋯⋯⋯⋯⋯⋯⋯⋯⋯⋯⋯⋯⋯⋯⋯⋯⋯⋯ 98
第三十七节　与谓项形式有关的规则 ⋯⋯⋯⋯⋯⋯⋯⋯ 99
第三十八节　谓项的重复和增加 ⋯⋯⋯⋯⋯⋯⋯⋯⋯⋯ 99
第三十九节　三段论中词项的简化 ⋯⋯⋯⋯⋯⋯⋯⋯⋯ 100
第四十节　根据结论本质增加的确定项 ⋯⋯⋯⋯⋯⋯⋯ 100
第四十一节　全称命题确定形式的区分 ⋯⋯⋯⋯⋯⋯⋯ 101
第四十二节　并非同一三段论中的所有结论都产生于同一种格 ⋯⋯⋯⋯⋯⋯⋯⋯⋯⋯⋯⋯⋯⋯⋯⋯⋯⋯⋯⋯ 102
第四十三节　被简化的与定义相关的论点 ⋯⋯⋯⋯⋯⋯ 102
第四十四节　由归谬法而来的假设三段论的还原 ⋯⋯⋯ 102
第四十五节　由一种格到另一种格的三段论的还原 ⋯⋯ 103
第四十六节　确定事物、不确定事物以及缺性事物的质和意义 ⋯⋯⋯⋯⋯⋯⋯⋯⋯⋯⋯⋯⋯⋯⋯⋯⋯⋯⋯⋯ 105

第二卷 ⋯⋯⋯⋯⋯⋯⋯⋯⋯⋯⋯⋯⋯⋯⋯⋯⋯⋯⋯⋯⋯ 108

第一节　概述：特称三段论的结论 ⋯⋯⋯⋯⋯⋯⋯⋯⋯ 108
第二节　在第一种格中，由假前提推出真结论 ⋯⋯⋯⋯ 109
第三节　在第二种格中，由假前提推出真结论 ⋯⋯⋯⋯ 114
第四节　在第三种格中，由假前提推出真结论 ⋯⋯⋯⋯ 116
第五节　第一种格中的循环论证 ⋯⋯⋯⋯⋯⋯⋯⋯⋯⋯ 118
第六节　第二种格中的循环论证 ⋯⋯⋯⋯⋯⋯⋯⋯⋯⋯ 120
第七节　第三种格中的循环论证 ⋯⋯⋯⋯⋯⋯⋯⋯⋯⋯ 120
第八节　第一种格中三段论的转换 ⋯⋯⋯⋯⋯⋯⋯⋯⋯ 121

第九节	第二种格中三段论的转换	123
第十节	第三种格中三段论的转换	124
第十一节	在第一种格中的归谬法	125
第十二节	在第二种格中的归谬法	127
第十三节	在第三种格中的归谬法	128
第十四节	归谬法证明与直接证明之间的差别	129
第十五节	在三种格中，由对立面得出结论的方式	130
第十六节	预期理由或是假定论点	133
第十七节	论证不产生错误的三段论：关于"错误并非由这一原因导致"的说明	134
第十八节	错误的逻辑推理	136
第十九节	相反三段论的预防	136
第二十节	反驳论证	136
第二十一节	假象	137
第二十二节	第一种格中端项的转换	139
第二十三节	归纳法	141
第二十四节	例证法	141
第二十五节	不明推论式	142
第二十六节	异议	142
第二十七节	可能性、标志和省略推理法	144

后分析篇 / 147

第一卷 147

第一节	证明的本质	147
第二节	知识、证明及其要素	148
第三节	对知识和证明中某些观点的驳斥	150
第四节	词项"所有""自身"和"全称的"	152
第五节	最初全称命题的错误	153

第六节　由原则自身构成的证明和中项的必然性……………	155
第七节　人们不可能由一个属证明另一个属………………	156
第八节　从属于改变的事物不可能证明其自身……………	157
第九节　对事物的证明应该源于适合其本身的原则………	158
第十节　原则的定义和划分…………………………………	159
第十一节　所有科学的共同原则……………………………	161
第十二节　三段论式的疑问…………………………………	162
第十三节　科学、事物存在及其存在原因之间的差别……	164
第十四节　第一种格最适合科学……………………………	165
第十五节　直接否定命题……………………………………	166
第十六节　错误的词项位置产生的无知……………………	167
第十七节　同一命题中项的连续性…………………………	168
第十八节　归纳法中全称命题的相关性以及感知中的归纳法……………………………………………………	170
第十九节　证明的原则，无论其是有限的还是无限的……	170
第二十节　有限的中项………………………………………	171
第二十一节　否定证明中没有无限的中项…………………	172
第二十二节　肯定证明中没有无限的中项…………………	173
第二十三节　确定的推论……………………………………	176
第二十四节　全称证明对于特称证明的优先性……………	177
第二十五节　肯定证明对于否定证明的优先性……………	180
第二十六节　肯定证明对于归谬法证明的优先性…………	181
第二十七节　更准确的科学的本质…………………………	182
第二十八节　构成一事物的不同科学………………………	182
第二十九节　同一事物可能存在多个证明…………………	183
第三十节　不存在与偶然事物有关的科学…………………	183
第三十一节　我们不拥有科学的知识………………………	183
第三十二节　由三段论的多样性得出的原则之间的不同……	184
第三十三节　科学和观点的不同……………………………	185

第三十四节　洞察力 ……………………………………………… 187

第二卷 …………………………………………………………… 188

第一节　科学研究的主项有四类 ………………………………… 188

第二节　所有研究都与中项的发现有关 ………………………… 188

第三节　证明和定义之间的不同 ………………………………… 189

第四节　一事物的定义不可能被证明 …………………………… 190

第五节　不存在由划分证明的结论 ……………………………… 191

第六节　命题定义事物本身的例证 ……………………………… 192

第七节　什么样的事物既不可能由证明被知道也不可能由定
　　　　义被知道 ……………………………………………… 193

第八节　与事物是什么有关的逻辑三段论 ……………………… 195

第九节　不可证明的某些本质和原则 …………………………… 196

第十节　定义及其种类 …………………………………………… 197

第十一节　原因及其证明 ………………………………………… 197

第十二节　现在、过去和将来（时）的原因 …………………… 199

第十三节　研究定义的方法 ……………………………………… 201

第十四节　问题的规则 …………………………………………… 205

第十五节　相同的问题 …………………………………………… 206

第十六节　原因和结果 …………………………………………… 206

第十七节　相同主项的延伸 ……………………………………… 207

第十八节　单称事物的原因研究 ………………………………… 209

第十九节　确定原则的必然方法和习惯 ………………………… 209

论题篇 / 211

第一卷 …………………………………………………………… 211

第一节　本文的论点：推理及推理类型 ………………………… 211

第二节	本文的三点意义	212
第三节	辩证思维能力	213
第四节	问题与命题	213
第五节	定义、特性、属与偶性	214
第六节	属、特性、偶性的内容也适用于定义	215
第七节	"相同"的含义	216
第八节	通过归纳与推理可证明：所有问题均可归为定义、属、特性或偶性的问题	217
第九节	范畴的类型	217
第十节	辩证命题	218
第十一节	辩证问题与论题	219
第十二节	推理与归纳	220
第十三节	进行推理与归纳的途径	221
第十四节	命题的选择	221
第十五节	同一谓项含义不同的情况	222
第十六节	发现种差	226
第十七节	考虑相似情况	227
第十八节	在论证中以上探究的实际意义	227

第二卷 ········· 229

第一节	问题的分类、特称问题的转换与问题中的错误	229
第二节	关于偶性问题的方法	230
第三节	多义谓项	232
第四节	关于名称、属、种、定义与时间	233
第五节	将对方引到我们有充分论据支撑的论点上：用结论驳倒对方的命题	235
第六节	立论与驳论的方法	236
第七节	对于相反项的方法	238
第八节	立足于一系列对立形式的方法	239

第九节　对于对等词、生成物与被破坏物的方法 ············· 240

　　第十节　对于相似项、更多项与更少项的方法 ················· 242

　　第十一节　从添加与绝对性进行论证 ······························· 243

第三卷ㆍㆍㆍ 244

　　第一节　更可取与更佳 ·· 244

　　第二节　相似项与最佳项 ·· 246

　　第三节　更可取的内容再续 ·· 249

　　第四节　比较可取与不可取的方法的作用 ······························· 251

　　第五节　极具普遍性的方法：从更多与程度更高进行考虑 ··· 251

　　第六节　以上方法也适用于特称问题 ······································· 252

第四卷ㆍㆍㆍ 255

　　第一节　关于属的论题 ··· 255

　　第二节　关于属、种、种差的论题 ··· 257

　　第三节　属与种的实质构成 ··· 260

　　第四节　关于相似项、关系项等的论题 ··································· 262

　　第五节　关于属的论题再续 ··· 265

　　第六节　关于属的论题另续 ··· 269

第五卷ㆍㆍㆍ 272

　　第一节　关于特性 ··· 272

　　第二节　特性的正确表述 ··· 274

　　第三节　关于特性的论题再续 ··· 277

　　第四节　关于所述之物是否为特性的论题 ······························· 280

　　第五节　关于所述之物是否为特性的论题再续 ······················· 283

　　第六节　从对立方面考虑特性 ··· 286

　　第七节　从派生词的方面考虑特性 ··· 288

第八节　从更大程度与更小程度上考虑特性 …………… 291
　　　第九节　关于潜在特性的方法 …………………………… 293

第六卷 ……………………………………………………………… 294
　　　第一节　讨论定义的相关方法 …………………………… 294
　　　第二节　定义的正确性 …………………………………… 295
　　　第三节　定义中的多余内容 ……………………………… 297
　　　第四节　定义是否表明事物本质 ………………………… 299
　　　第五节　关于属的定义 …………………………………… 302
　　　第六节　关于属、种以及其他方面的种差问题 ………… 303
　　　第七节　是否存在更明晰的定义 ………………………… 309
　　　第八节　对于关系项的定义 ……………………………… 310
　　　第九节　关于相反项及其他的定义 ……………………… 312
　　　第十节　表述定义所用的词与被定义项词尾的相似性 … 314
　　　第十一节　复合词与单纯词的定义 ……………………… 316
　　　第十二节　复合词与单纯词的定义再续 ………………… 317
　　　第十三节　定义中不同的概念 …………………………… 319
　　　第十四节　整体作为合成物等的定义 …………………… 322

第七卷 ……………………………………………………………… 323
　　　第一节　相同还是不同的问题 …………………………… 323
　　　第二节　确立、推翻定义的方法之差异 ………………… 326
　　　第三节　适用于确立定义的方法 ………………………… 326
　　　第四节　最适合的方法 …………………………………… 328
　　　第五节　定义的确立与推翻 ……………………………… 329

第八卷 ……………………………………………………………… 331
　　　第一节　论证顺序 ………………………………………… 331
　　　第二节　关于辩证质疑的论题 …………………………… 335

第三节　辩证论证的概述 …………………………………… 338
第四节　辩证回答 …………………………………………… 339
第五节　论题辩论的不同目的 ……………………………… 340
第六节　关于可接受论题的规则 …………………………… 341
第七节　回答者如何应对含义模糊的问题 ………………… 342
第八节　归纳的回答 ………………………………………… 343
第九节　论题的辩护 ………………………………………… 343
第十节　应对虚假论证以及阻止得出结论的方法 ………… 344
第十一节　对论证的抨击 …………………………………… 345
第十二节　清楚的论证与虚假的论证 ……………………… 347
第十三节　请求对方认可前提与相反项 …………………… 348
第十四节　辩证训练 ………………………………………… 350

辩谬篇 / 353

第一节　概述诡辩式反驳 …………………………………… 353
第二节　论证的属 …………………………………………… 354
第三节　诡辩式论证的目的 ………………………………… 355
第四节　有关语言的反驳 …………………………………… 355
第五节　与语言无关的谬误 ………………………………… 357
第六节　关于因为不知道反驳的定义而产生的所有谬误 …… 361
第七节　谬误方式 …………………………………………… 363
第八节　诡辩式推理与反驳 ………………………………… 364
第九节　反驳方式 …………………………………………… 366
第十节　关于名称或理念的论证之间的区别 ……………… 367
第十一节　反驳的种差 ……………………………………… 369
第十二节　谬误与悖论 ……………………………………… 371
第十三节　赘语 ……………………………………………… 373
第十四节　语法错误 ………………………………………… 374

第十五节　问题的安排与提出……………………………… 375
第十六节　对诡辩式反驳的回答…………………………… 377
第十七节　基于被普遍接受的方式的解决办法…………… 378
第十八节　真正的解决方法………………………………… 382
第十九节　对于由含糊与歧义产生的反驳的解决方法…… 382
第二十节　对于由合并与拆分产生的论证的解决方法…… 383
第二十一节　对于由重音而产生的论证的解决方法……… 384
第二十二节　对于由语言形式而产生的论证的解决方法… 385
第二十三节　一般意义上的相同…………………………… 387
第二十四节　对于由偶性产生的谬误的解决方法………… 388
第二十五节　对于因完全断言而产生的论证以及其他类型的
　　　　　　论证的解决方法………………………………… 389
第二十六节　对于由反驳之定义产生的论证的解决方法…… 392
第二十七节　对于因默认有争议的前提而产生的论证的解决
　　　　　　方法…………………………………………… 392
第二十八节　对于由结果产生的论证的解决方法………… 393
第二十九节　对于由补充假设而产生的论证的解决方法…… 393
第三十节　对于因为将多个问题合成一个而产生的论证的解决
　　　　　办法……………………………………………… 393
第三十一节　对于引起赘语的谬论推理的解决方法……… 394
第三十二节　避免语法错误………………………………… 395
第三十三节　判断论证类型的方法………………………… 396
第三十四节　结论…………………………………………… 398

范畴篇

第一节 同名异义词、同义词、同源词

事物被认为是同名时，其名称本身是相同的，但（名称对应的实体的）定义则不同，这就是同名异义。例如，"人"和"人像"都被称为"动物"，二者的名称本身是相同的，但其定义则不同。若要指定其中任何一个为"动物"，则要对二者分别下特有的定义。事物被称为是同义词时，不仅其名称是相同的，其定义（名称对应的实体）也是同一的。比如，"一个人"和"一头牛"都是"动物"，它们都是"动物"这一共有名称的谓项[1]，实体作为"动物"对应的定义也是同一的。若要分别说明它们是什么，称其为"动物"，则要给出相同的说明。不同事物被称为同源词时，尽管其实体不同，但其称谓（与名称对应）来源于某些事物，比如，"语法学家"来源于"语法"，"勇士"来源于"勇气"。

第二节 事物及其属性的逻辑划分

被表述的事物，有些是以组合方式表达，有些则采用简单方式表达。组合表达如"人奔跑""人征服"；简单表达则是"人""牛""奔跑""征服"。同样，有些事物是某一主项[2]的谓项，但不存在于这一主项中，比如"这个人"是

---

[1]谓项：用来描述主项性质或关系的部分，通常位于主项之后。
[2]主项：逻辑学中主词的别称。

主项"某个人"的谓项，但前者不存在于任何主项中。有些事物存在于一个主项中，但并不是任一主项的谓项（我指的一件事物"存在于"一个主项中，不是作为一部分存在于其中，而是它离开了主项便无法存在）。比如，"某种语法知识"存在于一个主项"灵魂"中，而前者不是任何主项的谓项；再比如，"这种白色的事物"存在于一个主项"物体"中（所有的"颜色"都存在于"物体"中），而前者并不是任何主项的谓项。但是，有些事物既是某一主项的谓项，也存在于这一主项中，比如，"科学"存在于"灵魂"这一主项中，同时又是"语法"这一主项的谓项。最后，有些事物既不存在于主项中，也不是任一主项的谓项，比如，"某一个人"和"某一匹马"。简言之，个体词和数量上单一的事物，不是任何主项的谓项，但没有什么可以阻止它们存在于某一主项中，比如"某种语法知识"是存在于主项中的事物，但并不是任何主项的谓项。

第三节　主项和谓项之间的联结

当一事物是另一主项事物的谓项时，所有可以用来表述是谓项的事物都可以表述主项。比如，"人"是"某个人"的谓项，"动物"是"人"的谓项，因此"动物"也是"某个人"的谓项，因为"某个人"既是"人"也是"动物"。由于不同属和不同的排序而造成的差异在物种上亦是如此，如"动物"和"科学"。"动物"的种差有"四足的""两足的""有翼的""水栖的"，但这些种差却不属于"科学"，因为一种"科学"与另一种"科学"的区别不在于"两足的"。但对于有从属关系的属之间，则没有什么阻碍其具有相同的差异。因为较高级的属是其下较低级的属的谓项，所以，用来谓述主体所归于的属的种差也是主体的种差。

第四节　范畴列举

事物的非复合阐述可以表示为：实体、数量、性质、关系、地点、时间、位置、所有、行为、受动。例如，实体（一般来说）指的是"人"和"马"；数量,如"两肘[1]"或"三肘";性质,如"白色的""合乎文法的";关系,如"双倍""一半""大于";地点,如"在集会场所""在学园";时间,如"昨天""去年";位置,如"斜躺着""坐着";所有,如"穿鞋的""持械的";行为,如"切断""点燃";受动,如"被切断""被点燃"。现在,上述每一种表述本身既不是肯定的,也不是否定的,但从其彼此之间的联结中,就会产生肯定或否定。因为每种肯定或否定要么为真,要么为假,但对于没有组合的事物来说,则非真非假,如"人""白色的""奔跑""征服"。

第五节 实体

从最严格、首要且主要的意义来讲,"实体"既不是任何主项的谓项,也不存在于任何主项中,比如"某一个人"或"某一匹马"。而第二实体作为种,第一实体归属于第二实体,这些种的属也一样,比如"某一个人"存在于"人"中,这一种的属是"动物"。因此,这些都被称为第二实体,比如"人"和"动物"。由上述可以清楚地看到,那些作为主项之谓项的事物,其名称和定义都必须是这一主项的谓项。"人"是"某个人"这一主项的谓项,至少其名称是谓项,因为你会述说"某个人"中的"人";人的定义也是"某一个人"的谓项,因为"某一个人"既是"人"也是"动物"。因此,其名称和定义都将是某一主项的谓项。但对于那些存在于某一主项中的事物——于其大多数而言——其名称和定义都不是这一主项的谓项;于另一些而言,即使其名称不是谓项,也没有什么能阻碍其名称成为这一主项的谓项。比如,"白"存在于"身体"这一主项中,也是这一主项的谓项(因为身体被称为"白色的"),但有关"白"的定义却不是身体的谓项。

所有其他事物,或是作为主项的第一实体的谓项,或是本就存在于作为主项的第一实体中。这一点可由几个明显的例子看出,比如,"动物"是"人"的谓

---

[1] 肘:古人以指尖到手肘的距离为一肘,约44.5~55.5厘米。

项，因此也是某些"特定的人"的谓项；因为若它不是"特定的人"的谓项，则它也不是普遍意义上"人"的谓项。同样，"颜色"存在于"物体"中，因此它存在于"某个特定的物体"中；因为若它不存在于"某个特定的物体"中，则也不存在于普遍意义上的"物体"中。所以，所有其他事物或是作为主项的第一实体的谓项，或是本就存在于作为主项的第一实体中。因此，若第一实体不存在，则其他事物也不可能存在。

但对于第二实体，种比属更应该被称为实体，因为它更接近第一实体；并且，若有人要解释什么是第一实体，他会通过种而非属来将其解释得更清楚、更恰当。比如，若要更清楚地定义"某一个人"，要用"人"而非"动物"，因为前者更接近"某一个人"的特性，而后者更多地指共性。类似地，若要解释"某一棵树"，则要通过"树"而非"植物"来将其解释得更确切、更恰当。第一实体更应该被称为实体，因为它们隶属于其他所有事物，或是这些事物的谓项，或存在于这些事物中；而且，第一实体与所有其他事物的关系就如同种与属的关系，因为种从属于属，属是种的谓项，但种不会反过来成为属的谓项。由此，种比属更接近于实体。

然而，对于种自身来讲，不存在一个种比另一个种更接近于实体的情况，比如，在介绍"某一个人"时给出"人"的定义，介绍"某一匹马"时给出"马"的定义，不存用"人"的定义来介绍"某一个人"比用"马"的定义来介绍"某一匹马"更恰当的问题。类似地，对于第一实体而言，不存在一个比另一个更接近实体的情况，因为"某个人"并不比"某头牛"更接近实体。因此，在第一实体之外，其余的种和属都被称为第二实体，因为它们都可以谓述第一实体。所以，若有人给"某一个人"下定义，他将通过种或属来恰当地定义它，并将通过介绍"人"而非"动物"来使其更加清楚。但如果用其他事物来说明，比如"白色的"或是"奔跑"或是任何类似的事物，就不适合了。此外，由于第一实体从属于所有其他的事物，并且所有其他的事物都是其谓项，或是存在于其中，因此它们是真正意义上的实体；但是，第一实体与其他所有事物之间的关系，以及第一实体的种和属与所有其他事物的关系，两种关系是同一的，因此其余所有事物都是其谓项。比如，你会说"某一个人"是"文法学家"，因此你也可以说"人"和"动物"是"文法学家"，其他情况也与之类似。

所有实体都有一个共同点，即不存在于任何主项中。因为第一实体既不存在于一个主项中，也不是任一主项的谓项。而第二实体显然也是如此，它们不存在于一个主项中。"人"是主项"某一个人"的谓项，但不存在于这一主项中，因为"人"不存在于"某一个人"中。同样，"动物"是主项"某一个人"的谓项，但"动物"不存在于"某一个人"中。此外，它们存在于这一主项中，并没有什么阻碍其名称成为这一主项的谓项，但其定义却不能是这一主项的谓项。然而，对于第二实体来说，其名称和定义都是主项的谓项，比如，"人"的定义不只谓述"某一个人"，"动物"的定义亦是如此。所以，实体可能不存在于那些存在于其主项的事物中。

然而，这并不是实体的特性，其种差也不存在于主项中。比如，"步行的"和"两足的"实际上都是作为主项的"人"的谓项，但不存在于主项中，即"两足的"和"步行的"都不存在于"人"中。种差的定义也谓述种差所表述的事物，例如，若"步行的"是"人"的谓项，则"步行的"定义也将是"人"的谓项，因为"人"是"步行的"。

不让实体的部分作为整体存在于主项中，这会让我们困惑，所以我们在任何时候都不得不说，实体的部分不是实体。只有这样，事物才不会被称为存在于一个主项中，它们作为部分存在于任何主项中。

的确，实体及其种差具有相似性，即所有事物都应该分别是它们的谓项，因为它们的范畴既是其个体的谓项，也是其种的谓项。第一实体并没有范畴，因为它不是某一主项的谓项。但对于第二实体来讲，种是个体的谓项，属既是种也是个体的谓项，同样的，种差既是种的谓项也是个体的谓项。种和属的定义同样适用于第一实体，属的定义也适用于种。因为用来述说谓项的，也适用于主项。类似地，种差的定义也适用于种和个体。这些事物至少都是单一的，其名称是共同的，定义是同一的，所以由实体和种差而得来的同义词分别是其谓项。

尽管如此，每一个实体似乎都表示一个特殊的事物：于第一实体而言，这无疑是真的，即它们表示某一个特殊的事物，表示的是个体，在数上是一；而于第二实体而言，从其称谓上来看，与此类似，它们也表示某一特殊的事物。在提及"人"或是"动物"时，却并非如此。因当其表示某种质时，主项不是一。例如，对于第一实体而言，"人"和"动物"是许多事物的谓项。它们不像"白色的"那样简单地表示某种性质，因为"白色的"除了表示具有某种性质的某一事物外，别无他指。而种和属则决定实体的质，因为它们表示某一实体所有的质。属所确定的范围比种所确定的更宽泛，比如，谈及"动物"时就比谈及"人"时包含的更多。

实体自身没有反对命题，什么可以成为第一实体的反对命题呢？比如某一个"人"或是某一个"动物"，至少对"人"和"动物"来说，它们没有反对命题。但这并非实体的特性，而是许多其他事物的特性，比如数量，因为"两肘""三肘""十肘"或是任何其他类似的事物，都没有反对命题，除非有人称"多"和"少"相反，或是"大"和"小"相反。但对于确定的数量而言，没有反对命题。实体似乎不存在更多或更少程度上的不同。我的意思是，并非一种实体比另一种实体不存在更多或更少地接近于实体的情况——前面已经说过这种情况是存在的——而是实体自身并没有程度上的不同。若某一实体是"人"，无论是和自身比较，还是和另一个"人"比较，他将不会或多或少地是"人"，因为一个"人"不可能比另一个更是"人"，正如一件"白色的事物"不会比另一件更多或更少地是"白色的"，一件"美丽的"事物不会比另一件更多或更少地是"美丽的"，"同一事物"不会更是或更不是"它本身"。所以，若说物体是"白色的"，是指其现在比以前更"白"；若说它是"温暖的"，是指其比其他时间更"温暖"，或者没那么"温暖"。对于实体，它不会被称为更多或更少地是实体，因为"一个人"不会被说成现在比以前更是"一个人"，其他实体也是如此。因此，实体不会更多或更少地是实体。

然而，实体独有的特性似乎是，在数目上能保持同一性的实体有反对命题，而其他非实体则不具有这种特性，即在数量上是一，又有相应的反对命题。例如，"颜色"在数上是一，又具有同一性，但一种颜色不可能既是"白色的"

又是"黑色的";一种行为,在数目上是一,但不可能既是"善的"又是"恶的"。除实体之外的其他许多事物,情况都与之类似。但实体在数目上是一,且具有同一性,有与之对应的反对命题。比如,"某一个人"在数目上是一,又具有同一性,有时是白色的,有时是黑色的,时而温和时而冷酷,时而善时而恶。其他事物则并非如此。有人可能会反对这一说法,举例说一个句子或是一种观点会有反对命题,因为同一个句子似乎可以既真又假。例如,如果"某一个人坐着"这一陈述为真,则他站起时,这一陈述就为假。观点的情况也与之类似,如"某一个人坐着",则认为他坐着的观点为真;若他站起来时,对此还持同样的观点,则这一观点为假。即使承认这一点,但其模式仍存在差异。实体中的一些事物,自身会发生改变,产生反对命题,比如,由冷到热是质发生了改变,还有由黑到白,由善到恶也是如此。其他事物也与之类似,每一种可以改变的事物都有与之对应的反对命题。事实上,句子和观点本身都是固定不变的,但若事物本身改变了,则与之对应的反对命题也随之产生。"某一个人坐着"这一句子本身未发生改变,只是事实发生了改变,因此观点才有时为真,有时为假。同样地,观点的情况也与之相似。这是实体所有的特性,即因自身改变而产生相应的反对命题。但是,若有人认为句子和观点都有反对命题,这种说法则为假。因为句子和观点自身没有反对命题,只是事物发生了改变。而对于其他事物而言,却产生了一个被动的质,在这一情况下,事物是或不是这样,所以,句子可以被称为真或假,而不是其自身有反对命题。总之,若一个句子或一种观点没有发生改变,则它们不会有相应的反对命题,没有被动的质存在于其中。事实上,实体本身可以接受反对命题,则可以被称为有反对命题。例如,实体可以是健康的、患疾的,可以是白的、黑的,并且只要它有此类特点,便可以被称为有反对命题。因此,这就是实体的特性:具有同一性,在数目上是一,自身发生改变时会产生相应的反对命题。有关实体的论述,这些可能已经足够。

第六节 数量

有的数量是间断的,有的则是连续的。有的数量由其部分构成,各部分有相应的位置，而有的部分，则没有这样的位置。间断的量，如数和句子；连续的量，如线、面、体、空间和时间。对于构成数的各部分，没有共同的词项将其连接起来，比如5是10的一部分，但没有共同的边界将5和5连接起来，它们是分离的。3和7也没有共同的边界将其连接起来，也不可能在数上找一个共同的边界限定各部分，它们总是分离的。因此，此类事物的数量就是间断的。句子也与之类似，显然，句子也是简短的数量。因为它可以通过长短音节来衡量——我指的是被说出来的句子——但其各部分没有共同的界限，即音节发生作用的地方也没有共同的界限，每一个音节各自分开。相反，线则是连续的，因为你可以在各部分连接的地方找到共同的边界，即点；对面来说，其边界则是线，因为面的各部分通过共同的边界相接合。所以，你也可以在体中找到共同的边界，即连接体各部分的线或面。时间和空间亦是如此，现在的时间由过去和未来的时间连接；同样，空间从数量上来讲也是连续的事物。体的各部分占据相应的空间，各部分由共同的边界连接；空间的各部分也是如此，各部分占据着空间，也以同样的边界连接。所以，空间也是连续的，因为其各部分有共同的边界。

此外，有些事物由部分构成，每一部分都有各自的位置，但有的部分却没有这样的位置。因此，线的部分有其相对的位置，每条线都位于某处；在面中，我们也可以对线加以区分，找出它们的位置以及与其相连接的部分。所以，构成面的部分亦是如此，它们有特定的位置，我们可以以类似方式找出每一部分的位置所在、每一部分之间的关系。体和空间与之类似。相反地，从数字的角度来讲，则不可能表明数字的部分都有相对位置，或说明它们位于某处，或哪一部分与其他部分相连接。时间的部分也没有这样的位置，因为时间的部分都不能持续，所以没有持续性的东西，怎么会有位置呢？但我们可以说时间有一定的顺序，因为其部分有先后顺序。数字也有类似的顺序，因为计数时，1在2前面，2在3前面，所以它可能有一定的顺序，但却不能说它有相应的位置。句子也是如此，因为其部分都是不可持续的，但它已经讲出来了，并且说出来的内容也不可能被收回，所以句子的部分没有位置，因为各部分没有持续性。因此，有些事物由有位置的部分构成，但有的部分却没有位置。

以上列举的事物才是严格意义上的数量，其他所有被称为数量的都是派生出来的。注意到这些，我们才称其他事物是数量。比如，白色的事物可以被说成是多的，因为其所在的面是大的；某一个行为是长的，因为其持续的时间长；动作亦是如此，可以被称为是长的。这些事物就其自身而言，不能被称为数量。若要解释一种行为的数量，可通过时间来明确，用年或是其他类似的事物来描述它；若要解释白色的量，则要用面积来明确，面积的数量有多少，则白色事物就有多大。所以，只有我们提到的特殊情况的自身才是严格意义上的数量，其他事物自身都不能被称为数量，但在派生情况下则可以。

同样，数量没有相反者。清楚的是，所有确定的数量都没有相反者，比如"两肘"或是"三肘"，或是"面"，或是任何此类事物，都没有反对命题。但有人会说，"多"和"少"相反，"大"和"小"相反。然而，它们都不是数量，而是处于某种关系中，因为其自身并不能被描述为大或小的，而是与其他事物相比较而言。比如，一座山被称为"小的"，而一颗谷粒被称为"大的"，它指的是这座山比其他山小，这颗谷粒比其他谷粒大，这些事物都具有同一的本质，其关系是与其他事物相比。而其本身是不能被称为"小的"或是"大的"，即山不可能被称为"小的"，谷粒也不可能被称为"大的"。再如，我们说在某个村庄里有"很多"人，而在雅典城的人则"很少"——尽管雅典城的人比村庄里的人多很多；我们说屋里有"很多"人，剧场的人则"很少"——尽管剧场中的人更多。"两肘"和"三肘"以及其他此类事物表示的是量，而"大"和"小"表示的不是量，而是关系。因为"大"和"小"是相对于其他事物而言的，所以，很显然它们表示的是某种关系。

然而，无论是否认可此类事物是数量，它们都没有反对命题。因为它们不是在自身意义上被表述的，而是相对于其他事物，所以怎么会有反对命题呢？再则，若"大"和"小"相反，则会得出同一事物在同一时间具有相反的性质的结论，即事物本身会与其自身相反——同一事物在同一时间既是"大的"又是"小的"。有的事物与一件事物相比是"小的"，但与另外一件事物相比则是"大的"，所以同一事物在同一时间可以既是"大的"又是"小的"，即此事物在同一时刻具有相反的性质。然而，有些事物不可能同时具有相反的性质。比如实体，尽管其有相应的反对命题，但一个人不可能在同一时间既是"生病的"又是"健康的"，一件事物也不可能既是"白的"同时又是"黑的"，其他事物也不可能同时具有反对命题。如果"大"和"小"相反，那么同一事物在同一时间既是大的又是小的，即这一事物与其自身相反；这是不可能的，因为同一事物不可能与其自身相反；所以，大和小不相反，多和少也不相反。尽管有人可能会说这些情况并不属于关系而属于数量，但它们仍然没有反对命题。

然而，若说数量有相反者，位置似乎适用这一点，因为人们说"向上"与"向下"相反，称接近中心位置为"向下"，并认为从中心到世界的边界最遥远。人们由此演绎出其他反对命题的定义，认为拥有反对命题的事物归于同属，彼此相距最远。

尽管如此，数量却没有更大更小之说，比如"两肘长"，一件"两肘长"的事物不可能比另一件"两肘长"的事物更加"两肘长"。数字亦如此，因为不能说"3"比"5"更加"3"，也不能说比"5"更加"5"，比"3"更加"3"。同样，我们不能说一段时间比另一段时间更加是"时间"。简言之，我上述提及的事物都不能说"更大"或"更小"，因此数量没有"更大"或"更小"。数量的特性可以被称为"相等的"和"不相等的"，以上所提到的每一个数量都可以被称作是"相等的"和"不相等的"，因此我们可以说体积是"相等的"和"不相等的"，且数字和时间也可以用"相等的"和"不相等的"来述说。类似地，其他上述所列举的事物，都可以用"相等的"和"不相等的"来表述。相反地，其他事物都不是数量，则不能称其为"相等的"和"不相等的"。比如，我们不能称性情是"相等的"和"不相等的"，但可以称其为"相似的"和"不相似的"；不能称白色是"相等的"和"不相等的"，但可以称其为"相似的"和"不相似的"。因此，数量最突出的特性即可以被称为"相等的"和"不相等的"。

第七节 关系

被称作"关系"的事物，或是附属于其他事物，或是以其他方式与一些事物相关。例如，"更大的"即指与其他事物相比它是更大的，"两倍的"即指与某一事物相比，它是其两倍。其他类似的事物也是如此，比如状态、倾向、意识、知识和姿势，所有这些列举的或是附属于其他事物，或是与其他事物相关，除此之外别无他物。比如，状态指的是某一事物的状态，知识是关于某一事物的知识，姿势是某一事物的姿势，其余的亦是如此。因此，关系是这样一些事物，它们或从属于其他事物，或以某种方式与其他事物相关。一座山与其他山相比是"大的"，所以山是"大的"与其他事物相关。"相像"也是与其他同类事物相比较而言，与其他事物相关。躺着、站着、坐着是某一种姿势，姿势也是一种关系。但躺、站或坐，其自身并不是姿势，它源于我们上述提及的姿势。

此外，关系也有相反者，比如"美德"与"恶行"相反，二者都处于关系中，再如"知识"与"无知"相反。但是，这种相反并不是固有地存在于所有关系中，因为"两倍"没有与其相反者，"三倍"也没有，诸如此类的事物都没有相反者。

尽管如此，关系似乎也可以更多或更少。"相像"和"不像"，"更多"和"更少"，以及"相等的"和"不相等的"都可以用"更多"或"更少"来表述，它们都处于一种关系中。"相似"是指与一些事物"相似"，"不相等"是指与一些事物"不相等"。但这并不意味着所有关系都可以用"更多"或"更少"来表述，例如，"两倍"不能被称为"更多"的两倍或是"更少"的两倍，其他此类事物亦是如此。

所有的关系都是由这种相关性所命名的，比如，"奴隶"是主人的奴隶，

□ 亚里士多德教导亚历山大
查尔斯·拉普兰特 1866年

亚里士多德是柏拉图的学生，又是亚历山大大帝的老师。亚里士多德辅导未来的征服者亚历山大的形象，被称为最持久的浪漫形象。

"主人"则是奴隶的主人;"两倍"是"一半"的两倍,"一半"则是"两倍"的一半;"更大"是比"更小"大,"更小"是比"更大"小。其他事物亦是如此,但有时它们会通过格[1]在文辞上体现出不同。比如,知识是可认知事物的知识,可认知事物通过知识被认知;意识是可感知事物的意识,可感知事物通过意识被感知。

有时,若不能正确表述这种关系,则会出现错误,导致这种相互性并不存在。例如,鸟的翼,若将其视为鸟的属性,则二者没有相关性;因为一开始的表述便不准确,即不能说"翼"是鸟的属性,它是"有翼的"生物之属性。许多其他不是鸟的生物也有翼。所以,只有使用了准确的表述,才会有相互性。"翼"是有翼的生物的翼,"有翼的生物"因"翼"而成为"有翼的"。

有时,若没有合适的名称被恰当地用于某一事物,则需要创造新词。例如,若"舵"被表述为"船"的属性,则不恰当;因为"舵"只有在它是"船"时才是其属性,但有的"船"没有"舵"。因此它们不具有相关性,"船"不是"舵"的"船"。所以,若将其表述为"舵"是"有舵之物"的"舵",可能更准确,或是以其他方式——因为名字并不是被指定的——来表述。若其属性的表述准确,则有了相互性,"有舵之物"是因为"舵"才能被称其为"有舵的"。对于其他事物也是如此。例如,称"头"是"有头之物"的"头",而不是"动物"的属性,则更为准确,因为有的"动物"没有"头",也有许多没有"头"的"动物"。

因此,若将有名称的事物的名称应用到与其相关的事物上,则更易指定那些没有既定名称的事物,正如前文举出的例子,"有翼的"源于"翼","有舵的"源于"舵"。因此,所有的关系若能被恰当地表述其属性,则具有相关性;若与之参考的是偶然事物,而不是与其相关的事物,则它们不具有相关性。我是

---

〔1〕格:此处的格在希腊语中是指属格(gentive case)和与格(dative case),这两种格在英语中与"of"和"by"执行的功能相同,意思分别是"……的"和"由……"。

说,尽管将名称指定,这些事物也不会与其相关者相关;若某一事物的属性被偶然事物所表述,则它们也没有关系。比如,若"奴隶"不是"主人"的奴隶,而是"有足的"人或是其他此类事物的"奴隶",则它们不具有相关性,因为这种属性的表述是不准确的。然而,对那些相关的事物,不考虑其偶然因素,只剩下事物自身,其属性可以被准确地表述,并总是与其相关。比如,"奴隶"与"主人"相关,若不考虑此问题中与主人相关的所有偶然因素(如"两足的""可以获取知识的",或是"人"),而他仅仅是"主人",则"奴隶"将总是与其相关,"奴隶"被称为"主人"的奴隶。

另一方面,若事物的属性不能被准确地描述,即使不考虑其他偶然因素,只剩事物自身,则"奴隶"不会与"人"相关,"翼"也不会与"鸟"相关。若不考虑"人"中的"主人"这一因素,则"奴隶"不会与"人"相关,因为"主人"不存在,"奴隶"也不存在。若不考虑"鸟"中"有翼的"这一因素,则"翼"不会处于关系中,"有翼的"也不会存在,"翼"也不是任何事物的翼。所以,有必要准确表述相关事物的属性,若它已经有了名称,则更容易描述;若它没有指定名称,可能需要创造新词。因此,其属性被描述之后,所有的关系词都与其相关者相关。

很自然地,关系词都是同时出现,这是其普遍性所在。"两倍"和"一半"就是如此,"一半"存在,则"两倍"存在;"主人"存在,则"奴隶"存在,"奴隶"的存在也意味着"主人"的存在。其他事物也与之类似。它们之间互起反作用,若不存在"两倍",则无"一半";没有"一半",亦没有"两倍"。同类事物中的其他事物亦是如此。

然而,若认为所有的关系词都是同时出现的,这一观点似乎不正确。"知识"的对象可能会先于"知识"出现,因为在大多数情况下,我们都是从先存的事物中追溯知识的起源。知识及其对象同时起源的情况,只存在于少数事物中,或是根本不存在;而且,知识的对象被颠覆,同时也会颠覆知识;但知识被颠覆了,则不会同时颠覆知识的对象。若知识的对象不存在,则知识本身也不存在,也不会有关于事物的知识。但相反地,若知识不存在,则没有什么阻碍知识的对象存在。因此，若圆的面积是知识的对象，尽管它自身是知识的对象，但关于它的知识不存在。再如，不考虑"动物"因素，则不会有相应的"知识"，但许多知识的对象依然存在。

同样地，有的事物与意识有关，因为可感知的事物似乎先于意识而存在：可感知的事物被颠覆了，同时也会颠覆意识；而意识则不会颠覆可感知的事物。意识与物体有关，且存在于物体中。但可感知的事物被颠覆了，物体也将被颠覆（因为物体是可感知事物的数）和不存在，意识也被颠覆，所以可感知事物可以颠覆意识。另一方面，意识不会颠覆可感知的事物。如动物被颠覆，实际上意识也被颠覆，而可感知的事物依然存在，例如，"物体""温暖的""甜的"和"苦的"等其他可感知的事物。此外，意识和有能力进行感知的事物是同时产生的，因为"动物"和"意识"是同时产生的。但"可感知的事物"则先于"动物"或"意识"存在，如"水"和"火"——动物就是由此类事物构成的——都先于"动物"或"意识"存在。因此，可感知的事物似乎是先于意识存在的。

然而，是否像人们所看到的，没有实体存在于相关性中，或是它只发生于特定的第二实体中，我们对此仍然存在疑问。在第一实体中，这种情况为真，因为无论是其整体还是部分，都存在于关系中。"某一个人"或"某一头牛"都不可能相对于其他事物被说成是"某一个人"或"某一头牛"。从部分的角度来讲，"某一只手"不可能相对于其他事物而被说成是"某一只手"，而是"某一个人的手"；"头"也不可能是相对于其他事物而被说成是"某一个头"，而是"某一个人的头"。对大多数第二实体而言，情况与之类似。因此，"人"并不是相对于其他事物而被说成是"人"，"牛"不是相对于其他事物而被说成是"牛"，"木头"也不是相对于其他事物而被说成是"木头"，但它们都是某一事物的所有物。因此，在这类事物中，它们都不是被包含在关系中的。

但对有些第二实体来说，可能出现例外的情况。例如，"头"是某个人的头，"手"是某个人的手，所有此类事物都是以类似方式存在于相关性中。若我们充分地定义了关系的含义，则对于证明没有实体是相对的，要么是困难的，要么是不可能的。但若没有充分的定义，而这些事物都是相关的——它们的实体是同一的，处于一种关系中，以某种方式成为某一事物——或许，问题可以得到解答。

上述定义适合所有的相关事物，但它们并不是同一事物，它们存在于关系中，是其代表的事物，是其他事物的谓项。所以，清楚的是，若有人明确地知道某物是相对的，则将明确地知道它与什么相关。显而易见，若有人知道关系中的特殊事物，这一事物和相对于其他事物而存在的东西是同一的，则他也一定知道这一特殊事物与哪一事物相关，以某种方式存在于哪一事物中。反之，若他不知道与这一特殊事物相关的是什么，以某种方式存在于哪一事物中，则他也不知道它是否与某物相关。事实上，这一点可以通过个别事例来说明。若有人明确地知道这一事物是"两倍的"，他也会随即知道它是什么事物的两倍；若他不知道它是某事物的两倍，则他也不会知道它是"两倍的"。再则，若他知道这一事物比其他事物"更美丽"，则他肯定也明确地知道它比什么事物"更美丽"。因此，若他不是明确地知道一事物比另一更差的事物"更好"——这是一种观点而非科学——他就不会准确地知道它比更差的事物更好，虽然可能没有什么事物比它更差。

由此可知，无论谁明确地知道存在于关系中的事物，他都将明确地知道这一事物与什么相关。尽管如此，人们明确地知道头和手以及所有此类的事物都是实体，但没必要知道它们与什么事物相关，因为没必要知道它们是谁的头，谁的手。因此，它们都不是相关的。若它们不是相关的，则可以断言没有实体是存在于关系中的。或许，未经过反复考虑，想要确定这一问题中的任何事物，都是相当困难的；所以，我们在此提出有关它们的讨论，并非无用之功。

第八节　性质和质

所谓质，我指的是某些事物被如此称呼的原因。质存在于事物中，可以在多种意义上被述说。有一种质我们称之为"状态"和"倾向"。状态又不同于倾向，它持续的时间更长、更稳定，是科学和美德的一部分。科学可以持续稳定，又难以发生改变。尽管人们对科学的掌握程度可能一般，但除非发生疾病或是类似的巨大改变，它都是保持稳定的。美德亦是如此，比如公正、节制等，它们似乎难以被取代或是发生改变。

但那些被称为倾向的事物，容易被取代、变化快速，比如热、冷、疾病、健康以及诸如此类的事物。一个人若有了某种倾向之后，便会迅速发生改变，由热到冷，由健康到患疾。其他事物也是以类似方式发生改变，除非有的质经过日积月累，已经成为其本性不可被动摇，或者至少是难以被取代的，在这种情况下，我们称之为状态。很显然，那些持续时间长、难以改变的事物应该被称为状态。那些不能对科学保持信条、易于改变的人，不能称之为拥有科学的状态——尽管他们或好或坏地以某种方式倾向于科学。所以状态与倾向的不同之处在于，后者易于改变，而前者更持久、不易被改变。状态也是倾向，而倾向并不都是状态，比如，有某种状态的人会有某种倾向，但有这种倾向的人则不会同时拥有这一状态。

第二种质指的是，由于具有这种质，我们称某人善于拳击或跑步，或是健康的，或是虚弱的。简言之，人们用这种质来描述事物是否具有天生的能力。这种命名并非源自某种倾向，而是源于某种天生的能力或是不具备这种能力，使之易于做某事或是不受苦难的影响。因此，我们称有些人善于拳击或是适合跑步，不是因为他们有这种倾向，而是他们天生拥有这种能力来轻易地做这些事。再则，我们称有些人是健康的，即指他们天生有这种能力使之不易遭受疾病带来的苦难；我们称有些人是虚弱的，则指他们天生没有这种能力来抵抗疾病带来的苦难。类似地，我们称某一事物是"坚硬的"，即指这一事物拥有不易碎的能力，而对于"柔软的"东西，则指它不具有同样的能力。

第三种质指的是"被动的质"和"受动"，比如，甜、苦、酸以及所有同类事物，此外还有温暖、寒冷、白和黑。显然，它们都是质，并且是从其接受者的角度而被称为这种"质"的。比如，蜂蜜是从接受者感到甜的角度而被称为"甜的"，物体是从接受者感受到白色的角度而被称为"白色的"。它们被称为"被动的质"，不是因为其接受者受到了某种作用，如，蜂蜜被称为甜的不是因为其接受者受到了某种作用，其他此类事物亦是如此。冷和热也是以类似方式被称为

"被动的质",不是因为其接受者受到了某种作用,而是每一个上述提及的质都在意识上产生受动,它们被命名为"被动的质"。例如,甜在味觉上产生某种受动,温暖在触觉上产生某种受动,其他此类事物亦是如此。

相反地,白和黑以及其他颜色,虽被称为"被动的质",但与上述提及的质方式不同,它们本身就产生"受动"。许多源于受动的颜色改变都是显而易见的。比如,一个人害羞时会脸红,受到惊吓时脸色苍白,诸如此类的事物亦是如此。因此,若一个人自然而然地受到这种受动的影响,那么他可能会有一个相似的颜色,因为害羞时身体会相应地产生一种倾向,也可能在自然的体质中产生。因此,相似的颜色就会自然而然地出现。这些表征源于某种难以改变、持久作用的受动,它们被称为"被动的质"。无论是从自然的体质角度,苍白或是黑色都是"被产生的",它们被称为"质"(我们因它们而被称作具有这种"性质")。例如,或是经过长时间的疾病或高温,或是任何此类的事物,由此产生了苍白或黑色,它们不易被改变,甚至会持续一生,这些被称为"质",我们也是以类似方式被称为具有这种"性质"。

尽管如此,此类事物由易于消解、可以快速恢复的事物产生,我们称之为"受动"而不是"质",从这一角度来讲,不能称人们具有这种"性质"。因为一个因害羞而脸红的人,不能说他是红皮肤的;一个因受到惊吓而脸色苍白的人,不能说他是白皮肤的,但可以说他们遭受了某些事情;所以此类事物被称为"受动",而非质。同样地,灵魂也是"被动的质",被命名为"受动"。那些与生俱来而又难以被改变的事物,被称为"质"。比如疯狂、愤怒以及此类事物,人们由此被说成具有这种"性质",即"愤怒的"和"疯狂的"。所以,对于那些并非天生、由其他表征引起的突变,它们都难以被改变或是不可动摇的,它们被称为"质",被说成具有这种"性质"。

另一方面,由轻易、快速恢复的事物而产生的事物,被称为"受动"。比如,某人因烦恼而变得更加愤怒,则不能称他为愤怒的,他是在烦恼之下更加愤怒;但可以说他是遭受了某些事情,此类事物被称为"受动",而非质。

第四类质是事物的外形和形式,它与所有事物相关。此外,还有曲、直以及类似的事物，事物由它们而被称为具有这种"性质"。比如，一个三角形或是正方形被说成是有某种质的事物；再如直线或是曲线，所有事物都因其形式而说成具有这种"性质"。稀疏的和稠密的，粗糙的和平滑的，它们似乎表示某种质，但或许又与质的划分相异，更准确地说，它们似乎指示的是部分的某一位置。一件事物被称为"稠密的"，即它的各部分相距很近；而"稀疏的"，即指各部分相距遥远。若事物的各部分呈直线分布，则它是"平滑的"；而"粗糙的"则指其各部分高低起伏。也许还有其他形式的质，不过我们已列举的这些是最常见的。

因此，上述提及的都是质，"性质"由"质"同词源命名而来，或是以其他方式源于它们。事实上，在大多数或是所有情况下，它们都是同词源的。比如，"一个白种人"源于"白"，"一位文法学家"源于"文法"，"一个公正的人"源于"公正"，其余的与之类似。在某些情况下，若质没有既定的名称，则不可能称它们是同词源的。例如，"跑步者"或"拳击手"，其称呼源于自然的力量，但没有质来同词源地命名他们。因为在这些人被称为具有这种"性质"之后，这些力量没有被赋予既定名称。当相应的科学有了既定名称后，根据这些科学，我们从倾向的角度而称这些人是拳击手或是摔跤手；也因而有了拳击术和格斗术，具有这种倾向的人被同词源地命名为有这种"性质"。

然而，有时某种"性质"的名称被指定了，但却不是同词源地被命名。例如美德，我们说某个人是可敬的，他被称为可敬的是因为拥有这一美德，而非因美德而获得同词源的命名。然而这种情况并不常见，因此这些事物被称为"性质"，它们由上述提及的质而被同词源地命名，或是以其他方式源于它们。质也存在反对关系，比如，公正和不公正相反，白和黑相反，等等。那些因其存在的事物被命名为性质，比如不公正的和公正的，白色的和黑色的。但并非所有情况都是如此。比如，黄色、苍白或是类似的颜色，尽管它们都是质，但没有相应的反对命题。此外，若其反对命题是质，则其也是质。这一点对于其他范畴来说，同样显而易见。例如，若公正和不公正相反，公正是质，则不公正也是质，除了质没有其他范畴与不公正一致，比如量、关系、所处或是任何其他范畴。质的其他相反者亦是如此。

性质也有更多更少之分。比如，一事物比另一事物"白"，或是没有另一事物"白"；一事物比另一事物"公正"，或是没有另一事物"公正"。同一事物本身也会有所增加，比如"白色的"事物可以变得更"白"，大多数事物是这样的，但并非所有性质都是如此。有人可能会怀疑是否公正，是多大程度上的公正，对于其他倾向亦是如此。有人对此存有疑问，并声称公正和健康没有程度上的不同，但他们说一个人没有另一个人健康，一个人没有另一个人公正，对于合乎文法的以及其他倾向亦是如此。事物因此而被命名，毫无疑问，也有更多更少之分。我们可以称一个人比另一个人"更符合文法""更健康""更公正"，其他事物与之类似。但三角形和正方形似乎没有更多更少之分，其他图形亦如此。因为，它们符合三角形或圆形的定义，与三角形或圆形相像；但若不符合同一定义，则不能说一个比另一个更是三角形或更是圆形。例如，正方形不可能比长方形更是圆形，因为它们都不符合圆形的定义。总之，除非二者都符合所提事物的定义，否则不能称一事物比另一事物更多或更少。因此，并非所有的质都有"更多""更少"之分。

以上提及的特殊性并非质所特有，但只有质可以被称为"相似的"和"不相似的"。一事物与另一事物"不相似"，也是从性质的角度而言的，所以这是质所特有的，"相似"和"不相似"也是从质的角度来讲的。

若有人说在提及质时，我们列举的许多事物都是关系词，我们不必对此烦忧。状态和倾向都存在于关系词中。几乎在所有此类事物中，种都被称作关系词，但不是单数词之一。例如，科学作为属，是相对于其他事物而言的，是某一事物的科学。而单数词并非如此，比如，不能称文法是某事物的文法，音乐是某事物的音乐。从属的角度来讲，尽管它们都是关系词，但我们可以说文法是某物的科学，而不是某事物的文法；可以说音乐是某事物的科学，而不是某事物的音乐。所以，单数词不属于关系词。我们因拥有单一的知识而被称为具有这种性质的人，即因为拥有某种特定的科学而被称为是科学的。所以，根据我们命名的性质，它们可能是单一的质，但不是关系词。此外，若同一事物恰巧既是一种特殊的质又是一个关系词，则在两种属之下就没有可列举的谬论了。

第九节　行为、受动以及其他范畴：位置、时间、地点和所有

行为和受动有对立关系，也有更多或更少。加热和制冷相反，被加热和被制冷相反，愉悦的和悲痛的相反，所以它们都有对立关系。它们也有更多或更少，可以更热或不太热，可以使之更热或不太热，可以更悲痛或没那么悲痛。因此，行为和受动都有更多或更少，它们也被如此称呼。[1]

我们已经谈及关系词，从位置的角度来讲，它们被同词源地命名。至于其他范畴，时间、地点和所有也已论述清楚，在开头便已提及，在此不再赘述。比如，"所有"表示穿鞋的、持械的，"地点"表示在学院、在集会场所，我们提及的其他事物亦是如此。因此，在提及的属中，我们已经给出了充分的阐述。

第十节　对立

现在，我们必须要讨论对立了。对立关系以四种方式发生，即一事物与另一事物相对，表现在四方面：有关系的事物相对立；互为反对命题的事物相对立；缺性与习性相对立；肯定命题与否定命题相对立。因此，概括起来，即所有此类事物都是对立的，有关系的事物相对立，如"两倍"和"一半"；相反的事物相对立，如"恶"与"善"；缺性与习性相对立，如"失明"和"可视"；否定和肯定相对，如"他坐着"和"他没坐着"。

相关的事物相对立，即它们与对立有关，或是以其他方式与其相关。比如，"一半的两倍"，即它与其他事物相关，是某事物的两倍。"知识"和"知识的对象"在关系上相对立，即知识与被知道的事物相关，被知道的事物与知识相关，即"知识的对象"与"知识"相关。

---

[1] 亚里士多德关于这些范畴的讨论在此处中断，接下来的一段话是古代编者用于衔接第九、十节所增补。

因此，有关系的事物相对立，即它们与对立相关，或是以其他方式彼此相关。那些互为反对命题的对立物，则不可能与彼此相关，而是与彼此相反。比如，"善"不是"恶"的"善"，而是与"恶"相反；"白"不是"黑"的"白"，而是其相反者。所以这些对立关系彼此不同。

此类反对命题的其中之一必然存在于这些事物中，它可能是本质如此，或是这些事物的谓项，它们之间没有中间物。但对有些事物而言，这种情况则不是必须的，即其中之一是固有的，它们之间有中间物。例如，健康和疾病可能在本质上就存在于一种动物的身体中，则二者之一必然存在于身体中，或是疾病，或是健康；奇数和偶数是数的谓项，则二者之一或是奇数或是偶数，必然存在于数中，且它们之间没有中间物。疾病和健康之间没有中间物，奇数和偶数之间也没有。此外，有些反对命题之间有中间物，其中之一并非固有。如白和黑在本质上存在于身体中，但二者之一并非必然地存在于身体中，因为每一个身体并不是非黑即白。"无价值的"和"有价值的"是人的谓项，也是许多其他事物的谓项，其中之一并非必然地存在于它所述说的事物中，因为所有的事物并非都或是无价值的，或是有价值的。在白和黑之间至少还存在中间物，如深棕色、灰白色以及许多其他颜色。而在无价值的和有价值的之间，其中间物既不是无价值的也不是有价值的。在有些情况下，中间物也有名称，如深棕色、灰白色和其他此类颜色是白色和黑色之间的中间物。但在其他情况下，我们则很难为中间物命名，要否定两个极端来定义中间物。比如，既非好也非坏，既非公正也非不公正。

缺性和习性是相同事物的谓项，如"失明"和"可视"就是眼睛的谓项。一般来说，它们是相对于产生它们的事物而言的，也是其谓项。所以，可以拥有且在本质上可能拥有某种能力的事物，在其失去这种能力时，我们便说这一事物缺乏这种能力。因此，我们称某人是无齿的，并非因为他没有牙齿；说他是失明的，也并非因为他没有视力，而是因为他本来可以拥有，但却没有这种能力。有些人在出生时便没有视力或牙齿，但他们不能被称作是无齿的或是失明的。拥有或缺乏某种能力，并非缺性或习性。视力是习性，失明是缺性，而拥有视力并非视力，失明的也并非失明。"失明"是某种缺性，"失明的"则是缺乏这种能力，而非缺性。若"失明"和"失明的"相同一，二者都可能是同一个人的谓项，我们可以称一个人是"失明的"，但不能称其为"失明"。缺乏某种能力和拥有某种习性，似乎是对立的，就如缺性和习性一样。因为对立关系的模式是同一的，如"失明"和"可视"对立，"失明的"和"拥有视力"对立。肯定命题和否定命题亦是如此。肯定命题是肯定句，否定命题是否定句，但是被肯定和否定的事物不是句子，而是一件事物。它们像肯定命题和否定命题那样互相对立，因为其对立关系的模式是同一的。有时肯定命题和否定命题对立，二者所表述的事物也对立，如"他坐着"和"他没坐着"对立，"坐着"和"没坐着"也对立。

但很明显，缺性与习性之间的对立与关系词之间的对立不同，因为事物本身不能由其对立者来说明。视力不是失明的视力，前者也不会以其他方式与后者相关，所以不能称失明是视力的失明。而事实上，失明是缺乏视力，不是视力的失明。此外，所有的关系词都与其相关者相关。所以，若失明是关系词，它应该与其相关者相关，但它没有这种相关性，因为视力不能被称为是失明的视力。

由缺性和习性可以明显看出，那些被表述的事物并非相反地对立着。因为反对命题没有中间物，其中之一必然是固有的，在本质上就存在的，或是其谓项。只有二者之一必须有能力接受它，它们之间才没有中间物，如疾病和健康，奇数和偶数。然而，有中间物时，其中之一并非必然地存在于每一件事物中，因为有能力接受它的事物并不是非黑即白、非热即冷，二者之间还有中间物。再则，它们之间有某种介质，二者之一并非必然地属于其接受者，除非其中之一是本就固有的，如"火"中有"热的"，"雪"中有"白的"。在这些事物中，其中之一必然是固有的，且无论以何种方式发生，"火"不可能是"冷的"，"雪"不可能是"黑的"。因此，其中之一并非必然地存在于可以接受它的每一件事物中，而仅仅存在于其中之一本就固有的情况中，且其一都是明确地而非偶然地。然而，在缺性和习性中，上述提及的特殊性都不为真，因为其中之一并非必然地存在于可以接受它的事物中。如某人并非本质上没有视力，则不能称其为失明的或是有视力的。因此，这些事物与那些没有中间物的相反者不同。另一方面，它们也不存在于那些有中间物的事物中，因为有时其中之一应该存在于所有可以接受

□ 雅典学院　拉斐尔　1511年　梵蒂冈博物馆藏

　　拉斐尔所绘的这幅名画，以古希腊哲学家柏拉图创办的雅典学院为主题，彰显了人类对智慧和真理的追求。全画以柏拉图和亚里士多德为中心，虚构了一所包含众多先哲的学院，古希腊各时期的著名学者悉数在场。

它的事物中。因此，若一个人在本质上适合有视力，则可以被称为失明的或是有视力的；但这不确定如此，而是可能发生，因为他并非必然地是失明的或是有视力的。从反对命题的角度来讲，有中间物的事物，不可能必然地存在于所有事物中。但其中有些事物，其中之一是确定的，而非偶然的，所以由缺性和习性可知此类事物是对立的。显而易见，它们之间的对立方式和互为反对命题的对立方式不同。

　　再则，在反对命题中，若接受者存在，彼此可能会发生改变，除非其中之一本就存在于某事物中。例如，由火变热，由健康到患疾，由白到黑，由冷到热（或是由热到冷）。好有可能变坏，坏也可能变好。堕落的人可以被引导到更好的追求和推理能力中，因此会取得进步；若他一旦取得进步，即使是微小的进步，他也会发生明显的变化或是变得娴熟。这样即使开始时仅获得了最小的进步，他也会因此更倾向于美德，因此，他可能会获得更大的进步。若这一过程持续发生，他最后将具有完全相反的习性——除非时间不允许。但在缺性和习性中，则不可能有相互改变——习性可能会变为缺性，但缺性不可能变为习性。因为失明的人不可能再恢复视力，秃头的人不可能再长出头发，无齿的人不可能再长出牙齿。

显然，肯定命题和否定命题之间的对立方式与上述提及的对立方式不同，因为在这两者之间，必然有一命题为真，另一命题为假。而在互为反对命题、互为关系以及习性和缺性的对立之中，则并非必然地有一方为真，另一方为假。例如，健康和患疾是互为反对命题，但二者既非真也非假；两倍的和一半的，在关系上对立，它们二者既非真也非假。那些可以用以表述的事物亦是如此，如缺性和习性、可视和失明。简言之，没有任何连词的事物既非真也非假，上述提及的所有事物都没有连词。但这种情况也会出现在有连词的相反命题中，如"苏格拉底是健康的"与"苏格拉底是患疾的"对立，二者并非必然地有一方为真，另一方为假。若苏格拉底活着，则有一方为真，另一方为假；但若他没有活着，则二者都为假。若苏格拉底根本不存在，则他既不是患疾的，也不是健康的。在缺性和习性中，若主项不存在，则二者都非真；若主项存在，也并非必然地其中一方真，另一方为假。"苏格拉底看得见"和"苏格拉底是失明的"对立，如缺性和习性那样，若苏格拉底存在，则并非必然地一方为真，另一方为假。因为若他不是本质上就适合拥有视力，则二者都为假；但若苏格拉底根本不存在，则他"看得见"或是"他是失明的"都为假。在肯定命题和否定命题中，无论苏格拉底存在与否，必有一方为真，另一方为假。很明显，若苏格拉底存在，则"苏格拉底是患疾的"和"苏格拉底是健康的"二者必有一方为真，另一方为假；若他不存在，情况与之类似，则"他是生病的"为假，"他没有生病"为真。所以，那些肯定意义和否定意义上对立的事物，其特性是一方为真，另一方为假。

第十一节 再论对立，尤指善与恶之间的反对关系

"恶"必然与"善"对立，这一点可以很明显地从单数词的归纳法中得出，

如患疾的和健康的、怯懦和勇敢，其他的与之类似。但恶的相反者有时是善，有时也是恶，因为贫乏是恶，过度是其相反者，也是恶。与此类似，中庸是善，与它们二者对立。少数例子可能会体现这一点，但大多数情况下恶的相反者是善。

再则，从反对命题中并非必然可知，若一方存在，则另一方也必然存在。若每个人都是健康的，则只存在健康的，没有患疾的；若所有事物都是白色的，则只存在白色的，没有黑色的。此外，若"苏格拉底是健康的"与"苏格拉底是患疾的"相反，则此二者不可能同时存在于其他同一主项中。那么，反对关系中有一方存在，则另一方不可能存在，若"苏格拉底是健康的"存在，则"苏格拉底是患疾的"不存在。

然而，显而易见的是，互为反对命题从本质上来讲存在于同一事物中，或是属，或是种。健康和患疾从本质上存在于一种动物的身体中，白色和黑色存在于物体中，公正和不公正存在于人的灵魂中。

尽管如此，所有的互为反对命题或是必然地存在于同一属中，或是存在于相反的属中，或是它们本身就是属。白色和黑色存在于同一属中，"颜色"是它们的属；公正和不公正存在于相反的属中，美德存在于一种属中，恶行存在于另一种属中；最后，"好"与"坏"都存在于属中，但它们自身是某些事物的属。

第十二节 优先

一事物优先于另一事物，主要体现在四方面：第一，最首要、最恰当的一方面，即从时间角度来讲，若一事物比另一事物在时间上更长，则称此事物更年长、更古老。第二，若一事物与另一事物不存在时间上的相关性，则根据存在的次序可知：1优先于2，若2存在，则可知1也存在；但若1存在，则2并非必然存在。因此，后者存在的结果与前者的存在并不相关，但此类事物似乎是优先的，其存在的次序没有相关性。第三，在科学和话语的实例中，优先是按照一定的顺序来表述的。比如，在示范科学中，在先和在后依次存在，要素先于图形；在语法中，字母在音节之前；文章也是如此，序言先于叙述。

第四，除了我们提到的之外，"越来越好""越来越优秀"似乎在本质上就具有优先性。通常，人们习惯说，他们主要尊重并特别重视的人会占有优先位置，但这几乎是所有模式中最不具相关性的，所以，这些（几乎）是已列举的全部的优先模式。

除上述所提及的之外，可能还有其他的优先模式。对于具有相关性的事物来说，根据存在的次序，在任何方面都是存在之原因的事物，可以说在本质上是优先的。此类事物中的某些事物都是显而易见的。根据存在的次序，若某个人存在，且与之有关的句子为真，则我们说这个人存在，且具有相关性；若句子为真，则我们说这个人存在。尽管一个真句子不可能是事物存在的原因，但在某种程度上，事物似乎是句子为真的原因，因为一事物存在或不存在的结果是一个句子为真还是为假。因此，按照这五种模式，一事物可能被称为优于另一事物。

第十三节　同时存在的事物

从最简单、最恰当的意义上讲，事物被称为同时存在的，即它们发生在同一时间内，既非在先的也非在后的，则称它们在时间上是同时存在的。从本质上讲，这些事物是同时存在的，且具有相关性，尽管根据存在的次序而言，其中一方不可能是另一方存在的原因。如"两倍的"和"一半的"此类具有相关性的事物。因为两倍存在，则一半存在，一半存在，两倍也存在，但二者都不是彼此存在的原因。

那些从同一个属派生出来的事物，是通过划分相互对立的，它们在本质上就是同时存在的，但是它们在划分上彼此对立，也存在于同一划分中。因此，有翼的和步行的、水栖的对立，它们起源于同一属，在划分上互相对立。比如，动物可以划分为有翼的、步行的和水栖的，没有在先和在后之分，此类事物似乎在本质上就是同时存在的。再则，它们又可以划分为种，例如，有翼动物、步行动物和水栖动物。因此，那些在本质上同时存在的事物起源于同一属，存在于同一划分中。但属总是优先于种，因此，它们与存在的次序不相关。若水栖动物存在，则动物存在；但尽管动物存在，水栖动物并非必然地存在。

因此，那些本质上同时存在的事物，事实上与存在的次序相关；但是，一方不可能是另一方存在的原因，它们起源于同一属，在划分上互相对立；然而，从简单意义上讲，同一的事物产生于同一时间。

第十四节 运动

运动有六种：产生、消亡、增加、减少、改变和换位。

这些运动显然是互不相同的，产生不是消亡，增加也不是减少，改变也不是换位，其余的亦是如此。然而，对于改变而言，有人会反对说，一个主体的改变是由于另外的运动造成的，但这是不正确的。因为几乎所有的受动者被改变，或者至少是其大部分被改变，是没有其他运动的参与的——其他被动改变的事物并非必然地要增加或减少。因此，改变与其他运动不同。若它有同一性，发生改变的事物必然会立刻增加或减少，或是跟随其他运动，但这不是必然的。类似地，因其他运动而增加或改变的事物，应该被改变（在质上）。但有些被增加的事物却并非以这种方式被改变，如一个广场因放置了一个日晷而增加了事物，但它却没有被改变（在质上）。其他此类事物亦是如此，所以这些运动互不相同。

简单来讲，静止与运动相反，个别的静止与个别的运动相反，消亡与产生相反，减少和增加相反，位置的静止和位置的改变相反。但是，严格来讲，反向位置的改变更符合对立的概念，如上升和下降，向下和向上。我们但很难定义那些指定运动的变化的相反者，它似乎没有相反者——有人可能对此持反对意见——它在质上保持静止，或是在质上向其相反者改变，正如位置的变化，或是静止不变，或是向反向变化。变化是质的改变，所以质的运动，或是在质上保持静止，或是向其相反者变化、对立。因此，变白与变黑对立，因为质上发生变化，其相反者的质也会改变。

第十五节 动词"所有（to have）"

"所有（to have）"存在于许多模式中：它作为习性、倾向或是其他质，比如，我们被称为有知识或有美德；或是作为量，作为某人所有的尺寸，比如，某人被称为有三肘或四肘高；或是作为与物体有关的事物，比如，穿有外套或长袍；或是作为某一部分，比如手上的戒指；或是作为身体的部分，比如有手或脚；或是作为器皿，比如谷物容器内有小麦，或是酒壶内有酒，所有这些都可以被称为容器内"有"；或是作为所有物，比如我们有房子或是土地。

我们可以称男人有妻子，妻子有丈夫，但我们现在提及的模式"所有"似乎是最为相异的，我们所指的有妻子不是她与一个男人同居。"所有"可能还会有其他模式，但那些经常被提及的几乎都已列举出来了。

解释篇

第一节　我们在此讨论什么是名词、动词

首先，我们须明确什么是名词，什么是动词；接下来须明确否定命题、肯定命题、阐述和句子。

因此，口语是心灵情感的符号，文字是口语的符号。人类中各民族没有共同的文字，所以没有共同的口语。但是心灵情感的符号对人类整体来说却是相同的，且因其产生的类似物也是相同的。关于后者，我们在有关"灵魂"的论文[1]中已经论述过，它们属于其他讨论中的部分内容（但对灵魂而言，它有时有概念，但无真假之分，它有时必然地或真或假，二者必有一种存在于其中）。所以，其口语也因组成和划分方式而有真假之分。因此，名词和动词自身与概念相似，也没有组成和划分方式，如"人"和"白色的"，若不增加其他事物，则它既非真也非假。"山羊—牡鹿"[2]一词有所指，但若不增加"是"或"不是"，则就时间上而言，它无真假之分。

第二节　名词及其格

因此，名词是与时间无关的具有某种意义的词语，各部分不具有单独意义。在名词"怀特菲尔德"[3]中，"菲尔德"[4]本身没有指示意义，但在短语"白

---

[1] 亚里士多德另著有《论灵魂》，探讨认识论和心理学方面的问题。
[2] 即goat-stag，由山羊（goat）和牡鹿（stag）两个词组成。
[3] 即whitefield，由白色（white）和原野（field）两个词组成。
[4] 即field。

色的原野"[1]中却不相同。在简单名词和复合名词中情况则有所不同，简单名词的部分没有意义；复合名词的部分有意义，但各部分不具有单独意义。在"海盗船"[2]中，"船"没有指示意义。它们都是组合而成的，因为在本质上是没有名词的。若它成为一种符号，无对应文字的声音也有所指示意义，比如野兽的声音，但这种声音并非名词。

然而，"非人"并不是一个名词，我们无法用一个名词来命名这样的词，因为它既不是句子，又不是否定命题。我们可以称之为不定名词，因此它存在于所有类似的事物中，既可以表示"是"，也可以表示"不是"。事实上，"费罗的"[3]或"对费罗"[4]，以及类似的词语都不是名词，而是名词的格。格的定义与其他事物（名词的定义）相同。其不同之处在于，即使加上"现在是""过去是"或"将来是"，格也不指示真假——而名词总是指示真假，如"费罗的是"或"费罗的不是"，既不指示真也不指示假。

第三节 动词、动词的格以及普遍意义上被称作动词的词

动词，除具有某些意义外，还指示时间。它的各部分不具有单独意义，它总是表明其他事物所声明的事物。但我所说的它除指示时间外，还有其他意义，例如，"健康"是名词，但"是健康的"是动词，它除了表示健康的之外，还表明了现在的状况。它总是表明其他事物所声明的事物，它们是主项的谓项，或是存在于主项中。

尽管如此，"还未康复"和"未生病"不是动词。事实上，它们指示时间，还有其他意义，且对某物来说有某种意义，但这种不同并没有既定名称，所以称之为不定动词。因此它既可以存在于存在的事物中，也可以存在于不存在的事物

---

[1] 即white field。
[2] 即pirate-boat。
[3] 即Philo's，意为"费罗的"，为名词的所有格。
[4] 即to Philo，意为"对费罗"。

中。所以，"已康复"和"即将康复"都不是动词，而是动词的格，且与动词不同。动词指示现在的时间，动词的格指示现在之外的其他时间。

因此，动词本身是名词，且有某种意义，说话者建立起概念，听者默许，但他们并不指示一事物"是"或"不是"。"是"或"不是"既不是一事物的符号，也不能仅仅称其为"分词是"。然而，它们除了有某种意义外，还指示某种组合；若没有构成组合的各部分，则它无法存在。

□ 骑着海豚的青年在吹笛子　古希腊储酒罐画
　亚里士多德认为，像吹笛子这样的能力是可以通过学习获得的。

第四节　句子

句子是组合而成的有意义的语言单位；其各部分都有单独意义，但只是作为词语，而不是肯定命题或否定命题。比如，"人"是有意义的，但并不表明"是"或"不是"；但若增加某些成分，则成为肯定命题或否定命题。词语"动物"[1]的单个音节没有任何意义，"老鼠"[2]中的"ice"也是，它仅仅是一个音节。在复合词中，部分是有意义的，但正如我们所观察的那样，复合词本身并非独立的。

每个句子都是有意义的，但并非作为现成的工具，而是因为约定俗成。并非每个句子都是阐述式的，只有为真或为假的句子才是，真或假并非存在于所有句子中。比如，祈祷文是句子，但它非真非假。因此，抛开其他句子不谈，它们属于修辞学或诗学的研究范围，我们现在所讨论的是阐述式句子。

---

〔1〕即animal，意为动物。
〔2〕即mice，意为老鼠。字母ce在词中无意义，仅表音。

第五节　阐述

一种阐述式句子是肯定命题，另一种是否定命题，其他的则由连词连接。然而，所有阐述式句子都应该有动词或是动词的格。如"人"的定义，若不增加"现在是""过去是""将来是"或是类似的事物，则它不是阐述式句子。为什么句子"一种陆栖的两足动物"是一种事物而不是多种呢？依顺序将其读出来，它仍不是一个事物，但这又属于其他讨论范围。

此外，一个阐述式句子，或是指示某一事物，或是由连词连接而成为某一事物；并且，许多（此类句子）指示许多事物，若没有连词连接也不是某一事物。因此，名词或动词只是词语，无论他是否被质问，我们都不能说他通过词语表达了任一事物，哪怕他所表达的也源自深思熟虑的目的。

这些阐述式句子中，有的简单，如关于某事物的事物，或是源于某事物的事物；有的由其组成，如某一句子是复合句。简单的阐述式句子有某种意义，且根据时间划分，它与存在于或不存在于其中的事物有关。

第六节　肯定命题和否定命题

肯定命题是肯定某事物关于某事物的阐述，否定命题是否定某事物源于某事物的阐述。

一个人可以肯定地阐述实际上不存在的事物，也可以否定地阐述实际上存在的事物。某事物若存在，则其否定阐述便是不存在；若不存在，则在除此之外的时间也是如此。所以，肯定命题有可能被否定，否定命题也有可能被肯定。

因此，显而易见的是，每一个肯定命题都有与其对立的否定命题，每一个否定命题也有与其对立的肯定命题。这便形成了矛盾——肯定命题和否定命题的对立，但我认为对立关系是从同一的角度且与同一的事物有关，而不是双关。正如我们已经总结的那样，此类事物的其他特殊性与诡辩学派的纠缠不休相反。

第七节　反对命题和矛盾命题

有些事物是全称的，有些事物是单称的。所谓全称，我指的是此类事物是许多事物的谓项，而单称则并非如此，如"人"是全称，但"卡里亚斯"是单称。

有必要阐明的是，某事物是或不是，有时存在于全称事物中，有时存在于单称事物中。若有人从全称意义上阐述一件全称事物，即某事物是或不是固有的，则这些阐述是相反命题。我指的是从全称意义上讲，对于全称事物的两种阐述构成了反对关系，如"每个人都是白的"和"没有人是白的"。

另一方面，若不是从全称意义上肯定和否定地阐述一件全称事物，则它们不是相反命题，尽管其所指的事物有时是相反命题。但我指的是并非从全称意义上来阐述全称事物，如"人是白的"和"人不是白的"。"人"是全称的，但在这两个阐述中并不是用作全称事物，因为"每一个"并非指示全称事物，而是（表明主项是）从全称意义上（被使用）。从全称意义上述说其谓项的事物，这种阐述不为真，若全称事物是全称谓项的谓项，则没有肯定命题为真。例如，"每一个人"是"每一个动物"。因此，肯定命题和否定命题在矛盾意义上相对立，肯定命题指示全称事物，否定命题并非指示全称事物，如"每个人都是白的"和"并非每个人都是白的"，"没有人是白的"和"有些人是白的"。互为相反的则是全部肯定和全部否定，如"每个人都是白的"和"没有人是白的"，"每个人都是公正的"和"没有人是公正的"。因此，它们不可能在同一时间内都为真，但有时关于同一事物的对立双方都可能被证实，如"并非所有人都是白的"和"有些人是白的"。此类矛盾关系是全称命题的反对性对立，其中之一必然为真或必然为假。

单称命题亦是如此，如"苏格拉底是白的"和"苏格拉底不是白的"。但事实上此类矛盾关系是全称的，但不是在全称意义上形成的，也不总是一方为真，另一方为假。在同一时间内我们可以真实地说"人是白的""人不是白的""人是英俊的"以及"人不是英俊的"，因为，若一个人是丑陋的，则他不是英俊的。若任何事物正在变得怎么样，则其现在并非如此。然而，这一说法似乎荒谬无理，因为"人是白的"似乎在同一时间内指示同一事物，而"没有人是白的"既不是必然地指示同一事物，也不是在同一时间内。

尽管如此，显而易见的是，若有肯定命题，则也有否定命题。否定命题必然要在同一时间内否定肯定命题所肯定的同一事物，无论事物是单称的还是全称的，是全称意义上的还是单称意义上的。例如，"苏格拉底是白的"和"苏格拉底不是白的"。然而，若有其他事物源于同一事物，或是同一事物源于其他事物，则相应的肯定命题和否定命题不相对立，而是与其不同。"所有人都是白的"和"并非所有人都是白的"对立，"某一个人是白的"和"没有人是白的"对立，"人是白的"和"人不是白的"对立。

上述已经说明，肯定命题和否定命题在矛盾意义上相对立，对于其他反对命题而言，并非所有的矛盾关系都是一方为真另一方为假；也说明了在什么情况下、什么时间，矛盾的双方一方为真另一方为假。

□ 苏格拉底塑像　卢浮宫藏

苏格拉底（前469—前399年），古希腊著名的哲学家和教育家，柏拉图的老师。苏格拉底虽无著作传世，但其思想和言论被柏拉图记录成书，被公认为西方哲学的奠基者。

第八节　既非肯定命题也非否定命题的对立关系

肯定命题和否定命题表明的是某一事物的某一情况，或全称意义上的全称命题，若不是全称命题也是以类似方式阐述的。如果"白的"仅指示某一事物，则有这些命题："每个人都是白的"和"并非每个人都是白的"，"人是白的"和"人不是白的"，"没有人是白的"和"有些人是白的"。

但在两个事物被给定同一名称的情况下，若一事物不出现，则既没有肯定命题也没有否定命题。若将"外表"赋予"马"和"人"，则有"外表是白的"；那么它既不是肯定命题也不是否定命题，因为它无论在哪一方面都与"人和马是白的"相同，即与"人是白的"和"马是白的"对等。因此，这类表述指示许多事物。很显然，第一种阐述或是指示许多事物，或是不指示任何事物，比如，"没有一个人是马"。因此，在这种矛盾关系中，并非必然一个为真另一个为假。

第九节 有条件的对立关系

现在或过去发生的事情，其肯定命题和否定命题，必然或为真或为假。正如我们已经表明的那样，无论是全称命题还是单称命题，总是一方为真，另一方为假。但对于在非全称意义上阐述的全称命题，则没有这种必然性；而对于将来发生的单称事物，我们已经说过，情况并非如此。

若所有的肯定命题或否定命题非真即假，则所有事物都必然存在或必然不存在。若有一事物即将发生，但另一事物否定同一情况，很显然，二者之一必然为真。若所有的肯定命题或否定命题非真即假，则二者不会在同一时间内都存在于此类事物中。若"它是白的"或"它不是白的"为真，则它必然是"白的"或不是"白的"；若它是白的或不是白的，则肯定它为真或否定它为真。若它不是白的，则称其为白的为假；若称其为白的为假，则它不是白的。所以，肯定命题或否定命题必然地为真或为假。事实上，不会有事物是偶然或是临时发生的，将来不会，现在也不会。所有事物都是源于必然，而非偶然。或者肯定某一事物的说法为真，或者否定某一事物的说法为假，因为它以类似的方式曾经是或不是如此，偶然存在的事物现在不会、将来也不会以这种方式更多地存在。此外，若一事物现在是"白的"，则在过去说它将是"白的"为真。所以，任何现在发生的事物，在过去称它在将来也会发生也为真。但若称其现在是或将来是为真，则它不可能现在不是或将来不是。若一事物现在必然发生，则它不可能在过去发生，也不可能在过去不发生。因此，所有将来要发生的事物，都会必然发生，没有事物是临时或偶然发生的，因为偶然发生的事物不可能必然发生。我们不能说二者都不为真，比如，一事物既不会发生，也不会不发生，这是不可能的。首先，肯定命题为假，则否定命题不会为真；否定命题为假，则肯定命题不会为真。此外，若一事物在同一时间既是"白的"又是"大的"为真，则二者必然发生。但若它明天发生，则它明天必然发生。若明天它既不会发生也不会不发生，则它不是偶然事件。例如，海战，它要么必然发生，要么必然不发生。

上述情况和类似的谬论就会发生。对于所有的肯定命题和否定命题，无论是从全称意义上被阐述的全称命题，还是单称命题，若对立双方中的一方必然为真，则另一方必然为假。但没有事物是偶然发生的，所有事物都产生自必然。所以，我们没有必要过多考虑或是使自己困扰，若我们做这件事，则确定的事物会发生；若我们不做，则它不会发生。没有什么能会阻止一个人预测一万年之后会发生什么，而另一个人否定它的发生，所以，其中之一必然为真。是否有人已经作过这种矛盾关系的声明，并不重要，因为事物就是如此，尽管有一方已经肯定了一些事物，或是另一方否定了它。若事物并非如此——因为它已经被肯定或否定——那么，无论有人在一万年前就预言到，或者另一个人否认它，这一事物都将发生或不会发生。因此，若一事物在所有时间内都存在，则其声明之一为真，它必然发生。所有发生的事物，都是这样存在的，都发生自必然。若有人真实地表明它将发生，则它不可能还未发生；对于已经发生的事物，则称其即将发生也为真。

但是，若这些事情都是不可能的（我们可以看到，未来的事情源于我们的深思熟虑和实践。简言之，对那些并不总是活跃的事物，有两种均等的力量使其存在或不存在，即出现或不出现，抑或已经产生或并未产生。事实上，有许多事物都是以这种显而易见的方式存在的。例如，这件外套可能被剪成碎片，也可能不被剪成碎片。即使它提前变得破烂不堪，它也可能不被剪成碎片；若它并没有提前变得破烂不堪，它也可能不被剪成碎片。其他事物亦是如此，都是根据此类力量而被述说)，则很明显的是，所有事物既不会必然存在，也不会必然发生，但有些事物是偶然存在的，其肯定命题并不比其否定命题更真实。还有一些事物存在的频率更高，而且在大多数情况下，这种存在是可能发生的，而另一些则不是。

因此，存在的事物在其存在时必然存在，在其不存在时必然不存在。但是，并非所有存在的事物都于必然。其存在时，是源于必然，对于不存在的事物亦是如此。矛盾关系适用于同样的推理。存在或不存在对于所有事物都是必需的，或者说它必将发生或必将不发生。我们没有必要将它们分开讨论。但我的意思是，一场海军行动在明天发生或不发生，这是必然的；但它应该或不应该在明天发生，则不是必然的。因此，对事物的预测和事物同样都是真实的，则很明显事物就是如此存在的，无论发生什么，其反对命题都是可能发生的。矛盾关系也以同样的方式存在，这是必然的，这一点适用于那些相反的事物。矛盾关系中的事物必然有一方为真另一方为假，虽然其中一方可能更真实，但也不能说明它就是真的或假的。所以很明显，对于相对立的肯定命题和否定命题来说，并非必然地一方为真另一方为假。正如我们已经说过的，对于那些可能存在也可能不存在的事物来说，同样的方式并不适用。

第十节　增加了连接词的对立关系

肯定命题是表述某事物是什么，其主项可能是名词或不知名的事物（如不明确的事物），但肯定的事物必须是单一的且与单一的事物有关。所有的肯定命题和否定命题都源于一个名词和动词，或是源于一个不定名词和动词（至于什么是名词和不知名的事物，前面已经说明，我认为"非人"并不是一个名词，而是一个不定名词，因为不定名词指示某一事物，就像"还未康复"是不定动词一样）。

没有哪一个动词既不是肯定命题也不是否定命题，如"现在是"（is）"将来是"（will be）"过去是"（was）和"变成是"（becomes），等等，它们都是可以被称作动词的——源于已经发生的事物，除了具有某种意义外还指示时间。因此，基本的肯定命题和否定命题（将来时）即"人是"和"人不是"，随后是"非人是"和"非人不是"，还有"每个人是"和"每个人不是"，"每个非人是"和"每个非人不是"，随着时间的推移（现在时），同样的推论仍适用。

但当"是"作为第三种事物而另外被述说时，则对立关系被双重述说。我指的是，在"人是公正的"的句子中，无论是将其作为肯定命题中的名词还是动词，"是"都是作为第三种事物。所以正因如此，将有第四种事物，根据次序而言，其中两种与肯定命题和否定命题共同存在，如缺性，另外两种则不会。但若给词语"是"增加"公正的"或"不公正的"，其否定命题也将增加，所以会产生四种命题。

我们将从以下例子中理解上述所说："人是公正的"，其否定命题是"人是不公正的"；"人不是公正的"，其否定命题是"人不是不公正的"，词语"是"和"不是"将与"公正的"和"不公正的"放在一起。因此，正如在《分析篇》中表明的那样，它们就是这样被排列的。

若给肯定命题添加一个全称意义上的名词，情况也将类似。例如，"所有人都是公正的"，其否定命题是"并非所有人都是公正的"；"所有人都是不公正的"，其否定命题是"并非所有人都不公正的"。对于那些截然相反又能同时被证实的事物则并非如此。但有时，对那些彼此相反的事物来说，情况又如此。

但若将"非人"作为某一添加的主项的话，会产生其他两对对立命题，如"非人是公正的"和"非人不是公正的"，"非人是不公正的"和"非人不是不公正的"。然而，不可能有更多的对立关系了。但是这组命题与前面的不同，因为它用了不定名词"非人"。

□ 柏拉图塑像

柏拉图（前427—前347年），古希腊乃至整个西方最伟大的哲学家之一，与其老师苏格拉底和学生亚里士多德被称为"希腊三贤"。柏拉图的名作《理想国》，影响了整个西方哲学。

在"是"不适合的句子中，如"享有健康"和"散步"，它们产生的效果与添加"是"带来的效果一样，如"所有人享有健康"和"所有人不享有健康"，"所有非人享有健康"和"所有非人不享有健康"。我们不能说"并非所有人"，否定词"非"必须和"人"一起使用。"所有"并不指示全称，但事物是从全称意义上发生的。但很明显，"人享有健康"和"人不享有健康"，"非人是健康的"和"非人不是健康的"，它们与上述命题不同，因为它们都不具有全称意义。因此，"所有"或"非人"并无指示意义，肯定命题或否定命题与一个全称意义上的名词有关。

所以，有必要增加其他同类的事物，但因为和"所有动物都是公正的"相反的否定命题是"没有动物是公正的"，很显然，它们二者不可能同时为真，也不可能适用于同一主项。但其对立命题则有可能同时为真，如"并非所有动物都是公正的"和"有些动物是公正的"。从"所有人是不公正的"可以得出"没有人是公正的"，其对立面是，从"并非所有人都是不公正的"可以得出"有些人是公正的"，因为有些人必然是公正的。

对于单称命题，若提出一个问题，否定回答是真实的，那么，某个肯定回答也一定为真。如果"苏格拉底是有智慧的吗"的否定回答"不"为真，那么，"苏格拉底不是一位智慧的人"一定为真。但在全称命题中，类似的表述则不为真，而其否定命题为真。如果"所有人都是有智慧的吗"的否定回答"不"为真，那么，"所有人都不是有智慧的人"这一说法则不为真，而"并非所有人都是有智慧的"为真。后一种命题与原命题相对立，前一种命题与原命题相反。

然而，相对立的事物，如"非人"和"不公正的"，若没有名词和动词，它们也好像一种否定命题；但它们并不是否定命题，因为否定命题必然是一方为真，另一方为假。除非增加某一事物，否则"非人"一词并不比"人"更真实或虚假。如，"所有非人是公正的"与此类命题的指示意义不同，其对立命题"并非所有非人是公正的"也与上述命题不同，但"所有非人都是不公正的"和"没有非人是公正的"意义相同。

事实上，若名词和动词换位，仍可以表达同样的意义，如"人是白的"和"白的是人"。若二者意义不同，则对于同一肯定命题会出现许多否定命题，但我们已经说明其否定命题只有一个。对于"人是白的"，其否定命题是"人不是白的"。但对于"白的是人"（除非它与"人是白的"的意义相同），其否定命题是"白的是非人"或"白的不是人"。前者是"白的不是人"的否定命题，后者是"人是白的"的否定命题（所以同一肯定命题有了两个否定命题）。因此，很明显，名词和动词换位时，其命题还是同样的肯定或否定意义。

第十一节　命题的构成及其划分

肯定和否定地用许多事物述说某一事物，或是用某一事物述说许多事物，则它既不是肯定命题也不是否定命题，除非这一事物由许多事物构成。我指的是对于某一事物，许多事物不能被赋予同一名称，一事物也不能源于许多事物。

如，"人"可能是"动物"，是"两足的"，是"温和的"，则同一事物源于许多事物，但"白的""人"和"行走"则并非一事物源于许多事物。若用许多事物肯定某一事物，则是单一的肯定命题，虽是清晰的，但不是许多肯定命题；若用单一的事物肯定这些事物（则会有单一的肯定命题），也不是许多肯定命题。因此，用辩证的疑问来探寻答案，则它或是命题，或是矛盾双方的一部分（但命题是某一矛盾的部分）；对于这些事物则不会只有一个答案，即使它是真实的，也不会仅有单一的解读。这些问题我们在《论题篇》中已经说明。同时，显而易见的是，像"它是什么"这类提问并非是辩证疑问，因为源于疑问的选择应该被赋予，从而阐述矛盾关系的某一方。但询问者还需明确，人是否具有这种特性。

然而，有些事物可以被述说为复合事物，构成单一的事物可被述说，这些事物也可独自被述说，但其他事物则并非如此，其不同之处是什么？例如，可将"人"和"白的"看作同一事物，但对于"鞋匠"和"好人"则不能如此，尽管他可能是一位"好鞋匠"。因为若这二者都为真，将其结合产生的事物也必然为真，则会产生许多谬论。如，"人"和"白的"都是人的谓项，所以结合起来便是"白人"。再则，若事物"是白的"，则结合起来也"是白的"，因此，则是"一个白的白人"，甚至可以无限推论下去。此外，"一位音乐家""白的""行走的"，可以无限次地结合。还有，若"苏格拉底"是"苏格拉底"和"人"，"苏格拉底"也是"苏格拉底这个人"，若他是"人"和"两足的"，他也是"两足的人"。因此，显而易见，若有人称用连词便可以很简单地表述，其结果就是他会制造出很多谬论。

下面我们讨论如何正确使用它们。对于已经被述说的事物或者即将被述说的事物，它们都是偶然被阐述的。无论是同一事物，还是其他事物，它们都不会是单一的，如，"人是白的"和"音乐家"，"白色"和"音乐"不是单一的事物，二者对于同一事物来说都具有偶然性。若称某事物是"白的音乐剧"为真，则同时"音乐剧"和"白的"是单一的事物，因为"白的"和"音乐剧"都具有偶然性，所以"白的音乐剧"将不是单一的事物。因此，某人不能被称为"好鞋匠"，但可以被称为"两足的动物"，因为他被述说时不具有偶然性。此外，若有些事物存在于其他事物中（将被增加的），则他们也不是单一的事物。因此，我们不能将"白色"（即将被述说）重复地与"人""动物"或是（人）"两足的"组合使用，因为"动物"和"两足的"中本就有"人"。但我们可以单独声明某些单一的事物，比如"某一个人是人"或"某一个白人是白人"，不过并非所有情况都是如此。若有些对立关系成为某种矛盾关系的附加，则它不为真而为假，如称"一个死人是人"；但若它不是本就固有，则为真。或者，若某事物（矛盾的）是本就固有的，则它总是为假；但若不是本就固有的，则并非总是为真。如，在表述"荷马"是某物时用了"诗人"一词，那么，他"是"还是"不是"诗人呢？"是"是偶然地被用来述说荷马，因为他成为了诗人，而"不是"是因为其本身就是诗人（或本质上）。因此，任何范畴中的对立关系不是固有的；若使用了定义而非名词，且从本质上而非偶然地被述说，这一单称事物可能为真且被单独述说。但对于不存在的事物，因为是观点问题，则不能被称为是某一特定存在的事物；在观点中它存在，但它并非真的存在，而是不存在。

第十二节　模态命题

上述事物已经被说明，现在我们来考虑相关的肯定命题和否定命题，即彼此相关的可能性和不可能性、或然性和非或然性以及不可能性和必然性。关于它们的命题仍存有疑点。若它们是复合表达，则那些矛盾关系依据动词"是"和"不是"而确定（如"是人"的否定命题是"不是人"，而不是"是非人"；"是白人"的否定命题是"不是白人"，而不是"是不白的人"。若肯定命题和否定命题对所有事物都为真，则"木头不是白人"为真）。在那些未增加动词"是"进行陈述的事例中，将产生同样的情况。例如，"人行走"的否定命题不是"非人行走"，而是"人不行走"，因为"人行走"和"人是行走的"没有区别。

所以，若这种情况较多，则"它可能是"的否定命题是"它可能不是"，而不是"它不可能是"。但对于同一事物而言，似乎既可能是又可能不是，因为可能被切割或可能行走的事物，也可能不被切割或可能不行走，其理由是所有可能的事物并非总是如此，其所有反对命题也属于这一事物。比如，可能行走的也可能不行走，可视的也可能不被看见。相对立的肯定命题和否定命题不可能因同一事物而都为真，因此，"它可能是"的否定命题不是"它可能不是"。

由此可知，我们可以在同一时间内肯定或否定同一事物的同一情况，或者说，肯定命题和否定命题不因附加项"是"或"不是"而产生。因此，若前一种观点不可能，则我们要选择后一种，所以"它可能是"的否定命题是"它不可能是"（而不是"它可能不是"）。

同样的理由也适用于"或然是"的事物，其否定命题是"并非或然是"。其余此类命题亦是如此。例如，在"必然"和"不可能"有关的命题中，"是"和"不是"是附加项，但"白色"和"人"是主项，所以"是"和"不是"成了主项。而"可能"和"或然"是附加项，它决定了"可能"和"不可能"的真和假。对于"是"和"不是"，情况亦是如此。但"它可能不是"的否定命题不是"它不可能是"[1]，而是"它并非可能不是"；"它可能是"的否定命题不是"它并非可能不是"而是"它不可能是"。

因此，"它可能是"和"它可能不是"二者是同一事物，似乎彼此相随。因为"可能是"和"可能不是"并非彼此的矛盾命题，即"它可能是"和"它可能不是"并不矛盾。但"它可能是"和"它并非可能是"不会在同一时间内关于同一事物都为真，因为它们是对立的。"它可能是"和"它并非可能不是"也不会在同一时间内关于同一事物都为真。

同样地，"它必然是"的否定命题不是"它必然不是"，而是"它并非必然是"；"它必然不是"的否定命题是"它并非必然不是"。再则，"它不可能

---

〔1〕为避免混淆，关于"possible"和"impossible"的译法如下：possible to be——可能是，not possible to be——并非可能是，impossible to be——不可能是，not impossible to be——可能不是，impossible not to be——并非可能不是，possible not to be——可能不是，impossible not to be——不可能不是，not impossible not to be——并非不可能不是。

是"的否定命题不是"它不可能不是",而是"它并非不可能是"。事实上,我们已经说过,从全称意义上讲,我们必须将"是"和"不是"看作主项,但对于那些产生肯定命题和否定命题的事物来讲,我们必须将其与"是"和"不是"相联系。我们也应该考虑那些对立的肯定命题和否定命题:"可能"和"并非可能","或然"和"并非或然","不可能"和"并非不可能","必然"和"并非必然","真实"和"不真实"。

第十三节 模态命题的序列

正确的次序如下:"它或然是"可由"它可能是"推出,后者与前者相关;"它并非必然是"可由"它并非不可能是"推出;"它并非必然不是"可由"它可能不是"推出;"它并非不可能不是"可由"它或然不是"推出;"它必然不是"可由"它并非可能是"推出;"它不可能是"可由"它并非或然是"推出。"它必然是"可由"它并非可能不是"推出;"它不可能不是"可由"它并非或然不是"推出。从下面的描述中可以看到以上所说:

1	3
它可能是	它并非可能是
它或然是	它并非或然是
它并非不可能是	它不可能是
它并非必然是	它必然不是

2	4
它可能不是	它并非可能不是
它或然不是	它或然不是
它并非不可能不是	它不可能不是
它并非必然不是	它必然是

因此,"不可能"和"并非不可能",可由或然性、可能性、并非或然性和并非可能性在矛盾关系上推出,反之亦然。不可能性的否定命题即"它并非不可能是"可由"它可能是"推出;但其肯定命题可由否定命题推出,即"它不可能是"由"它并非可能是"推出;因为"它不可能是"是肯定命题,而"它并非不可能是"是否定命题。

现在我们讨论必然性的问题,很显然,情况与上述不同,反对命题可由分开排列的矛盾命题推出。"它并非必然是"不是"它必然不是"的否定命题,因为二者都可能是同一事物的真命题,"必然不是"的东西"并非必然是"。但为什么与必然性有关的命题不像其他命题那样可以由类似方式推出来呢?因为当不可能性被表述为与必然性相反时,它指示同一事物。因为不可能存在的事物肯定不是必然存在,而是必然不存在;不可能不存在的事物,则必然存在。所以,若这些事物都可以类似地从可能性和不可能性中推出,那么必然性和并非必然性就可以用相反的方式推出来。因为如我们上述所说,必然性和不可能性相反地表述同一事物,可转换使用。

与必然性有关的矛盾命题是否不可能如此排序?"必然是"什么的事物也"可能是"什么,因为若非如此,则可由后者的否定命题——它"并非可能是"推出它"不可能是";那么,它"不可能是"又"必然是",便出现了谬论。但"它并非不可能是"可由"它可能是"推出,由前者又可推出"它并非必然是";所以,便出现了必然存在的事物并非必然存在,这也是谬论。

再则,"它必然是"不能由"它可能是"推出,命题"它必然不是"也不能由其推出,因为"它可能是"指"可能是"和"可能不是"都可能发生,但若上述两个命题之一为真,则它们都不为真。因为在同一且相同的时间内,它可能存在,也可能不存在,但若它必然存在或者必然不存在,则两种可能性将不会都存在。因此,只剩下这种情况:"它并非必然是"可由"它可能是"推出,"它必然是"也可由其推出,因为它成了由"它不可能是"所推出的命题的矛盾命题。因为"它不可能是"和"它必然是"可由"它必然不是"推出,"它必然不是"的否定命题是"它并非必然不是"。因此,这些矛盾关系都可由上述模式推出,当按照这种顺序排列时，便不会产生谬论。

可能有人存有疑问，即"它可能是"是否可以由"它必然是"推出，若不能由其推出，则其矛盾命题将随之产生，即"它并非可能是"。若有人否认它不是矛盾命题，则将必然称其为"它可能不是"，但若从必然性的角度讲，则二者都为假。反之，似乎有可能的是同一事物既可以"被切割"又可以"不被切割"，既"可能是"也"可能不是"。所以，"必然是"的事物就会成了"或然不是"，但这种说法为假。

此外，很明显，并非所有可能"存在"或可以"行走"的事物都有对立面，因为在有些情况下它并不为真。首先，那些强有力而又没有理性的事物，有非理性的力量，如火是热的，甚至有些非理性的力量可以在同一时间内接受对立双方。关于这一点我们已经说明，但并非所有事物都允许其反对命题的存在，甚至同一种类被述说的事物亦是如此。此外，有些"能力"在语义上是双关的，因为可能性不是简单地被表述。但有一种事物正是如此，因为它是真实存在于某种"能力"中，如，一个人可能行走，因为他当时正行走。简言之，一事物可能发生，因为它已经存在于可能发生的"能力"中。另一方面，另一事物被称作可能发生，因为它可能存在于这种"能力"中，如，他可能行走，因为一个人可以行走。这种"能力"仅存在于可变的事物中，但前者存在于不可变的事物中。从二者的角度来讲，对于并非不可能行走或是不存在的事物来说，它为真。一个正在行走且精力充沛的人，有能力去行走，因此，我们不能简单地从必然性的角度说它是可能的，但可以用另一事物来述说其必然性。

因此，由于全称命题可由特称命题推出，必然存在的事物就是可能存在的事物，但并非所有"能力"都可由必然存在的事物推出。事实上，必然性和并非必然性可能是所有事物存在或不存在的原则。我们还应考虑随之发生的其他事物。因此，我们从上述说明可清楚得知：必然存在的事物存在于现实性中，所以若永恒的本性先于存在，现实性也先于可能性。有些事物作为第一实体，是无需可能性的现实性，但其他事物是具有可能性的现实之物，且其现实性先于可能性，只是从时间上后于可能性。最后，还有一些事物仅有可能性，而不可能有现实性。

第十四节　相反命题

肯定命题与否定命题相反，还是肯定命题与肯定命题相反？"每个人是公正的"与"没有人是公正的"相反吗？或者说"每个人是公正的"与"每个人是不公正的"相反吗？如，"卡里亚斯是公正的""卡里亚斯不是公正的"和"卡里亚斯是不公正的"，它们中哪两个命题相反？

若可以口述的事物能从存在于理性中的事物被推出来，并且有关反对命题的观点与其相反（例如，"每个人是公正的"与"每个人是不公正的"相反），则可以口述的肯定命题必然存在于同样的方式中。但若有关反对命题的观点不与其相反，则肯定命题不会与否定命题相反，而之前命名的否定命题与其相反。因此，我们必须考虑什么样的假观点与真观点相反，是否定命题还是相反观点的肯定命题呢？那么，按照这种方式，有关好的事物的真观点是"它是好的"，假观点是"它不是好的"，还有第三种观点，即"它是坏的"。后两种观点中哪一个与真观点相反呢？若只能选其一，哪一种是相反的？若有人认为可以以此定义相反的观点，则他是错误的。因为"好的事物是好的"和"坏的事物是坏的"，它们可能是同一的观点，无论它是多种观点还是一种观点，它都为真。对于反对命题来讲，并非源于它们是存在的互为相反的事物，而是源于它们存在的方式相反。若有观点认为"好的事物是好的"，另一种观点认为"好的事物不是好的"，这一事物还有其他特点，这些特点既不是本就固有，也不可以存在于好的事物中。但我们不能认同任何其他的反对命题：既不能认同那些认为非固有特点是固有的观点，也不能认同那些认为固有特点是非固有的观点。二者都是无限的，有许多观点认为非固有特点是固有的，固有特点是非固有的。有许多事物存在于假象中（我们认可的反对命题中），它们源于生成，而生成又源于对立，所以假象也源于对立。若好的事物是好的而非坏的，则其一是必不可少的，而其二是偶然的（因为"它不是坏的"对它来说属于偶然）。从必不可少的固有特点的角度来讲，认为好的事物是不好的观点为假，且认为源于偶然的事物是坏的这一观点也为假，所以与好的事物有关的否定命题，其观点比其反对命题的观点更假。这又欺骗了所有持相反观点的人，因为反对命题所属于的事物在同一事物中最具多样性。若其中之一是相反的，而与其否定命题有关的观点更加相反，则很显然，它本身就是反对命题。但认为"好的事物是坏的"，这一观点更为复杂。因为持此观点的同一个人必然假定"好的事物是不好的"。

此外，若其他事物也必然有类似情况，则我们在这一情况下所说的便是正确的。因为否定命题的对立面要么无处不在，要么不存在。但若事物没有反对命题，则真观点的对立面为假，如，有人错误地认为"那个人不是人"。若这些否定命题与其他观点相反，则与否定命题有关的观点亦是如此。

此外，认为"好的事物是好的"以及认为"不好的事物不是好的"，这两种观点相同一；认为"好的事物不是好的"以及认为"不好的事物是好的"的观点，它们也相同一。那么什么样的观点与认为"不好的事物不是好的"相反呢？肯定不是认为它是坏的观点，因为二者可能同时为真，而都为真的两个观点不能是相反的，即存在不好的事物，它是坏的，所以说"它不是好的"和"它是坏的"将同一且同时为真。认为"它不是坏的"的观点也不会与其相反，因为它们也可能在同一时间内为真，因此，关于不好的事物，与"它不是好的"相反的观点就只剩下"它是好的"这一观点，后者是为假。同理，认为"好的事物不是好的"，与认为"好的事物是好的"，两种观点相反。

显而易见，即便是全称的肯定命题也并无区别，因为全称的否定命题将与之相反。例如，有观点假定"好的事物是好的"，若"好的"是全称的，则与认为"每个好的事物都是好的"这种观点相同，与后者相反的观点即为"没有什么好的事物是好的"。对于不好的事物，也是类似的情况。

如果是这样的话，口述的肯定命题和否定命题显然是灵魂的概念符号，与同一事物有关的全称否定命题与其全称肯定命题相反。例如，"每个好的事物都是好的"或"每个人都是好的"，否定命题与其相反，即"没有什么好的事物是好的"或"没有什么人是好的"。但"并非每个好的事物都是好的"或"并非每个人都是好的"则在矛盾上与其对立。很显然，真观点不可能与另一真观点相反，真的否定命题也不可能与另一真的否定命题相反,因为存在于对立中的命题才相反。有关同一事物的观点也可以同样证明,互为相反的命题不可能同一地且在相同的时间内存在于同一事物中。

前分析篇

第一卷

第一节 命题、词项、三段论及其要素

首先，我们须明确的是主项和论证，主项即对象，论证则涉及推论及用于推论的科学。其次，我们必须定义"命题"[1]"词项"和"三段论"，还要说明什么样的三段论是完美的，什么样的不是。最后，在某一特定事物的整体内，我们要明确它是或不是另一事物，以及它是或不是任何事物（或类别）的谓项。

命题就是肯定一事物或否定另一事物的句子，有全称命题、特称命题和不确定命题。全称命题即一事物存在于或不存在于另一事物的全部；特称命题即一事物存在于或不存在于另一事物的一部分，或是不全部存在；而不确定命题则对于一事物存在于或不存在于另一事物，并未说明是全称的或是特称的，例如，"存在相反的同一科学"或"愉悦并非是好的"。证明式命题与辩证式命题是不同的。证明式命题是对矛盾双方中的一方进行假设，证明者不会对矛盾进行提问。至于由两者中的任一命题形成的三段论，两者之间就不会有区别，因为证明者和提问者都用三段论法进行推论，这就假设了某一事物是属于或不属于另一事物的。因此，三段论式的命题表述的仅仅是某事物关于另一事物的肯定或否定的关

---

[1] 命题：逻辑学中一种表达判断的语义，在三段论中，由于包含的词项不同，又分大前提和小前提。包含了大项和中项的命题被称为大前提，包含了小项和中项的命题被称为小前提。

系。由上述模式可知：如果命题为真，并且从一开始就是可假设的，则该命题可证明；而在辩证式命题中，证明者主张对矛盾进行提问，正如我们在《论题篇》中所呈现的用三段式论证的是可见和可能的假设。关于命题是什么以及三段论式命题与辩证式命题的不同之处，我们在下面的论述中将准确地呈现。但是对于我们目前的要求，我们现在所确定的也许已经足够。

再则，所谓"词项"，我指的是命题中被分解的部分——例如，谓项和主项，无论"是"或"不是"是被添加上的还是分开使用的。

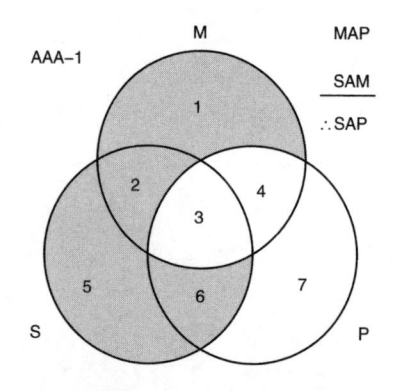

□ 韦恩图法

韦恩图也叫文氏图、维恩图，命名来源于19世纪英国哲学家和数学家约翰·韦恩，他在1881年发明了韦恩图。韦恩图法是判断三段论有效性最终的也是最直接的方法。

最后，三段论是一种表述，即确定了某一事物后，与前提不同的事物则必然会被推出——因其存在而随之产生。我所说的"因其存在而随之产生"，即某事物由其推出，是因其存在而发生，不需要任何外部词项就可以得出必然的结论。因此，我所说的完美的三段论，即除了假定的前提，不需要其他事物便会产生必然的结果；不完美的三段论则会要求一个或多个必然事物可以从假定的词项中推出，但并非由命题假定。若一事物是另一事物的全部，且一事物是另一全部事物的谓项，则二者是同一事物。我们说，它是全部事物的谓项，因为没有其他事物可以成为主项的假定项。类似地，它不会成为任何事物的谓项，也必须根据同样的方式来理解。

第二节　命题的转换

因为所有命题中的事物，或是存在，或是必然存在，或是偶然存在。就其名称而言，有些是肯定性的，有些是否定性的。再则，肯定命题和否定命题中有些是全称的，有些是特称的，其他则是不确定的。全称否定命题的词项必然可以转换，例如，"没有愉悦是好的""任何好的事物都不是愉悦"。但对于特称命题而言，我们必须要注意其肯定命题的转换，例如，若"某一种愉悦是好的"，则"某一种好的事物是愉悦的"。然而，否定命题不一定能用这种转换方式，因为"有些人不是动物"不能由"有些动物不是人"推出。

首先，以命题A和B做全称否定命题的转换。若A不存在于任何B中，则B也不存在于任何A中。因为若B存在于部分A中，比如C，则A不存在于任何B中为假——因为C是B的一部分。再则，若A存在于所有B中，则B存在于部分A中。因为若B不存在于任何A中，则A也不会存在于任何B中，这与假定A存在于所有B中相矛盾。对于特称命题而言，方式也与之类似。若A存在于部分B中，则B必然存在于部分A中。因为若B不存在于任何A中，则A也不会存在于任何B中。但若A不存在于部分B中，B不会必然地存在于部分A中。例如，若B是"动物"，而A是"人"，"人"不存在于"所有动物"中，但"动物"存在于"所有人"中。

第三节　模态命题的转换

在必然命题中，同一系统的转换方式相同，全称否定命题在全称意义上被转换，而全称肯定命题则要在特称意义上才能被转换。若A必然不存在于B中，则B也必然不存在于A中；若B存在于任何A中，则A也可能存在于部分B中。但若A必然地存在于所有或是部分确定的B中，则B也必然存在于部分确定的A中；因为若非必然，则A必然不存在于部分确定的B中。然而，特称的否定命题并未被转换，我们在前面已经给出理由。

在或然（因为或然性有多种表述方式，我们把必然性、非必然性、可能性和偶然性都称为或然性）命题中，所有肯定命题都是以类似的方式被转换的。因为若A或然存在于所有B或部分确定的B中，则B也或然存在于部分A中。因为若B不是或然存在于部分A中，则A不会存在于任何B中，前述已经说明。然而，否定命题不是以类似方式被转换的。但这些被称之为或然的事物，既不是源于其必然不存在，也不是源于其并非必然存在，它们以之前类似的方式被转换。例如，若有人说"人"不存在于"马"中，或"白色"不存在于任何"外套"中，这种说法是或然的。

在上述例子中，前者是必然不存在的，但后者则并非必然存在。这种命题也以类似方式被转换，因为若没有"人"或然存在于"马"中，则也没有"马"或然存在于"人"中。若"白色"并非必然存在于"外套"中，则"外套"也并非必然存在于任何"白色"中。因为若"外套"必然存在于任何"白色"中，则"白色"也必然存在于"某一种外套"中。上述已经作了说明，且特称否定命题也是以类似方式转换的。

对于那些或然事物而言，其大部分及其本质（我们用这种方式定义或然性）将不会类似地存在于否定转换中，因为全称否定命题不会被转换，但特称否定命题可以被转换。然而，对于或然性而言，这一点就会变得显而易见。目前，除了上述所说，很明确地，或是不发生于任何事物，或是不存在于任何事物，它们都是肯定的。因为"是偶然的"与"是"类似，无论其性质如何，"是"可以产生肯定命题，例如，"是不好的"或"是不白的"，或简言之，"是并非某事物"。关于这一点，我们将在下面论述。关于转换，上述所说与其他情况一致。

第四节 三段论及第一种格[1]

确定了上述事物之后，现在我们来描述三段论是以什么方式、在什么时间以及如何产生的，随后我们将论述证明。在此之前，我们必须先论述三段论，因为三段论更普遍。事实上，证明是某一种三段论，但并非所有三段论都是证明。

若三个词项彼此相关，小项全部包含在中项里，中项全部包含或不包含在大项里，则必然存在有关端项的完美三段论。

我所说的中项，其本身存在于其他词项中，其他词项也存在于它之中，它处于中间位置。端项是它本身存在于其他词项中，或其他词项存在于它之中。若A是所有B的谓项，B是所有C的谓项，则A必然是所有C的谓项。前面已经论述了如何

---

[1] 格：按照语言描述的顺序决定的大项、小项、中项在三段论中不同的位置分布，三段论可分为不同的格。

述说"所有的"。所以,若A不是任何B的谓项,但B是所有C的谓项,则A不会是任何C的谓项。

但若大项存在于所有中项中,中项不存在于任何小项中,则构不成有关端项的三段论。原因是没有事物必然源于它们的存在。因为大项存在于所有中项中,但并非必然存在于任何小项中,所以,特称结论和全称结论不会必然产生,且没有事物会必然产生,因此构不成三段论。全称意义上端项为肯定关系的词项可以是"动物""人""马",端项为否定关系的词项可以用"动物""人""石头"。

若大项不存在于中项中,中项也不存在于任何小项中,也构不成三段论。端项为肯定关系的词项为"科学""线""医学",端项为否定关系的词项为"科学""线""整体"。

因此,词项是全称的,则在这种格中,什么时候产生三段论或什么时候不产生就很明确。同样明确的是,若有三段论,则词项之间存在上述的关系,正如我们所说的;若这种关系确实存在,则显而易见会产生三段论。

但若一词项是全称的,另一词项是特称的,且与其他词项相联系,当全称词项(无论是肯定性的还是否定性的)与大项有关,而特称词项与小的肯定项有关时,则必然产生完美的三段论。但若全称词项与小项有关,或词项以其他方式组合,则不可能产生三段论。我所说的大项是指中项存在于其中的词项,小项是指从属于中项的词项。若A存在于所有B中,B存在于部分C中,正如开头述说,一词项是所有另一词项的谓项,则A必然存在于部分C中。若A不存在于任何B中,而B存在于部分C中,则A必然不存在于部分C中。关于不是任何词项的谓项,我们已经给出定义,所以在这种条件下会产生完美的三段论。类似地,若B和C是肯定性不定词项,无论其是不确定的还是被假定为特称的,都会有同样的三段论。

事实上,若将全称的肯定词项或否定词项添加到小项中,则无论不定词项或特称词项是肯定的还是否定的,都不产生三段论。例如,若A存在或不存在于部分B中,而B存在于所有C中。端项为肯定关系的词项是"好的""品质""节俭";端项为否定关系的词项是"好的""品质""无知"。再则,若B不存在于任何C中，A存在或不存在于部分B中，或不存在于所有B中，则不会有三段论。存在于所有（个体）中的词项为"白色的""马""天鹅"，而那些不存在于任何个体的词项为"白色的""马""乌鸦"。若A和B都是不确定的，则会产生同样的情况。若大项增加了肯定或否定词项，小项增加了特称否定词项，则无论其是不确定的还是特称的，都不会产生三段论。例如，若A存在于所有B中，但B不存在于部分C或所有C中。若中项不存在于小项中，则大项既可以存在于所有小项中，也可以不存在于任何小项中。例如，词项为"动物""人""白色的"，对于白色的事物"天鹅"和"雪"，"人"不能作为其谓项。"动物"是所有个体"天鹅"的谓项，但不是任何个体"雪"的谓项，因此，不会产生三段论。再则，若A不存在于任何B中，B存在于部分C中，词项为"无生命的""人""白色的"。"人"不能作为白色事物"天鹅"和"雪"的谓项，而"无生命的"是所有个体"雪"的谓项，但不是任何个体"天鹅"的谓项。此外，因为B不存在于部分C中是不确定的（因为我们已真实地说明，B不存在于部分C中，无论它是不存在于任何C还是所有C中），我们选定了这些词项使其不存在于任何C中，则不会产生三段论（关于这一点，我们前面已经说明）。因此，很显然，若词项是上述类型，则不会产生三段论；若非如此，便会产生三段论。即使是全称否定词项，也会出现类似情况。

若两个特称词项作为谓项，或者二者都是肯定的或都是否定的，或一个是肯定的另一个是否定的，或一个是不确定的而另一个是确定的，或二者都是不确定的，则在上述情况下，都不会产生三段论。常见的词项有"动物""白色的""人"，"动物""白色的""石头"。

很显然，由上述可知，若在这一格中有特称的三段论，则相应词项必然具有我们所说的特征；若词项具有上述特征，则必然产生三段论，否则必然不会产生三段论。清楚的是，所有的三段论在这一格中都是完美的，因为它们都是由最初的假设而来的；并且，所有的问题在这一格中都可以被证明，因为在这一格中，存在于所有词项中、不存在于任何词项中、存在于部分词项中以及不存在于部分词项中都可以被证明。我称这种格为第一种格。

第五节　第二种格中的三段论

若同样的中项存在于一个词项的所有部分中，但不存在于另一词项的任何部分中，或是存在于这两个词项中，或是不存在于任何一个词项中，我称这种格为第二种格。第二种格中，中项是两个端项的谓项，端项被中项所表述，大项接近中项，小项距中项更远，中项在端项之外，且处于最前面。在这种格中，无论词项是全称的还是非全称的，都不可能产生完美的三段论，但有可能会产生三段论。

若它们是全称的，当中项存在于一词项的所有部分中而不存在于另一词项的任何部分中时，无论哪个端项是否定的，都会产生三段论。但其他情况却不会产生三段论。若M不是任何N的谓项，但是所有O的谓项，那么，因为否定命题是可转换的，则N不存在于任何M中。但由假定可知，M存在于所有O中，因此，N将不存在于任何O中，前面我们已经证明过这一点。再则，若M存在于所有N中，但不存在于任何O中，则O不存在于任何N中。因为若M不存在于任何O中，则O也不存在于任何M中。由假定可知，M存在于所有N中，因此O将不存在于任何N中。那么，再一次产生了第一种格。然而，因为否定命题是可转换的，则N不会存在于任何O中，因此便产生了同样的三段论。我们用演绎法也可以证明同样事物的不可能性。

因此，很显然，若词项是上述类型，便产生了三段论，但它并非完美的三段论。因为必然性不能仅由最初的假设产生，还需要其他事物。

若M是所有N和所有O的谓项，则不会有三段论，例如，有存在关系的词项是"实体""动物""人"，没有存在关系的词项是"实体""动物""石头"，中项是"实体"。若M既不是任何N的谓项，也不是任何O的谓项，则不会产生三段论，例如，有存在关系的词项是"线""动物""人"，没有存在关系的词项是"线""动物""石头"。

因此，很显然，若三段论中的词项是全称的，则其词项之间的关系必然如我们开始所述；若其词项并非如此，则不会推出必然结论。

若中项与某一端项在全称意义上相关，当在肯定意义或否定意义上与大项全称相关，但与小项在特称意义上相关，且特称词项与全称词项以某种方式对立时（我指的对立方式是，若全称词项是否定的，特称词项则是肯定的；或全称词项是肯定的，特称词项是否定的），则必然产生特称否定的三段论，即若M不存在于任何N中，但存在于某个O中，则N必然不存在于某个O中。因为否定命题是可转换的，所以N将不存在于任何M中；但依据假设M存在于某个O中，因此，N将不会存在于某个O中，这一三段论在第一种格产生。

再则，若M存在于所有N中，但不存在于某个O中，则N必然不存在于某个O中。因为若N存在于所有O中，而且M又是所有N的谓项，则M必然存在于所有O中，这与它被假定为不存在于某个O中相矛盾。若M存在于所有N中，且不存在于所有O中，则会产生三段论，N不存在于任何O中，其证明也相同。但若M是所有O的谓项，但不是任何N的谓项，则不会产生三段论。例如，有存在关系的词项为"动物""实体""乌鸦"，没有存在关系的词项为"动物""白色的""乌鸦"。若M不是任何O的谓项，而是某个N的谓项，则不会产生三段论。例如，有存在关系的词项为"动物""实体""石头"，没有存在关系的词项为"动物""实体""科学"。

至此我们已经说明，在全称词项与特称词项对立的情况下，什么时候会产生三段论，什么时候不会产生三段论。但若命题有同样的质，即二者都是否定的或肯定的，则不会产生三段论。首先，若二者都是否定的，即全称词项属于大项，如使M不存在于任何N中，且不存在于部分O中，则N可能存在于所有的O中，也可能不存在于任何O中。相应的全称否定命题的词项为"黑色的""雪""动物"。但我们找不到有存在关系的全称词项，因为M存在于O的某部分，但不存在于O的另一部分；若N存在于所有的O中，但M不存在于任何N中，则M不存在于任何O中；但根据假设它存在于部分O中，因此，不可能按照这种方式假定词项。尽管如此，我们可以从不定词项中证明上述特点，因为已声明M不存在于部分O中，甚至不存在于任何O中；若它不存在于任何O中，则不产生三段论。很显然，在现在的情况下不会产生三段论。

再则，二者都是肯定的，且全称词项以类似方式被假定，例如，使M存在于所有的N中，且存在于某个O中，则N既可能存在于所有O中，也可能不存在于任何O中。相应的词项为"白色的""天鹅""雪"。我们不可能假定有存在关系的词项，其原因上述已经说明，但可以用不确定词项中体现。若全称词项与小项相关，使M不存在于任何O中，也不存在于某些N中，则N既可能存在于所有的O中，也可能不存在于任何O中。相应的有存在关系的词项是"白色的""动物""乌鸦"，有不存在关系的词项是"白色的""石头""乌鸦"。但若命题是肯定性的，则有不存在关系的词项是"白色的""动物""雪"，有存在关系的词项是"白色的""动物""天鹅"。

因此，很显然，若命题有同样的质，且其一是全称的，另一个是特称的，则不可能产生三段论。然而，若中项存在于每个端项的某一部分，或是不存在于某一部分，或是存在于一个端项的部分但不存在于另一个端项的部分，或者与端项的关系是不确定的，在上述情况下都不会产生三段论。此类命题常见的词项为"白色的""动物""人"，"白色的""动物""无生命的"。

因此，很显然，上述已经说明，若词项存在于彼此之中，则必然有三段论；若有三段论，则词项必然存在于彼此之中。清楚的是，在这一格中所有的三段论都是不完美的，因为它们都是源自某些假设，如我们通过归谬法性证明的那样，这些假设或是必然地存在于词项中，或是被认可为假设。最后，肯定的三段论似乎并非源于这一格，在这一格中无论命题是全称的还是特称的，所有的三段论都是否定的。

第六节　第三种格中的三段论

若一词项存在于所有的另一词项，但另一词项不存在于任何这一词项，或二者都存在于这一词项，或都不存在于这一词项，我称之为第三种格。在第三种格中，两个端项都是中项的谓项，大项离中项更远，小项更接近中项，但中项处于端项之外，在位置上处于最后。在这一格中，也不会产生完美的三段论。但若端项与中项相关，则无论二者都是全称的或都不是全称的，都会产生三段论。

二者都是全称时，例如，P和R存在于所有的S中，则将产生三段论，所以P必然存在于部分R中；因为肯定命题是可转换的，所以S将存在于部分R中。因此，由P存在于所有的S中，而S存在于部分R中，则推出P必然存在于部分R中。在第一种格中产生了三段论。若二者都存在于所有的S中，某些S是被假定的，如N、P和R都存在于N中，则P将存在于某些R中。若R存在于所有的S中，但P不存在于任何S中，则会产生三段论，所以P必然被推断为不存在于某些R中。证明模式与上述相同，命题R和S可以被转换。和前面的三段论一样，这一点也可由归谬法来证明。

但若R不存在于任何S中，而P存在于所有的S中，则不会产生三段论。相应的有存在关系的词项为"动物""马""人"，有不存在关系的词项为"动物""无生命的""人"。若二者不是任何S的谓项，则也不会产生三段论。相应的有存在关系的词项为"动物""马""无生命的"，有不存在关系的词项为"人""马""无生命的"，中项是"无生命的"。因此，在这一格中，词项是全称的，则什么时候产生三段论、什么时候不产生三段论，是显而易见的。若两个前提都是肯定的，则产生三段论，可从中得出相应的结论，即一个端项存在于另一个端项的一部分中。但若两个词项都是否定的，则不会产生三段论。然而，若一个前提是否定的，另一前提是肯定的，大项是否定的，小项是肯定的，则三段论成立，即一个端项不存在于另一个端项的一部分。若与上述情况相反，则三段论不成立。

若与中项相关的两个词项，一个是全称的，另一个是特称的，且两个命题都是肯定的，则无论二者中哪一个是全称的，都必然产生三段论。因为，若R存在于所有S中，而P存在于部分S中，则P必然存在于部分R中。由于肯定命题是可转换的，S也存在于部分P中。由于R存在于所有S中，且S存在于部分P中，则R也将存在于部分P中，所以P也将存在于部分R中。再则，若R存在于部分S中，而P存在于所有S中，则P必然存在于部分R中，证明模式相同，且这些事物与前面的事物类似，都可通过归谬法和阐述予以证明。

然而，若两个命题一个是肯定的，另一个是否定的，且肯定命题中词项是全称的，则当小项是肯定的时必然产生三段论。若R存在于所有S中，且P不存在于部分S中，则P也必然不存在于部分R中。因为若P存在于所有R中，且R存在于所有S中，则P将存在于所有S中，这与P不存在于部分S中相矛盾。若选定P不存在于其中的S为例，则不用通过演绎法也可将这一点证明。

但若关于大项的命题是肯定的，则不会产生三段论。例如，若P存在于所有S中，但R不存在于部分S中，则相应的全称性且有存在关系的词项为"有生命的""人""动物"。全称词项不可能是肯定的，因为R存在于部分S中，但不存在于另一部分S中；若P存在于所有S中，且R存在于部分S中，则P也将存在于部分R中，但它被假定为不存在于任何R中，因此我们必须要像之前的三段论那样来假设。因为"某事物不存在于另一事物中"这一说法是不定的，所以"不存在于任何个体的事物也不存在于部分个体"这一说法是真实的，但若不存在于任何事物，则不会产生三段论（很显然，在这一情况下不会产生三段论）。

但若否定词项是全称的（而特称词项是肯定的），即大项是否定的，而小项是肯定的，则会产生三段论：若P不存在于任何S中，而R存在于部分S中，则P将不存在于部分R中。将命题R和S转换，可以再次得到第一种格。但若小项是否定的，则不会产生三段论。相应的有存在关系的词项为"动物""人""野生的"，有不存在关系的词项为"动物""科学""野生的"，二者的中项是"野生的"。

若两个命题都是否定的，且一个词项是全称的，另一个词项是特称的，则不会产生三段论。当小项对中项具有全称意义时，相应的有不存在关系的词项为"动物""科学""野生的"，相应的有存在关系的词项为"动物""人""野生的"。然而，若大项是全称的，而小项是特称的，相应的有不存在关系的词项为"乌鸦""雪""白色的"，但我们找不到相应的有存在关系的词项。若R存在于部分S中，但不存在于另一部分S中，那么，若P存在于所有的R中，但R存在于部分P中，则P将存在于部分S中，这与P被假定为不存在于任何S中相矛盾。事实上，我们通过归谬法也可以证明这一点。若两个端项都存在于或都不存在于中项的某一部分中；或是二者中一个存在于中项的某一部分中，另一个不存在于其中；或是一个存在于中项的某一部分中，另一个不存在于中项的任何部分中；或是二者之间的关系不确定，则上述情况下都不会产生三段论。常见词项有"动物""人""白色的"，"动物""无生命的""白色的"。因此，在这一格中什么时候产生三段论，什么时候不产生三段论，清楚易见。若词项之间的关系与我们所陈述的相同，则三段论必然存在；三段论成立，则词项之间的关系必然如我们所述。同样清楚的是，这一格中所有的三段论都是不完美的——因为通过特定的假设它们才是完美的。此外，无论是否定的全称结论还是肯定的全称结论，都不能从这一格中得出。

第七节　第一种格以及其余格中不完整三段论的完成

在所有的格中，当三段论不成立时，若两个前提都是肯定的，或都是否定的，则不会得出必然结论；但若一个前提是肯定的，另一前提是否定的，且否定前提中的词项是全称的，则总会产生一个小项与大项相关的三段论。例如，若A存在于所有B或部分B中，而B不存在于任何C中，由于命题是可转换的，则C必然不存在于部分A中。在其他格中也是如此，因为三段论总是通过转换产生的。再则，清楚的是，若不定命题替代了特称肯定命题，则在所有的格中都将产生同样的三段论。

此外，显而易见，所有不完整的三段论都是通过第一种格产生的。因为它们或是直接得出的，或是通过每种不可能性得出的，第一种格可通过这两种方式产生。若结论是通过例证直接得出的，则所有结论都是通过转换得出的，而转换又产生第一种格；但若由每种不可能性证明，则假定了假前提，就会通过第一种格产生三段论。例如，在最后一种格中，若A和B都存在于所有C中，则可知A存在于部分B中。因为若A不存在于任何B中，而B存在于所有C中，则A将不存在于任何C中。这与已假定A存在于所有C中矛盾。在其他例证中，情况与之类似。

所有的三段论都有可能成为第一格中的全称三段论。很显然，在第二种格中的三段论都是通过它们产生的，但并非所有三段论都是以类似方式产生的。在第一种格中，全称三段论是由否定词项的转换得来的，特称三段论则是由归谬法得到的。第一种格中的特称三段论可由其自身完成，但在第二种格中，可由归谬法证明。例如，若A存在于所有B中，而B存在于部分C中，则可知A将存在于部分C中；若A不存在于任何C中，而A又存在于所有B中，则B将不存在于任何C中。我们通过第二种格可得出上述例证。

若前提是否定的，证明方式也与上述相同。若A不存在于任何B中，但B存在于部分C中，则A将不存在于部分C中；若A存在于所有C中，且不存在于任何B中，则B将不存在于任何C中。这就是中间格。因此，由于中间格中所有的三段论都可以成为第一种格中的全称三段论，而第一种格中的特称三段论可以成为中间格中的全称三段论，很清楚的是，第一种格中的特称三段论可以成为第一种格中的全称三段论。

□ 柏拉图学院　那不勒斯国家考古博物馆

柏拉图在雅典创办了以自己名字命名的学院，许多学生在这里接受理性训练。柏拉图在此教授几何、算术、音乐、天文等学科，他的教育思想深刻影响了西方中高等教育。

在第三种格中，若词项是全称的，其三段论可以直接由第一种格中的全称三段论完成。但若其中一个前提为特称时，其三段论可通过第一种格中的特称三段论，再成为第一种格中的全称三段论，所以第三种格中的特称三段论也可以成为同样的三段论。因此，显而易见，所有三段论都可以成为第一种格中的全称三段论。所以，我们已经表明，全称三段论和特称三段论在同一格中如何与自身相关以及在不同格中如何与彼此相关。

第八节　源于两种必然命题的三段论

然而，存在、必然存在和可能存在是不同的（许多事物存在，但并非源自必然；其他事物既非必然存在，也非短暂存在，而是可能存在），所以很显然，对于它们会有不同的三段论，而且其词项也不相似，有的三段论是必然的，有的是绝对的，还有的是可能的。必然存在与绝对存在的情况一样，词项在二者中的情况相似，相应的三段论也是以类似方式存在或不存在。不同之处在于词项会是"必然存在"或"并非必然存在"。由于否定命题被转换的方式与之类似，所以对于"存在于一事物的全部"以及"是所有这一事物的谓项"，我们持相似观点。在其他格中，情况与之相似，通过转换，结论都是必然的。但在第二种格中（若全称命题是肯定的，特称命题是否定的），或者在第三种格中（若全称命题是肯定的，而特称命题是否定的），证明方式不同，但我们必然会提出两个端项都不存在于其中的某事物，从中形成三段论，从而得出必然结论。另一方面，若根据所提出的词项，会产生必然结论，则同样会产生那一词项中部分个体的必然结论，因为被提出的词项只是其中一部分。每一种三段论都是在与其相适应的格中形成的。

第九节　第一种格中的必然命题

有时也会出现这种情况，一命题是必然的——但并非任意一个命题都是必然的，而只能是包含大项的一个命题——则会产生必然命题。例如，若假定A必然存在于或必然不存在于B中，而B只存在于C中，在这样假定的前提下，则A必然存在于或必然不存在于C中。因为若A必然存在于或必然不存在于所有的B中，而C是B的一部分，则很显然，A必然存在于或必然不存在于C中。再则，若大前提不是必然的，而小前提是必然的，则不会产生必然结论。因为若产生必然结论，则无论是在第一种格中还是第三种格中，A必然存在于部分B中，但这种说法为假，因为A可能不存在于任何B中。此外，很显然，从词项可知，不会产生必然结论，例如，A是"运动的"，B是"动物"，C是"人"。因为"人"必然是"一种动物"，但"动物"和"人"都并非必然是"运动的"。所以，若大前提为否定的，则其证明也相同。

在特称命题中，若全称前提是必然的，则结论也是必然的；但若特称前提是必然的，则无论全称前提是否定的还是肯定的，都不会产生必然结论。首先，假定全称前提是必然的，若A必然存在于所有B中，而B只存在于部分C中，则A必然存在于部分C中。因为C属于B，根据假定可知，A必然存在于所有B中。若三段论是否定的，情况也与之类似，因为其证明方式将与之相同。但若特称前提是必然的，则结论不会是必然的，因为不会有不可能的事物产生，就像在全称三段论中那样。若三段论是否定的，结果也与之类似，可以词项"运动""动物""白色的"为例。

第十节 第二种格中的必然命题

在第二种格中，若否定前提是必然的，则结论也将是必然的；若肯定前提是必然的，则结论不会是必然的。首先，假定否定前提是必然的，如，A不可能存在于所有B中，它仅存在于C中。否定命题可以被转换，B不可能存在于所有A中，但A存在于所有C中，因此，B不可能存在于所有C中。若小前提是否定的，则情况与之类似。因为若A不可能存在于所有C中，C不可能存在于所有A中，但A存在于所有B中，所以，C不可能存在于所有B中，则再次产生了第一种格。因此，B不可能存在于C中，因为它是以类似方式被转换的。

然而，若肯定前提是必然的，则结论不会是必然的。假定A必然存在于所有B中，但A不存在于任何C中，则由否定前提的转换可得出第一种格。上述已经表明，在第一种格中，若否定大前提不是必然的，则结论也不是必然的，所以不会产生必然结论。再则，若结论是必然的，则可得出C必然不存在于部分A中。因为若B必然不存在于任何C中，则C必然不存在于任何B中，但B必然存在于部分A中；若A必然存在于所有B中，则C必然不存在于部分A中。然而，A可以被如此假定，使C在全称上存在于其中。此外，对词项的阐述表明，结论并非简单地成为必然的，而要通过假设它才是必然的。例如，假定A是"动物"，B是"人"，C是"白色的"，命题以类似方式被假定：动物可能不存在于任何白色的事物中，人也不存在于任何白色的事物中。但这种说法并非必然，因为人可能是白色的，但只要动物不存在于任何白色的事物中，则它不会产生。所以，由这些假设可得出必然的结论，但这一结论并非简单的必然的结论。

对于特称三段论，情况与之类似。若否定命题是全称且必然的，则结论也将是必然的；若肯定命题是全称且必然的，否定命题是特称的，则结论不会是必然的。首先，假定否定命题是全称且必然的，A不可能存在于任何B中，但存在于部分C中，则由否定命题的转换，得出B不可能存在于任何A中，但A存在于部分C中，所以B并非必然存在于部分C中。再则，假定肯定命题是全称且必然的，B是肯定的，若A必然存在于所有B中，但不存在于部分C中，则很清楚的是，B不存在于部分C中。这种说法并非必然，其证明词项与全称三段论中的相同。此外，若否定命题是特称且必然的，结论也不是必然的，这可由相同的词项得以证明。

第十一节　第三种格中的必然命题

在最后一种格中，当端项与中项都在全称意义上相关，且两个前提都是肯定的时，若二者之中有一个是必然的，则结论也将是必然的；当二者中一个是否定的，另一个是肯定时，若否定前提是必然的，则结论也将是必然的，但若肯定前提是必然的，则结论将不会是必然的。

首先，假定两个命题都是肯定的，A和B都存在于所有C中，A、C是必然命题，由于B存在于所有C中，C也将存在于部分B中；因为全称命题可以转换为特称命题，所以，若A必然存在于所有C中，C存在于部分B中，则A也必然存在于部分B中，因为B属于C。因此，再次产生了第一种格。若B、C是必然命题，则它也会以同样的方式被证明。因为由词项转换可知，C存在于部分A中，所以若B必然存在于所有C中，且C存在于部分A中，则B也将必然存在于部分A中。

再则，假定A、C是否定的，B、C是肯定的，且否定命题是必然的。由于肯定命题是可转换的，则C将存在于部分B中，但A必然不存在于任何C中，那么A必然不会存在于部分B中，因为B属于C。但若肯定命题是必然的，则不会产生必然结论。假定B、C是肯定且必然的，A、C是否定的但并非必然的，由于肯定命题是可转换的，则C将必然存在于部分B中。因此，若A不存在于任何C中，而C存在于部分B中，则A也将不存在于部分B中。但这并非源自必然，因为在第一种格中已经表明，若否定命题不是必然的，则结论也不是必然的。此外，从词项角度来讲，这一点也是显而易见的。假定A是"好的"，B是"动物"，C是"马"，则"好的"不存在于任何"马"中，而"动物"必然存在于所有"马"中；然而，部分

"动物"并非是"好的"这一说法不是必然的，因为所有"动物"可能都是"好的"。若这是不可能的，即所有动物都是好的，我们可以假定另一词项"醒"或"睡"，因为所有动物都有这两种能力。至此，对于端项与中项在全称意义上相关，我们已经阐明何时会产生相应的必然结论。

若一词项是全称的，而另一词项是特称的，且两个前提都是肯定的，那么若全称命题是必然的，则结论也将是必然的。其证明与之前的相同，因为特称肯定命题是可转换的。因此，若B必然存在于所有C中，而A属于C，则B也必然存在于部分A中。若B存在于部分A中，则A也必然存在于部分B中，因为前提是可转换的。若A、C是全称必然命题，情况也会与之相同，因为B属于C。但若特称命题是必然的，则不会产生必然结论。假定B、C是特称必然的，A存在于所有C中，但并非源自必然，B、C被转换后产生了第一种格，全称命题不是必然的，但特称命题是必然的。若命题如上所述，则不会产生必然结论，所以在这些情况下也不会有例外。

此外，词项的情况也是显而易见的。假定A是"醒着的"，B是"两足的"，而C是"动物"，则B必然存在于部分C中，A可能存在于所有C中，但A不是必然存在于B中的，因为某些"两足的"不是必然"睡着的"或"醒着的"。所以，若A是特称必然的，我们可以用同样的词项将其证明。但若一命题是肯定的，而另一命题是否定的，全称命题是否定必然的，则结论也将是必然的；因为若A不存在于任何C中，而B存在于部分C中，则A必然不存在于部分B中。但若假定肯定命题是必然的，无论它是全称的还是特称的，或特称否定命题是必然的，都不会产生必然结论。其他例证与前面的相同。若全称肯定命题是必然的，相应的词项是"醒着的""动物""人"，中项是"人"。若特称肯定命题是必然的，相应的词项是"醒着的""动物""白色的"。由于"动物"必然存在于某些"白色的"事物中，但"醒着的"不存在于任何"白色的"事物中，"醒着的"并非必然不存在于某些"动物"。但若特称否定命题是必然的，相应的词项是"两足的""运动""动物"，中项是"动物"。

第十二节 必然命题的理论对比

只有两个命题都指示存在时，三段论才成立；但只有一个命题是必然的时，从中也可推出必然结论。在上述两种情况中，无论三段论是肯定的还是否定的，其中一个命题必然和结论相似。我所说的相似，即若结论指示存在，则其中一个命题也指示存在；若结论是必然的，其中一个命题也是必然的。因此，显而易见，除非一个命题被假定为必然的或完全绝对的，否则不会产生必然结论或绝对结论。我们已经充分说明，必然三段论是如何形成的，也说明了它与绝对三段论之间的差异。

第十三节 可能事物及随之产生的命题

接下来我们讨论可能事物何时、如何以及通过什么方式产生三段论。我定义的可能事物是指并非必然事物，它们被假定存在，不会因此产生不可能的事物，因为我们含糊地用"可能"来称谓必然事物。但显而易见，可能事物源于对立的否定和肯定，如"它不会恰巧存在""它不可能存在"和"它必然不存在"，它们三者相同或是可以彼此推论得出。因此，反对命题也如此，如"它恰巧存在""它并非不可能存在"和"它并非必然不存在"，它们三者相同或是可以彼此推论得出。对于所有事物来说，或是肯定命题，或是否定命题，因此"可能的"即"并非必然的"，"并非必然的"即"可能的"。

事实上，所有可能命题都可以互相转换。我并不是指肯定命题可以转换为否定命题，而是指许多肯定命题可以转换为其对立面，例如，"它可能存在"可转换为"它可能不存在"，"它可能存在于所有事物中"可转换为"它可能不存在于任何事物中"或是"它可能不存在于所有事物中"，"它可能存在于部分事物中"可转换为"它可能不存在于部分事物中"。其他例证亦是如此。因为可能事物是非必然的，非必然的事物也可能不存在。清楚的是，A可能存在于任何B中，也可能不存在于B中；A可能存在于所有B中，它也可能不存在于所有B中。特称肯定命题的情况与之相同，因为其证明方式相同；但此类命题是肯定的，而非否定的。我们前面已说明，动词"是可能的"与"是"相似。

对上述事物给出定义之后，我们现在讨论可能性。可能事物以两种方式表述：一种是它在大多数情况下会发生但并非必然发生，例如，人头发变白，生长或衰败，或是任何自然发生的事物。这种情况并非连续的必然性，因为人并不总是存在；但当其存在时，它或是必然的，或是在大多数情况下发生的。另一种方式是可能事物是不确定的，它可能以这种方式发生，也可能不以这种方式发生。例如，动物行走，或是它行走时发生地震，或是任何可能事物的发生，这些可能事物的发生并不会比其相反方式的发生更自然。这两种可能事物都是根据其对立的命题被转换的，但不是以同样的方式。自然存在的事物可被转换为并非必然存在的事物。因此，人可能头发不变白。但对于不确定的事物而言，以这种方式被转换不比另一种方式转换更恰当。

然而，科学和证明三段论都不属于不确定事物，虽然其中项是不规则变化的，但它们都以自然方式存在。通常，论证和推测都与此类可能性相关。但对于不确定的可能事物，我们可以形成三段论，尽管它不是在通常意义上被研究的，但这些事物在由其推导出的事物中更明确。现在我们来讨论从可能命题中，何时、如何以及会形成什么样的三段论。

"一词项可能存在于另一词项中"，这一表述在双重意义上被假定，或是指示它存在于其中的事物，或是指示它可能存在于其中的事物。因此，A可能存在于B是其谓项的事物中，指示其中一种事物，或是存在于B是其谓项的事物中，或是存在于它可能述说的谓项中。但A可能存在于B是其谓项的事物中，与A可能存在于所有B中，彼此并无差别。因此，显而易见，A可能以两种方式存在于所有B中。首先，我们须说明的是，若B可能存在于C是其谓项的事物中，A可能存在于B是其谓项的事物中，则会形成什么三段论以及什么类型的三段论，因为这两种命题都是可能被假定的。然而，若A可能存在于B存在于其中的事物中，其中一个命题是绝对的，另一个命题是可能的，则如其他例证那样，我们必须从其相似性开始。

第十四节　在第一种格中，有两个可能命题的三段论

若A可能存在于所有B中，而B存在于所有C中，则会产生完美的三段论，所以

□ 柏拉图的精神　威廉·布鲁克

柏拉图认为，现实世界是不完美的，具体的事物之所以是美的，是因为它们"分有"或者"模仿"了完美的理念，因此必然存在一个完美的最高理念，是永恒不变的。

A可能存在于所有C中，从其定义便显而易见，这便是我们所说的"全称意义上的可能存在"。所以，若A可能不存在于任何B中，而B存在于所有C中，则相应的结论为A可能不存在于任何C中，因为A不可能存在于B可能存在于其中的事物中，它使得没有什么可能性的事物属于B。但若A可能存在于所有B中，而B可能不存在于任何C中，则从被假定的命题中不会产生三段论。但B与C可能被转换，则会产生与上述相同的三段论。因为B可能不存在于任何C中，也可能存在于所有C中，关于这一点上述已经表明。因此，若B可能存在于所有C中，A可能存在于所有B中，则会再次产生相同的三段论。

若在两个命题中，否定与可能模式相关，则也会出现相同的情况。我指的是，若A可能不存在于任何B中，B不存在于任何C中，则由假定的命题不会产生三段论。但若它们被转换，则会产生与之前相同的三段论。显而易见的是，若小前提是否定的，或是两个前提都是否定的，也不会产生三段论，或是产生不完整的三段论，因为结论的必然性由转换完成。然而，若命题之一是全称的，另外一个被假定为特称的，当大项是全称时，则会产生完美的三段论。因为若A可能存在于所有B中，而B存在于部分C中，则A也可能存在于部分C中，这一点从全称可能的定义中便清晰可见。

再则，若A可能不存在于任何B中，而B可能存在于部分C中，则必然的是A可能不存在于部分C中，其证明相同。但若假定特称命题是否定的，全称命题是肯定的，使其保持同样的位置，比如，若A可能存在于所有B中，而B可能不存在于部分C中，则不会从被假定的命题中产生明显的三段论。但若将特称命题转换，即假定B可能存在于部分C中，则正如第一个命题那样，会产生与之前相同的结论。假定B超出A的范围为C，则A存在于所有C中，或不存在于任何C中，或存在于部分C中，或不存在于部分C中，但这些都是不可能的。因为可能命题是可转换的，且B可能存在于其中的事物多于A。此外，从词项来看，这一点也是显而易见的，若命题如上所述，即第一个词项可能不存在于最后一个词项的任何部分中，或是必然存在于最后一个词项的所有部分中，则所有常见词项都会如上所述。相应的有存在关系的词项为"动物""白色的""人"，有不可能存在关系的词项为"动物""白色的""外套"。

因此，清楚的是，若词项之间的关系如上所述，则不会产生三段论，因为所有三段论或是绝对的，或是必然存在的，或是可能存在的。在这种情况下，既没有绝对三段论，也没有必然三段论，因为肯定事物会被否定事物颠覆，否定事物会被肯定事物颠覆。因此，仅保留着可能三段论，但这种情况是不可能的。因为前面已经说明若词项之间的关系如上所述，即第一个词项必然存在于所有最后一个词项中，或是不可能存在于最后一个词项的任何部分中，所以不可能产生可能三段论，因为必然性并非可能性。因此，显而易见，若假定可能命题中的词项是全称的，无论是肯定的还是否定的，则在第一种格中总能产生三段论。若命题是肯定的，则产生完整的三段论；但若命题是否定的，则产生不完整的三段论。尽管如此，我们必须假定可能的事物并非存在于必然命题中，而是要根据之前的定义。有时，这一点会被忽视。

第十五节 在第一种格中，一个为简单命题，另一个为可能命题的三段论

若假定一个命题存在，另一个命题是可能的，则大项指示可能性时，所有的三段论都将是完美的，其可能性也将与上述定义一致。但若小项是可能的，则它们都将是不完美的。根据其定义，否定三段论将不会是可能三段论，而是并非必然存在于任何或所有部分中。因为若它必然不存在于任何部分中，或是不存在于所有部分中，我们说它"可能"不存在于任何部分或是所有部分中。假定A可能存在于所有B中，B存在于所有C中，因为C属于B，A可能存在于所有B中，很显然A

也可能存在于所有C中，产生完美的三段论。所以，若命题AB是否定的，且BC是肯定的，再假定AB是可能的，且BC是简单存在的，则会产生完美的三段论，所以A可能不存在于任何C中。

显然，若假定一个非模态的小项，则三段论就是完美的。但若它具有相反特性，则要通过归谬法证明三段论的产生。同时，它们也是不完美的，因为其证明并非源自被假定的命题。首先，我们必须表明，若A存在，B必然存在，则若A可能，B将必然可能。再假定A是可能的，但B是不可能的，因此若可能的东西可能存在，则可能产生；若不可能的东西不可能存在，则不可能不会产生。但若在同一时间内，A是可能的，B是不可能的，则没有B，A也可能产生。若它以这种方式产生，则它可能存在，因为已经产生的事物在以这种方式产生时，它便已经存在。然而，在生成真实的论断以及实际存在中，我们都必须假定可能性和不可能性。可能性也会以其他方式被表述，因为在所有上述例证中，其情况都相同。此外，若A存在，则B也存在，我们不能理解为若A是某一事物，则B也是某一事物。因为若一事物存在，不会必然推出相应的结果。至少需要两个事物存在，这是我们在三段论中已经说明的命题存在的方式。因为若C是D的谓项，D是F的谓项，则C将必然是F的谓项；若它们都是可能的，则结论也将是可能的，即，假定A是前提，而B是结论，则不仅A是必然的，B也是必然的，而且若A是可能的，则B也是可能的。

显而易见，作为被证明的结论，若假设为假但并非不可能的，则由假设得到的结论也将为假但并非不可能的。例如，A为假但并非不可能的，若A存在，则B也存在，且B也将为假但并非不可能的。我们已经证明，若A存在，则B也存在，所以，若A是可能的，则B也是可能的。由于A被假定为可能的，则B也将是可能的，因为同一事物在同一时间内不可能既是可能的又是不可能的。

在对上述事物作出如此说明之后，我们假定A存在于所有B中，B可能存在于所有C中，因此，A必然可能存在于所有C中。若情况并非如上所述，假定B存在于所有C中，这一说法为假但并非不可能的。若A不可能存在于C中，而B存在于所有C中，则A不可能存在于所有B中，在第三种格中产生三段论。但已假定A可能存在于所有B中，因此，A必然可能存在于所有C中，因为假命题被假定，但并非不可能的，所以结果是不可能的。我们也可以对第一种格中的不可能性进行演绎推理，即通过假定B存在于所有C中，而A可能存在于所有B中，则A可能存在于所有C中，但这与假定A不可能存在于所有C中相矛盾。

我们必须假定事物存在于所有之中并非由时间来区分，如，全称性的"现在"或"在此时"都具有简单意义。我们通过这种方式预先设定谓项，从而产生三段论。若一命题被假定为"现在"存在，则不会产生三段论。若没有其他事物运动时，则可能没有什么阻止我们说明"人"在某个时候存在于所有运动着的事物中。所有运动着的事物可能存在于所有"马"中，而"人"不可能存在于任何"马"中。此外，假定大项是"动物"，中项是"运动"，小项是"人"，命题将与之类似；但结论是必然的而非可能的，因为"人"必然是"动物"。所以显而易见，全称命题必然在简单意义上被假定，且无时间限制。

再则，假定命题AB是全称否定的，即A不存在于任何B中，而B可能存在于所有C中，由此可知，A必然不可能存在于所有C中。若并非如此，假定B如之前一样存在于C中，则A必然存在于部分B中，因为在第三种格中产生了三段论。但这是不可能的，因为假的且不可能的命题被假定，会产生不可能的结果，因此，A可能不存在于任何C中。由其定义可知，这一三段论不是可能的三段论，而是必然不存在于任何事物中的，这一点与给定假设相矛盾。因为已假定A必然存在于部分C中，而通过归谬法得出的三段论与之相对立。

此外，由词项可以清楚地看到，没有可能的结论。假定A表示"乌鸦"，B表示"有理智的"，C表示"人"。A不存在于任何B中，因为"有理智的"事物都不是"乌鸦"；B可能存在于所有C中，因为所有人都是"有理智的"；而A必然不存在于任何C中，因此结论不是"可能的"。结论并不总是必然的，假定A是"移动的事物"，B是"科学"，C是"人"，A将不存在于任何B中，而B可能存在于所有C中，结论不是"必然的"，因为没有"人"必然是"移动的事物"，某一个人移动也并非必然。因此，结论表明，它必然不存在于任何事物中，但词项应该以一种更恰当的方式被假定。

若否定命题与小项相关，表示可能性，则从被假定的命题中不会得出三段论；但当可能命题被转换时，就如前面的例证一样，会得出三段论。假定A存在于所有B中，而B可能不存在于任何C中，若词项如上所述，则不会推出任何必然结论。但若小前提被转换，即假定B可能存在于所有C中，则会如之前那样产生三段论，因为词项有类似的联系。同样地，若两个命题都是否定的，A、B指示不存在，而B、C可能不存在于任何个体中，尽管这些假设并非必然产生，但可能性的命题被转换时，也会产生三段论。若假定A不存在于任何B中，B可能不存在于任何C中，则不会从中推出任何必然结论。但若假定B可能存在于所有C中，且这一说法为真，命题A、B以类似方式存在，则将会再次产生同样的三段论。然而，若假定B不存在于C中，而非B不可能存在于C中，则无论命题A、B是否定的还是肯定的，都会产生三段论。假定有必然存在关系的常见词项是"白色的""动物""雪"，有不可能存在关系的词项为"白色的""动物""沥青"。

因此，显而易见，若词项是全称的，命题之一被假定为绝对的，另一个命题是可能，则当小前提被假定为可能时，总会产生三段论；有时它源于命题本身，有时源于可能性的命题被转换。若上述情况出现，我们已经表明其出现的原因。但若一个命题被假定为全称的，另一个是特称的，当全称可能性命题与小项相关——无论它是肯定的或否定的，特称命题是简单绝对命题时，则都会产生完美的三段论，就如词项为全称时一样。其证明也与之前相同。

若大项是全称的、简单的、不可能的，而小项是特称的、可能的，则当两个命题都被假定为肯定的或都是否定的，或一个肯定另一个否定时，都会产生不完美的三段论；有的三段论通过归谬法证明，而其他的通过可能性命题的转换证明，就像前面的例证那样。若全称大项指示纯理论上的不必要或是并非不必要，而特称命题是否定的，则通过转换也会产生三段论。假定可能命题，即若A存在于所有B中，或不存在于任何B中，而B可能不存在于部分C中，则可能性命题B、C被转换，会产生三段论。若特称命题假定不存在于其他事物中，则不会产生三段论。相应的有存在关系的词项为"白色的""动物""雪"；有不存在关系的词项为"白色的""动物""沥青"，其证明必须通过归谬法被假定。若全称命题与小项相关，而特称命题与大项相关，则无论命题是肯定的或否定的、可能的或非模态的，都不会产生三段论。若特称命题或不定命题被假定，无论两个命题是可能的还是在理论上存在于其他事物中，或是一个命题是可能的，另一个是必然的，都不会产生三段论，且证明也与前面的相同。常见的有必然存在关系的词项为"动物""白色的""人"，有不可能存在关系的词项为"动物""白色的""外套"。因此，显而易见，若大项是全称的，则会产生三段论；若小项是全称的，大项是特称的，则不会产生三段论。

第十六节 在第一种格中，一个为必然前提，另一个为可能前提的三段论

若一命题在理论上是必然的，另一命题是可能的，则会产生三段论，词项存在的方式也类似；而且若小前提是必然的，则三段论是完美的。然而，若命题都是肯定的，无论其词项是全称的或非全称的，则结论是可能的而非简单的。尽管如此，若一命题是肯定的，另一命题是否定的，且肯定命题是必然的，则结论将以类似方式指示可能性，而非不存在或是不存在于其中；若否定命题是必然的，无论词项是全称的还是非全称的，结论将是可能否定的，或者简单否定的。结论中的可能性与前面三段论中被假定的方式一样，但在三段论中的结论都不会是"必然不存在的"，因为"并非必然存在"与"必然不存在"是不一样的。

因此，显而易见，若命题是肯定的，则不会产生必然结论。假定A必然存在于所有B中，而B可能存在于所有C中，则会产生不完美的三段论，即A可能存在于所有C中。但从其证明中我们便可以明显看出它是不完整的，这一点从与之前的三段论相同的方式中也可以看出。再则，假定A可能存在于所有B中，而B必然存在于所有C中，则会产生三段论，即A可能存在于所有C中，而不是存在于所有C中。这一三段论是完美的，而非不完美的，因为它是由最初的命题完成的。

尽管如此，若必然命题的形式不同，三段论的产生情况也是不同的。首先，假定否定命题是必然的，令A必然不存在于任何B中，而B可能存在于所有C中，那么，A必然不存在于任何C中。因为如果A被假定为存在于所有或是部分C中，且被假定为不可能存在于任何B中，由于否定命题是可转换的，B不可能存在于任何A

□ 青年亚里士多德　查尔斯·德乔治
奥赛博物馆藏

亚里士多德的著作几乎涉猎了当时所有的学科，被称为"百科全书式的科学家"。他的著作构成了古代西方哲学第一个宏大的系统。

中，而A被假定为存在于所有C或部分C中，因此，B不可能存在于任何或所有C中。然而，在一开始已经假定B可能存在于所有C中。所以，很显然，由一个否定的简单的三段论可以得到一个否定的可能的三段论。其次，假定肯定命题是必然的，令A可能不存在于任何B中，而B必然存在于所有C中，则这一三段论将是完美的；但它不是简单否定的，而是可能否定的，因为它已被假定为源于大项且不能运用归谬法证明。若假定A存在于部分C中，即是表明A可能不存在于任何B中，也不会产生不可能的结论。但若否定小前提为可能的，就如前面的例证一样，由词项转换可得到三段论。若它是不可能的，则不会产生三段论。当两个前提都为否定，小前提为不可能时，也不会产生三段论。假定词项与前面的相同，则简单的有存在关系的词项是"白色的""动物""雪"，有不存在关系的词项是"白色的""动物""沥青"。

对于特称三段论，情况也与之相同：若否定命题是必然的，则结论将是简单否定的。若A不可能存在于任何B中，而B可能存在于部分C中，则A必然不存在于部分C中。因为A不可能不存在于任何B中，则B也不可能存在于任何A中；所以，若A存在于所有C中，则B不可能存在于任何C中，这与假定B存在于部分C中相矛盾。然而，若否定三段论中特称肯定命题是必然的（例如B、C），或是肯定三段论中的全称命题是必然的（例如A、B），则都不会产生简单的三段论，证明与之前的例证相同。但若小前提是全称可能的——无论其是肯定的或否定的，而大项是特称必然的，则都不会产生三段论。相应的有必然存在关系的词项为"动物""白色的""人"，有不可能存在关系的词项为"动物""白色的""外套"。但若全称命题是必然的，特称命题是可能的，则当全称命题是否定的时，相应的有存在关系的词项为"动物""白色的""乌鸦"，有不可能存在关系的词项为"动物""白色的""沥青"；当全称命题是肯定的时，有存在关系的词项为"动物""白色的""天鹅"，有不可能存在关系的词项为"动物""白色的""雪"。若命题是不定的或二者都是特称的，则都不会产生三段论，常见的有存在关系的词项为"动物""白色的""人"，有不可能存在关系的词项为"动物""白色的""无生命的"。"动物"必然地并非可能存在于部分"白色的"事物中，"白色的"也是必然地并非可能存在于部分"无生命的"事物中。对于可能命题也会出现同样的情况，所以这些词项适用于所有情况。

从上述可知，若简单和必然命题中的词项相似，则会相应地产生或不产生三段论。若否定前提被假定为简单的，则会产生三段论和可能结论；若否定命题是必然的，则会出现既是可能的又是简单否定的特征。但清楚的是，所有三段论都是不完美的，它们都可以通过上述的格完成。

第十七节　在第二种格中，有两个可能前提的三段论

在第二种格中，若假定两个前提都是可能的，则无论它们是肯定的或否定的、全称的或特称的，都不会产生三段论。但若一个前提指示简单的不必要的，另一个前提指示可能性，则当肯定前提指示不必要时，不可能产生三段论；但当全称否定前提是非模态时，则会产生三段论。若假定一前提是必然的，另一前提是可能的，情况也与之类似。我们必须考虑，在这些三段论中，结论中的可能性与前面的是否相同。

首先，我们必须表明，可能的否定命题是不可转换的，例如，若A可能不存在于任何B中，则B并非必然地可能不存在于任何A中。可能的肯定命题都可以转换为否定命题，无论其是相反的还是相矛盾的。若B可能不存在于任何A中，则清楚的是，B可能存在于所有A中。但这种说法为假，因为若这种情况对所有命题都是可能的，则不会必然得出前者可能存在于后者中的结论。因此，否定的可能命题是不可转换的。此外，没有什么事物阻止A可能不存在于任何B中，而B并非必然

地存在于部分A中，例如，"白色"可能不存在于所有"人"中，它也可能存在于某些人中。但若因此而说"人"可能不存在于任何"白色的"事物中，也是不真实的。因为人必然不存在于许多白色的事物中，且"必然"并非"可能"。但它不可能通过归谬法证明它是可转换的，例如，若认为B可能存在于任何A中为假，则A不可能存在于任何B中为真，因为它们是肯定和否定的关系。若B必然存在于某个A中为真，则A也必然存在于某个B中；但这是不可能的，因为由"若B不可能存在于任何A中"推不出"它必然存在于某个A中"。

对于"不可能存在于任何个体中"，我们有两种方式述说：其一是若一事物必然存在于某事物中，其二是若它必然不存在于某事物中。必然不存在于某个A中的事物，我们不能称其为"可能不存在于所有A中"。对于必然存在于某一事物中的事物，我们也不能称其为"可能存在于所有这一事物中"。如果有人称由于C不可能存在于所有D中，则它必然不存在于某个D中，那么，这种推断为假，因为它可能存在于有些D中。因为当一事物必然存在于某些事物中时，我们说它"不可能存在于所有这一事物的个体中"。因此，"必然存在于某一事物"和"必然不存在于某一事物"这两者，与"可能存在于所有这一事物"都是相对立的。类似地，对于不可能存在于任何个体中的事物，它们也有类似的对立关系。

因此，显而易见，我们首先定义了可能性和不可能性，与之对立的不仅有"必然存在于某一事物"，而且有"必然不存在于其中"。但若做了这种假定之后，则不可能产生三段论。因此，由我们已声明的可知，否定的可能命题是不可转换的。

在上述证明之后，假定A可能不存在于任何B中，但可能存在于所有C中，因为已声明此类命题是不可转换的，所以无法通过转换来产生三段论，而且，由归谬法也不能产生三段论。假定B可能存在于所有C中，则不会产生假结论，因为A既可能存在于所有C中，也可能不存在于任何C中。简言之，若产生三段论，则会有可能命题（因为没有命题被假定为不必要的），它或是肯定的，或是否定的。但这两种方式都不可能，因为若肯定命题被假定，由其词项可知它不可能存在于其中。

但若否定命题被假定，则结论不是可能的，而是必然的。假定A是"白色的"，B是"人"，C是"马"，则"白色的"可能存在于一事物的所有个体中，也可能不存在于另一事物的任何个体中，但B既不可能存在于C中，也不可能不存在于C中。显而易见，它不可能存在于C中，因为没有"马"是"人"。但它也不可能不存在于C中，因为没有"马"必然是"人"。"必然"并非"可能"，因此，不会产生三段论。若否定命题如上所述，或两个命题都被假定为肯定的或否定的，则同样的词项会产生类似的证明。若一命题是全称的，另一命题是特称的，或二者都是特称的或不定的，或以其他方式改变命题，同样的词项会产生相同的证明。因此，清楚的是，若两个命题都被假定为可能的，则不会产生三段论。

第十八节　在第二种格中，一个为实然命题，另一个为或然命题的三段论

若一命题表示实然，另一命题表示或然，肯定命题是实然的，否定命题是或然的，则无论词项被假定为全称的还是特称的，都不会产生三段论。但相同的词项会产生相同的三段论。若肯定命题是或然的，而否定命题是实然的，则会产生三段论。假定A不存在于任何B中，而可能存在于所有C中，将否定命题转换，B不存在于任何A中，而A可能存在于所有C中，因此在第一种格中会产生三段论：B可能不存在于任何C中。如果小前提是否定的，情况也类似。但若两个命题都是否定的，一个表示实然否定，另一个表示或然否定，则由这些假定的命题不会推出必然结论。但可能命题被转换后会产生三段论：B可能不存在于任何C中。就如之前的例证一样，在第一种格中会产生三段论。然而，若两个命题都被假定为肯定的，则不会产生三段论。相应的有存在关系的词项为"健康""动物""人"，有不存在关系的词项为"健康""马""人"。特称三段论的情况也与之相同。因为若肯定命题是非模态的，无论其是全称的或是特称的，都不会产生三段论，这一点我们已经通过相同的词项和类似的方式在前面说明。

但若否定命题是实然的，则如之前的例证一样，词项通过转换会产生三段论。再则，若两个前提都是否定的，而且实然否定的前提是全称的，由这些命题

不会产生必然结论。而可能命题像之前那样转换词项后会产生三段论。然而，若否定命题是实然的特称的，则无论另一个前提是肯定的或否定的，都不会产生三段论。若两个命题都被假定为不定的，无论其是肯定的或否定的，抑或是特称的，都不会产生三段论，且根据同样的词项会产生同样的证明。

第十九节　在第二种格中，一个为必然前提，另一个为可能前提的三段论

若一前提指示必然存在，另一前提指示可能存在，则当否定命题是必然的时，会产生三段论，而且不仅可从中推出可能的否定结论，还可推出简单的否定结论；但若肯定命题是必然的，则不会产生三段论。假定A必然不存在于任何B中，而可能存在于所有C中，否定命题被转换后，B不可能存在于任何A中，而A可能存在于所有C中。因此，在第一种格中再次产生了三段论。所以，B可能不存在于任何C中，同时，B也不可能存在于任何C中。因为假定B存在于任何C中，若A可能不存在于任何B中，则B存在于某个C中，A不可能存在于某个C中，这与假定它可能存在于所有C中相矛盾。若小前提是否定的，则以同样的方式可以证明。

再则，假定肯定命题是必然的，而另一否定命题是可能的，A可能不存在于任何B中，而必然存在于所有C中，若词项如上所述，便不会产生三段论，因为有可能B必然不存在于C中。假定A是"白色的"，B是"人"，C是"天鹅"，则"白色"必然存在于"天鹅"中，但可能不存在于任何"人"中，"人"必然不存在于任何"天鹅"中。因此，很显然不会产生可能三段论，因为必然的并非可能的；同时也不会产生必然三段论，因为后者是由两个必然前提推出，或是由一个否定必然前提推出。此外，由这些词项可知，B也可能存在于C中，因为没有事物阻止C属于B，这与假定命题"A可能存在于所有B中，且必然存在于C中"并不矛盾。如若C是"醒着的"，B是"动物"，A是"运动"，由于"运动"必然存在于"醒着的"事物中，而可能存在于所有"动物"中，且所有"醒着的"事物都是"动物"。因此，实然否定的结论也不能从中推出，因为若词项如上所述，实然结论是必然的。若证明与之对立，实然否定的结论也不能从中推出。所以，不会产生三段论。若肯定前提被换位，可用类似方式证明。

但若命题具有相同的特性，当它们都是否定的命题时，则会形成三段论，只要对可能命题像之前的例证那样做转换即可。假定A必然不存在于B中，且可能不存在于C中，命题被转换之后，B不存在于任何A中，A可能存在于所有C中，则第一种格产生。若否定命题属于C，也会出现同样的情况。但若两个命题都是肯定的，则不会产生三段论，既不会有实然否定的三段论，也不会有必然否定的三段论。因为没有假定否定前提，既不会有实然否定的三段论，也不会有必然否定的三段论。再则，也不会有或然否定的三段论，因为假定了必然词项后，B将必然不会存在于C中，例如，假定A是"白色的"，B是"天鹅"，C是"人"。从对立的肯定命题中也不会产生三段论，因为已表明B必然不存在于C中。因此简言之，这种情况不会产生三段论。

特称三段论的情况也与之相同。若否定命题是全称必然的，则会产生可能三段论，其结论或为必然或为实然否定，其证明将通过转换实现。但是，若肯定命题是必然的，则不会产生三段论。同样的词项和方式也会体现在全称命题中。若两个前提都被假定为肯定的，也不会产生三段论，因为其证明方式与之前相同。但若两个前提都是否定的，指示实然否定的前提是全称必然的，尽管通过命题不会产生必然结论，但可能命题被转换后，会产生如之前一样的三段论。然而，若两个命题都是不定的或都是特称的，也不会产生三段论，对相同的词项可以用相同的方式证明。

由上述可知，若假定了全称必然否定命题，便会产生三段论，它不仅可以是或然否定的，还可以是实然否定的。但若是必然肯定命题，则不会产生三段论。若词项以同样的方式存在于必然命题中，如在简单命题中，则不一定会产生三段论。最后，所有这些三段论都是不完整的，它们通过上述提及的格完成。

第二十节　在第三种格中，有两个可能命题的三段论

在最后一种格中，若两个前提都是可能的，或者其中一个是可能的，则都会产生三段论。若前提都表示或然性，结论也将是或然的。若一个前提表示或然性，另一个前提表示实然性，则也会产生三段论。若一个前提被假定为必然肯

的，则既不会产生必然的结论，也不会产生实然的结论。若相反地，它是否定的，则会产生三段论，与之前的一样，结论为实然否定的。然而，在这些结论中，其可能性与之前的类似。

首先假定前提是可能的，令A和B可能存在于所有C中，因为特称肯定命题是可转换的，那么，C也可能存在于某个B中；因此，若A可能存在于所有C中，而C可能存在于某个B中，则必然地A可能存在于某个B中，第一种格产生。再则，若A可能不存在于任何C中，而B存在于所有C中，则必然推出A可能不存在于某个B中，通过转换我们再次得到了第一种格。若两个命题都被假定为否定的，则不会产生必然结论；但若命题可转换，则会产生三段论。因为若A和B都可能不存在于C中，若"可能不存在"被转换，则会再次得到第一种格。然而，若一词项是全称的，另一词项是特称的，就像实然命题的例证那样，可能产生也可能不产生三段论。假定A可能存在于所有C中，而B存在于某个C中，则转换特称命题后会再次产生第一种格。因为若A可能存在于所有C中，C存在于某个B中，则A也可能存在于某个B中。若全称命题与B、C相关，情况也一样。若AC是否定的，而BC是肯定的，则也会以类似方式产生三段论，通过转换我们再次得到了第一种格。然而，若两个命题都是否定的，其中一个是全称的，另一个是特称的，由假定的命题不会产生三段论，但将其转换后会产生三段论。最后，若二者是不定的或特称的，也不会产生三段论。因为A必然存在于所有B中，或是不存在于任何B中。相应的有存在关系的词项是"动物""人""白色的"，有不存在关系的词项是"马""人""白色的"，中项都是"白色的"。

第二十一节　在第三种格中，一个为或然命题，另一个为实然命题的三段论

然而，若一个前提表示实然，另一个表示或然，其结论将是一事物或然地存在于另一事物中，而非实然地存在于另一事物中。这种条件也能产生三段论，词项也如前面的一样以相同的关系存在于其中。首先，假定它们是肯定的，A存在于所有C中，而B可能存在于所有C中，小前提被转换后会产生第一种格，结论即A可能存在于某个B中。因为在第一种格中，一个前提指示可能性，其结论也是可能

的。类似地，若命题BC是实然的，而命题AC是或然的；或者AC否定，而BC肯定，且其中之一是非模态的，则在这两种情况下，结论都是或然的。我们将再次得出第一种格。我们已经表明，在第一种格中，若一个前提指示或然性，其结论也将是或然的。若小前提是否定的，或两个前提都被假定为否定的，则通过命题本身不会产生三段论，但就如之前的例证一样，将词项转换之后会产生三段论。

尽管如此，若一个前提是全称的，另一个是特称的，那么，在二者都是肯定的，或全称前提是否定的而特称前提是肯定的这两种情况下，产生的三段论是同一模式。因为所有三段论都是在第一种格中完成的，所以，显而易见，由此产生的三段论是或然的，而不是实然的。然而，若肯定前提是全称的，否定前提是特称的，其证明要采用归谬法。假定B存在于所有C中，A可能不存在于某个C中，则必然地，A可能不存在于某个B中。因为若A必然存在于所有B中，而B被假定为存在于所有C中，则A必然存在于所有C中，这与A可能不存在于某个C中的假设相矛盾。

若两个前提都被假定为不定的或特称的，则不会产生三段论，其证明方式也与全称前提的相同，可以相同的词项为例。

第二十二节　在第三种格中，一个为必然前提，另一个为可能前提的三段论

若一个前提是必然的，而另一个前提是可能的，两个前提都是肯定的，则会产生可能的三段论。但若一个前提是肯定的，而另一个前提是否定的，且肯定前提是必然的，则会产生或然否定的三段论；若否定前提是必然的，则会有或然否定的三段论和实然否定的三段论。和其他格一样，这种条件下不会产生必然否定的三段论。

首先，假定前提都是肯定的，A必然存在于所有C中，而B可能存在于所有C中，由于A必然存在于所有C中，而C可能存在于某个B中，则A将可能（并非必然）存在于部分B中。这是在第一种格中得出的结论。若假定BC是必然的，而AC是可能的，也能够类似地证明。

再则，假定一个前提是肯定的，另一个前提是否定的，且肯定前提是必然的，即，若A可能不存在于任何C中，而B必然存在于所有C中，则会再次产生第一种格。因为否定前提指示可能性，显而易见，其结论也将是可能的。因为若在第一种格中前提如上所述，其结论也是可能的。若否定前提是必然的，其结论也将是可能的。假定A必然不存在于C中，而可能存在于所有B中，则肯定命题BC被转换后，将产生第一种格，否定前提将是必然的。但若前提如上所述，其结果是A可能不存在于某个C中，且不存在于某个C中。因此，必然地，A不存在于某个B中。然而，若小前提被假定为否定的，则会产生三段论，若它如前面的例证那样被转换，则结论是可能的。但若它是必然的，则不会产生三段论，因为A既必然存在于所有B中，又可能不存在于任何B中。假定词项存在于所有个体中，其词项为"睡着的""睡着的马""人"，不存在于个体中的词项为"睡着的""醒着的马""人"。

若一词项与中项在全称意义上相关，另一词项与中项在特称意义上相关，则也会以同样的方式得出以上结论。若两个前提都是肯定的，则会产生可能三段论，而非绝对三段论。若一个前提被假定为否定的，而另一个前提被假定为肯定的，且肯定前提是必然的，也会产生三段论。但若否定前提是必然的，则其结论是实然否定的。无论词项是全称的或非全称的，证明的形式都一样。因为三段论必然在第一种格中产生，所以，在它们中产生的结果必然与前面的结果相同。然而，当否定前提被假定为全称的，且与小项相关时，若它是可能的，则通过转换会产生三段论；若它是必然的，则不会产生三段论。这些条件下的三段论的证明方式与全称三段论一样，对相同词项可用相同的证明模式。因此，在这种格中，何时、如何产生三段论，何时产生可能三段论，何时产生绝对三段论，都是显而易见；同样清楚的是，它们都是不完美的，且在第一种格中完成三段论。

第二十三节 所有的三段论都是在第一种格中完成的

显而易见，由上述可知，在这些格中的三段论都是由第一种格中的全称三段论完成的，且可以还原为第一格中的三段论。若我们证明了所有的三段论都是由这些格中的某一格产生的，这一点将显而易见。

所有证明和三段论，或是表明不必要的事物或并非不必要的事物，或是全称的或是特称的，或是有例证表明的或是可通过假设加以证明的。然而，有的由假设而来的证明是由归谬法产生的。因此，我们首先讨论直接三段论，它们被证明之后，那些由归谬法以及假设得出的证明也将显而易见。

若要用三段论法推论A存在于B中或不存在于B中，我们必须假定与其有关的某事物。假定A属于B，则最初被提出的命题将被假定并用于证明。但若假定A属于C，而C不属于任何事物，也没有任何事物属于它，且其他事物也不属于A，则不会产生三段论。因为若假定一事物属于另一事物，则不能从中推出必然结论，所以，我们必须假定其他前提。假定A属于其他事物，或其他事物属于A或属于C，则会产生三段论，但从假设可知这个三段论与B无关。若C是其他事物的谓项，而这一事物又是另一事物的谓项，最后一事物是第三种事物的谓项，若这些事物都不属于B，则不会产生一个与B相关的三段论。因为我们已说明，除非假定某一个中项，它以某种方式通过谓项与每个端项相关，否则不会产生一事物与另一事物相关的三段论。因为三段论源于前提，它属于一事物，这一事物又与另一事物相关。若我们既不肯定也不否定属于B的任何事物，则不能假定一个前提与B相关。若我们不假定任何常见的事物，而肯定或否定每一事物的某个特点，也不会产生A与B相关的三段论。因此，若要使一事物与另一事物相关的三段论成立，必须假定与二者都相关的中项，使各谓项都一致。必须假定一事物与二者都相关有三种方式：使A属于C，C属于B；使C属于A和B；使A和B属于C，这些都是前面提及的格。很显然，所有格都必然源于这些格中的一种，因为其论证过程相同。若A通过许多中间项与B相关，则这些中间项中的格也将一样。

因此，清楚的是，所有直接三段论都是通过上述提及的格而完成的，归谬法也是由它们完成的。所有通过归谬法证明的三段论，都是通过假设推导出矛盾关系，并以不可能的结论来证明最初的命题。例如，正方形的对角线不能与其边通约，因为若给定了通约数，则可推出奇数与偶数相等；从中推出的奇数与偶数相等这一矛盾关系产生了假结论，所以由假设可知，对角线与其边是不可通约的。

由此，用归谬法证明了最初命题的不可能性。所以，由论证可知，归谬法会产生假的直接命题，而最初的命题由假设证明。前面我们已经说过，直接命题由这些格完成。显而易见，与不可能性相关的三段论也是由这些格形成的。类似地，所有其他三段论也是由假设产生的，因为在所有情况下，三段论都被假定，而最初的命题由词项或是其他假设证明。若这种说法为真，则所有证明和三段论都必然由前述的三种格产生。上述被证明之后，则很显然，所有三段论都是在第一种格中完成的，且可以还原为第一种格中的全称三段论。

第二十四节　三段论之前提和结论的质、量

此外，在所有三段论中，其中一个前提必须为肯定的，而且必须有一个全称的前提。若没有全称前提，则不会有三段论。若一词项可能不属于已提出的事物，最初的问题可能成为要假定的主项。假定源自音乐的愉悦是值得赞扬的，若要证明这种愉悦是值得赞扬的，但并不在"愉悦"前面增加"所有的"，则不会产生三段论。若有一种愉悦是值得赞扬的，但与音乐带来的愉悦不同，则它与我们的设定无关。若它与设定的相同，则是"预期理由"。这一点在几何中体现得更明显，例如，等腰三角形底边的角相等。使直线A和B通过圆心，若假定了角AC等于角BD，但并未假定半圆中的角是相等的；再则，若角C等于角D，但并没假定同一部分中的所有角相等；此外，若假定从相等的大角中减去相等的小角，剩下的角E和角F相等，那么，除非假定"从相等者中减去相等者，剩下的相等"，否则便又回到了最初的问题。

因此，所有三段论中必须要有全称前提。全称结论也源自全称词项，但特称结论却不要求词项是否为全称。所以，若结论是全称的，则前提必然是全称的；但若前提是全称的，则结论可能不是全称的；而且，在所有三段论中，两个前提或其中之一必然与结论相似，即不仅是在肯定或否定方面相同，而且在必然、绝对或可能方面也相同。我们还必须论证谓项的其他模式。

总之，我们已经说明了何时产生或不产生三段论，何时它是可能的，何时它是完美的。若产生三段论，则其词项之间的关系必然与上述模式之一相一致。

第二十五节　所有三段论都仅由三个词项、两个前提构成

所有证明都由三个词项完成，且不可能由更多词项完成，除非同样的结论由不同的论点得出。如，E可以通过A和B，也可以通过C和D得出，或者通过A和B、A和C、B和C得出，因为多个中间项可以存在于相同的结论中。但在这种情况下，不是只有一个三段论，而是有多个三段论。

再则，命题A和B中的每一个都通过命题被假定，如，命题A通过D和E得出，命题B通过F和G得出，或者二者中一个由归纳法得出，另一个由三段论得出。按照这种方式会产生多个三段论，因为有多个结论，如A、B和C。若不是有多个三段论而只有一个三段论，则同样的结论可能由多个词项产生，但不可能如C那样由A和B证明。假定结论E由A、B、C和D推出，则必须假定其中一事物与另一事物相关，如整体和部分的关系那样。前面我们已经对这一点进行了说明，若有一个三段论，则有些词项必然以这种方式存在。假定A与B以上述方式相关，则由它们会产生一个结论，或是E或是C或是D，或是与这些不同的其他命题。

若E是结论，则三段论可仅由A和B被推出，但若C和D如上所述且其中之一是全称的，另一个是特称的，则E或A或B将从中被推出，或是与它们不同的事物被推出。若E或A或B从中被推出，则会有多个三段论，或是如前所述，同一事物可能由多个词项被推出。然而，若任何与上述不同的事物被推出，则会有多个彼此不相关的三段论。若C与D不能产生一个三段论，则它们将被假定为无目的性，除非是出于归纳或隐藏，或是其他类似的目的。若源于A和B的结论不是E，而是其他结论，且源于C和D的结论或是上述之一，或是与上述不同的其他事物，则会产生多个三段论。这些三段论不属于主项，因为它假定三段论属于E。再则，若由C和D不能得出结论，则它们便被假定为徒劳的，三段论也不与最初的问题有关。所以，显而易见，所有证明和三段论都仅由三个词项产生。

上述内容明确之后，同样清楚的是，一个三段论由且仅由两个前提构成，因为三个词项就是两个前提；除非如我们最初提及的那样，为了三段论的完美性，会另做假定。因此，在三段论的论述中，若可以从中推出主要结论的前提不是偶数（之前的一些结论必然地也是前提），则其论述或者不是三段论式的，或者超过了

本文所必须的要求。

若三段论与主要命题一致，则所有三段论将由偶数个命题、奇数个词项构成，因为词项数量比前提多一个，且结论数量是命题的一半。然而，若结论由在其之前的三段论或是多个连续中项产生，如结论A、B，由C和D产生，则类似地，词项数量也比前提多一个（因为内插词项或是从端项或是在中项中被添加的。按照这两种方式，谓述关系将比词项数量少一个，但命题数量与谓述命题的数量相等）。事实上，命题的数量并不总是偶数，词项的数量也并不总是奇数。二者的奇偶性交替发生，若命题数是偶数，则词项数是奇数；若词项数是偶数，则命题数是奇数。因为命题与词项是相关的，添加了词项便是添加了命题。因此，由于命题数是偶数，词项数是奇数，则增加相同的成分它们必然发生变化。但结论既不会与词项也不会与命题的变化数量相同。增加了一个词项之后，结论将比预先存在的词项少增加一个，因为最后的词项不产生结论，而其他所有词项都产生结论，例如，为A、B、C增加D，则会增加两个结论，一个增加给A，另一个增加给B。其他例证情况与之相同。若词项以同样的方式插入到中项中，由于单个词项不构成结论，则结论数量将比词项数量和命题数量多很多。

□ 《工具论》阿拉伯语手稿

亚里士多德的思想对西方文化产生了深远影响，在上古和中世纪时期，他的著作被翻译成拉丁文、阿拉伯文、希伯来文、意大利文和英文等，在世界范围内广泛传播。

第二十六节　特定问题的对比以及它们通过什么格被证明

我们已经知晓了三段论的特性，它们在每一种格中的质，以及用于证明它们的多种方式。我们还明确了什么类型的问题不易证明，什么样的问题容易证明；明确了在多个格和多个例证中更易获得结论，在较少的格和较少的例证中不易获得结论。

全称肯定命题仅能在第一种格中、仅由一种方式证明。但全称否定命题既可以在第一种格中也可以在第二种格中被证明；在第一种格中由一种方式证明，在第二种格中由两种方式证明。

特称肯定命题可在第一种格中和最后一种格中被证明，在第一种格中由一种方式证明，在最后一种格中由三种方式证明。

最后，特称否定命题可以在所有格中被证明，在第一种格中由一种方式证明，在第二种格中由两种方式证明，在最后一种格中由三种方式证明。

因此，全称肯定命题似乎最难构建，最易被颠覆。换言之，全称命题比特称命题更易被颠覆，因为它在一事物不属于任何事物时会被颠覆，在一事物不存在于某一事物时也会被颠覆，即是说，后者可以在所有格中被证明，而前者可以在两种格中被证明。

全称否定命题的模式与之相同。它在一事物存在于所有事物中时会被颠覆，在一事物存在于某一事物时也会被颠覆。在两种格中我们都可以说明这种情况。有一种方式可以反驳特称命题，或是说明一事物存在于所有事物中，或是说明一事物不存在于任何个体中。

特称命题更易构建，因为它们可以在更多的格中、通过更多的模式构建。简言之，我们不应该疏忽，全称命题和特称命题可以互相反驳。我们不能通过特称命题构建全称命题，但可以通过全称命题构建特称命题。同时，颠覆命题比构建命题更容易。

所有三段论以什么方式产生、由多少词项和前提产生、如何与彼此相关、什么样的命题可以在每种格中被证明、什么样的命题可以在较多的模式中被证明以及什么样的命题可以在较少的模式中被证明，上述内容都已给出答案。

第二十七节　三段论的创造和构建

现在，我们必须要描述的是如何通过三段论解决已提出的问题，通过什么方式假定问题。我们不仅要考虑三段论的产生，而且要拥有构建三段论的能力。

对于所有存在的事物，有些事物不能在全称意义上成为其他事物的谓项，如克里昂（Cleon）和卡里亚斯以及单称的、可感知的事物，但有些事物可以是它们的谓项（因为它们既是人也是动物）。再则，有些事物可以是其他事物的谓项，但其他事物并非先于这些事物。最后，有些事物自身可成为其他事物的谓项，其他事物也可以是这些事物自身的谓项，如"人"是"卡里亚斯"的谓项，"动物"是"人"的谓项。因此，清楚的是，有些事物在本质上不是任何事物的谓项，大多数可感知的事物都是此类，它们是除了偶然事物之外的其他任何事物的谓项，例如，我们有时说"白的事物是苏格拉底""正在接近的对象是卡里亚斯"。我们将再次表明向上的进程有限度，目前我们认可这一点。对于这些事物，我们不能指出其他谓项，除非是根据观点。这些事物可以是其他事物的谓项，单称事物不可能是其他事物的谓项，但其他事物可以是单称事物的谓项。然而，似乎那些中间事物可以以两种方式成为证明的谓项，因为它们可以是其他事物的谓项，其他事物也可以是它们的谓项。通常，论证和研究的对象主要就是这类事物。

我们要按照下面的方式假定命题：首先，需假设主项、定义及其特性；其次，假定事物随之产生的结果以及可以从中推出的结论；最后，假定不存在于其中的事物。然而，我们不能假定不存在于其中的事物，因为否定命题是可以转换的。对于事物随之产生的结果，我们必须区分什么事物属于"事物是什么"，什么事物作为特性被述说，什么事物作为偶然事物，以及那些根据观点被述说的事物和根据事实被述说的事物。这些事物的数量越多，得出结论越快；越真实，证明就越可信。

我们不能选择某一事物随之产生的结果，而应该是由整个事物推出结论，例如，不应该是从某一个人推出结论，而应该是从所有人推出结论，因为三段论由全称命题构成。因此，若一个命题是不定的，则不能确定它是否是全称的；但若它是确定的，便能明确。所以，我们必须选择可从中推出一事物的事物整体，例如，不能假定所有"动物"是随"人"产生的，或所有"科学"是随"音乐"产生的。但正如我们设定的那样，它们是简单的结果。而诸如"所有人"是"所有动物"或"公正是所有好的事物"这样的表述是无用的、不可能的。若结果附加在主项上，则"所有"也应被附加。

然而，若主项被包含在某一事物中，则我们必须假定其结果。我们不能选择由全称命题推出或不能推出的事物，因为它们已经被假定，例如，随"动物"产生的结果也随"人"产生，也随那些并非以类似方式绝对存在于其中的事物而产生。但我们必须选择每一事物的特性，因为种所具有的某些特性并非与属共有，某些特性也必然存在于与之不同的种中。对于全称命题，我们不能选择由被包含的事物推出的结论，例如，对于"动物"而言，我们不应该假定由"人"推出的结论。因为必然地，若"动物"可由"人"推出，则它可由所有事物推出，但它可能更适合属于"人"的前提所作出的选择。我们也必须假定普遍的结果和前提，因为对于普遍问题而言，三段论也源于前提；它们或是全部或是部分具有普遍性，因为每一个三段论的结论都与其前提相似。最后，我们不能选择那些伴随所有事物的属性，因为由它们不能构成一个三段论，我们将在下面给出原因。

第二十八节　同一主项的特殊规则

因此，若要确立某一全称命题，应该从其谓项的角度注重主项确立的问题。但无论其谓项是什么，都应该检查随之产生的结果。若有两个结果相同，则一事物必然存在于另一事物中。但若证明了一事物不是在全称意义上而是在特称意义上存在，则必须检查每一命题推出的结论，因为若有结论是相同的，则必然是在特称意义上存在。但若存在的事物不是必然的，如不需要存在于其中的事物，则我们必须注意那些不可能存在于其中的事物；或相反地，对于那些必然不存在于其中的事物，我们必须注意那些可能存在于其中的事物，比如那些不存在于其中但存在于结果中的事物。如果任何事物是相同的，则一事物就不存在于另一事物中，因为有时三段论产生于第一种格中，有时产生于中间格中。然而，若证明了特称非不必要，则应该注意不应该存在的事物以及由其推出的结论。但对于那些不应该存在的事物，我们必须将其考虑在内。它们不可能存在于其中，因为若这些事物中任何事物是确定的，则特称非不必要就是必然的。

若按照下面方式进行论述，可能更清晰：假定随A产生的结果是B，随C产生的是A，不可能存在于A中的是D；同时，假定存在于E中的事物是F，随E产生的是G；最后，假定不可能存在于E中的是H。若部分C和部分F是相同的，则A必然存在于所有E中，因为若F存在于所有E中，A存在于所有C中，则A存在于所有E中。但若C和G是相同的，则A必然存在于部分E中，因为从所有C中推出A，从所有G中推出E。然而，F和D是相同的，则从之前的三段论中得出A不存在于任何E中的结论。因为否定命题是可转换的且F与D相同，则A将不存在于任何F中，而F存在于所有E中，所以A不存在于任何E中。再则，若B和H相同，则A将不存在于任何E中。因为B存在于所有A中而不存在于任何E中，且B和H相同，H不存在于任何E中，所以A不存在于任何E中。若D和G相同，则A将不存在于部分E中。因为A不存在于G中，它也不存在于D中，而G属于E，所以A也不会存在于部分E中。此外，若B与G相同，则会产生全称三段论，由于G存在于所有A中（B存在于A中），E存在于B中（B与G相同），A不必然地存在于所有E中，而必然地存在于部分E中，因为全称谓项可以被转换为特称谓项。

因此，显而易见，我们必须考虑上述提及的每个问题的每一部分，因为所有三段论都是源于此。但对于随之产生的结果和每一事物的前提，我们都必须注意其首要因素。对于大部分都是全称的事物，比如E的例证中，我们必须更注重KF而非仅仅是F；在A的例证中，则要更注重KC而非仅仅是C。若A存在于KC中，则它也存在于F和E中；但若它不随之产生，则可能随F产生。类似地，我们必须检查那些随自身产生的事物，因为若它可以由主要事物推出，则也要注意包含于其中的事物；若它不能由其推出，则它可能在顺序上属于它们。

很显然，推论由三个词项和两个命题构成，所有的三段论都在上述的格中完成。若假定C和F中有些事物是相同的，则A存在于所有E中。C和F是中项，A和E是端项，则产生了第一种格。若假定C和G相同，则A存在于部分E中，产生最后一种格，G成为中项。再则，若D和F相同，则A不存在于E中，因此产生了第一种格和中间格。首先，由于A不存在于任何F中（否定命题是可转换的），而F存在于所有E中，所以中项D不存在于任何A中，但存在于所有E中。若D和G相同，A不存在于部分E中，则产生了最后一种格。因为A将不存在于任何G中，E将存在于所有G

中。因此，显而易见，所有的三段论都在上述提及的格中完成。简言之，我们不可能由随之产生的结果构建三段论，也不能通过全称结果演绎出否定命题，因为它必然存在于一事物中，但不存在于另一事物中。

显然，其他推论模式，比如选择，对于三段论的构建是无用的，例如，若每一事物随之产生的结果都是相同的，或若由A（谓项）推出的结论不可能存在于E（主项）中，或是与二者都不相同，则不会在上述情况中产生三段论。若随之产生的结果是相同的，如B和F，则产生中间格，且两个相应的前提都是肯定的。但若由A推出的结论不可能存在于E中，如C和H，则产生第一格，且其小前提是否定的。再则，若相同的事物不可能存在于彼此中，如D和H，则无论是在第一种格中还是中间格中，两个命题都将是否定的。因此，这些情况下也不可能产生三段论。

此外，我们必须假定推论中的事物是相同的，而非不同的或相反的。首先，由于我们检验的目的是要找到中项，所以中项必然是相同的而非不同的。其次，无论三段论从什么事物中产生——源于反对命题的假设或是不可能相同的事物，都可成为我们之前论述过的模式，例如，若B和H是反对命题，或是不可能相同的事物，上述词项被假定，则会产生三段论，即A不存在于任何E中。但这一结论并非源自上述词项，而是由以上提及的模式产生。再则，若B和G不是相同的事物，则可以推出A将不存在于部分E中，由此产生中间格。因为B存在于所有A中，不存在于任何G中，所以B必然与部分H相同。由于"B和G不可能存在于相同的事物中"和"B与部分H相同"这一说法一样，所有被假定的事物都不可能存在于E中。

上述观察结果表明，没有三段论由此产生。但若B和F是反对关系的命题，则B必然与部分H相同，且由此产生一个三段论。尽管如此，以上述方式检验的人注重的是不同于必然性的方式，而非B和H的一致性。

第二十九节　将同样的方法运用于直接三段论之外

归谬法三段论与直接三段论的产生方式相同，因为它们都是由其随之产生的结果和由其推出的结论而形成的。二者检验方式相同，可以被直接证明，也可以由归谬法推出，且都由相同的词项产生。由归谬法证明的三段论也可以被直接证明，比如，证明A不存在于E中：假定A存在于部分E中，由于B存在于所有A中，A存在于部分E中，则B也将存在于部分E中，但已假定它不存在于任何E中。再则，证明A可能存在于部分E中。因为若A不存在于任何E中，而E存在于所有H中，则A将不存在于任何H中，但已假定它存在于所有H中。其他情况也与之相同，在所有情况下，用归谬法对所有事物进行的证明都将源于随其产生的结果和由其推出的结论。

无论三段论是由直接证明还是用归谬法证明，上述两种情况的论证都是相同的，因为两种证明都源于相同的词项，例如，若已表明A不存在于任何E中，由于B可能存在于部分E中，则这是不可能的。若假定B不存在于任何E中，而存在于所有A中，则很显然A将不存在于任何E中。再则，直接证明A不存在于任何E中。若假定A存在于部分E中，则可通过归谬法证明它不存在于任何E中。其他例证的情况也与之类似，在所有情况中，我们必须假定某些与主项不同的共有词项，以证明假的三段论。所以，当这一命题被转换而其他命题保持不变时，则由相同词项产生直接三段论。但直接三段论不同于归谬法，因为直接三段论的两个前提都为真，而归谬法的三段论中有一个前提为假。

在后文谈及归谬法时，上述论点将体现得更清晰。假定这些事物已经明确，则通过三段论法直接证明或是由归谬法证明时，我们都必须着重考虑这些事物。在其他假定的三段论中，例如，与转代比喻或质有关的三段论中，须考虑主项词项而非原始词项，但之后的检验方式将是相同的；同时，也必然要考虑和区分假定的三段论产生的多种方式。

每一个问题都能按照上述方式被证明，其中有些问题我们还可以用其他方式证明，例如，全称命题可以通过特称命题的假定检验法证明，因为若C和H相同，且假定E仅存在于H中，则A将存在于所有E中。再则，若D和H相同，E仅是H的谓项，则A可能不存在于任何E中。因此，清楚的是，无论是在必然命题还是可能命题中，其证明方式相似，检验方式也如上所述。因为其论证相同，且可能三段论和绝对三段论将由顺序相同的词项产生。然而，在可能命题中，我们必须假定那些不存在于其中但可能存在的事物，因为我们已证明由这些事物可产生或然三段论。对于其他谓项的例证，其逻辑推理也与之类似。由上述可知，不仅所有三段论都能以这种方式产生，而且它们不可能以其他方式产生，因为前文已经证明所有三段论都源于之前已经论述过的一种格。除了随之产生的结果和事物的前提，其他的都不能构成三段论，因为由前面两种方式可得出中项的前提和假设，所以，三段论不能由其他事物产生。

第三十节　上述证明方式适用于所有问题

在所有问题中，无论是哲学、艺术还是科学，上述对它们的证明方式都是相同的。所以，我们必须搜集那些存在于它们中的事物以及它们存在的主项，通过尽可能多地提供这些事物，找到合适的三个词项，以某种方式将其颠覆或以另一种方式将其构建。对于真理，我们必须从真实描述的事物中进行逻辑推理；对于辩证三段论，我们必须从可能命题中进行逻辑推理。我们已经提及全称三段论的原则、如何存在以及如何对其研究，因此，我们可能不会将注意力放在所有事物上，也不会构建和颠覆相同的事物——无论是构建全称命题或特称命题，还是全部颠覆或部分颠覆——而应该注重较少和确定的事物。然而，我们必须对每一事物作出选择，如好的事物或科学。每一门科学的特殊原则为数众多，因此，经验的职责所在便是将所有事物的原则进行传递。例如，占星经验给出了"占星科学"原则，从充分假定的现象中，按照上述方式创造了占星术的证明方式，对于所有其他艺术和科学亦是如此。因此，若假定了存在于个体中的事物，则我们便可轻易地进行证明。因为若之前未疏忽真正存在于其中的事物，则我们可以用证明所有事物的方式来发现和证明，同时使本就不能被证明的事物更清晰。

我们已经大致表明了如何选择命题，在有关辩证法的论文中已经进行了详细的讨论。

第三十一节　划分及其对于证明的不完整性

由种进行的划分只是已论述方法的一小部分，我们不难发现划分是一种弱三段论，因为它回避了应该证明的事物，且总是推出之前有问题的某些事物。

首先，所有使用这种划分方式的人都已经忽略了这一问题，且他们努力证明一事物的实体和本质是可能的，所以他们没有发现用三段论法划分的事物，也没有明确用我们所述的方式可以得出的事物。因此，在证明中，若必须推断绝对存在，产生三段论的词项必然更少，且必然不会在全称意义上成为大项的谓项。但相反地，划分将全称词项作为中项。假定"动物"是A，"终将死亡的事物"是B，"永生的事物"是C，需要研究的定义"人"是D。划分者判定，所有动物既包含终将死亡的也包含永生的事物，则所有A或是B，或是C，即，将人划分为动物，所以便假定A是D的谓项。因此，三段论即所有D或是，B或是C，则人或是终将死亡，或是永生的。但动物并非必然是终将死亡的，这一点需要证明，即应该由三段论将其推出。

再则，假定A是"终将死亡的动物"，B是"有足的"，C是"无足的"，D是"人"，则类似地，划分者断定，A或是存在于B中，或是存在于C中，因为所有终将死亡的动物或是有足的或是无足的。因为已假定人是终将死亡的动物，则A是D的谓项，所以必然地，人或是有足动物，或是无足动物。但"他是有足的"并非必然，但已假定了它，且应该将其证明。由此可知，划分者总是以这种方式进行划分，即他们假定了全称中项，且把被证明的主体及属差当作端项。

最后，他们并未清楚地说明任何事物，如，这一事物必然是人，或那一问题必然是什么样的。他们追求的是其他方式，而非运用了可获得的论据。然而，清楚的是，通过这种方法，我们不可能颠覆或是用三段论法推断任何偶然事物、非本质特性或有关种的论断，或是从先验角度讲我们对其不了解的事物，如，它们如何存在的问题，正方形的对角线与其边是否是可通约的。若假定了所有长度或是可通约的，或是不可通约的，而正方形的对角线是长度，则可由此推出其对角线或是不可通约的，或是可通约的；若假定了它是不可通约的，则将假定应该被证明的事物。因此我们不能按照这种方式进行证明，通过这种方式我们也不可能将其证明。这里，假定不可通约或可通约为A，长度为B，对角线为C。清楚的是，这种研究模式并非适合所有推测，即使对那些似乎适合的事物，也是无用的。因此，对于证明的来源、产生以及在所有问题中我们应该注重的事项，上述已经充分说明。

第三十二节　还原三段论

接下来我们必须讨论将三段论还原至上述已经论述过的格。若我们已经发现了三段论的产生途径，且有能力构建它们，而且还能在它们形成各种格时对其进行分析，则我们便已完成了最初的构思。同时，之前论述过的也将得到证实，其具体情况也将更加清楚。所有真理必然与其各方面相一致。

首先，我们必须努力选择三段论的两个命题，因为划分更大的事物比划分较小的事物容易——复合物比构成它们的事物更大。其次，我们必须考虑它是整体还是部分。若两个命题都未被假定，则要确定其中一个。因为提出全称命题的人并不关注包含在其中的其他事物，所以人们无论是在写作、询问或是提出相应命题时，都会忽略包含它们的事物，同时怀疑其他无目的性的事物。

□ 巴门尼德

巴门尼德是苏格拉底之前最重要的哲学家之一，爱利亚学派的代表人物。据说巴门尼德是苏格拉底的老师。他最早用逻辑和语言推论存在，他的著作中"存在"的概念与亚里士多德的"实体"类似，这成为西方哲学两千多年的基本概念之一。

因此，我们必须考虑是否假定了过多的事物，而忽略了必然事物。一事物被假定，则另一事物便被移除，直到我们明确了两个命题，没有它们我们便不可能将论句还原为三段论。它们看似三段论，但有些论句的缺陷容易被发现，而有些却容易被忽视。因为由已假定的事物可以推出必然结论，比如，假定实体不能被颠覆，则实体不会被颠覆；但若假定构成它们的事物被颠覆，则其构成的事物便会被颠覆。由这些必然可以推出实体的部分是实体，但它并非通过假设而被包含，而是由于其命题存在缺陷。

再则，由于人的存在，动物必然存在；动物存在了，则实体存在；那么可推出，由于人的存在，实体也必然存在。但这一点并非由三段论法推出，因为命题存在的方式并非如我们所述。由于必然事物源于已假定的事物，且三段论也是必然事物，因此我们会产生错误的理解。

然而，必然事物比三段论更广泛，因为所有三段论都是必然的，但并非所有必然事物都是三段论。所以，若有的事物源于某些观点，则我们不能立刻将其还原，而是首先假定两个命题，之后我们必须将其划分为词项，按照这种方式将两个命题中都出现的词项定为中项，因为在所有格中，中项必然存在于两个命题中。若中项既使其他事物成为谓项，又可以成为其他事物的谓项，或它本身使其他事物成为谓项，而另一事物否定了它，则产生第一种格；若它使其他事物成为谓项，且被某些事物否定，则产生中间格；若其他事物是它的谓项，一事物被否定，另一事物是其谓项，则产生最后一种格。因此中项存在于每一种格中。若命题不是全称命题，情况也与之类似，因为中项的限定是相同的。显而易见，在论述中，若同一事物未被多次提及，则不会产生三段论，因为未假定中项。然而，由于我们已知道在每一种格中可以推出什么样的命题，在哪一格中可得出全称命题，在哪一格中可得出特称命题，所以清楚的是，我们不必明确所有的格，而只需考虑适合某一命题的一种格。对于可由多种格推出的事物，我们可以通过中项的位置确定这是什么格。

第三十三节　产生于命题数量的误差

我们在上面已经论述，由于结论的必然性，我们对三段论的理解会产生错误。有时由于词项位置的相似性，我们也会对其忽视。

因此，若A是B的谓项，B是C的谓项，则由此类词项进行论证似乎会产生三段论，但不会产生必然结论或三段论。假定A是"一直存在的事物"，B是"思想的对象阿里斯多美奈斯（Aristomenes）"，C是"阿里斯多美奈斯"，由此可知，A存在于B中，因为阿里斯多美奈斯始终是思想的对象；B存在于C中，因为阿里斯多美奈斯是思想的对象阿里斯多美奈斯；而A不存在于C中，因为阿里斯多美奈斯是会消亡的。按这种顺序排列的词项也不会形成三段论。要使三段论成立，必须假定全称命题A、B，即所有思想的对象阿里斯多美奈斯始终存在，但它为假，因为阿里斯多美奈斯是会消亡的。再则，假定C是"米凯鲁斯（Miccalus）"，B是"音乐家米凯鲁斯"，A是"明天死亡的事物"，因此，B是C的谓项为真，因为米凯鲁斯是音乐家米凯鲁斯；A是B的谓项为真，因为音乐家米凯鲁斯可能在明天死亡；而A是C的谓项为假。因此，这一例证与前面的相同，因为音乐家米凯鲁斯将在明天死亡并非在全称意义上为真。若没有假定这一点，则不会产生三段论。

因此，这种错误产生于一个细小的问题，即我们认为"这一事物存在于那一事物中"与"这一事物存在于那一事物的所有个体中"没有差别。

第三十四节　误差产生于词项不准确的阐述

命题词项的不当阐述时常引起错误。例如，若A是健康，B是疾病，C是人。A不可能存在于任何B中为真，因为健康不存在于任何疾病中。再则，若B存在于所有人中，因为所有人都易患疾病，似乎会得出健康不存在于任何人中的结论。其错误的原因是，在以上表述中，词项被设定得不正确。若设置了表示有状态含义的词项，则不会产生三段论，例如，使用词汇"健康的"而非"健康"，使用"患疾的"而非"疾病"，则"健康的人不存在于患疾的人中"为假。因为未假定这一点，则不会产生三段论，除非是可能三段论。但这也是不可能的，因为健康可能不存在于任何人中。再则，在中间格中，也会类似地出现假命题，即健康不可能存在于任何疾病中，但可能存在于所有人中，所以疾病将不会存在于任何人中。在第三种格中，也可能产生假命题，因为健康和疾病、科学和无知以及此类相反者，可能存在于同一个体中，但它们不可能存在于彼此之中。然而，这一点与之前的论述不同，因为若许多事物都存在于同一个体中，它们也可能存在于彼此之中。

显而易见，在所有上述例证中，误差都源于词项设定错误。若相应词项都改为与状态有关的词，则不会有假命题。因此，很显然，在此类命题中，必须用与状态有关的词项作为交换词项，取代状态本身。

第三十五节　中项并非始终被假定为特称确定的事物

我们并非始终需要通过名称来阐述词项，因为常常有未被附加名称的论句。因此，这种论句很难被还原成三段论。而有时，我们有可能因为此类探索而产生误解。例如，一个与直接事物有关的三段论：假定A是两个直角，B是三角形，C是等腰三角形。那么，A通过B存在于C中，A不是由于别的事物存在于B中的，而是因为三角形本身就包含两个直角（这里指的是三角形内角和等于两个直角之和），所以命题A、B中不会有中项，尽管它是可论证的。清楚的是，中项不可能始终以这种方式被假定，因为它可以是特称确定的事物，有时又是论句，如上述所举例证的情况。

第三十六节　根据名词性称谓而进行的词项排序以及由例证而来的命题

我们千万不能假定大项存在于中项中，中项存在于端项中。因为它们始终是彼此的谓项，或类似地，大项是中项的谓项，中项是端项的谓项。在非不必要例证中，情况与之类似。要论述"是"即谓项，或是任何被真实声明的事物，有多种方法。我们必须明确的是要指示不必要性，如存在与反对命题有关的某一门科学。假定A是某一门科学，B是彼此相反的事物，则A存在于B中，但并非由于其反对命题是某一门科学，而是因为从反对命题的角度来讲，"有某一门科学与其相反"这一说法为真。

事实上，有时候也会出现大项是中项的谓项，而中项不是小项之谓项的情况，如，智慧是科学，而智慧与好的事物有关，则其结论是科学与好的事物有关，因此，好的事物并非智慧，而智慧是科学。再则，有时候中项是小项的谓项，而大项不是中项的谓项，例如，若有一门科学与所有的质和反对命题有关，而好的事物是其反对命题，也是一种质，则其结论为存在关于好的事物的科学，但好的事物、质以及相反者都不是科学，而好的事物却是上述几种。再则，有时候大项不是中项的谓项，中项也不是小项的谓项，而大项有时是小项的谓项，有时又不是其谓项，例如，无论是一门什么样的科学，都会有属；若存在关于好的事物的科学，则其结论为存在关于好的事物的属，但其中的事物不是任何事物的谓项。尽管如此，若存在科学，则存在属；若存在关于好的事物的科学，则其结论为好的事物是属。因此，大项是小项的谓项，但彼此不能互为谓项。

在前提是否定命题的例证中，其假设的方式必然相同，如，一事物不存在于这一事物中，并非指示一事物不是这一事物，而有时是指这一事物并非一事物，或这一事物不存在于一事物中。如，没有运动的运动，或没有生成的生成，但有愉悦的运动和生成，因此，愉悦不是生成。再则，有笑的标志，但没有标志的标志，所以笑不是一种标志。其他例证也与之类似，在这种情况下，命题被推翻是由于以某种方式与其有关的属。此外，时机并非恰当的时刻，因为于神而言，有时机，但没有恰当的时刻。因为没有什么事物对神来说是有用的，我们必须将时机、恰当的时刻和神看作词项，而且必须根据例证的名词假定命题。简言之，我们在全称意义上声明这一点，也必须根据名词的名词属性设定词项，例如，"人""好的事物"或"相反者"，而非"人的""好的"或"相反者的"。我们必须根据每个词项来假定命题。它们或是与格平等的事物；或是属格，作为双重事物；或是宾格，作为显著的事物；或是主格，作为人或动物；或是按照命题假定时名词出现的其他方式。

第三十七节　与谓项形式有关的规则

对于一事物存在于另一事物中以及一事物真实地是另一事物谓项的情况，我们必须以多种方式假定，范畴划分如下：范畴或是以某种角度被假定或是以简单方式被假定，或是简单的或是互相联系的。对于否定命题也类似。然而，我们必须更全面地考虑并将其准确地定义。

第三十八节　谓项的重复和增加

在命题中重复出现的词项应该被附加到大项而非中项中，例如，若要用三段论证明与公正有关的科学是好的，则表述"它是好的"或"在其中它是好的"必然要与大项相关。假定A是"科学是好的"，B是"好的"，C是"公正"，则A是B的谓项为真，因为对于好的事物而言，科学是好的；而B是C的谓项也为真，因为公正是好的事物。因此用这种方式就可以对论证作出分析。但若"好的事物"被附加到B中，则它不为真。因为A是B的谓项为真，而B是C的谓项不为真——公正的谓项，即"好的是好的"这一表述为假且是不易理解的。如果要证实"健康是好的科学的对象"，或"独角兽是不存在的知识的对象"，或"人作为感觉的对象是可消亡的"，情况也相同。因为在所有谓项增加的情况中，必须将重复词项附加到大项中。

尽管如此，在下面的情况中，词项的位置并不相同，即一事物由三段论法推出以及一种特称事物在某一方面或以某种方式被证明，例如，表明好的事物是科学的对象，或被这样表明是因为它是好的。但若直接表明它是科学的对象，则我们必须将"是"作为中项。若已证明某物作为科学的对象是好的，则必须将"某物"作为中项。假定A是"与某物有关的科学"，B是"某物"，C是"好的"，A是B的谓项为真，因为科学与某物有关，则它是某物；而B也是C的谓项，因为C是某物；因此A是C的谓项，即与好的事物有关的科学是好的，表述"某物"是特殊或合适实体的标志。另一方面，设定"是"为中项，将"直接是"和"不是某物"添加到端项中，则不会产生三段论。与好的事物有关的科学是好的，而它为"是"，例如，假定A是"是科学"，B是"是"，C是"好的"，则在此类三段论中，我们必须按照上述方式设定词项。

第三十九节　三段论中词项的简化

我们必须用含义相等的事物作为交换，即名词交换名词，论句交换论句，名词交换论句，若可以为论句设定词项，则对词项的阐述将更容易，例如，若"所假定的并非所认为的一个属"与"所认为的并非可能被假定的任何事物"之间没有差别（因为其意义相同），则我们必须将"可能被假定的事物"和"可能被认为的事物"作为词项，而非已经表述的论句。

第四十节　根据结论本质增加的确定项

然而，由于"愉悦是好的"与"愉悦是好的事物"不相同，所以我们不能按相同的方式设定词项。若要产生三段论"愉悦是好的事物"，则必须将"好的事物"作为词项；若三段论是"愉悦是好的"，则必须将"好的"作为词项。其他情况亦是如此。

第四十一节　全称命题确定形式的区分

　　"A存在于所有B所存在于其中的个体中"与"A存在于B所存在于其中的所有个体中"，无论是在事实上还是在表述上，二者都是不相同的。因为没有什么事物阻止B存在于C中，但不是存在于所有C中。例如，假定B是"美丽的"，C是"白色的"，若美丽的事物存在于某些白色的事物中，则美丽存在于白色的事物中为真，但并非存在于所有白色的事物中。再假定A存在于B中，但并非存在于B所谓述的所有事物中，那么，无论B存在于所有C中，还是仅存在于C中，必然地，A不仅不存在于所有C中，而且不必然存在于C中。但若B是真实述说的事物，A存在于B所存在于其中的事物的所有个体中，则A将是B所谓述的所有个体的谓项。但若A是B在全称意义上是其谓项之事物的谓项，则没有事物阻止B存在于C中，但A不存在于所有C的个体中，或不存在于C中。因此，显而易见，在上述三个词项中，A是B为其谓项之事物所有个体的谓项，则表明"A谓述B所谓述的事物的全体"即"A谓述所有B所谓述的事物"。换言之，若B是所有个体的谓项，则A也将是其谓项。但若B不是所有个体的谓项，则A不必然是所有个体的谓项。

　　我们不能认为在上述阐述中会得出任何谬论。我们不使用"这是一种特称确定事物"这种表述，正如一位几何学者所说，"有一英尺长的事物，它是直线且没有宽度"，尽管它不存在，但他并未使用它们从中推出结论。简言之，这种事物并非作为整体，而与其相关的其他事物也不是整体的部分，论证者不能从中证明什么。因此，三段论不会产生。在强调学习时，我们所阐述的事物就如我们进行感知一样——并非没有这些事物，便不可能证明什么一样——就如同没有三段论的前提就不能进行论证一样。

第四十二节　并非同一三段论中的所有结论都产生于同一种格

我们不能忽略的是，同一三段论中的所有结论并非产生于同一种格，而是有的结论源于这种格，有的结论源于那种格。所以清楚的是，我们必须在相同的方式中找出解决办法。由于并非所有问题都可以在所有的格中被证明，而是在每个格中只有特定的命题能被证明，所以显而易见的是，由结论可知三段论的证明是在哪一种格中进行的。

第四十三节　被简化的与定义相关的论点

然而，对于与定义相关的论点，只要它们直接证明定义的某一部分，则论证所直接指向的部分（而非定义的全部）应当被设定为一个词项。这样，我们会更少地受到冗长问题的困扰。例如，若我们要证明水是可以喝的液体，则我们必须将"可以喝的"和"水"作为词项。

第四十四节　由归谬法而来的假设三段论的还原

此外，我们不必努力还原假设的三段论，因为我们不可能从已确定的事物中将其还原，它们并非由三段论证明而来，而是因许可而被承认。因此，如果有人假定，除非存在一种有关反对命题的某种力量，否则不会存在与它们有关的科学。继而他以辩证法可证明，不存在与反对命题有关的某种力量。例如，对于有益于健康的事物和不利于健康的事物，因为同一事物在同一时间内不可能既是有益于健康的又是不利于健康的，因此，他将证明的是不存在与所有反对命题相关的某种力量，但他并未证明那并非一门科学。我们必须意识到，他的论点非由三段论证明而来，而是通过假设来证明的。因此，我们不可能将其还原，但可以将"不存在某种力量"还原，因为它可能是一个三段论，而前者只是假设。

同样的情况也发生在三段论的例证和由归谬法推出的结论中：我们不能对其进行还原，但可以对不可能性进行演绎推理，因为不可能性是由三段论证明而来；但其余部分则不能被证明，因为其结论由假设得出。尽管如此，它们不同于上述事物。若我们许可了某事物，则我们必须提前在那些结论中承认某些事物，例如，若已表明与反对命题有关的某种力量，则存在与其有关的同一科学。由于明显的假命题，他们现在认可的事物并未提前获得许可，例如，若已认可正方形的对角线与其边是可通约的（就会得到假的结论），则奇数与偶数相等。

许多其他结论也源于假设，我们须要考虑并清楚地解释：它们的不同之处在于哪里，一个假定的三段论可以由多少种方式产生。我们将在后文说明这些内容。目前，我们清楚的是，不可能将此类三段论还原为任何一格，关于这一点，我们已说明相关原因。

第四十五节　由一种格到另一种格的三段论的还原

对于可以在多种格中被证明的命题来说，若它们在某一格中被证明，则它们也能在其他格中还原。例如，第一种格中的否定命题可还原为第二种格；中间格中的命题可还原为第一种格。但并非所有命题都如此，例如，若A不存在于任何B中，而B存在于所有C中，则A不存在于任何C中，因此产生了第一种格。但若否定命题被转换，则会产生中间格，因为B不会存在于任何A中，而B存在于所有C中。若三段论不是全称的，而是特称的，情况亦类似，如，若A不存在于任何B中，而B存在于部分C中，由于否定命题是可转换的，则会产生中间格。

然而，在中间格中，全称三段论可还原为第一种格，但在两个特称三段论中，仅有一个可以还原为第一种格。假定A不存在于任何B中，而存在于所有C中，则将否定命题转换后，将产生第一种格，即B不存在于任何A中，而A存在于所有C中。若B与肯定命题相关，C与否定命题相关，则我们必须将C作为大项，因为C不存在于任何A中，而A存在于所有B中，因此C不存在于任何B中。因为否定命题是可转换的，B也不会存在于任何C中。若三段论是特称的，只要否定命题与大项相关，则该三段论可还原为第一种格，如，若A不存在于任何B中，而存在于部分C中，通过对否定命题的转换将产生第一种格，即B不存在于任何A中，而A存在于部分C中。然而，若肯定命题与大项有关，则三段论不能还原，如，若A存在于所有B中，而不存在于所有C中，由于命题A、B不能换位，则也不会产生三段论。

再则，并非所有第三种格中的三段论都可以被转换为第一种格，但所有在第一种格中的三段论都可以被转换为第三种格。假定A存在于所有B中，而B存在于部分C中，由于特称肯定命题是可转换的，则C将存在于部分B中，而A存在于所有B中，所以会产生第三种格。若三段论是否定的，也会产生同样的结论，由于特称肯定命题是可转换的，因此A将不存在于任何B中，而存在于部分C中。

对于最后一种格中的三段论，仅有一种三段论不能转换为第一种格，即否定命题不是全称命题时，其他所有三段论都可以被转换为第一格。假定A和B是所有C的谓项，则C可以对应地转换为每一个端项，因此它存在于部分B中，所以会产生第一种格。若A存在于所有C中，无论C存在于部分B中，还是B存在于部分C中，相应的逻辑推理都相同，因为B与C相关。但若B存在于所有C中，而A存在于部分C中，则B必然被作为大项，因为B存在于所有C中，而C存在于部分A中，所以B存在于部分A中。然而，由于特称命题是可转换的，则A也将存在于部分B中。若三段论是否定的，词项是全称的，则我们必须以类似方式假定。假定B存在于所有C中，则C将存在于部分B中，而A不存在于任何C中，所以C将是中项。类似地，若否定命题是全称的，而肯定命题是特称的，则A将不存在于任何C中，而C存在于部分B中。然而，若将否定命题作为特称命题，则三段论将不能被转换，例如，若B存在于所有C中，而A不存在于部分C中，通过对命题B、C的转换，两个命题都将是特称的。

清楚的是，为了格与格之间可以互相转换，小前提必须在两个格中的任一格中进行转换。因为只有对小前提进行转换，相应的格才会发生转换。对于中间格

□ 亚里士多德与柏拉图　卡·德拉·罗比亚

亚里士多德有句名言："吾爱吾师，但吾更爱真理。"因此，有关学术上的问题，他们会经常在一起激烈讨论，甚至互相反驳。浮雕显示了师生两人正在讨论什么问题。

中的三段论，其中之一可以转换为第三种格，另一个则不能转换为第三种格。若全称命题是否定的，则可以进行转换。因为若A不存在于任何B中，而存在于部分C中，二者都以类似方式与A相关，则B不存在于任何A中，而C存在于部分A中，中项是A。然而，若A存在于所有B中，但不存在于部分C中，则不能进行转换，因为转换后的命题都不是全称命题。

若否定命题是全称命题，则第三种格中的三段论也可以被转换为中间格，例如，若A不存在于任何C中，而B存在于所有C或是部分C中，则可转换为C将不存在于任何A中，而存在于部分B中。但若否定命题是特称命题，则不能进行转换，因为特称否定命题不能被转换。

由上述可知，这类三段论在这些格中不能被转换，它们不能被转换为第一种格。若三段论被还原为第一种格，则它们的结论源于不可能性。

因此，对于如何还原三段论以及格之间如何才能互相转换，上述已经将其说明。

第四十六节　确定事物、不确定事物以及缺性事物的质和意义

问题的构建和推翻之间存在一定差异，即"不存在于这一特称事物中"与"存在于不是这一特称事物的事物中"，其意义相同或不同存在一定差异。例如，"不是白的"与"是非白的"，它们不指示相同的事物。"是白色的"的否定命题不是"是非白的"，而是"不是白色的"，相应的逻辑推理如下。"他能行走"与"他能不行走"，"它是白色的"与"它是非白色的"，"他知道好的事物"与"他知道不好的事物"，上述三者之间情况类似。"他知道好的事物"与"他拥有好事物的知识"之间没有差异，"他能行走"与"他拥有行走的能力"之间也无差异。因此，对立命题"他不能行走"与"他没有行走的能力"彼此之间也无差异。若"他没有行走的能力"与"他有不行走的能力"指示的意义相同，则在同一时间内它们存在于相同的事物中（因为同一个人既能行走，又能不行走，既可以认识到好的事物，也可以认识到不好的事物）。但肯定命题和否定命题相对立，并非在相同的时间内存在于相同的事物中，因此，"不知道好的事物"与

"知道不好的事物"不同，"是不好的"与"不是好的"也不同。

对于那些可以以此类推的事物，若一命题不同，则对应的另一命题也不同，例如，"是不相等的"与"不是相等的"也不同。对前者来说，即"对于相等的事物而言"，某些事物是其主项，即不相等的事物；但对后者而言，则没有事物是其主项。因此，"并非所有事物都是或相等的或不相等的"，但"所有事物都或是相等的或是并非相等的"。除这一表述外，"木头不是白色的"与"不是白色的木头"在同一时间内不同之处是主体。因为若"木头不是白色的"，则主体是木头；而若"不是白色的木头"，则主体与"木头"并非有必然的关系。所以，清楚的是，"它是好的"的否定命题并非"它是不好的"。

对于每一事物，其肯定命题为真或是否定命题为真。若否定命题不为真，则某种意义上肯定命题为真。但所有肯定命题都有其否定命题，因此，命题"它是不好的"的否定命题为"它不是不好的"。它们彼此之间的关系如下：假定"是好的事物"是A，"不是好的事物"是B，"是不好的事物"是C，"不是不好的事物"是D。那么，A或B将存在于所有个体中，但它们不可能存在于同一事物中；C或D也存在于所有个体中，但它们也不可能存在于同一事物中。对于C存在于其中的事物，B必然也存在于其所有个体中。因为若"它是非白的"为真，则"它不是白的"也为真。因为一事物不可能在同一时间内既是白的又是非白的，如，木头不可能既是非白的又是白的。所以，除非有肯定命题，否则其否定命题将不存在。然而，C并非始终可能存在于B中。简言之，不是木头的事物也不是白色的木头。相反地，D也存在于A所存在于其中的所有个体中。因为或是C或是B将存在于其中，然而，"是非白的"和"是白的"不可能同时存在，则D将存在于A所存在于其中的所有个体中。对于白色的事物，我们可以真实地说这一事物不是非白的。但A不是所有D的谓项，简言之，由于A是说一事物不是木头，即它是白木头，这种情况为假。所以，D为真，A为假，即它是白木头。显然，A和C不存在于相同的事物中，而B和D可能存在于相同的事物中。

从属性的角度来讲，缺性也类似地以这种关系存在。假定"相等的"是A，"并非相等的"是B，"不相等的"是C，"并非不相等的"是D。在许多事物中，相同的属性存在于部分事物中，但不存在于其他事物中，同样，否定命题也可以用一种相同的方式来判断真假。若"并非所有事物都是白的"或"并非每一事物都是白的"为真，则"每一事物都是非白的"或"所有事物都是非白的"为假。所以，对于肯定命题"所有动物都是白的"，其否定命题不是"所有动物都是非白的"（因为这两个命题都为假），而是"并非所有动物都是白的"。然而，清楚的是，"它是非白的"与"它不是白的"指示的意义不同，一个是肯定命题，另一个是否定命题。同样清楚的是，它们的证明模式不相同，例如，"动物是非白的"或"动物不是白的"。我们可以真实地说"它是非白的"，因为它是"不白的"；可以真实地说它是白的或非白的，其证明模式相同，因为二者都通过第一种格被构建性地证明，词项"真实的"与"是"相同。"它是白的为真"的否定命题不是"它是非白的为真"，而是"它是白的不为真"。但若"一个人或者是音乐家，或者不是音乐家"为真，则我们必须假定"一个动物或者是音乐家，或者不是音乐家"，这可以得以证明。但"一个人不是音乐家"则可根据已讲过的三种模式被否定地证明。

简言之，若A和B如上所述，即它们不可能同时存在于同一事物中，但二者之一必然存在于所有个体中。C和D与之类似。但A由C推出且不与其相关，D也将由B推出且不与其相关。A和D可能存在于同一事物中，但B和C不可能存在于同一事物中。首先，似乎由此可知，D可能存在于B中。因为C和D其中之一必然存在于所有个体中，而C不可能存在于B存在于其中的事物；又因为C本身便可推出A，而A和B不可能共存于同一事物中；显然，D是可能事物。再则，由于C不与A相关，而C或D存在于所有个体中，则A和D将存在于同一事物中，而B和C不可能存在于同一事物中。因为A可能存在于C中，产生不可能结论，因此，似乎很明显，B也不与D相关，因为A与D共同存在。

有时，我们也会因词项的这种排序而产生错误。若我们不能正确地假定对立面，则其中之一必然存在于所有个体中。假定A和B不可能同时存在于同一事物中，则其中一事物必然存在于另一事物不存在于其中的事物中。再则，C和D也与之类似。而若A可能存在于所有C中，那么，B将必然存在于D所存在于其中的事物中这一说法为假。假定A和B的否定命题为F，C和D的否定命题为H，则必然地，A或F存在于所有个体中，因为肯定命题或否定命题必然存在于其中。再则，C或H也必然存在于所有个体中，因为它们也是肯定命题和否定命题的关系。由假设可知，A存在于所有C存在于其中的事物中，所以，H也将存在于F存在于其中的事物中。此外，由于F和B其中之一存在于所有个体中，且H和D其中之一也存在于所有个体中，如我们所知，H可能存在于F中，B也可能存在于D中。若A可能存在于C中，则B将由D推出，但这一说法为假，因为在此类事物中，其顺序是相反的。A或F并非必然地存在于所有个体中，F或B也是如此，因为F不是A的否定命题。"好的"的否定命题是"不好的"，"不好的"既不与"好的"相同，也不与"非好的"相同。C和D的情况亦是如此，因为两种否定命题被假定。

第二卷

第一节　概述：特称三段论的结论

我们已经解释了三段论产生于多少种格中、由什么类型及多少数量的命题产生以及何时、如何产生；此外，我们还解释了构建和推翻一个三段论时应该关注的重点是什么，以及如何通过每一种方式来研究已提出的主项。

所有全称三段论都可以从中推出多个结论，但对于特称三段论，从肯定命题中可推出多个结论，而从否定命题中仅可得出一个结论。因为除了特称否定命题之外，所有其他的命题都是不可以换位的。因此，除了特称否定的命题以外，其他三段论都可以从中推出许多结论。例如，假定A存在于所有B或部分B中，则B也必然存在于部分A中。若A不存在于任何B中，则B也不存在于任何A中，这一点与前面的不同。然而，若A不存在于部分B中，则B并非必然地不存在于部分A中，因为它可能存在于所有A中。这一点是所有三段论的共同原因，无论是全称三段论还是特称三段论。然而，全称三段论的情况还有所不同。因为无论什么事物属于中项，或是属于结论，它们都有同样的三段论。例如，若A、B是由C得出的结论，则A必然是属于B或C的事物的谓项。因为若D存在于B的整体中，而B存在于A的整体中，则D也将存在于A的整体中。再则，若E存在于C的整体中，而C存在于A的整体中，则E也将存在于A的整体中。若三段论是否定的，情况也与之类似。但在第二种格中，仅可能形成一个属于其结论的三段论。例如，若A不存在于任何B中，而存在于所有C中，则其结论是B不存在于任何C中。因此，若D属于C，则清楚的是，B不存在于D中。B不属于那些属于A的事物，尽管E属于A，B也不属于E，也不能通过三段论说明这一点。但是，B不存在于任何C中是由三段论证明的，而B不存在于A中是不经证明而是被假定的，因此，B不存在于E中并非由三段论得出。

尽管如此，在特称三段论中，对属于结论的事物，没有必然结论。因为假定命题为特称时，不会产生三段论，但有这样的结论：它适合所有属于中项的事物，但并非由三段论得出。例如，若A存在于所有B中，而B存在于部分C中，则不会产生从属于C的事物的三段论，但会产生从属于B的事物的三段论，尽管它并非由先前的三段论得出。类似地，在其他格的例证中，不会有属于结论的事物的相关结论，但有属于其他事物的结论，而它并不是由那个三段论得出的。在全称三段论中，情况也与之类似。属于中项的事物源于未被证明的命题，因此，或者在这一情况下不会产生结论，或者在其他情况下会产生结论。

第二节　在第一种格中，由假前提推出真结论

三段论的两个前提可能出现的情况：或者都为真，或者都为假，或者一个为真另一个为假。而结论必然或是真的，或是假的。我们不可能由真前提推出假结论，但可能由假前提推出真结论，其结论与推论无关，而仅仅与事实有关。因为没有关于推论的三段论源于假前提，其缘由将在后面进行讨论。

首先，我们不可能由真前提推出假结论。比如，若A存在，B必然存在，则若B不存在，A也必然不存在；否则，就会推出同一事物（A）在同一时间内既存在

又不存在的结论，但这是不可能的。我们不能认为已假定单一词项A，则可以由某一存在的特定事物得出必然结论，因为这是不可能的。源于必然的是结论，产生结论的事物则是三个词项和两个前提。若A存在于B所存在于其中的事物为真，B存在于C所存在于其中的事物，则A也必然存在于C所存在于其中的事物，且这一点不可能为假，因为同一事物在同一时间不可能既存在又不存在。因此，假定A为单一事物，则共同假定了两个相关的前提。

否定命题的情况亦是如此，即我们不可能由真实推出虚假。但由假命题我们可以推出真结论，无论是两个前提都为假，还是只有一个前提为假，但只能是小前提为假。若它在整体中为假，而整体未被假定为假的，则由其可得出真结论。假定A存在于C的整体中，但不存在于任何B中，B也不存在于C中，这种情况也可能发生。如，动物不存在于石头中，石头也不存在于任何人中。若假定A存在于所有B中，B存在于所有C中，则A将存在于所有C中。所以，由两个假前提可以得出真结论，因为所有人都是动物。

否定三段论的情形与之类似。有可能A和B都不存在于任何C中，但A存在于所有B中。例如，若假定了同上的词项，人处于中项中，则动物或人都不存在于石头中，但动物存在于所有人中。因此，若假定存在于全体中的事物不存在于任何事物中，不存在于任何事物中的事物存在于所有个体中，由这两个假前提，我们都可以得出真结论。若假定每个前提部分都为假，情况也相同。但若只有一个前提被认定为假，当其大项全部为假时，如AB为假，则不会产生真结论；当BC为假时，即小项全部为假时，则会产生真结论。我指的前提全部为假是其与事实相反，即假定不存在于任何事物中的事物存在于所有事物中，或存在于所有事物中的事物不存在于任何事物中。假定A不存在于任何B中，而B存在于所有C中；若假定命题BC为真，而AB全部为假，则A存在于所有B中，其结论不可能为真。因为已既定A不存在于任何C中，而若A不存在于B所存在的任何事物中，则B存在于所有C中。

结论为假的情况也与之类似。若A存在于所有B中，B存在于所有C中；假定前提BC为真，而AB全部为假，则A不存在于B存在的任何个体中，A将存在于所有

C中；因为A存在于B存在的事物中，而B存在于所有C中。那么，清楚的是，假定大前提整体为假，无论它是肯定的或是否定的，而另一前提为真，则不会产生真结论。然而，若前提整体未被假定为假，则可能会产生真结论，即A存在于所有C中，且存在于部分B中，而B存在于所有C中。例如，动物存在于所有天鹅中，且存在于部分白色的事物中，而白色的事物存在于所有天鹅中。若假定A存在于所有B中，B存在于所有C中，则A将存在于所有C中为真，因为所有天鹅都是动物。

由于A存在于部分B中，但不存在于任何C中，而B存在于所有C中，所以，若AB是否定的，情况亦是如此。如，动物存在于某些白色的事物中，且不存在于任何雪中，而白色的事物存在于所有雪中。若假定A不存在于任何B中，而B存在于所有C中，则A将不存在于任何C中。

然而，若假定命题AB整体为真，而BC整体为假，则会产生真的三段论；因为没有什么阻止A存在于所有B和所有C中，且B不存在于任何C中。我们可以从同一属中与种有关的例证中得以论证，它们不是特称命题。比如，动物存在于马和人中，但马不存在于任何人中。因此，若假定A存在于所有B中，而B存在于所有C中，则结论将为真，尽管前提BC整体为假。若前提AB是否定的，情况也与之相同。A既不存在于任何B中也不存在于任何C中，而B不存在于任何C中，这些都是可能的，如，这些种的属源于其他属。比如，动物既不存在于音乐中，也不存在于医学中，音乐也不存在于医学中。若假定A不存在于任何B中，而B存在于所有C中，其结论将为真。

若前提B、C并非整体为假而是部分为假，则其结论将为真。因为没有什么阻止A存在于B的整体中和C的整体中，而B只存在于部分C中，就如属存在于种和种差中一样。比如，动物存在于所有人和所有步行者中，而人存在于部分步行者中而非所有步行的事物中。若假定A存在于所有B中，而B存在于所有C中，则A也将存在于所有C中，这一说法为真。若前提AB是否定的，情况也与之相同。A可能既不存在于任何B中，也不存在于任何C中，而B存在于部分C中，就如属存在于源于其他属的种和种差中一样。比如，动物既不存在于任何谨慎者中也不存在于任何冥想者中，而谨慎者存在于某些冥想者中。若假定A不存在于任何B中，而B存在于所有C中，则A将不存在于任何C中，这一说法为真。

然而，在特称三段论中，若大前提整体为假，而另一前提为真，则结论可能为真。若大项AB部分为假，而小项BC全部为真，则其结论为真。若大项AB为真，而特称命题为假，则其结论为真。若两个词项都为假时，其结论也为真。因为没有什么阻止A不存在于任何B中，但存在于部分C中；也没有什么会阻止B存在于部分C中。如，动物不存在于任何雪中，但存在于某些白色的事物中，雪也存在于某些白色的事物中。如果令雪是中项，动物是大项，并假定A存在于B的整体中，而B存在于部分C中，则前提AB的整体将为假，而BC为真，其结论也将为真。

若前提AB是否定的，情况也与之类似。因为A可能存在于B的整体中，但不存在于部分C中，而B可能存在于部分C中。比如，动物存在于所有人中，而不可能存在于某些白色的事物中，而人存在于某些白色的事物中。因此，若将人作为中项，并假定A不存在于任何B中，而B存在于部分C中，则其结论将为真，尽管命题AB整体为假。

再则，若命题AB部分为假，其结论将为真。因为没有什么会阻止A存在于B中且存在于部分C中，也没有什么会阻止B存在于部分C中。比如，动物可能存在于某些美丽的事物中且存在于某些大的事物中，美丽的事物也可能存在于某些大的事物中。若假定A存在于所有B中，而B存在于部分C中，则命题AB将部分为假，但BC将为真，其结论也将为真。

若命题AB是否定的，情况也与之类似，因为相同的词项将以相同的方式得以证明。

再则，若AB为真，而BC为假，则其结论也可能为真，因为没有什么会阻止A存在于B的整体中且存在于部分C中，也没有什么会阻止B不存在于任何C中。比如，动物存在于所有天鹅中，也存在于某些黑色的事物中，而天鹅不存在于任何黑色的事物中。因此，若假定A存在于所有B中，而B存在于部分C中，则其结论将为真，尽管BC为假。

类似地，若命题AB是否定的，由于A可能不存在于任何B中，可能不存在于部分C中，则B可能不存在于任何C中。例如，属可能存在于属于其他属的种中，也可能存在于其自身种中的偶然事物中。因为动物不存在于任何数中，且存在于某些白色的事物中，而数不存在于任何白色的事物中。若将数作为中项，假定A不存在于任何B中，而B存在于部分C中，则A将不存在于部分C中，这一说法为真，而命题AB为真，BC为假。

若AB部分为假，而命题BC也为假，则其结论可能为真，因为没有什么会阻止A存在于部分B中，且存在于部分C中，而B不存在于任何C中。若B与C相反，且二者都是同一属的偶然事物，如动物存在于某些白色的事物中，且存在于某些黑色的事物中，而白色的事物不存在于任何黑色的事物中。若假定A存在于所有B中，B存在于部分C中，其结论将为真。若命题AB是否定的，情况也与之类似，这一点可用相同的词项和相同的方式来证明。

□ 阿拉伯人描绘亚里士多德上课时的情景

亚里士多德创办的吕克昂学院，位于雅典的一处游乐场，附近有许多林荫路，亚里士多德经常和学生们在林荫路一边散步一边讲学。因此，亚里士多德及其弟子获得了"逍遥学派"的称号。他的思想很早就传到了阿拉伯。

若两个前提都为假，其结论也有可能为真。因为A可能不存在于任何B中，且存在于部分C中，而B不存在于任何C中。如，属存在于源于其他属的种中，也存在于自身种的一个偶然事件中。比如，动物不存在于任何数中，而存在于某些白色的事物中，数不存在于任何白色的事物中。若假定A存在于所有B中，B存在于部分C中，其结论为真，而两个前提都为假。

若AB是否定的，情况也与之类似。因为没有什么会阻止A存在于B的整体中，且不存在于部分C中，也没有什么会阻止B不存在于任何C中。比如，动物存在于所有天鹅中，但不存在于某些黑色的事物中，而天鹅不存在于任何黑色的事物中。因此，若假定A不存在于任何B中，而B存在于部分C中，则A不存在于部分C中，其结论为真，前提为假。

第三节　在第二种格中，由假前提推出真结论

在第二种格中，我们可以从以下几种假前提的组合中推出真结论：两个前提整体都为假；每一个都部分为假；一个为真，另一个整体为假（无论哪个为假都可以）；一个部分为假，另一个整体为假；一个确实为真，另一个部分为假；一个整体为假，另一个部分为真。无论是在全称三段论还是在特称三段论中，上述几种情况都适用。

假定A不存在于任何B中，而存在于所有C中，如，动物不存在于任何石头中，但存在于所有马中。若命题相反，即假定A存在于所有B中，但不存在于任何C中，则由整体为假的前提可得出真结论。若A存在于所有B中，但不存在于任何C中，情况也与之类似，因为其三段论相同。

再则，若一个前提整体为假，另一个前提整体为真，则没有什么会阻止A存在于所有B中且存在于所有C中，而B不存在于任何C中。如，属存在于非特称的种中，动物存在于所有马中，也存在于所有人中，而人不存在于马中。若假定一事物存在于一事物的所有个体中，但不存在于另一事物的任何个体中，则一个命题整体为假，而另一个整体为真，无论哪一个为否定命题，其结论都将为真。若一个前提的部分为假，而另一个的整体为真，情况亦是如此，即A可能存在于部分B中且存在于所有C中，而B不存在于任何C中。如，动物存在于某些白色的事物中且存在于所有乌鸦中，但白色的事物不存在于任何乌鸦中。假定A不存在于任何B中，而存在于C的整体中，则命题AB将部分为假，AC整体为真，其结论也为真。

若否定命题被转换，情况亦是如此，其证明源于相同的词项。若肯定前提部分为假，而否定前提全部为真，情况亦是如此。因为没有什么能阻止A存在于部分B中，而不存在于所有C中；也没有什么能阻止B不存在于任何C中。如，动物存在于某些白色的事物中，但不存在于任何沥青中，白色的事物也不存在于沥青中。因此，若假定A存在于B的整体中，但不存在于任何C中，AB部分为假，而AC整体为真，则其结论也为真。若两个前提都是部分为假，其结论也为真，即A可能存在于部分B中且存在于部分C中，而B不存在于任何C中。如，动物可能存在于某些白色的事物中，也存在于某些黑色的事物中，但白色的事物不存在于任何黑色的事

物中。若假定A存在于所有B中，而不存在于任何C中，两个前提都是部分为假，则其结论将为真。若否定命题用相同的词项转换，情况亦是如此。

显而易见，上述情况对特称三段论也适用。因为没有什么能阻止A存在于所有B中且存在于部分C中，也没有什么能阻止B不存在于部分C中。如，动物存在于所有人中，也存在于某些白色的事物中，但人可能不存在于某些白色的事物中。若假定A不存在于任何B中，而存在于部分C中，其全称前提整体为假，而特称命题为真，则结论也为真。若假定命题AB是否定的，情况亦是如此。因为A可能不存在于任何B中，也可能不存在于部分C中，而B不存在于任何C中。比如，动物不存在于任何无生命的事物中，但存在于某些白色的事物中，无生命的事物也不存在于某些白色的事物中。若假定A存在于所有B中，但不存在于部分C中，则全称前提AB将整体为假，而AC将为真，其结论也为真。若全称命题为真，特称命题为假，情况亦是如此。因为没有什么能阻止A既不可能存在于任何B中也不可能存在于任何C中，也没有什么能阻止B存在于部分C中。如，动物可能不存在于任何数中，也可能不存在于任何无生命的事物中，数也不可能存在于某些无生命的事物中。若假定A不存在于任何B中，但存在于部分C中，则其结论将为真，不仅全称命题为假，而且特称命题也将为假。若全称命题是肯定的，情况与之类似。A可能存在于B的整体中，也可能存在于C的整体中，但B不可能存在于部分C中，正如属存在于种和种差中一样。比如，动物可能存在于所有人中，存在于步行者的整体中，而人不可能存在于所有步行者中。因此，若假定A存在于B的整体中，但不存在于部分C中，则全称命题将为真，特称命题为假，其结论为真。

此外，很显然，由两个假前提也可以得出真结论，若A存在于B的整体和C的整体中，则B不可能存在于部分C中。因为若假定A不存在于任何B中，但存在于部分C中，两个前提都为假，则结论将为真。类似地，若全称前提是肯定的，而特称前提是否定的，由于A可能不由任何B推出，但可以由所有C推出，B可能不存在于部分C中。如，动物可能不存在于任何科学中，但存在于所有人中，而科学不存在于任何人中。若假定A存在于B的整体中，不可能存在于部分C中，则两个前提均为假，而结论将为真。

第四节　在第三种格中，由假前提推出真结论

　　在最后一种格中，我们由假前提也可得出真结论。无论是两个前提都整体为假，或是两个前提都部分为假，或是一个整体为真另一个整体为假，或是一个部分为假另一个整体为真；反之亦然，有多种组合方式可以得出真结论。因为没有什么能阻止A和B都不存在于任何C中，但A可能存在于部分B中。比如，人和步行者都不可能存在于任何无生命的事物中，而人存在于某些步行者中。若假定A和B存在于所有C中，则两个前提都全部为假，而其结论为真。若一个前提是否定的，而另一个前提是肯定的，情况亦是如此。因为B可能不存在于任何C中，且A存在于所有C中，而A可能不存在于部分B中。比如，黑色的事物不存在于任何天鹅中，但动物存在于所有天鹅中，且动物不存在于所有黑色的事物中。因此，若假定B存在于所有C中，且A不存在于任何C中，则A不存在于部分B中。尽管前提都是假的，但其结论为真。

　　若两个前提都是部分为假，则也会产生真结论。因为没有什么能阻止A和B存在于部分C中，A存在于部分B中。如，白色的事物和美丽的事物存在于部分动物中，白色的事物存在于某些美丽的事物中。若假定了A和B存在于所有C中，则前提都是部分为假，而其结论为真。若AC是否定的，情况亦是如此。因为没有什么能阻止A不存在于部分C中，而B存在于部分C中，A不存在于所有B中。如，白色的事物不存在于部分动物中，但美丽的事物存在于某些动物中，白色的事物不存在于所有美丽的事物中。所以，若假定A不存在于任何C中，而B存在于所有C中，则两个前提都是部分为假，而结论为真。

　　若假定一个前提整体为假，但另一个前提整体为真，情况亦是如此。因为A和B都可以由所有C推出，而A不可能存在于部分B中。如，动物和白色的事物可由所有天鹅推出，但动物不存在于所有白色的事物中。因此，这些词项确定后，若假定B存在于C的整体中，而A不存在于C的整体中，则BC将整体为真，AC将整体为假，结论也将为真；若BC为假，而AC为真，情况与之类似。用以证明的词项相同，即黑色的、天鹅、无生命的。

　　若假定两个前提都是肯定的，情况亦是如此。因为没有什么能阻止B由所有C

推出，而A并非全部存在于C中，A也可能存在于部分B中。如，动物存在于所有天鹅中，黑色的事物不存在于任何天鹅中，黑色的事物存在于部分动物中。因此，若假定A和B存在于所有C中，则BC整体为真，而AC整体为假，其结论为真。再则，若假定AC为真，情况也与之类似，证明将由相同的词项完成。

再则，若一个前提整体为真，而另一个前提部分为假，那么结论可能为真。由于B可能存在于所有C中，A存在于部分C中，那么A也存在于部分B中。如，两足的动物存在于所有人中，美丽的事物不存在于所有人中，而美丽的事物存在于部分两足的动物中。若假定A和B存在于C的整体中，命题BC整体为真，而AC部分为假，则其结论也可能为真。同样地，若假定AC为真，BC部分为假，由相同的词项进行转换后可以证明。再则，若一个前提是否定的，另一个前提是肯定的，那么结论也可能是真的。由于B可能存在于C的整体中，而A存在于部分C中，若词项如上所述，则A将不存在于所有B中。因此，若假定B存在于C的整体中，而A不存在于任何C中，即否定命题部分为假，而另一个命题整体为真，结论也可能为真。此外，由于已假定A不存在于任何C中，而B存在于部分C中，则A可能不存在于部分B中。清楚的是，若A整体为真，而BC部分为假，结论可能为真。因为若假定A不存在于任何C中，而B存在于所有C中，则AC整体为真，而BC部分为假。

在特称三段论中，显然真结论也可由假前提得出。由于所假定的词项必须与当两个前提都是全称时所假定的词项一样，所以，在肯定命题中要假定肯定词项，在否定命题中要假定否定词项。若一事物不存在于任何个体中，或存在于某一个事物中，我们假定它是在全称意义上存在，这不会有什么差异。否定命题的情况也与之类似。我们可以看到，若结论为假，那些源于前面逻辑推理的事物，必然全部或部分为假；但结论为真，则不会得出用于推理的某些事物或全部事物都为真的必然性。

若三段论中没有事物为真，其结论也可能为真，尽管如此，但结论并非必然为真。出现上述情况的原因是，若两个事物按这种方式——一事物的存在必然由另一事物推出——存在且彼此相关，那么当前者不存在时，后者也就不存在；但若后者存在，则后者并非必然存在。然而，若相同的事物存在或不存在，不可能有相同的必然结论。我的意思是，若A是白的，B必然是大的；若A不是白的，B也必然是大的，这是不可能的。因为若A是白的，B必然是大的，而B是大的，C不是白的，若A是白的，则C必然不是白的。若这两个事物中，一事物存在，另一事物也必然存在；但若后者不存在，则前者必然不存在。因此，当B不是大的时，则A不可能是白的；但若A不是白的，则B必然是大的，那么必然推出"B不是大的"和"B必然是大的"这一对不可能同时出现的表述。若B不是大的，A不会必然是白的；若A不是白的，则B是大的，由此推出"若B不是大的，则它是大的"，正如由三个词项可得出结论一样。

第五节　第一种格中的循环论证

循环论证由结论完成，通过对一个前提的转换，来得出之前三段论中已假定的另一个前提。例如，若要证明A存在于所有C中，我们应通过B将其证明。再则，若要证明A存在于B中，则要假定A存在于C中，且C存在于B中，才可推出A存在于B中。但与其相反的是，原来的三段论中已经假定了B存在于C中。若要证明B存在于C中，可将A作为C的谓项，这是原来的三段论中已得出的结论；若要假定B存在于A中，则与之前的假定A存在于B中相反。然而，其他方式也不可能证明彼此。无论是否假定其他中项，都不会产生循环论证，因为没有相同的事物被假定。若其中某些事物被假定，则必然只有一个被假定。若两个都被假定，则在我们需要另一个时，产生了相同的结论。

对那些不能被转换的词项，其三段论源于一个不可证明的命题。因为我们不可能由这一词项证明小项存在于中项中，或是中项存在于大项中。但对于那些可转换的词项，则可由循环论证证明所有事物。如，AB和C彼此相关，假定A、C可由中项B证明，大项A、B可由结论和小项B、C的转换证明。类似地，小项B、C也可由结论和前提AB的转换证明。然而，我们必须证明命题CB和BA，因为在我们使用的命题中，它们还未被证明。若假定B存在于所有C中，C存在于所有A中，则产生B与A相关的三段论。再则，若假定C存在于所有A中，A存在于所有B中，则C必然存在于所有B中。事实上，在这两个三段论中，命题CA都被假定为不可证明的，因为其他命题已经证明。因此，若我们能证明这些，则它们都可以互证。若假定C存在于所有B中，而B存在于所有A中，假定两个命题都是可证明的，则C必然存在于A中。

因此，清楚的是，仅在可转换的命题中，证明可由循环论证完成。在我们之前说过的其他命题中，情况亦是如此，即我们用相同的事物来进行证明。因为C由B证明，B由A证明，是通过假定C是A的谓项来证明的，所以我们是用结论进行证明的。

在否定三段论中，交互论证以下面的方式进行。假定B存在于所有C中，而A不存在于任何B中，其结论是A不存在于任何C中。若要像之前那样得出A不存在于任何B中的结论，则要假定A不存在于任何C中，而C存在于所有B中，因此命题成为可转换的。但若要得出B存在于C中的结论，则命题AB必然不能以类似方式被转换，因为它是相同的命题，即B不存在于任何A中，A不存在于任何B中。我们必须假定B存在于所有A不存在于其任何个体中的事物中。假定A不存在于任何C中，这是之前得出的结论，假定B存在于所有A不存在于其任何个体中的事物中，因此，B必然存在于所有C中。所以，三个表述都成了结论，也就形成了循环论证，即假定结论和一个前提的转换，从中推出另一个前提。

在特称三段论中，我们不可能由其他前提来证明全称命题，但可以证明特称命题。我们不可能证明全称命题这一点显而易见，因为全称命题要由全称命题来证明，但其结论不是全称的——三段论要求必须由结论和其他命题将其证明。另外，若命题是可转换的，则根本不会产生三段论，因为两个前提都是特称的。

但我们可以证明特称命题。假定由B可证明A存在于部分C中，且B存在于所有A中，其结论不变，则B存在于部分C中，第一种格产生，且A为中项。尽管如此，若三段论是否定的，我们不可能证明全称命题，其原因我们在前面已论述过。特称命题也不可能被证明。若AB可以像在全称命题中那样转换，即"B存在于A不存在于其中的事物中"，那么，我们可以由假设将其证明；否则不会产生三段论，因为特称命题是否定的。

第六节　第二种格中的循环论证

在第二种格中，我们不可能以这种模式证明肯定命题，但可以证明否定命题。肯定命题是不可证明的，因为并非两个命题都是肯定的，其结论是否定的，而肯定命题是由两个肯定前提证明的。然而，否定命题可按以下方式证明。假定A存在于所有B中，但不存在于任何C中，结论是B不存在于任何C中。若假定B存在于所有A中，则A必然不存在于任何C中，因为这是第二种格，其中项是B。但若AB是否定的，另一个前提是肯定的，则产生第一种格。因为C存在于所有A中，而B不存在于任何C中，因此，B不存在于任何A中，A也不存在于任何B中。那么，由这个结论和一个前提不能产生三段论。但若假定了另一个命题，则会产生三段论。若三段论不是全称的，则全称命题不可证明的原因如我们上面所说；但若全称命题是肯定的，则特称命题是可证明的。假定A存在于所有B中，但不存在于所有C中，其结论是B不存在于部分C中。若假定B存在于所有A中，但不存在于所有C中，则A将不存在于部分C中，中项是B。但若全称命题是否定的，命题AC不能通过AB的转换得到证明；因为由此我们可推出，或者两个前提都是否定的，或者其中一个前提是否定的，所以不会产生三段论；但我们可以用在全称命题的例证中所使用的方法来证明它，即假定A存在于B不存在于其中的部分事物中。

第七节　第三种格中的循环论证

在第三种格中，若假定两个命题都是全称的，则我们不可能对其进行相互证明；因为全称命题由全称前提证明，但这一格中的结论始终是特称的。所以简言之，我们很显然不可能在这一格中证明全称命题。

若一个命题是全称的，而另一命题是特称的，则相互证明有时是可能的，有时是不可能的。若假定两个命题都是肯定的，且小项是全称的，则会产生相互证明；但若大项是全称的，则不会产生相互证明。假定A存在于所有C中，而B存在于所有C中，则结论是AB。若假定C存在于所有A中，可证明C存在于部分B中，但不能证明B存在于部分C中；但若C存在于部分B中，则B必然存在于部分C中。必须注意的是：这一事物存在于那一事物中与那一事物存在于这一事物中并不相同。

除此之外，必须假定的是，若这一事物存在于某些那一事物中，则那一事物也存在于某些这一事物中。由这一假设可知，由结论和其他命题不会产生三段论。若B存在于所有C中，而A存在于部分C中，那么，若假定C存在于所有B中，而A存在于部分B中，则可能证明AC。因为若C存在于所有B中，而A存在于部分B中，则A必然存在于部分C中，中项是B。

只要一个命题是肯定的，另一命题是否定的，且肯定命题是全称命题时，另一命题就能被证明。假定B存在于所有C中，而A不存在于部分C中，其结论为A不存在于部分B中。此外，若假定C存在于所有B中，则A必然不存在于部分C中，中项是B。但若否定命题是全称的，则另一个命题不能被证明。除非像在之前的例证中那样，假定另一命题存在于某些个体中，这一命题不存在于任何个体中。例如，若A不存在于任何C中，而B存在于部分C中，其结论是A不存在于部分B中。若假定C存在于A不存在于其中的所有事物中，则C必然存在于部分B中。然而，我们不可能用转换全称命题的方式证明另一前提，无论是何种方式，都不会产生三段论。

综上所述，在第一种格中，相互论证可以通过第三种格和第一种格产生。若结论是肯定的，它由第一种格产生；但若结论是否定的，则由第三种格产生。因为已假定若一事物不存在于某事物的任何个体中，则另一事物存在于某事物的所有个体中。在中间格中，若三段论是全称的，证明由中间格和第一种格完成；若三段论是特称的，证明由中间格和第三种格完成。在第三种格中，所有证明都由这一格完成。同样清楚的是，在第三种格和第二种格中，并非由这两种格产生的三段论，要么与循环论证不一致，要么是不完美的。

第八节　第一种格中三段论的转换

转换就是通过对结论进行换位而产生另一个三段论，其大项不存在于中项中，或是中项不存在于小项中。若结论被转换，一命题保持不变，则另一命题必然被推翻。因为若这一命题不被推翻，则结论也不会被转换。结论被转化成相矛盾的或是相反的，它们之间存在差异。无论以何种方式转换结论，都不会产生相

□ 手拿里拉琴的阿波罗　公元前5世纪水瓶上的画

音乐有助于训练人的准确性，因此，亚里士多德非常重视音乐，经常让学生登台演奏，练习技术，以达到理论和实践的结合。

同的三段论。我所指的矛盾即"存在于所有"和"并非存在于所有"相矛盾，"存在于某个"和"不存在于任何一个"相矛盾；相反即"存在于所有"与"不存在于任何一个"相反，"存在于某个"与"不存在于某个"相反。假定A通过中项B由C证明。若A不存在于任何C中，但存在于所有B中，则B将不存在于任何C中。若A不存在于任何C中，但B存在于所有C中，则A将不存在于所有B中，但并非不存在于任何B中。全称命题不能由最后一种格产生结论。简言之，我们不可能通过转换将大前提全部推翻，因为推翻大前提始终由第三种格完成，但我们必须假定两个命题与小项相关。若三段论是否定的，情况也类似。假定由B可证明A不存在于任何C中，因此若假定A存在于所有C中，但不存在于任何B中，则B将不存在于任何C中。若A和B存在于所有C中，则A将存在于部分B中，但已假定它不存在于任何B中。

然而，若相矛盾地转换结论，则相应的三段论也将是相矛盾的，且不是全称的；因为若一个前提是特称的，则其结论也将是特称的。假定三段论是肯定的且按上述方式被转换，那么，若A不存在于所有C中，但存在于所有B中，则B不存在于所有C中；若A不存在于所有C中，但B存在于所有C中，则A不存在于所有B中。若三段论是否定的，情况也与之类似。因为若A存在于部分C中，但不存在于任何B中，则B不存在于部分C中，但并非纯粹地不存在于任何C中；若A存在于部分C中，B存在于所有C中，正如开始假定的那样，则A存在于部分B中。

在特称三段论中，若将结论转换为其矛盾，则两个命题都会被推翻；但若相反地转换结论，则两个命题都不会被推翻。在全称三段论中不会发生这样的结果，即结论进行矛盾转换后不会推翻什么前提，因为我们根本不可能将其推翻。

假定A由部分C证明，因此，若假定A不存在于任何C中，但B存在于部分C中，则A不存在于部分B中；若假定A不存在于任何C中，但存在于所有B中，则B不存在于任何C中，所以两个命题都可被推翻。然而，若相反地转换结论，则两个命题都不会被推翻。因为若A不存在于部分C中，但存在于所有B中，则B不存在于部分C中；但最初的命题并未被推翻，因为B可能存在于C的某些事物中，但不存在于C的另外部分中。对于全称命题AB，不会产生任何推翻它的三段论。如若A不存在于部分C中，但存在于部分B中，则两个命题都不是全称的。若三段论是否定的，情况亦是如此。因为若假定A存在于所有C中，则两个命题都被推翻；但若A存在于部分C中，则两个命题都不会被推翻。其证明相同。

第九节　第二种格中三段论的转换

在第二种格中，无论用何种转换方式，我们都不可能通过相反转换来推翻大前提。因为结论将始终存在于第三种格中，而我们之前已论述过在这一格中没有全称三段论。但另一个命题可以用类似的转换方式被推翻，我指的类似的方式即若以相反的方式转换，则也以相反的方式推翻；若以矛盾的方式转换，也以矛盾的方式推翻。假定A存在于所有B中且不存在于任何C中，结论是BC。若假定B存在于所有C中，命题AB保持不变，因为是在第一种格中，则A将存在于所有C中。然而，若B存在于所有C中，但A不存在于任何C中，因为是在最后一种格中，则A不存在于所有B中。若结论BC以矛盾方式被转换，则AB也以之前的方式被证明，AC以矛盾方式被推翻。因为若B存在于某个C中，而A不存在于任何C中，则A不存在于某个B中。再则，若B存在于某个C中，而A存在于所有B中，则A存在于某个C中，所以三段论以矛盾方式产生。若前提之间的关系与此相反，则我们也可以用类似方式证明。

但若三段论是特称的，结论以相反方式被转换，则两个前提都不会被推翻，正如在第一种格中二者都未被推翻一样。然而，若结论以矛盾方式被转换，则两个前提都会被推翻。假定A不存在于任何B中，但存在于某个C中，结论是BC。若假定B存在于某个C中，AB保持不变，其结论就是A不存在于某个C中。但最初的前提没有被推翻，因为A可能存在也可能不存在于C的部分中。再则，若B存在于某个C中，A存在于某个C中，则不会产生三段论，因为被假定的两个前提都不是全称的，因此AB不被推翻。然而，若以矛盾方式转换，则两个前提都会被颠覆。因为若B存在于所有C中，但A不存在于任何B中，则A不存在于任何C中，但已假定A存在于某些C中。再则，若B存在于所有C中，但A存在于某些C中，则A存在于某些B中。若全称命题是肯定的，则会产生相同的证明。

第十节 第三种格中三段论的转换

在第三种格中，若结论以相反方式被转换，则在任何三段论中，前提都不会被推翻；但若结论以矛盾方式被转换，则在所有三段论中两个前提都会被推翻。假定A存在于某些B中，将C作为中项，两个前提都是全称的。若假定A不存在于某些B中，但B存在于所有C中，则不会产生关于A和C的三段论。若A不存在于某些B中，但存在于所有C中，也不会产生关于B和C的三段论。若两个前提都不是全称的，也会产生类似证明。因为通过转换后，要么二者必然都是特称的，要么小前提是全称的。但在这种情况下，在第一种格中和中间格中都不会产生三段论。

然而，若结论以矛盾方式被转换，则两个前提都会被颠覆。因为若A不存在于任何B中，但B存在于所有C中，则A不存在于任何C中。再则，若A不存在于任何B中，但存在于所有C中，则B不存在于任何C中。若一个前提不是全称的，情况也与之类似。因为若A不存在于任何B中，但B存在于某个C中，则B不存在于任何C中。若三段论是否定的，情况亦是如此。A不存在于某个B中，假定肯定命题为BC，而否定命题是AC，则会产生三段论。若假定与结论相反，则不会产生三段论。因为若A存在于某些C中，而B存在于所有C中，则不会产生关于A和C的三段论；若A存在于某些B中，但不存在于任何C中，则也不会产生关于B和C的三段论，所以两个前提都不会被推翻。

然而，若假定与结论相矛盾，则两个前提都会被推翻。因为若A存在于所有B中，B存在于所有C中，则A存在于所有C中，但已假定它不存在于任何C中。再则，若A存在于所有B中，但不存在于任何C中，则B不存在于任何C中，但已假定它存在于任何C中。若两个命题都不是全称的，也会有类似的证明，因为AC变成全称否定的，但另一命题则变为特称肯定的。若A存在于所有B中，但B存在于某些C中，则A存在于某些C中，但已假定它不存在于任何C中。再则，若A存在于所有B中，但不存在于任何C中，则B不存在于任何C中，但已假定它存在于某些C中。但若A存在于某些B中，B存在于某些C中，则不会产生三段论。若A存在于某些B中，但不存在于任何C中，也不会产生三段论。因此，命题在前一种情况下被推翻，在后一种情况下没有被推翻。

由上所述我们可以清楚地知道，结论被转换时，三段论在每一种格中如何产生，何时结论与前提相反，何时结论与前提相矛盾。在第一种格中，三段论由中间格和最后一种格产生，小前提始终在中间格中被推翻，但大前提始终在最后一种格中被推翻。在第二种格中，三段论由第一种格和最后一种格产生，小前提始终在第一种格中被推翻，但大前提始终在最后一种格中被推翻。在第三种格中，三段论由第一种格和中间格产生，大前提始终在第一种格中被推翻，但小前提始终在中间格中被推翻。至此，什么是转换、它在每种格中如何发挥作用以及三段论如何产生，我们都已说明。

第十一节　在第一种格中的归谬法

若确定了结论的矛盾面，且假定了另一个命题，则三段论可由归谬法证明，且在所有格中都会产生这样的三段论。它与转换类似但有如下差异：在三段论已产生、两个命题已被假定的情况下我们才进行转换，但归谬法发生在矛盾命题未被认可但它显然为真实的情况下。在这两种方法中，词项以类似方式存在，假定的方式也相同。例如，若A存在于所有B中，中项是C，那么，若假定A存在于所有B中，或不存在于任何B中但存在于所有C中（由假定可知这一说法为真），则C必然不存在于任何B中，或必然不存在于所有B中。但这是不可能的，所以推测为假，其矛盾面为真。其他格的情况亦是如此，因为所有可以被转换的三段论都可以由归谬法得以证明。

在所有格中，所有其他问题都可由归谬法证明。全称肯定命题能在中间格中和第三种格中被证明，但不能在第一种格中被证明。假定A不存在于所有B中，或不存在于任何B中，假定另一命题源于任一事物，即无论C存在于所有A中或B存在于所有D中，都会产生第一种格。若假定A不存在于所有B中，则无论从哪一部分来假定命题，都不会产生三段论。但若假定A不存在于任何B中，并假定了命题BD，则会产生假的三段论，但所要证明的事物不能被证明。因为若A不存在于任何B中，而B存在于所有D中，则A不存在于任何D中，但这是不可能的，因此A不存在于任何B中为假。然而，即使A不存在于任何B中为假，也不能由其推出A存在于所有B中为真。但若也假定了CA，则不会产生三段论。若假定了A不存在于所有B中，也不会产生三段论。所以，很显然，在第一种格中，全称肯定命题不可能通过归谬法得以证明。

但特称肯定命题、全称否定命题和特称否定命题，则都可以由归谬法证明。假定A不存在于任何B中，并假定B存在于所有C中或某些C中，则A必然不存在于任何C中或不存在于所有C中。但这是不可能的，因为很明显，A存在于所有C中为真。所以，若它为假，则A必然存在于某些B中。但若假定一个命题与A有关，则不会产生三段论；若假定了相反的结论，即A不存在于某些C中，也不会产生三段论。因此，似乎必须假定与结论相矛盾的命题。

再则，假定A存在于某些B中，C存在于所有A中，则C必然存在于某些B中。但这是不可能的，因此假设为假。但若这一点可以成为例证，则A不存在于任何B中为真。若假定CA是否定的，情况也与之类似。然而，假定命题是B，则不会产生三段论；若其相反命题被假定，则会产生三段论，即证明与归谬法有关，但已提出的命题得不到证明。假定A存在于所有B中，C存在于所有A中，则C必然存在于所有B中。但这一点是不可能的。所以，A存在于所有B中为假。但若它不存在于所有B中，则它并非必然地不存在于任何B中。若另一命题被假定为B，情况与之相同，即由此产生一个与归谬法有关的三段论。但假设不会被推翻，所以必须假定其矛盾结论。

为了证明A不存在于所有B中，必须假定它存在于所有B中。因为若A存在于所有B中，C存在于所有A中，则C将存在于所有B中。所以，若这一点是不可能的，则假设为假。若另一命题被假定为B，情况与之相同。若CA是否定的，方式也相同。因此，三段论产生。但若否定命题是B，则不会产生证明。然而，若假定了A不存在于所有B中，但存在于某些B中，则产生的不是A存在于所有B中的证明，而是A不存在于任何B中的证明。因为若A存在于某些B中，而C存在于所有A中，则C将存在于某些B中。若这一点是不可能的，则A存在于某些B中为假。所以，A不存在于任何B中为真。然而，这一点已被证明，真命题被推翻。因为已假定A存在于某些B中，存在于某一事物中并不存在。

此外，归谬法并非源于假设，因为若它为假，则我们不可能由真命题得出假结论；但现在它为真，因为A存在于某个B中；所以我们不能假定A存在于某些B中，而是存在于所有B中。若我们要表明A不存在于某些B中，情况也与之类似。因为若不存在于某些个体中与不存在于所有事物中相同，则二者的证明也相同。

所以，在所有三段论中，必须假定结论的矛盾命题，而非相反命题，相应才会产生必然结论。这是很可能发生的定律。当与所有事物有关的肯定命题或否定命题为真时，若证明了否定命题不为真，则肯定命题必然为真。再则，若不能认可肯定命题为真，则可以认可否定命题为真；但不能认可反对命题为真，因为若它不存在于任何事物中为假，则存在于所有事物中不必然为真；而一个前提为假另一个前提为真的情况也并非很可能发生。

因此，在第一种格中，很可能出现的情况是，除了全称肯定命题以外，所有其他问题都可由归谬法证明。

第十二节　在第二种格中的归谬法

显然，在中间格和最后一种格中，我们也可以证明这一点。假定A不存在于所有B中，但存在于所有C中，若它并非矛盾地存在于所有B中，但存在于所有C中，则C不存在于所有B中。但这一点是不可能的，因为C存在于所有B中是显然的，则此假定为假，所以A存在于所有B中为真。

然而，若假定了相反命题，则会产生与归谬法有关的三段论，但命题不能被证明。因为若A不存在于任何B中，但存在于所有C中，则C将不存在于任何B中。

但这一点是不可能的，因此A不存在于任何B中为假。若这一点为假，则不能由此推出A存在于所有B中为真。但若A存在于某些B中，假定A不存在于任何B中，但存在于所有C中，则C必然不存在于任何B中。所以，若这一点是不可能的，则A必然存在于某些B中。若假定A不存在于某个B中，则会产生与第一种格中相同的结论。

再则，假定A存在于某些B中，但不存在于任何C中，则C必然不存在于某些B中；但已假定它存在于所有B中，所以，假设为假，A不存在于任何B中。然而，若要证明A不存在于所有B中，那么，假定它存在于所有B中，但不存在于任何C中，则C必然不存在于任何B中。这一点是不可能的。因此，A不存在于所有B中为真。显而易见，所有三段论都能在第二种格中产生。

第十三节　在第三种格中的归谬法

三段论也可由第三种格产生，也会以类似的方式产生。假定A不存在于某些B中，但C存在于所有B中，则A不存在于某些C中。若这一点是不可能的，则A不存在于某些B中为假，因此A存在于所有B中为真。再则，若假定A不存在于任何B中，则会产生由归谬法证明的三段论，但命题不能由此证明。因为若假定了相反命题，则会产生与之前相同的三段论。但为了得出A存在于某个B中的结论，我们必须假定这一假设。因为若A不存在于任何B中，但C存在于某些B中，则A将不存在于所有C中。若这一说法为假，则A存在于某些B中为真。但若A不存在于任何B中，假定它存在于某些B中，C存在于所有B中，则A必然存在于某些C中。但已假定A不存在于任何C中，所以A存在于某些B中为假。

然而，若假定A存在于所有B中，则命题不能被证明。但为了证明A不存在于所有B中，我们必须如此假设。因为若A存在于所有B中，C存在于某些B中，则A存在于某些C中。但假设中并非如此，因此A存在于所有B中为假。若情况如此，则A不存在于所有B中为真。但若假定它存在于某些B中，则会产生与上述三段论中相同的结论。

在所有由归谬法证明的三段论中，必须假定与结论相矛盾的命题。很显然，在中间格中，肯定命题以某种方式被证明，而全称命题在最后一种格中可以用某种方式被证明。

第十四节 归谬法证明与直接证明之间的差别

归谬法证明与直接证明不同，前者是假定好将要推翻的对象，从而产生公认的谬误；而后者则是源于公认的结论。虽然二者都是假定两个公认的命题，但直接证明假定的是形成三段论的两个前提，而归谬法证明则假定其中一个前提，另一个假定的是与结论相矛盾的命题。

在直接证明中，其结论不必是已知的，也不用提前假定命题是真或假；但在归谬法证明中，则必然地要提前假定命题为假。结论是肯定的还是否定的并不重要，在两种证明中，其三段论产生的方式相同。由直接证明得出的结论也可由归谬法证明，由归谬法得出的结论也可由相同的词项直接证明，但并非在同一种格中。

若三段论在第一种格中产生，则真理将在第二种格或最后一种格中产生，否定命题在中间格中产生，肯定命题在最后一种格中产生。然而，若三段论在中间格中产生，真理将在第一种格中产生，且与所有问题有关。若三段论在最后一种格中产生，真理将在第一种格和中间格中产生，肯定命题在第一种格中产生，而否定命题在中间格中产生。

假定由第一种格可证明A不存在于任何B中或A不存在于所有B中，那么假设则是：A存在于某些B中，C存在于所有A中，但不存在于任何B中。由此假设可产生三段论和归谬法证明。但若C存在于所有A中，而不存在于任何B中，则这是第二种格。很显然由此可知，A不存在于任何B中。若已证明A不存在于所有B中，则情况与之类似。假设A存在于所有B中，但已假定C存在于所有A中且不存在于所有B中，若已假定CA是否定的，则证明方式也与之类似，也会产生中间格。

假定A存在于某些B中，对应的假设是它不存在于任何B中，但已假定B存在于所有C中，A存在于所有C中或是某些C中，因此结论是不可能的。若A和B存在于C中，则产生了最后一种格。由此可知，A必然存在于某些B中，若假定B或A存在于某些C中，情况也与之类似。

假定在中间格中A存在于所有B中，对应的假设是A不存在于所有B中，但存在于所有C中，C存在于所有B中，由此可产生由归谬法得出的结论。若A存在于所有C中，C存在于所有B中，则是第一种格。若已证明的是A存在于某些B中，情况也与之类似，因为所要假设的是A不存在于任何B中，但存在于所有C中，C存在于某些B中。若三段论是否定的，则要假设的是A存在于某些B中，但不存在于任何C中，C存在于所有B中，所以产生了第一种格。若三段论不是全称的，情况也与之类似。已证明的是A不存在于某些B中，由于已假定A存在于所有B中，但不存在于任何C中，C存在于某些B中，由此产生第一种格。

再则，在第三种格中，假定A存在于所有B中，则所要假设的是A不存在于所有B中，但C存在于所有B中，A存在于所有C中，由此得出不可能的结论，产生第一种格。若证明与某一特定事物有关，则情况与之类似，所要假设的是A不存在于任何B中，并假定C存在于某些B中，A存在于所有C中。若三段论是否定的，则假设为A存在于某些B中，并假定C不存在于任何A中，而存在于所有B中，由此产生中间格。若证明不是全称的，情况与之类似，所要假设的是A存在于所有B中，并假定C不存在于任何A中，但存在于某些B中，由此产生中间格。

很显然，无论是直接证明还是由归谬法得出的证明，我们都可以由相同的词项证明每一个问题。若假定了与结论矛盾的命题，三段论可由词项通过归谬法证明。若三段论是直接证明的，情况与之类似。由此得出的三段论与通过转换得到的三段论相同，我们便立即有了可由每个问题得出结论的格。清楚的是，所有问题都可由两种模式证明，即归谬法证明和直接证明，我们不可能将二者分开。

第十五节　在三种格中，由对立面得出结论的方式

以下，我们将明确在什么格中可由对立命题用三段论法推出结论，在什么格中不能由对立命题用三段论推出结论。我所说的对立命题是指在用词上具有对立意义的以下四种情况，例如，"存在于所有事物中"与"不存在于任何事物中"相对立，"存在于所有事物中"与"不存在于所有事物中"相对立，"存在于某

些事物中"与"不存在于任何事物中"相对立，"存在于某些事物中"与"不存在于某些事物中"相对立。然而，事实上只有三种情况对立，"存在于某一事物中"与"不存在于某一事物中"仅仅是在表述上相对立。我称以下命题为全称相反，即"存在于所有事物中"与"不存在于任何事物中"，例如，"所有科学都是卓越的"与"没有科学是卓越的"相反；我称其他命题为矛盾关系或相矛盾。

在第一种格中，我们不能由相矛盾的命题得出三段论，无论命题是肯定的还是否定的。不可能产生肯定三段论，是因为若要产生肯定三段论，两个命题都必然是肯定的，但肯定命题和否定命题相矛盾。不可能产生否定三段论，是因为矛盾命题肯定和否定的是相同事物；但第一种格中的中项并非两个端项的谓项，而是一事物否定它，它又是另一事物的谓项，这样的命题不是矛盾命题。

但在中间格中，我们既可由矛盾命题也可由反对命题得出三段论。假定A表示"好的"，B和C表示"科学"，若假定"所有科学都是好的"和"没有任何科学是好的"，即A存在于所有B中，不存在于任何C中，那么B不存在于任何C中，即没有任何科学是科学。若已假定"所有科学是好的"，再假定"医学不是好的"，情况也与之相同。因为A存在于所有B中，但不存在于任何C中，所以"某一门科学不是科学"。类似地，若A存在于所有C中，但不存在于任何B中，例如B是科学，C是医学，A是观点，对应的假设是"没有科学是观点"，但"某一门科学是观点"。因为词项进行了转换，这一点与之前不同。在前面的例证中，肯定命题与B相关，但现在它与C相关。若一个前提不是全称的，情况也与之类似，因为中项始终是一事物的否定谓项，是另一事物的肯定谓项。因此，由相矛盾的命题可得出结论，但并非始终可以，也并非全部都可以，而只在属于中项的词项彼此存在的方式一样，或是作为整体与部分的关系时才可以得出结论；否则便是不可能的，因为在其他情况下命题不可能是相反的或是相矛盾的。

在第三种格中，我们由相对立的命题不可能得出肯定三段论，其原因在第一种格中我们已论述过。但无论词项是不是全称的，都会产生否定命题。假定B和C是科学，A是医学，若假定"所有医学都是科学"和"没有医学是科学"，即假定B存在于所有A中，C不存在于任何A中，则"某一门科学将不是科学"。同样地，若命题AB不是全称的，因为若"某一门医学是科学"，且"没有医学是科学"，由此得出"某一门科学不是科学"。若词项是全称的，则命题相反；若有一个词项是特称的，则命题相矛盾。

然而，我们必须明确，可以按照如上所述假定对立命题，如"所有科学都是好的""没有科学是好的"，或是"某一门科学不是好的"。通常这一点不会被掩盖，但我们也可能由其他命题得出对立命题中任一命题的结论，通过我们在《论题篇》中讨论的那样将其假定。由于肯定命题以三种方式对立，因此得出我们有六种方式假定对立命题，即"存在于所有事物中"与"不存在于任何事物中"，"存在于所有事物中"与"不存在于所有事物中"，"存在于某些事物中"与"不存在于任何事物中"，其词项都可以转换。因此，A可能存在于所有B中但不存在于任何C中，或是A可能存在于所有C中但不存在于任何B中，或是存在于其中一事物的全体中，但不存在于另一事物的全体中。再则，我们可以像转换词项那样将其转换。在第三种格中，情况与之相同。所以，三段论可能以多少种方式、在什么格中由相对立的命题产生，便清晰可见。

同样明确的是，我们可以由假前提推出真结论，正如我们之前研究的那样。但我们不可能由相对立的命题得出真结论，因为由此产生的三段论的结论总是与事实相反。例如，若一事物是好的，作为其结论是它是不好的；若一事物是一种动物，则其结论是它不是一种动物。因为三段论由相矛盾的命题得出，词项或是相同的，或是其中之一是整体，另外一个是部分。显而易见，在谬误推理中没有什么事物能阻止假设的矛盾命题的产生。例如，若一事物是奇数，则它不是奇数，因为由相对立的命题可得出相反的三段论。若按照这种方式假设，则会产生假设的矛盾命题。然而，我们必须明确，我们不可能按照这种方式由一个三段论得出相反的命题，即结论是可能为不好的事物是好的，或是任何此类事物；除非假定了此类命题，例如，所有动物是白的和不白的，则人是一种动物；要么我们必须增加假定矛盾命题，例如，所有的科学是观点，所有的科学不是观点，我们必须假定医学是科学，但不是观点。正如逻辑反驳的产生那样，结论或是从两个三段论中得出的。因此，被假定的事物必须相反，正如我们之前研究的那样，不可能有除此之外的其他方式。

第十六节　预期理由或是假定论点

　　从一个更广泛的意义上来讲，借助于或是假定最初的问题构成，并不能证明命题。这类情况会以多种方式出现，比如，并未得出结论，或是由更不被人知晓的事物得出结论，或是都不被人熟知，或是由后面的事物证明前面的事物——因为证明源于更值得认可、先前的事物。由上述可知，这些方式在开始并未假定论点。有些事物由其自身便会理所当然地被知晓，有些事物由其他事物被知晓，例如，原则由其自身便可被知晓，但属于原则的事物则由其他事物被知晓。若有人努力想通过事物自身来证明由其自身不能被知晓的事物时，则他假定了最初的论点。然而，要达到这一点，他可以直接假定已提出的事物，也可以由其他事物达到这一点，即用那些被研究的事物顺理成章地来完成证明。例如，若A由B证明，B由C证明，而C顺理成章地可由A证明。若用这种三段论法推论，则可由其自身证明A。那些描述平行线的人认为他们便是这样做的。他们通过假定此类事物使其自身产生错误认识来反证，即除非它们是平行的，否则它们不可能被证明。因此，用这种方式以三段论法进行推论的人可以说"若事物是这样的，则每一事物都是这样的"，因此所有事物都可由其自身被知晓。但这是不可能的。

　　若有人未证明A存在于C中，也未证明A存在于B中，但他借助于A存在于B中来证明，则我们并不清楚他是否假定了最初的命题，但清楚的是他并未将其证明。因为同样引人质疑的并非是证明的原则。然而，若B与C相同，或是它们是可转换的，或是一个存在于另一个之中，便是假定了最初的问题。若它们是可转换的，则由其可知A存在于B中。但现在的情况阻碍了这种证明，其模式也并非如此。若按这种方式进行论证，则会出现前面已提及的情况，且由三个词项产生转换。若假定B存在于C中，情况也与之相同。这一点与假定A存在于C中同样引人质疑。他并未假定论点，也没有将其证明。然而，若A和B相同，或是可以转换，或是A可由B推出，则由于相同原因他在最初便假定了论点。因为在前面我们已表明预期理由可产生的影响，即由其自身证明那些本身并不明确的事物。

虽然预期理由是由其自身证明那些本身并不明确的事物，但这并非证明。因为被证明的事物和可以证明其他事物的事物同样都是不确定的，或是由于已假定了同样的事物存在于同一事物中，或是由于同一事物存在于相同的事物中。在第二种格和第三种格中，最初的问题可以成为请求的对象。但对于肯定三段论，这种情况出现在第三种格和第一种格中。在否定三段论中，若相同的事物不存在于同一事物中，两个命题并不相同，在第二种格中也会产生同样的情况，因为在否定三段论中的词项是不可转换的。然而，这就出现了预期理由的情况，例如，事物以这种方式存在于事实中，但在辩证法中，它们却根据观点而存在。

第十七节　论证不产生错误的三段论：关于"错误并非由这一原因导致"[1]的说明

"错误并非由这一原因导致"，我们在讨论中习惯性地使用这种说法。在反驳由不可能性演绎而证明的命题时，它出现在由归谬论证明产生的三段论中。未提出反驳意见的人也不会声明错误由这一原因导致，有些错误在之前已经确定。他也不会在直接证明中使用这一说法，因为他并未提出矛盾命题。此外，若任何事物直接由 A B C 推翻，我们不可能说三段论并非由已确定的事物产生，但我们可以说它"并非由这一原因导致"。若这一点被推翻之后，尽管三段论由其完成，但这并非是直接证明三段论中的例证。因为命题被推翻后，属于它的三段论便不再存在。显而易见，若最初的假设以这种方式存在且与归谬法相关时——何时存在、何时不存在——不可能的结论将会出现，那么，我们便可说"并非由这一原因导致"。

因此，错误并非由于假设而存在的最清楚的模式是，由归谬法产生的三段论并非与中项产生的假设相连接。这一点正如我们在《论题篇》中所研究的那样，将不是原因的事物假定为原因，例如，若要证明正方形的对角线对其边而言是不可通约的，则要努力证明芝诺的论点即运动是不存在的，由此便要用演绎法对不

---

〔1〕这种情况发生于与归谬法有关的演绎推理中，但并非与直接证明相矛盾。

可能的结论进行推论。这是因为，错误不可能与最初声明的事物相关联。然而，还有另一种模式，即不可能的结论与假设相关联，且"并非由这一原因导致"。无论假定时是向上关联还是向下关联，上述情况都可能发生。例如，若假定A存在于B中，B存在于C中，C存在于D中，则B存在于D中为假。因为若A被推翻，B依旧存在于C中，C存在于D中，则不会产生源于最初假设的假结论。再则，若假定了向上的联系，例如，假定A存在于B中，E存在于A中，F存在于E中，则F存在于A中为假，若最初的假设被推翻，则依旧会产生与归谬法有关的结论。与归谬法有关的结论必然与最初被假定的词项相关，则按照这种方式，它由假设产生。若假定了向下的联系，则与归谬法有关的结论与肯定词项相关。若A不可能存在于D中，则将A移除后，便不再有假结论。但被假定的联系是向上的，它应该与主项相连。因为若F不可能存在于B中，则B被推翻后，便不再有与归谬法有关的结论了。若三段论是否定的，也会出现同样的情况。

若与归谬法有关的结论与最初的词项不相关，则假结论并非由论点产生。若结论与词项相关，假结论也并非总是由论点而产生。若假定A不存在于B中但存在于K中，K存在于C中，也存在于D中，则与归谬法有关的结论保持不变。若假定向上的词项，情况也与之类似。由于无论开始的假设存在或不存在，与归谬法有关的结论都会产生，则它并非由论点而产生。若假设不存在，假结论仍然会产生，但不是按照这种方式假定，而是与归谬法有关的命题将源于其他确定的事物，即若某假设被推翻，则同样的不可能的结论将由其余命题得出。因为由几个假设推

□ 思想者　罗丹　巴黎罗丹美术馆藏

亚里士多德是逻辑学的奠基人，《工具论》就是其关于形式逻辑的第一部重要著作。研究逻辑可以提高人的理解、分析和论证能力，从而提高思维能力。

出假结论并不荒谬，所以，平行线相交既可以源于内角是否大于外角的情况，也可以源于一个三角形内角和是否大于两个直角之和。

第十八节　错误的逻辑推理

错误的逻辑推理源于起初便错误的事物。因为所有命题都由两个或更多的命题构成。若它由两个命题构成，则其中之一或是二者必然都为假，因为我们不可能由真命题得出假结论。但若它由两个以上的命题构成，例如C由AB证明，AB由DEFG证明，则上述四个之一为假，由于这一原因，其逻辑推理也为假，因为A和B由上述命题得出。因此，假结论由其中之一产生。

第十九节　相反三段论的预防

为了避免由三段论推出的结论与我们想要得出的结论相违背，则在对手质疑没有结论的论点时，我们必须仔细研究，以免同样的事物在命题中出现两次。因为我们知道，若没有中项，则三段论不可能产生。中项是我们反复提过的，但我们必须明确，以什么样的方式研究与每个结论有关的中项。清楚的是，这一点源于每一种格中证明的事物是什么类型。但我们不会忽略这一点，因为我们知道如何维持相应的论点。

需要明确的是，我们在论证时，应该努力隐藏我们可以反驳对手的观点。首先，若结论并非提前由三段论推出，则在假定必然命题时它是不被知晓的。其次，若不质疑那些最接近的事物，则质疑那些直接的事物。例如，假定要得出关于F的结论A，其中项为BCDE，则我们必须质疑A是否存在于B中，但接着要质疑的并非B是否存在于C中，而是D是否存在于E中，之后才是B是否存在于C中，其余的以此类推。若三段论由一个中项产生，则我们必须由那个中项开始，由此我们才最有可能会使对手出错。

第二十节　反驳论证

由于我们已经知道了三段论在何时、以什么方式产生，也就清楚了什么时候存在或不存在反驳论证。或是所有事物都被认可，或是答案在排序上是交替的，例如，一个是否定的，另一个是肯定的，则可能产生反驳论证。因为词项以这种方式或是以那种方式排列时，三段论都会产生。所以，若已确定的事物与结论相反，则必然产生反驳论证，因为反驳论证就是矛盾命题的三段论。然而，若没有任何事物被认可，则不可能产生反驳论证；因为若所有的词项都为否定的，则不会产生三段论，所以也不会产生反驳论证。若产生了反驳论证，则必然会有三段论；但若有三段论，则并非必然会产生反驳论证。若答案中没有事物是全称的，情况也与之类似，因为三段论的证明和反驳论证是相同的。

第二十一节　假象

就如我们在假定词项的命题时会产生误差，我们在得出其观点时也可能会产生假象。例如，若同一事物存在于多个主项事物中，我们便会忽视其中之一，认为它不存在于任何事物中，但却知晓另一事物。假定A存在于B和C中，B和C也以类似方式存在于D中，若有人认为A存在于所有B中，B存在于D中，但A不存在于任何C中，C存在于所有D中，则他对同一事物既会有认知也会对其无知。

再则，若一个人对源于同类别的事物产生误差，例如，A存在于B中，但B存在于C中，C存在于D中，但有人假定A存在于所有B中，但不存在于任何C中，则他在同一时间内既会认为A属于D也会认为A不属于D。他会承认他所知道的但并未形成观点的事物吗？在某种程度上，他知道A通过B存在于C中，就如特称命题存在于全称命题中那样，所以在某种程度上他也知道，他认可了自己不知道的事物，但这是不可能的。

我们前面已经提及，若中项不属于同一类别，则不可能由每一个中项构成两个命题，例如，A存在于B中，但不存在于任何C中，B和C都存在于所有D中。这样就可证明，一个大前提或是全部或是部分地与另一个前提相反。这是因为，若有人认为A存在于所有B所存在的事物中，但已知B存在于D中，则他也将知道A存在于D中。因此，若他认为A不存在于任何C存在于其中的事物中，则他不会认为A存在于所有B所存在于其中的事物中。但是，他先是认为A存在于所有B所存于其中的事物中，又认为A不存在于部分B所存在于其中的事物中，则这或是全部相反，或是部分相反。

然而，我们不可能按照上述方式认为，没有什么事物阻止我们假定其中一个命题与其每一个中项相关，或是两个命题都与其中一个中项相关，如，A存在于所有B中，但B存在于D中，再有就是A不存在于任何C中。这类假象与由特称命题产生的误差相似，例如，若A存在于所有B中，但B存在于所有C中，则A将存在于所有C中。若一个人知道A存在于所有B所存在于其中的事物中，则他也知道A存在于C中，但没有什么能阻止他忽略C的存在。例如，若A是两个直角，B是三角形，C是可察觉到的三角形，一个人可能认为C不存在，他知道所有三角形的内角之和与两个直角之和相等。因此，他将同时对同一事物既会有认知也会对其无知。因为知道所有三角形的内角之和与两个直角之和相等并非一件简单的事——在一方面源于全称科学的事物，在另一方面源于特称科学。他由全称科学获知，C的内角之和等于两个直角之和，但他不能由特称科学获知这一点，所以，他便拥有了相反命题。《米诺篇》中的逻辑推理与其类似，即"知识就是回忆"。因为不可能发生这种情况，即对于特称事物，我们已经拥有了预先存在的知识，但在归纳过程中，我们接受了关于特称事物的科学，就如对其获得的认知一样。由于我们可以直接知道某些事物，如若我们知道了我们所看到的是三角形，则我们就会知道其内角之和与两个直角之和相等。其他事物也与之类似。

我们可以通过全称知识来研究特称事物，但不能由其内在所特有的知识对其进行研究。我们可能会对它们的理解产生误差，但并非由于其方式相反，而是因为我们虽然拥有对全称事物的知识，但在特称知识中产生了误差。我们上面已提及的事物，情况与之相同。与中项有关的假象并非与有关三段论的科学相反，也不与每个中项的观点相反。因为没有什么能阻止一个人知道A存在于所有B中，B存在于C中，同时认为A不存在于C中。例如，若他知道了所有骡子都是不育的，而这种动物是骡子，则他可能认为这种动物是可以怀孕的，因为他不知道A存在于B中并非源于同一时间内对每一命题的研究。

因此，显而易见，若他知道一个命题，但忽略了另一个命题，则他将因全称命题如何存在于特称科学中而产生误解。对于那些存在于感觉之外的事物，我们对其一无所知；即使是已经感觉到了它，但也不知道它，除非它像我们拥有全称和特有知识那般，而不是我们运用知识的事物。知道一事物有三种方式，或是由全称知识，或是由特有的知识，或是对其运用这些知识，所以产生误差也有三种方式。

因此，没有什么能阻止一个人既知道一事物，又会产生对同一事物的误解，但这两种认识并非以相反的方式产生。若他知道了每一个命题，但并未提前考虑，上述情况也可能发生，例如，若认为骡子是可育的，他便不具有相应的知识。再则，由于其观点产生的误解并非与其知识相反，因为与全称知识相反的误解即是三段论。

尽管如此，认为善的事物是恶的事物的人，也会认为善的本质和恶的本质相同。假定善的本质是A，恶的本质是B，再假定善的本质是C，由于他认为B和C是相同的，则他也会认为C就是B，同样会类似地认为B就是A，因此C就是A。若C是B的谓项为真，则B是A的谓项也为真，A是C的谓项也为真。对于动词"认为"和"存在"，情况都与之类似。由于C和B相同，则B和A也相同，C和A也相同。若认可了最初命题，则会得出必然结论吗？除非是偶然事件，否则认为善的本质是恶的本质的这种说法可能为假。我们有多种方式作出这种推测，但我们必须考虑得更加全面。

第二十二节　第一种格中端项的转换

若端项被转换，则中项必然因两个端项也被转换。如，A由B而存在于C中，若将A和C转换，则C存在于A存在于其中的事物中；B与A转换，则B由中项C而存在于A存在于其中的事物中；C也可由中项A与B转换。同样的情况也会发生在否定三段论中。若B存在于C中，但A不存在于B中，则A也不存在于C中。若B与A转换，则C也将与A转换。假定B不存在于A中，则C也不存在于A中。由于B存在于所有C中，若C与B转换，则C也与A转换。B是其谓项的事物，C也是其谓项。若C与A转换，则B也与A转换。B存在于其中的事物，C也存在于其中，但C不存在于A存在于其中的事物中。在肯定三段论中，仅仅这一点是源于结论的，其他情况则与之不同。

再则，若A和B可转换，类似地，C和D也可转换。但A或C必然存在于所有个体中，B和D亦是如此，即它们其中之一将存在于所有个体中。由于B存在于所有A存在于其中的事物中，D存在于所有C存在于其中的事物中，A或C存在于所有个体中，但并非在同一时间内。显而易见，B或C存在于所有个体中，但也并非在同一时间内。因为两个三段论是相关联的。再则，若A或B存在于所有个体中，C或D也存在于所有个体中，但它们并非在同一时间内存在。若A和C转换，B和D也转换。由于B不存在于D存在于其中的某一事物中，则显然A存在于D存在于其中的某一事物中。但若A存在于D存在于其中的某一事物中，则C也将存在于D存在于其中的某一事物中，因为A和C可转换。所以，C和D将在同一时间内存在，但这是不可能的，例如，若尚未产生的事物是不可消亡的，不可消亡的事物是尚未产生的，则已产生的事物必然是可消亡的，可消亡的事物必然是已产生的。

若A存在于B和C的整体中，除此之外不是任何事物的谓项，且B也存在于所有C中，则A和B必然可转换。由于A仅仅是B和C的谓项，而B既是其本身又是C的谓项，则显然B将是A所谓述的事物的谓项，除了A本身之外。再则，若A和B存在于C的整体中，C和B可转换，则A必然存在于所有B中。由于A存在于所有C中，C和B通过转换，则A也将存在于所有B中。

若在两个对立命题中A胜于B，且类似地D也胜于C，那么，若AC胜于BD，则A胜于D。类似地，A应该被效仿，B应该被规避，因为它们相对立。同样，C应该被规避，D应该被追寻，因为它们也是相反的。若A与D的优先性相同，则B与C的规避性相同。在对立双方中，对应的优先性和规避性相同。因此，AC与BD也相同。但由于AC胜于BD，它们不可能同样优先，否则BD与AC的优先性相同。然而，若D胜于A，则B的规避性小于C。由于（优先性）小的一方与（规避性）小的一方相对应，则更多的善与更少的邪恶比更少的善和更多的邪恶更优先。因此，BD整体胜于AC。然而，情况并非如此。因此，A胜于D，从而C的规避性小于B。若所有相爱的人因爱选择A，即在这种情况下是满意的，C是不满意的，而非满意的是D，并非在这种情况下是满意的是B，显而易见，A的选择性更大，即在某种情况下满意的胜于被满意的，相爱胜于爱的性交。因此，相爱是爱情的原因，而非性交的原因。若相爱是性交的原因，则它也是其结束的原因。因此，简言之，性交并非为了爱情，因为其他的欲望和艺术由此产生。因此，上述已经表明词项如何转换以及谁具有优先性和规避性。

第二十三节　归纳法

现在我们必须论证不仅辩证式三段论与可证明的三段论由上述命名的格产生，而且修辞三段论也是如此。简言之，即所有类型的证明都由相应的方法证明。因为我们认为，所有事物的证明或是源于三段论或是源于归纳法。

归纳法或归纳的三段论法，即由一个端项证明另一端项存在于中项中。例如，若B是AC的中项，我们由C证明A存在于B中，由此产生了归纳法。假定A是长寿的，B是无愤怒的，C是所有长寿的事物，如人、马、骡子，那么，A存在于C的全体中，因为所有无愤怒的事物都是长寿的。但B（或无愤怒的事物）也存在于所有C中。若C与B转换，但不超出中项的范围，则A必然存在于B中。因为前面我们已经表明，若任何两个事物存在于同一事物中，则其端项与二者之一转换，另一谓项也将存在于可转换的词项中。然而，我们必须将C作为所有单称事物的组合，因为归纳法就是由所有单称事物产生的。

此类三段论与最初的直接命题有关。若有中项，则三段论由中项产生；若没有中项，则三段论由归纳法产生。在某种程度上，归纳法与三段论对立。因为三段论由中项证明大项存在于小项中，而归纳法由小项证明大项存在于中项。因此，从本质角度来讲，由中项产生的三段论更优先或更广为人知，但对我们来讲，由归纳法产生的三段论更显而易见。

第二十四节　例证法

例证法，即由某些类似于小项的事物证明大项存在于中项中，但必须知道的是，中项存在于小项中，大项存在于和小项类似的词项中。例如，假定A是坏的，

B是对邻国发起战争，C是雅典人反对底比斯人，D是底比斯人反对福西斯人。若我们要证明反对底比斯人的战争是坏的，则我们必须假定反对邻国的战争是坏的，但其证明源于类似的事物，例如，底比斯人发起的反对福西斯人的战争是坏的。由于反对邻国的战争是坏的，反对底比斯人就是反对邻国，很显然，反对底比斯人的战争是坏的。显而易见，B存在于C中，也存在于D中，因为二者都是反对邻国的战争。A存在于D中——因为反对福西斯人的战争对底比斯人不利，再由D证明A存在于B中。若中项与端项相关是由多个类似的事物证明的，则证明方式与其相同。因此，显而易见，若二者都属于同一事物，其中一个已知时，例证既不是整体的一部分，也不是某一部分的整体，而是部分的部分。例证法也与归纳法不同，因为归纳法是表明由所有个体可知端项存在于中项中，并不使三段论与端项相联系，但例证法使三段论与端项相联系，且并非由所有个体证明。

第二十五节　不明推论式

不明推论式指的是这样一种证明，即第一个词项存在于中项中是显而易见的，但中项存在于最后一个词项中并非显而易见，不过它与结论同样可信或是比结论更为可信，或者，最后一个词项和中项的间接词项很少。我们在所有这些方式中都接近知识。例如，假定A是可教授的事物，B是科学，C是公正。显然，科学是可教授的，但我们并不清楚公正是否是科学。因此，若BC与AC同样可信或是比A C更可信，则产生了不明推论式。因为我们接近知识是由于我们对AC的假定，而非之前拥有了科学。再则，若BC的媒介很少，则我们由此接近知识。例如，D是正方形，E是直线形，F是圆，则EF只有一个中项——圆由新月形变成直线形，这便是接近知识的事物。但若BC并不比AC更可信，间接词项也并不少，则我不会称其为不明推论式。若BC是直接的也不会被称作不明推论式，因为此类事物就是知识。

第二十六节　异议

异议是一种与命题相反的命题，但它又与命题不同。因为异议可以是不完整的，但命题不可能如此，或在全称三段论中不可能如此。事实上，异议可以在两种格中以两种方式形成。两种方式是指所有异议或是全称的或是特称的。两种格是指在使用它们时与命题对立，对立面仅仅从第一种格和第三种格中得出结论。

若要认可任何事物都存在于所有个体中，我们或是反对它不存在于任何事物中，或是反对它不存在于某一事物中。由此可知，不存在于任何事物中的结论由第一种格体现出来，但它不存在于某一事物中的结论由最后一种格体现。例如，假定A是"某一门科学"，B是"反对命题"，若有人认为存在与反对命题有关的科学，则异议是不存在与对立者有关的同一门科学，但反对命题就是对立者，所以产生了第一种格；或者，其异议是不存在对于已知和未知事物的同一门科学，则产生了第三种格。由于C与已知和未知的事物有关，"它们是反对命题"为真，但"存在与其有关的一门科学"为假。

再则，否定命题也是以类似方式形成的。若有人声明不存在与反对命题有关的一门科学，我们就说，存在与所有对立者有关的同一门科学，或是存在与某些反对命题有关的同一门科学，例如，有益健康的和有害健康的。因此，与所有事物有关的一门科学由第一种格产生，与某些事物有关的一门科学由第三种格产生。简言之，在所有辩论中，在全称意义上提出异议的人应该将命题的矛盾面应用到全称命题中，例如，若有人声明不存在与所有反对命题有关的同一门科学，则存有异议的人会说存在与对立者有关的同一门科学。因此，在这种情况下产生了第一种格，因为中项对于最初提出的词项而言成了全称词项。

但在部分上存有异议的人肯定会反驳全称词项，即已声明的命题，例如，不存在与已知事物和未知事物有关的同一门科学，因为反对命题在全称意义上与其相关。第三种格也由此产生，在特称意义上被假定的词项是中项，例如，已知的事物和未知的事物。我们可以由此用三段论法推出一个反对命题，由相同的事物努力推出异议。因此，我们仅由这些格可以举出异议的例证。只有在这些格中，我们才可能构建对立的三段论，我们不可能由中间格得出肯定结论。

此外，即使是可能的，在中间格中的异议也需要更广泛的讨论，例如，不应该认可A存在于B中，因为C不是由B推出。这一点由其他命题也可明确。然而，异议不可能被转移到其他事物中，我们应该立即拿出其他显而易见的命题。因此，这是唯一不能根据标志而推出三段论的格。

我们也必须考虑其他异议，例如，源于反对命题、相似事物或是由观点产生的事物，以及是否可以在第一种格中假定特称，或是源于中间格的否定意义。

抒情诗女神厄拉托

七弦琴是古希腊的乐器，据说是由神发明的。在亚里士多德的时代，音乐就已经成为社会生活不可缺少的一部分，私立学校还专门开设音乐这一门课程。

第二十七节　可能性、标志和省略推理法

可能性与标志不同。可能性是可能发生的命题，人们通常知道发生或不发生的事物，存在或不存在的事物，这便是可能性，例如，嫉妒的人憎恨，相爱的人相爱。但标志似乎是可证明的命题，或是必然的或是可能的。若它存在，则一事物便是；或是一事物已经发生，则它在其之前或之后发生，这便是一事物发生或存在的标志。

省略推理法即源于可能性或标志的三段论，有三种方式假定一个标志，这与在格中假定中项的方式一样：或是在第一种格中，或是在中间格中，或是在第三种格中。例如，女人是可怀孕的，因为她有乳汁，这一说法源于第一种格，因为中项是有乳汁，即假定A是怀孕的，B是有乳汁的，C是女人。又如，智慧的人是可敬的，因为庇塔库斯（Pittacus）是可敬的人，这一说法由最后一种格产生，即假定A是可敬的，B是智慧的人，C是庇塔库斯。那么，由于已经知道A和B是C的谓项为真，只是他们并未声明，但他们假定了后者。又如，"女人是可怀孕的，因为她是苍白的"，这一说法由中间格产生，因为苍白是怀孕的结果，且与这一女人相联系，他们认为由此可证明她是怀孕的，即假定A是苍白，B是怀孕的，C

是女人。若一个命题被阐述，则只会产生一个标志；但若另一个前提也被假定，则会产生三段论。例如，庇塔库斯是慷慨的，因为有雄心的人是慷慨的，庇塔库斯是有雄心的。再则，有智慧的人是好的，因为庇塔库斯是好的，也是有智慧的。

因此，这种方式产生了三段论。若由第一种格产生的三段论为真，则它是不可辩驳的，因为它是全称的。若结论为真，则由最后一种格产生的三段论是可辩驳的，因为这种三段论既不是全称的，也与我们的目标无关。例如，因为若庇塔库斯是可敬的，则由于这一原因，其他有智慧的人也必然是可敬的。但由中间格产生的三段论始终是可辩驳的。若词项以这种方式存在，则不可能产生三段论，因为它不是必然的，例如，若怀孕的人是苍白的，这个女人是苍白的，则这个女人是怀孕的。因此，真命题将存在于所有格中，但它们也有上述提及的差异。

因此，我们必须以这种方式划分标志，把其中项假定为不可辩驳的证据（人们所说的不可辩驳的证据指的是知识，而其中项尤其是此类事物）。或者，我们必须称那些源于端项的事物为标志，源于中项的事物为不可辩驳的证据。因为由第一种格产生的结论是最优先的，大部分也是真实的。

若一个人认为一切具有自然情感的事物的身体和灵魂同时发生变化，则我们可以由一个人的气质倾向对其作出判断。例如，某个学音乐的人的灵魂在某种程度上发生了变化，但这种倾向对我们而言并非是自然的天生的。但愤怒和欲望，却是我们的自然情感。因此，若这一点得到认可，则一事物应该是一种情感的标志。若我们能够掌握特有的情感和某种属的标志，则也可以从自然中获得猜想。若某种特有的情感为某一种属所固有，例如，狮子的刚毅，则必然有某种标志，因为我们已假定其身体和灵魂互相影响。假定它有巨大的肢体，这一点可能属于其他属，但并非属于所有属。这一标志是特有的，因为这种情感是整个属的特性，并非仅仅是其自身的特性，例如我们已知的习惯说法。同样的标志也将为其他属所固有。人和其他动物也是勇敢的，则他们也将拥有相应的标志，这是因为某种情感对应某种标志。若事物如上所述，则我们可以在这些动物中搜集到此类标志，它们各自仅拥有一种特有情感，但每种情感都有其自身的标志。

因此，若其必然只有一种标志，则我们可以从其身形得出对其本质的判断。

但若整个属有两种特性，如狮子有刚毅和慷慨的特性，那么我们如何知道这些标志是情感的特性呢？若两种特性都不是整体意义上的某种事物所固有的，每一种特性也并非整体是固有的，即有些事物有一种特性，有些事物有另一种特性，则我们也可以知道。例如，若狮子是勇敢的但不是慷慨的，且存在这两种标志，则很显然，狮子也是勇敢的标志。

由此可知，我们可以在第一种格中由身形对其自然倾向作出判断。因为中项与大项相关，但中项超出了小项的范围，且不与小项相关，例如，若刚毅是A，巨大的肢体是B，狮子是C。因此，B存在于C所存在于其中的事物的所有个体中，但也存在于其他事物中，A存在于B所存在于其中的事物的所有个体中，但不存在于更多的事物中。但A和B是可转换的，否则一种情感不会只对应一种标志。

后分析篇

第一卷

第一节 证明的本质

所有学说和理智学科都源于已经存在的知识。这一点显而易见，我们对其进行研究即知，数学科学和其他艺术都由这种方式获得。论点——无论是源于三段论还是归纳法得出的结论——都是如此。它们都源于已知的知识，三段论假定已经被理解的命题，归纳法则由单称事物显而易见的特性证明全称事物。修辞学家也用这种方式进行说服，他们或是通过例证即归纳法进行说明，或是通过省略推理法即三段论进行说明。

这两种方式都要求我们必须提前拥有相应的知识。对于某些事物，我们必须提前假定；但对于其他事物，我们必须理解其所说的是什么；还有的事物，上述两种情况我们都要知道。对于所有事物，若要证明其肯定为真或是假定为真，我们就必须提前假定。例如，我们必须知道三角形所指示的含义；对于单位，我们既要知道其指示含义，也要知道其存在。上述每一种情况确定的方式都不同。

对一事物的认识，既要源于对某些事物的已知，也要同时接受其他事物的知识。例如，一个人拥有与属于全称事物的事物相应的知识，他之前便已知道每个三角形的内角之和与两个直角之和相等，同时他由归纳法也知道，半圆内也有三角形。对于某些事物而言，知识就是以这种方式被获得的，但端项不能由中项获得，例如，单称事物不是任何主项的谓项。

然而，我们必须承认，在运用归纳法或是对三段论进行假设之前，我们已经以某种方式获得了知识，但以其他方式却不行。若我们已经忽略了三角形的存在，那又如何知道它的内角和等于两个直角之和呢？显而易见，我们知道的是全称事物，而并非单个的事物。若这一点不被承认，便会出现《米诺篇》中的疑问，或者他没有学习任何事物，或者他学习的是他已知的事物。他不可能像那些努力解决疑问的人那样声明："你知道所有成对的事物是或不是偶数吗？"若有人说知道，则他们就会提出他认为不存在的成对事物，因此他认为它不是偶数。他们解决歧义的方式是，并非说他们知道的所有成对事物是偶数，而是他们知道其忽略的是双数。尽管如此，他们知道的是他们已经拥有的、已经被证明的知识，但他们接受的并非他们知道是三角形或是数的所有事物，而是单个的绝对的三角形和数。在已知道的数或是直线图形中，没有命题被如此假定，但在全称意义上可以。

我认为没有什么能阻止一个人学习知识，即在一种意义上知道，在另一种意义上不知道。他以某种方式知道他所学习的东西，并非是荒唐的；但若他在学习时就知道这种方式或是类似的方式，则是荒唐的。

第二节　知识、证明及其要素

若我们认为我们知道事物的原因是其存在，也知道事物不可能以其他方式存在，我们便会认为我们知道每一个事物，而不是以诡辩的方式由偶然事件获得。因此，显而易见，知识就是此类事物。对于没有知识和有知识的人而言，前者认为他们以这种方式获得了知识，而后者则是真正获得了知识。所以，若一事物与纯粹的知识有关，则它不可能以其他任何方式存在。是否有其他模式获得知识，我们将在下面讨论。

但我们也说，我们由证明获得知识，我所说的证明是一种科学的三段论，而科学则指由我们所拥有的知识通过三段论便能知道一些事物。若知识是我们已确定的，则可证明的科学必然源于真实、主要、直接的事物；若这些事物比结论的原因更广为人知，也先于结论的原因存在，则对于被证明的事物，才存在合适的主要原则。若没有上述事物，三段论会存在，但证明则不会存在，因为在这种情况下不会产生知识。

它们必然为真，因为不存在的事物——如正方形的对角线可与其边通约——是不可知的。它们必然是最初的且不可证明的事物，否则我们只有通过证明才能知道它们；而在非偶然意义上知道对事物的证明，即是拥有对事物的证明。但它们必然是原因，更广为人知，更具优先性。它们是原因，因为我们知道了原因之后才可以更科学地了解事物；它们更具优先性，因为它们是原因；它们提前被知晓，不仅由于它们的指示含义被理解，也因为它们被认识到是存在的。

此外，它们以更具优先性的两种方式为人所知。本质上优先的事物与对我们而言优先的事物并不相同，在本质上更广为人知的事物与对我们而言更广为人知的事物并不相同。我称那些对我们而言更具优先性、更广为人知的事物更接近感知，在本质上更具优先性、更广为人知的事物离感知更远。那些离感知最遥远的事物是全称的，最近的事物是单称的，在中间部分的事物是对立的。

源于最初的事物即是源于特有的原则。我所说的最初的事物和原则是同一事物。证明的原则是一个直接命题，直接即没有事物优先于它。命题是阐述的一部分，一词项与另一词项相关。辩证法以类似方式假定矛盾的任意一方，证明则明确假定其中一部分为真。被阐述的是矛盾的任一方面。矛盾是对立的，且从其自身角度来讲没有任何中间物。在矛盾的各部分中，声称某事物是另一事物的一方是肯定命题，声称某事物不是另一事物的一方是否定命题。

对于直接的三段论式原则，我称其为命题，它不可能被证明。对于打算学习任何事物的人而言，他不是必然要拥有它。但对于他必然要拥有的要学习的任何事物，我称其为公理。对于某些这种类型的事物，在证明的过程中，我们通常使用"公理"这一名称。但对于命题，它接受矛盾的任一方面，例如，我指的是一事物存在或不存在，即假设。没有这些特点的事物是定义。定义是一种命题。算术家将不可分割的事物根据量统一起来，但这并非假设，因为单位是什么与单位存在不是同一事物。

尽管如此，要相信或是了解一事物，必须源于我们称之为证明的一种三段论。三段论由真实命题构成，必然地，我们不仅要提前全部或是部分地知道最初的命题，而且它们应该被更多人知道。因为使任何事物存在的原因，其自身始终在更大程度上存在。例如，某事物使我们热爱它的原因是其自身可能更让人钟爱。因此，若我们因最初的事物而知道或相信某事物，我们也在更大程度上知道和相信这些最初的事物，因为我们由它们知道了后面的事物。

然而，若有人不知道那些事物，或他所知道的事物并非处于更好的倾向中，则他所相信的不可能多于他所知道的。若他提前知道了由证明给出真实性的事物，则上述情况将会发生，因为他更有必要相信它存在于所有或是某一主要原则中，而不是结论中。那么，这不仅要求他拥有经证明得出的知识，他还要在更大程度上了解主要原则，应该相信这些原则而非被证明的事物。对他而言，其他任何东西都不应该比原则的对立面更可信、更广为人知；或者，在对相反者的论证可能依赖的原理的对立面中，一定不能有更可信的事物——如果任何一个在绝对意义上拥有知识的人必定无法被说服的话。

第三节　对知识和证明中某些观点的驳斥

有些人认为，由于必须知道最初的事物，所以科学是不存在的；但其他人认为知识存在，他们认为所有事物都是可证明的。这两种观点都是不真实的，也不是必然的。

对于那些假定知识不存在的人，他们认为我们是接近无限性，即我们由前面的事物可能不会知道随后的事物，可能不存在最初的、正确的逻辑推理，因为我们不可能认识无限多个事物。若他们要就此坚持，则存在不被知道的原则，因为没有关于它们的证明。他们说只能由这些证明才可以科学地获取知识，但若不可能知道最初的事物，我们也不可能直接或恰当地知道由其产生的结论；但若它们存在，则可以通过假设知道。

然而，其他人认为知识仅能由知识获得，没有什么阻止所有事物都是可证明的，因为证明可能是循环论证、互相影响的。相反地，我们认为并不是所有知识都是可证明的，与直接事物有关的知识就是不可证明的。显然，这一点是必然的。若需要知道证明源于在先的事物，而有时直接事物会产生于标准外，则它们必然是不可证明的。

因此，上述便是我们的声明。我们认为，不仅存在知识，而且存在与知识有关的某种原则，我们由其知道了定义。显然，直接进行循环论证是不可能的，因为证明必须由更具优先性、更广为人知的事物构成，如，一事物不可能既先于又后于同一事物，除非是以一种不同的方式。例如，某些事物与我们有关，其他事物以归纳法为人所知。然而，若如上所述，则直接知道的事物不可能被恰当地定义，它有两方面的内容；或是其他证明并非直接证明，对我们而言，它们源于更广为人知的事物。

对于认为存在循环论证的人来说，并非只有上述已声明的情况。他们认为，若事情是这样的，则没有其他事物不是如此。按照这种方式，我们可以轻易地证明所有事物。尽管如此，若能确定三个词项，则很显然上述情况就会出现。对于证明由多个还是较少的词项得出，或是由较少的词项还是两个词项得出，它们之间并无差别。若A存在，B必然存在；若B存在，C必然存在；则若A存在，C必然存在。若A存在，则B必然存在；若B存在，A必然存在。这就是循环论证。假定A在C的位置上，由于B存在，A也存在，则等同于B存在，C也存在，即是说A存在，C存在，C与A相同。所以那些认为存在循环论证的人，只不过是说A存在是因为A存在，那我们可以按照这种方法证明所有事物。

然而，这是不可能的，除非是那些可以由彼此互相推出的事物，比如特性。我们已经证明，若一事物被确定——我所说的无论是一个词项还是一个命题——都不可能产生其他事物的必然结果。但若至少有两个命题，则我们可以用三段论法从中推出其他事物的必然结论。若A是B和C的结果，且B和C可以相互推出，又是A的结果，则在第一种格中，我们可以证明所有可以互相推出的事物，正如我们在有关三段论的讨论中已论证的那样。同样我们还证明了，在其他格中不可能产生三段论，或是不可能假定与主项有关的事物。但是，我们不可能用循环论证去证明那些不能成为谓项的事物。因此，在证明中此类情况较少——全称命题是有可能的，所谓证明是交互的并且一切都是可以证明的这一说法，很显然是徒劳的、不可能的。

第四节　词项"所有""自身"和"全称的"

由于与一事物有关的直接知识不可能有多种存在方式，所以，我们知道的与可证明的知识有关的事物是必然的。可证明的知识即我们拥有的源于证明的知识，因此三段论便是源于必然命题的证明。因此，我们必须明白证明由什么以及什么类型的命题构成。首先，让我们来定义"所有""自身"和"全称的"。

我所说的"所有"，并非是存在于某一事物中，但并不存在于另一事物中；并非在这一刻存在，在另一刻不存在。例如，动物是所有人的谓项，若这是一个人为真，则说其是一个动物也为真。若一命题为真，则另一命题也为真。若点存在于所有线中，则情况与之类似。对于这一定义，当我们怀疑某事物是否与所有事物有关时，我们会对它提出异议，即一事物是否不存在于某一个体中，或有时它是否又并非如此。

但我说的"自身"是它本就是存在事物定义中所固有的。例如，线在三角形中，点在线中。它们的本质源于此，它们存在于解释事物是什么的定义中。那些本就固有在定义属性中的事物，其自身便表明了事物是什么。如，直线和曲线在线中，奇数和偶数、质数和合数、正方形和长方形在数中。它们为这些事物所固有，其定义都表明了事物是什么，那是线，这是数。对于其他事物，即其自身为彼此所固有时，情况与之类似，对于不以上述方式固有的我称之为偶然事物。例如，有音乐天赋的或白色的就是动物所固有。此外，对于不是其他任何主项之谓项的事物——如步行的是白人，但实体或任何指示特称事物的不是其他任何事物，而是其自身，我称这些不是主项之谓项的事物为"自身"，称那些是主项之谓项的事物为偶然事物。

再则，用另外一种方式讲，由于其本身而存在于彼此之中的事物是"自身"，并非由于其本身而存在于彼此之中的事物是偶然事物。因此，有人在行走时天空变亮，这就是一个偶然事物——并非由于他行走天空才变亮，因此我们称之为偶然发生的。然而，若一事物由于其本身而存在，则是"自身"，例如，某人因喉咙被割受伤而死去。他死去是因为喉咙被割，则他因喉咙被割而死就不是偶然的。

因此，它们是直接反对科学本身之事物的谓项，它们为其谓项事物所固有，或是它们本身就存在于主项中，其原因是其自身并未源于必然。它们不可能不是直接固有的，或是作为对立面而固有的，例如，直线和曲线在线中，奇数和偶数在数中。在同一属中，其反对命题或是缺性或是矛盾面，例如，偶数是数中不是奇数的数，偶数随奇数出现。因此，若必须要肯定或是否定，则它们自身必然为其固有。

我们可以如上所述定义"所有"和"自身"。然而，我所说的"全称"，是指它既是"所有"和"自身"的谓项，也是"就目前而言"的谓项。显而易见，全称事物为必然事物所固有，而"自身"和"就目前而言"是相同的，例如，点和直线自身就存在于线中，因为它们存在于其中，则就目前而言它们是一条线。两个直角的和存在于三角形中，就目前而言它是一个三角形，因为三角形自身的内角和与两个直角之和相等。

但只有当任一或是最初的事物被证明时，它才是全称意义上的存在，例如，其内角和等于两个直角的和并非为全部图形所固有。虽然我们可以证明某一图形其内角之和等于两个直角之和，但并不是任一图形，也不可能用任一图形来证明。比如，正方形是一种图形，但其内角之和不等于两个直角之和。任何等腰三角形的内角之和都等于两个直角之和，但是它不是最初的事物，因为三角形先于它存在。因此，对于在任一且最初意义上被证明其内角之和等于两直角之和的事物或是其他任何事物，在最初意义上它便是全称意义上的固有，关于其自身的证明是全称的。但若其他事物以某种方式被证明之后并非与其自身相关，则它不是在全称意义上存在于等腰三角形中，其范围更广泛。

第五节　最初全称命题的错误

我们不应该忽视，错误是经常发生的。就目前而言似乎是最初且全称的事物，在被证明之后却不是最初的和全称的。我们因这一错误而产生误差，或是由于除了单称事物之外，没有任何更高的事物被假定；或是有些事物可以被假定，但它存在于种中不同的事物中时没有相应的名称；或是它作为被证明的事物的某一部分的整体。证明发生于特称事物和所有个体，但不会发生于最初的全称命题。我所说的最初意义上的证明，是指在它与最初的全称命题有关时，即是它本身。

若要证明直线不相交，则下面这个证明似乎是恰当的：它存在于所有直线中；但它并非如此，因为它并非源于平行的直线；但就其自身而言，它以某种方式或其他方式平行。若三角形中只有等腰三角形，则等腰三角形可能是其本身就固有的。交替命题亦是如此，如数、线、体和时间（正如已被分开论证那样），至少可能由一个命题将其所有都证明，由于数、长度、时间不是一种被命名的事物，在种中彼此不同，它们已被分开假定。

虽然现在的证明是全称的，但被证明之物并不是作为线或数而固有的，而是作为他们假定的事物在全称意义上固有。由于这一原因，若一个人用一个或多个证明证实了几个三角形中的每一个，即每个等边三角形、不等边三角形和等腰三角形其内角之和都分别等于两个直角之和，则他不会知道三角形本身的内角之和等于两个直角之和，除非是以一种诡辩的方式。他也不会知道三角形的全称意义，尽管除此之外没有别的三角形。由于他不知道这是就其作为三角形而言的，他也就不知道这是所有的三角形所固有的，除非是根据数而言的，但根据种而言并非所有的三角形，即使是没有一个三角形是他知道的。

对于什么时候他可以在全称意义上知道，什么时候可以直接知道这些问题，我们清楚的是，若一个三角形和一个等边三角形具有相同的实体，或是单个的或是所有的，则他知道；但若不存在相同实体而是不同实体，则它固有的就是作为三角形而言的，则他不知道。然而，它是否本就固有，是就其是三角形而言的，还是就其是等腰三角形而言的？什么时候它是最初的？什么证明是全称的？显而易见，若不考虑其他事物，它为最初事物所固有。因此，"内角和等于两个直角之和"为黄铜的等腰三角形所固有，若不考虑"黄铜的"和"等腰"，"内角和等于两个直角之和"仍然适于三角形。但若不考虑图形或界限，则它就不是最初事物所固有的。但什么是最初的？正因为它是三角形，根据这一点"内角和等于两个直角之和"才为它所固有，则在全称意义上它是可被证明的。

第六节 由原则自身构成的证明和中项的必然性

若可证明的科学源于必然原则（因为可以被科学地知道的事物不可能以其他方式存在），那些本就固有的事物必然以这种方式存在于事物中（因为有些事物本就为事物是什么的定义所固有，但其他事物则存在于主项所固有的本质中，以及它们是其谓项的本质中，对立面之一必然以这种方式存在）。显而易见，可证明的三段论将由这种类型的某些事物构成，因为所有事物或是以这种方式固有，或是以偶然事物的形式固有，但偶然事物不是必然的。

因此，我们或是按如上所述论证，或是说证明是一种必然事物。若我们确定了这一原则，且给定证明不可能以其他方式存在，则三段论肯定源于必然事物。因为若没有证明，三段论法论证可以源于真实的事物，但不可能源于必然事物，除非是通过证明，则这就是证明的实体。

也有观点表明证明源于必然事物，因此，我们对那些认为其证明的不是必然结论的人持有异议，无论我们认为事物以其他方式存在时是可能的，或是由于论点是可能的。若命题是可能发生的和真实的，那些认为其假定的原则是正确的人，其想法是愚蠢的，正如智者们假定知道即是拥有知识一样。原则并不是可能发生的或不可能发生的，但它是证明所论证的属的最初事物，尽管并非所有真实的事物都适用于属。

三段论必然由必然事物构成。在证明存在时，若一个人不能给出事物存在的原因，则他便不拥有知识。假定A必然是C的谓项，但中项B却被证明不具有上述必然性，则在这一例证中，他便不知道其原因。此外，若一个人现在还是不知道，尽管他拥有其原因，且原因可靠，事物也得以维持，他也没有忘记，那么他之前也是不知道它的。若中项不是必然的，则它可能消亡，尽管它是可靠的，也拥有其原因，事物也得以保持，但这个人现在不知道它，因此他之前也不知道。但若中项未被破坏，它也可能消亡，其结论也将是可能的、偶然的，在这种情况下，一个人也不可能知道。

因此，若结论源自必然，则由证明得到的中项并非源自必然。因为我们也可以用三段论法从非必然的事物推出必然结论，就如我们可以从不真实的事物推出真实的结论一样。若中项源于必然，则其结论也源于必然，就如真实的结论始终源于真实的事物一样。假定A必然是B的谓项，B必然是C的谓项，则A必然存在于C中。但若结论不是必然的，则其中项也不可能是必然的。假定A并非必然存在于C中，但它存在于B中，B必然存在于C中，则A也将必然存在于C中，但这些之前并非被如此假定。

因此，由于一个人知道的可证明的事物是以必然方式固有的，显而易见，他必须由必然中项去证明。否则，他便不会知道为什么一事物存在，也不会知道它是必然存在的，但他可能会想象不知道它。若他假定了不必然的事物就像它是必然的那样，或是他知道是由中项而来且为什么源于直接事物，则他将不会如此想象。

对于其自身已被定义的事物，若偶然事物自身不是以这种方式存在，则不存在可证明的科学，因为结论不可能必然地被证明。偶然事物可能不存在，我所说的就是此类偶然事物。有些人可能会怀疑我们为什么必须对这些事物作出这样的研究，若结论并非必然的，或有人提出应该从偶然事物中得出结论，则上述二者之间没有差别。尽管如此，我们不能认为，对于已提出的事物的结论便是必然的，因为对于证明者来讲，他必然要声明这一点。若事物是真实地存在，则他应该真实地述说。

然而，由于其自身本就固有的事物必然存在于所有属中，而且每一个事物也是如此，则清楚的是，科学的证明与自身固有的事物有关，也由此类事物构成。由于偶然事物不是必然的，因此，知道结论为什么是这样的并非必然；若它始终如此，也并非其自身固有的，例如，三段论由符号构成。若其自身固有的事物不是作为自身被知道的，则我们也不知道其原因。我们认知一事物存在的原因是由其固有的事物而知道的，因此中项"自身"必然为小项所固有，大项必然为中项所固有。

第七节　人们不可能由一个属证明另一个属

人们不可能由一个属证明另一个属，例如，由算术证明几何问题。在证明中有三种事物：其一是有待证明的结论，它指的是其自身为某一种属所固有；其二是公理，公理是证明由其得出的事物；其三是主项属，其特性和必不可少的偶然事物由证明而明确。

构成证明的事物可能是相同的，但其属不同，例如算术和几何，算术证明不可能适用于数量的偶然事物，除非数量是数。在哪些情况下是可能的，我们将在下面论证。

算术证明始终存在于有关证明可转换的属之中，其他的亦是如此。若证明是可转换的，则必然会存在相同的属，或是在某一方面相同的属。但很显然，以其他方式存在的证明则不可能如此。因为端项和中项必然与相同的属有关，若它们不是其自身，则它们将是偶然事物。因此，我们不可能由几何学证明存在与其反对命题有关的同一门科学，也不可能证明两个立方体等于一个立方体。

□ 欧几里得

欧几里得（前330—前275年）是古希腊著名的数学家，他所著的《几何原本》是几何学的奠基之作，因此他也被称为几何之父。几何学在古希腊已经是非常热门的学问。

任何科学都不可能证明不属于这门科学的事物，但那些彼此相关、一种科学属于另一种科学的则可以，例如，光学和几何学，和声学和算术。若任一事物为线所固有，但其自身不是线，则在这种情况下它也不可能被证明。它们并非源于恰当的原则，例如，直线是否是最美的线，或者它是否与圆周相反。因为这些事物并非其属的原因所固有，而是其自身有某些共同之处。

第八节　从属于改变的事物不可能证明其自身

同样显而易见的是，若构成三段论的命题是全称的，则这种证明的结论以及证明本身，必然是永恒的。若其不是永恒的，则不会有相应的证明，或其是与易消亡的本质有关的科学。这种情况是从偶然事物的角度而言的，因为没有全称事物属于它，但有时以某种方式来说却属于它。

若如上所述，则命题之一必然不是全称的、易消亡的。易消亡的，即命题若是易消亡的，则其结论也将是易消亡的。非全称的，即它述说的事物之一可能存在，也可能不存在。因此，这种情况不可能得出全称结论，但现在它是全称的。

在定义的例证中，情况与之相同。定义或是证明的原则，或是在词项位置上不同的证明，或是证明的某种结论。然而，事物的证明和科学经常是偶然发生的，例如，月食。显然，就其是此类事物而言，它是始终存在的；就其并非始终如此而言，它是特称的。其他事物亦是如此。

第九节　对事物的证明应该源于适合其本身的原则

显而易见的是，除非源于其本身的原则，否则我们不可能证明每一个事物。若要证明的事物是主项所固有的（就主项自身而言），若有关那一事物的科学知识并非如此，而要从真实的、不可证明的、直接的命题中将其证明，则我们可以像布瑞森（Bryso）求圆的面积那样进行证明。若此类逻辑推理由某些共同的事物证明，这些共同之处为其他事物所固有，则这些论点也适用于同一属中的其他事物。因此，那一事物自身不可能被科学地知道，但它源于偶然事物，否则，其证明不可能适用于其他属。

若我们由那一事物知道，且其原则为固有的——就其自身而言它是那一事物——则我们对每一事物的了解并非偶然，例如，一事物的内角和与两个直角之和相等，即所提及的事物从本质上而言为这一事物的原则所固有。因此，若从本质上而言，它为其固有的事物所固有，则中项必然存在于相同的种中。但若并非如此，则情况就像和声学由算术原则证明那样。然而，此类事物是以类似方式被证明的。尽管它们不同，但它们都是另一科学的一部分，主项属是另一部分。但为什么它们是其一部分，则属于一种更高级科学的范围，属于那些成为其本质的事物。因此，很明显，由这些事物可知，我们不可能直接证明每一事物，而要源于其适合的原则，那些原则有某些共同之处。

若这一点显而易见，则同样清楚的是，我们不可能证明每一事物的合适原则，因为它们将是所有事物的原则，关于它们的知识胜于一切其他的知识。若一个人由高级的原因知道一事物，则他拥有更科学的知识。因为若他并非由结论，而是从原因知道一事物时，则他是由更优先的事物知道的。所以，若他知道得越优先，则他知道得越多。然而，除非是我们所说的几何学和力学或光学、算术和和声学，否则，证明不适用于其他属。

尽管如此，想要知道一个人是否拥有知识是很难的。因为很难弄清楚的是：我们是否可以从每一事物的原则中获得知识，而正是这些原则构成了知识。若我们已经从某种最初的真理中得出了三段论，则我们可能认为我们获得了知识。但情况并非如此，因为它们必然与最初的原则相似。

□ 毕达哥拉斯

毕达哥拉斯（约前580—前500年）是古希腊著名的数学家，创建了"毕达哥拉斯学派"。他在西方长期被认定发现了毕达哥拉斯定理，也就是我国称之为"勾股定理"的几何定理。他的演绎逻辑思想对数学的发展影响很大。

第十节 原则的定义和划分

我将那些存在于每一属中不可能被证明的事物称为原则。这样，最初的事物及源于这些表征的事物被假定。我们必须先假定原则，再证明其他的事物，例如，什么是单位，什么是直线和什么是三角形。我们必然先要假定单位和数值存在，再去证明其他事物。

对于那些被应用在可证明科学中的原则，有些是每一种科学所特有的，有些则是共有的，其共有的是在类比意义上讲的，因为就其自身存在的属于科学的属而言，每一个原则都是有用的。特有的，即线或直的是此类事物；共有的，即将相等部分从相等事物中移除，剩下的部分仍相等的事物。就其自身而言，存在于属中的，则其每一个原则都是充分的。例如，几何学家和算术家亦是如此，他们不会假定所有事物，而只是假定量和数。

再则，对于那些被假定存在的事物来说，科学认为它们是就其自身而属于这些事物的，而且它们也是专有的，例如，算术假定数，几何学假定点和线。这些科学假定了这些事物的存在，这些事物是特称事物，但这些科学假定了这些事物的本质特性及其指示意义。例如，算术假定了奇数、偶数、平方和立方的指示意义，几何学假定不成比例、虚线和倾斜面的指示意义。但它们的存在由共有事物得以证明，并源于那些已被证明的事物。天文学亦是如此。因为所有可证明的科学都由三个事物而得以转换，这三个事物是那些已确定存在的事物，其一是属的事物（科学研究的本质特性）；其二是事物共有的公理，证明正是源于这些最初事物；其三是属性，即证明者假定的每一事物的意义。

然而，没有什么能阻止某些科学忽略这些。例如，若属的存在是明确的，则可以不假定其存在（因为数的存在不像冷和热那样明确）。若科学不假定属性指示的意义，但它们是显而易见的，则科学不会假定共有事物的指示意义，例如，从相等事物中除去的相等部分，因为它是已知的。尽管如此，这些事物在本质上也有三种，即被证明应用的事物、有待证明的事物和源于它们的原则。

假设和公设其自身都不是必然存在、必然可见的。因为证明和三段论都不属于外部言语，而属于灵魂中存在的东西。因为反对外部的话语始终是可能的，但反对内部的事物却并非始终是不可能的。若事物是可证明的，但一个人假定了它，却没有将其证明；若他假定的对学生而言是可能发生的，则他假设的不是一个直接的假设，而仅仅是与学生有关。但若不存在本就固有的观点，或是他假定的反对命题是本就固有的，则他要求假定的事物是相同的。从这一角度来讲，假设和公设是不同的，公设与学习者的观点相反，尽管它被假定为可证明的，但在使用时是不加证明的。

定义不是假设（因为它们不被断定为存在的或不存在的），但假设存在于命题中。唯一必然的是定义要被理解，但它不是假设，除非有人认为动词"听"是假设。假设是事物源于其存在，结论由其产生。

几何学家不会像有些人声称的那样假定假命题。那些人认为使用假原则是不正确的，但几何学家却这样做，他称没有一英尺长的线是一英尺长的，称他画的不直的线是直线。事实上，几何学家并未从他所说的线中得出任何结论。正如他所说，他得出的是那些由符号而明确的结论。此外，公设和所有假设或是作为整体或是作为部分，但定义既不是整体也不是部分。

第十一节　所有科学的共同原则

若存在证明，并不必然地有形式存在，多个事物之外的某一事物也不是必然存在的，但要真实地述说多个事物的某一谓项却是必然存在的，否则不会存在全称命题。若不存在全称命题，则将不存在中项，所以也不会有证明。因此，必然要有同一且相同的事物，从多个事物的角度来讲，这一点并不是模棱两可的。

然而，没有证明会假定在同一时间内不可能肯定和假定相同的事物，除非需要按照上述方式来证明结论。我们通过假定大项对中项而言是真实的，大项否定中项是不真实的，可以将其证明。但我们假定中项存在或不存在，结论并不会产生差别。小项的情况亦是如此。若断定人是真实的，即使有些人认为人不是人，其结论也将是真实的。只要"人是一种动物"，而不是"人不是一种动物"，则"卡里亚斯是一种动物"是真实的，"不是卡里亚斯的人是一种动物"也是真实的，而"非动物"则不是真实的。大项不仅是中项的谓项，也是其他事物的谓项，这是由于它是多个事物的共同之处。所以，无论中项是其本身或不是其本身，其结论都没有差别。

对于产生不可能结论的证明，所有事物的肯定命题或否定命题被假定为真，它并非始终在全称意义上被假定，但就其自身而言是充分的，从属的角度假定它也是充分的。我所说的从属的角度是指属与一个人进行证明时有关，正如我前面所研究的那样。

所有科学都依据共同原则彼此联系，我所指的共同原则是使用其进行证明的事物，不是有待证明的事物，也不是它们的证明。辩证法是所有科学共有的原则，试图证明全称意义上的共同原则的科学亦是如此，例如，对所有事物的肯定或否定为真，或是源于相等事物剩余部分的事物仍相等，或是源于其他类似的

事物。然而，辩证法不属于以上述方式确定的某些事物，也不属于某种特定的属。它不会产生疑问，因为证明者不可能对其进行证明。相同的事物不可能由对立面得以证明，这一点已在三段论的研究中表明。

第十二节　三段论式的疑问

若三段论式的疑问与矛盾的一个命题相同，则在某一门科学中都存在构成三段论的命题，也会存在对某一种科学的疑问，适用于每一门科学的三段论由其产生，它们二者相对应。

清楚的是，并非所有疑问都是几何学的或医学的，其余的亦是如此。但那些被证明与几何学的转换有关的事物则是由同样的原则被证明的事物，例如光学，其他科学亦是如此。必须根据几何学原则和结论进行讨论，但对原则的讨论并非由几何学家完成，就其自身而言，他之前也是这么做的。其他科学亦是如此。并不是每一个拥有科学知识的人都会对每一个问题存有疑问，也不是每一个问题都会被回答，但那些被定义为与科学有关的问题则会被回答。

显而易见，若与几何学家辩论的人由这些原则证明任何事物，则他会做得恰当；若并非如此，则他会做得不恰当。再则，清楚的是，除非是偶然事物，否则他不可能驳倒几何学家。所以，那些对几何学无知的人不可能产生关于几何学的讨论，因为不合格的逻辑推理者会忽略相关研究。其他科学与之相同。

几何学上存在疑问，那非几何学上的疑问也存在吗？在每一门科学中，那些无知的问题在某种程度上是几何学问题吗？无论源于无知的是否是三段论，根据几何学可知，三段论都是由对立面或谬误推理构成的，或是源于其他艺术，如音乐上的疑问是非几何学的，但与几何学有关。试想，平行线相交在某种程度上是几何学的，而在另一种程度上是非几何学的吗？非几何学的和非韵律的相同，这一点有两方面的含义。一方面，非几何学的是因为它拥有的知识不是几何学的，就像非韵律的那样；另一方面，是因为它们拥有的知识都是不恰当的，这种无知源于相反的原则。

然而，在数学中，不可能以类似方式产生谬误推理。因为中项始终有两方面的含义。一事物是中项所有个体的谓项，中项又是其他事物所有个体的谓项，而谓项并不是全称的。尽管如此，我们可以由共同的概念看到中项，但在辩论中我们则会将其忽视。每一个圆都是一种图形吗？若有人画出圆，则情况就清楚了。那韵文是圆吗？很显然它们不是。

若它是归纳命题，则对其提出异议是不合适的。不与多个事物有关的命题不是命题（因为它并非与所有事物有关，而三段论是源于全称命题的），它也不是一种异议，因为命题和异议是相同的，例如，一个人提出的异议可能会成为可证明的或辩证法式的命题。

有些人通过假定两个端项的推论来争辩与三段论相反的事物。凯纽斯（Caeneus）认为火存在于数量最多的比例中，因为按照他的说法，火和相应的比例都是急剧增长的。但在这种情况下不会产生三段论。若数量最多的比例是最急剧增长的比例结果，最急剧增长的比例是火运动的结果，便会产生三段论。有时，由假设不可能得出结论，有时则可以，但却是不可感知的。

然而，若由假命题不可能证明真结论，则问题将很容易解决。因为词项必然是可转换的。假定A存在，在这些事物中还有我知道的事物的存在，例如B，则由这些我可以证明A存在。适用于数学的命题是可转换的，因为数学中没有偶然事物（这一点它们与辩证法式的主项不同），只有定义。

一门科学不是通过中项，而是通过附加的假设来发展的，例如，A是B的谓项，B是C的谓项，C又是D的谓项，以此类推至无穷。从横向角度看也是这样，例如，A是很大的数或是无限大的偶数，B是很大的奇数，C是奇数，则A是C的谓项为真；D是很大的偶数，E是偶数，因此，A是E的谓项为真。

第十三节　科学、事物存在及其存在原因之间的差别

在同一门科学中，关于事物存在及其存在原因的知识，二者之间是不同的。其不同体现在以下两方面：一方面，三段论并非由直接事物构成（因为未假定最初原因，但与原因有关的科学涉及最初原因）；另一方面，三段论由直接事物构成，但不由原因构成，而是由更为人所知、与其相关的事物构成。没有什么事物能阻止不是原因的事物在互为谓项的事物中被更多人知道，所以证明将由其产生，例如，行星是接近的，因为它们不闪烁。假定C是行星，B是不闪烁，A是接近的，则B是C的谓项为真，因为行星不闪烁；则A是B的谓项，因为不闪烁的是接近的，但这一点可能由归纳法或是感知假定；A必然存在于C中，所以由此证明行星是接近的。这一三段论不是与"原因"有关，而是与"存在"有关。行星不是因为不闪烁才是接近的，而是因为它们是接近的，所以不闪烁。

一事物可能由另一事物证明，其证明也将与"原因"有关，例如，假定C是行星，B是接近的，A是不闪烁，则B存在于C中，且A存在于B中，所以A"不闪烁"将存在于C中。这也是一个与"原因"有关的三段论，因为最初的原因已经被假定。

再则，用光的盈亏表明月亮是球形的。若如此盈亏的事物是球形的，月亮是如此盈亏的，则很显然月亮是球形的。因此，由其产生了与"存在"有关的三段论。但若中项的位置与其相反，则会产生与"原因"有关的三段论。月亮是球形的并非由于它的盈亏，而因为它是球形的，所以如此盈亏。这里可假定月亮是C，球形的是B，盈亏是A。

再则，中项不是彼此相关的，不是原因的事物被更多地知道，"存在"被证明，而非"原因"被证明。此外，若中项被置于外部，则证明与"存在"有关，而不是与"原因"有关，因为原因未被假定。例如，为什么墙不呼吸？因为它不是一种动物，若这是它不能呼吸的原因，则动物必然是呼吸的原因。因为若否定命题是事物不存在的原因，则肯定命题是事物存在的原因。若冷热不均衡是身体不健康的原因，则冷热均衡便是身体健康的原因。

类似地，若肯定命题是存在的原因，则否定命题是不存在的原因。但对于那

些已被解释和声明的事物，这种情况不存在，因为并非所有动物都呼吸。与此类原因有关的三段论由中间格产生。例如，假定A是动物，B是呼吸，C是墙，则A存在于所有B中（因为可以呼吸的事物都是动物），但A不存在于C中，则B也不存在于C中，因此墙不呼吸。然而，此类原因与被夸大的事物相似，若将中项置于一边，则它在更广泛的意义上被扩展，例如，阿那卡西斯（Anacharsis）格言：赛西亚人中没有风笛手，因为没有任何藤蔓。

在同一门科学中，由中项的位置可知，与存在有关的三段论和与原因有关的三段论之间的不同。其不同之处还体现在另一方面，因为它们属于不同的科学。此类事物就是以这种方式存在且彼此相关，即一事物属于另一事物，例如，光学与几何学有关，力学与固体测量有关，和声学和算术有关，天体现象与天文学有关。有些科学是同名的，如，天文学既与数学有关也与航海学有关，和声学既与数学有关也与属于听力的科学有关。知道一事物存在，是感知存在的范围；而知道其原因，则属于数学。因为数学证明其原因，且经常被感知忽视，例如，研究全称命题的人经常由于其研究而忽视单称命题。这些科学在本质上不同，但都利用了形式。而数学是关于形式的科学，因为其并不研究某一种主项。

尽管几何学是某一种主项，但就几何学中的事物而言，它们存在于主项中，例如，光学和几何学。还有其他科学与光学有关，例如，与彩虹有关的科学。知道其存在属于自然哲学家的知识范围，但知道其存在的原因，则是光学家和数学家的范围。许多科学之间的关系并非如此接近，但也有类似的联系，例如，医学与几何学。圆形伤口愈合更慢是医生的知识范围，但其产生的原因则是几何学家的知识范围。

第十四节　第一种格最适合科学

在所有格中，第一种格尤其适合科学。不仅数学由其产生证明，连几何学、光学等相近科学也由其产生证明。甚至可以这么说，凡是研究"原因"的科学，或是整体上或是部分上都由其产生证明。因此，由于这一原因，它尤其适合科学，对于研究"原因"，它在知识上是最合适的。

再则，我们仅由这一格也可以证明与事物存在有关的科学。因为在中间格中没有肯定命题，但与事物存在有关的科学属于肯定命题；在最后一种格中，则有肯定命题，但不是全称的。事物是什么属于全称命题，例如，我们并不是在某种程度上才说人是两足动物的。此外，这些事物没有必要是第一种格，但它们的精简和扩大都由第一种格完成，直到我们达到直接事物。

显而易见，第一种格最适合科学知识。

第十五节　直接否定命题

正如A单独存在于B中那样，它也可能不存在于其中。我所指的单独存在或单独不存在，是指它们之间没有中项，因此存在或不存在不会取决于其他事物。

若A或B存在于某一整体中，或二者都存在于其中，则A不可能不在主要意义上存在于B中。假定A存在于C的整体中，若B不存在于C的整体中（因为A可能存在于某一个整体中，而B可能不存在于其中），则不会有A不存在于B中的三段论；若C存在于A中但不存在于任何B中，则A不会存在于任何B中。若B存在于某一整体中，情况与之类似，例如，D存在于所有B中，但A不存在于任何D中，则由三段论可知A将不存在于任何B中。若二者都存在于某一整体中，我们也可以以类似方式证明。而B可能不存在于A存在于其中的事物的整体中，或者A也可能不存在于B存在于其中的事物的整体中，很显然，这一点由那些不能互相交换的并列关系中可看出。因为若类别ACD中没有事物是BEF的谓项，而A存在于按上述排序的H的整体中，则很显然B将不会存在于H中，否则有并列关系的事物便不会相交织。

若B存在于某一整体中，情况亦是如此。但若它们都不存在于任何整体中，A不存在于B中，则它必然不单独存在于B中。若存在某一个中项，其中之一必然存在于某一个整体中，则在第一种格或中间格中会产生一个三段论。若是在第一种格中，则B将存在于某一个整体中（因为与这一情况有关的命题必然是肯定的）。若是在中间格中，其中之一可能存在于某一个整体中，因为否定命题与二者都相关，则存在三段论；但若两个命题都是否定的，则不存在三段论。

可能明确的是，一事物可能不单独存在于另一事物中。这种情况在什么时候、以何种方式发生，我们都已经说明。

第十六节　错误的词项位置产生的无知

无知并非由否定命题产生，而是由三段论产生的一种错误倾向。在那些最初存在或是不存在的事物中，无知以两种方式产生：一是，一事物直接存在或是直接不存在；二是，由三段论获得这一观点。对于直接观点，其错误是直接的，而由三段论产生的错误观点则是复杂的。

假定A不单独存在于任何B中，若A的结论为不存在于B中，假定C是中项，则会由三段论产生错误。因此，可能两个命题都为假，但也可能只有一个命题为假。若A不存在于任何C中，C不存在于任何B中，而每一个命题都以相反方式被假定，则二者都将为假。C可能以上述方式存在，与A和B相关，但C既不属于A也不在全称意义上存在于B中。因为B不可能存在于某一个整体中——已声明A不单独存在于其中，但A并非必然地在肯定意义上存在于所有事物中，所以两个事物都为假。

尽管如此，我们可以假定一个命题为真，并非任意一个命题，而是命题AC。因为B不存在于任何事物中，命题CB将始终为假，但AC可能为真。例如，若A单独存在于C和B中，因为若同一事物在最初意义上是许多事物的谓项，则没有事物是任何事物的谓项。然而，这与A不单独存在于C中没有差别。

存在的错误由上述情况产生且仅由这种方式产生（因为在其他格中没有与存在有关的三段论），但不存在的错误产生于第一种格和中间格中。首先，我们要证明它在第一种格中以多少种方式产生，以及属于什么样的命题环境。若两个命题都为假，也可能出现这种情况。例如，若A单独存在于C和B中，假定A不存在于任何C中，而C存在于所有B中，则命题将为假。但错误也可能发生，若一个命题为假，则其中之一是偶然的。因为AC可能为真，而CB为假。AC为真，因为A不存在于所有事物中；但CB为假，是因为C不可能存在于B中，也不存在于任何A存在于其中的事物中，否则，AC将不可能为真。若二者都为真，结论也将为真。但CB也可能为真，而另一命题为假，例如，B存在于C和A中，由于一方必然属于另一方，所以若假定A不存在于任何C中，命题将为假。清楚的是，若一命题为假，或是二者都为假，三段论将为假。

然而，在中间格中，两个命题不可能整体为假。因为若A存在于所有B中，则不可能假定任何存在于一事物的所有个体中但不存在于另一事物的任何个体中的事物。但若不存在三段论，我们必须如此假定命题：中项可能存在于一个端项中，但不存在于另一端项中。若如此假定它们，则它们为假。清楚的是，若以相反方式假定它们，它们也会存在，但这是不可能的。没有什么能阻止每一个命题部分为假，例如C存在于A中，且存在于部分B中。若假定C存在于所有A中，但不存在于任何B中，则两个命题都将为假，但不是整体地，而是部分地。若否定命题被相反方式假定，同样的情况也会出现。

其中任一命题可能为假，因为存在于A中的所有事物也将存在于B中。若假定C存在于A的整体中，但不存在于B的整体中，CA将为真，而命题CB为假。再则，不存在于任何B中的事物将不存在于所有A中。因为若它存在于A中，则它也将存在于B中，但它不存在于B中。若假定C存在于A的整体中，但不存在于任何B中，则命题CB将为真，而其他命题为假。若否定命题被转换，也会出现同样的情况。因为不存在于任何A中的事物也将不存在于任何B中。若假定C不存在于A的整体中，但存在于B的整体中，则命题AC将为真，而其他命题为假。

再则，若假定存在于所有B中的事物不存在于任何A中，则这种假定为假。若它存在于所有B中，则它也必然存在于部分A中。若假定C存在于所有B中，但不存在于任何A中，则命题CB将为真，而CA为假。因此，显而易见，若两个命题都为假，或是只有一个命题为假，则会产生一个对个体有错误结论的三段论。

第十七节　同一命题中项的连续性

对于那些并非单独存在或是不存在的事物，若一个假三段论由合适的中项产生，则两个命题不可能都为假，而是一个主要命题为假。我所说的合适的中项，即通过它会产生一个矛盾三段论。

假定A由中项C存在于B中，若存在三段论，则我们必然假定CB为肯定的。清楚的是，它将始终为真，因为它是不可转换的。另一方面，AC将为假，若它是可转换的，则反对三段论会产生。所以，当由其他的相似性假定中项时，例如，若D存在于A的整体中，是所有B的谓项，由于命题DB必然成立，而另一命题必然被转换，所以小项将始终为真，大项始终为假。

由合适的中项产生的三段论也会产生相同的错误，但若三段论不是由合适的中项产生，如中项属于A，但不存在于任何B中，则两个命题必然都为假。命题必然要以其存在的相反方式被假定，若存在三段论，则它们以上述方式被假定都为假。例如，若A存在于D的整体中，而D不存在于任何B中，它们被转换时，会产生三段论，两个命题也都将为假。然而，若中项（例如D）不属于A，AD将为真，但DB为假。由于AD为真，D不存在于A中，但DB为假，若它为真结论将为真，但已假定它为假。

然而，若错误由中间格产生，则两个命题不可能都整体为假（正如前面已经研究的那样，若B属于A，没有任何事物能存在于其中之一的整体中，且不存在于任何另一事物中）。但无论在何种情况下，其中任意一个命题都可能为假。因为若C存在于A和B中，假定它存在于A中，但不存在于B中，则命题AC将为真，而另一命题为假。再则，若假定C存在于B中，但不存在于任何A中，则命题CB将为真，而另一命题为假。

若产生错误的三段论是否定的，那么我们就可以知道何时、以何种方式会产生错误；但若它是肯定的，则当它由合适的中项产生时，二者不可能都为假，因为CB必然保持不变，就如前面已经研究的那样，因此，CA将始终为假，因为它是可转换的。若从另一类别假定中项，情况与之类似，就如在否定错误中研究的那样。因为命题DB必然被保留，而AD可被转换，错误与之前的相同。但若它并非由合适的中项产生，如D属于A为真，则另一命题为假，因为A可能存在于许多不属于彼此的事物中。然而，若D不属于A，则很显然这将始终为假（因为已假定它是肯定的）。DB可能为真也可能为假，没有什么能阻止A不存在于任何B中，而D存在于所有B中，例如，动物不存在于任何科学中，但科学存在于所有音乐中。再则，没有什么能阻止A不存在于任何D中、D不存在于任何B中。清楚的是，若中项不属于A，两个命题都为假，或是其中任意一个可能为假。

我们已经表明，三段论式的错误以多少种方式、通过什么样的中项产生在直接事物和被证明的事物中。

第十八节　归纳法中全称命题的相关性以及感知中的归纳法

同样清楚的是，若缺乏感知，则必然缺乏相应的科学，我们也不能拥有相应的知识，因为我们通过归纳法或证明学习知识。证明源于全称命题，但归纳法源于特称命题。除非是通过归纳法，否则全称命题不可能得以论证，因为源于抽象的事物可由归纳法证明成为已知。

若任何人想使得某些事物存在于每一个属中显而易见，则可考虑归纳法——尽管它们是可分离的。但对于不可被感知的事物，我们不可能进行归纳法推理，因为感知可与单称事物转换，例如与它们有关的科学不可能被接受，它们都不能由没有归纳法的全称命题而被证明，也不可能由没有感知的归纳法被证明。

第十九节　证明的原则，无论其是有限的还是无限的

每一个三段论都由三个词项构成。一种方式是可以由A存在于B中证明A存在于C中，如，A存在于B中，B存在于C中。另一种方式是否定的，即一个命题存在于另一事物中，而另一个命题却不存在于其中。清楚的是，原则是相同的：它们被称为假设，我们必然要通过假定这些事物加以证明。例如，A由B存在于C中，再则，A由其他中项存在于B中，B也以类似方式存在于C中。

若仅根据观点进行三段论式推理，即用辩证法考虑问题，则清楚的是：它必然被考虑，即若三段论由命题产生，则它会尽可能地发生。所以，若中项介于A和B之间，但有的人似乎不是由这一点论证三段论，而以辩证法进行三段论式论证。而对于真理，我们必须由存在的事物进行研究。因为存在这样的事物，即其本身不是其他事物的谓项，这一点并非由偶然事物得来。

我所说的根据偶然事物得来，正如我们有时声称"白色的事物是人"，但并

非类似地说"人是白色的事物"。对于不是任何其他事物的人来说他是白色的，并非他是白色的事物，而是因为这个人恰巧是白色的。所以，存在某些事物，其自身便是谓项。我们可以假定C是此类事物，其自身不存在于任何其他事物中，而假定B主要存在于C中，且它们之间没有其他任何事物；再则，假定E以类似方式存在于F中，F存在于B中，则它是否必然就此停止，或是可能超越无限吗？

此外，若没有任何事物是A自身的谓项，而A主要存在于H中，没有任何先前的事物介于它们之间，H存在于G中，G存在于B中，则它是否必然就此停止，或是有类似方式可能达到无限吗？这一点与前面的情况有很大不同：若由一个不存在于其他任何事物但某些事物却存在于其中的事物开始，是否可能向上达到无限；而前面的情况则是由一个其自身是其他事物的谓项但没有任何事物是其谓项的事物开始，是否可能向下达到无限？

此外，若端项是有限的，中项可能是无限的吗？我的意思是，例如，若A存在于C中，其中项是B，而对于B和A存在另一个中项，它们又有其他中项，它们是否可能达到无限？然而，这一问题及其证明是否可以达到无限、是否存在所有事物的证明以及是否存在与端项彼此相关的终点，这三者相同。

否定的三段论和命题情况与之相同，例如，若A主要地不存在于任何B中，或是存在一个它之前不存在于其中的中项，如，G是中项，它存在于所有B中；再则，若某些其他事物先于G，如，中项是H，它存在于所有G中。由此可知，或是那些无限的事物存在于其主要存在的事物中，或是相关进程停止。

然而，相同的事物不存在于可转换的事物中，因为对于那些彼此是谓项的事物，没有任何最初或最终的事物是其谓项。从这一角度来讲，所有事物都类似地存在于所有事物中，无论它们是无限的且是同一事物的谓项，还是两个不确定的主项都是无限的，除非它们不能以类似方式进行转换——其中一事物是偶然事件，另一事物就是谓项。

第二十节 有限的中项

若谓项可以在向上和向下的方向上停止，则很显然中项不可能是无限的。我所说的谓项向上指的是更接近于全称事物，而向下指的是达到特称事物。

因为若A是F的谓项，中项B是无限的，则很显然在由A开始的递减系列中，前一事物可能是后一事物的谓项，直至无限（因为在达到F之前，中项是无限的）；在由F开始的上升系列中，在达到A之前中项也是无限的。因此，若这些事物是不可能的，则A和F之间存在无限的中项也是不可能的。

若有人认为ABF中的某些事物彼此相关，这一说法并不能指示什么，因为不存在中间事物，其他事物就不可能被假定。我可以假定与B有关的事物，对于与A或F有关的词项，它或是无限的或是有限的；由无限的词项开始，无论是以直接方式还是间接方式，都没有结论，因为在其之后的词项是无限的。

第二十一节　否定证明中没有无限的中项

若在肯定证明的两个系列中都会停止，则很显然在否定证明中进程将停止。假定从最终词项开始不可能达到无限（我所说的最终词项指的是其本身不存在于任何事物中，但某些其他事物存在于它之中的事物，例如前文中的F），或是由最初词项开始也不能达到无限（我所说的最初词项是其本身是某些其他事物的谓项，但没有任何事物是其谓项的事物）。

若事物如上所述，则进程必然在否定中停止。有三种方式证明"不存在"这类命题。第一种方式：或是B存在于所有C存在于其中事物的个体中，而A不存在于任何B存在于其中的事物中。因此，在BC和其他命题中，词项必然会达到中间事物，因为这一命题是肯定的。然而，对于其他词项，清楚的是，若它不存在于其他先前的事物中，例如D，则D必然会存在于所有B中。再则，若它不存在于某些先于D的其他事物中，则它将必然存在于所有D中。所以，由于向上的进程停止，向下的进程也会停止，并且会有某些最初的事物存在于它不存在于其中的事物中。

此外，若B存在于所有A中，但不存在于任何C中，则A将不存在于任何C中。再则，若必须要表明这一点，则很显然可能会证明其中之一由第一种方式，或是由这一点，或是由第三种方式得出。第一种方式已经论述，下面将证明第二种方式。

"不存在"也可能以这种方式证明，例如，D存在于所有B中，但不存在于任何C中——若任何事物都必然存在于B中。再则，若B不存在于C中，某些其他事物存在于D中，D不存在于C中。因此，若永远存在于某些事物中的进程停止，则不存在于某些事物中的进程也会停止。

第三种方式：若A存在于所有B中，而C不存在于其中，C将不存在于所有A中。再则，这一点将由上述提及的任一种方式证明，或是在这些模式中以一种类似的方式使其进程停止；但若如此，将会再次假定B存在于C不存在于其中的所有E的个体中。此外，这一点将以类似方式被证明，但由于已假定向下的进程停止，则很显然，C不存在于其中的进程也将停止。

尽管如此，清楚的是，若不能以一种方式证明，而是可以在所有方法中证明——有时是在第一种格中，有时是在第二种格或第三种格中——由此进程也将停止。因为方式是有限的，而有限的事物被有限的方式假定，其结论必然是有限的。

清楚的是，进程在否定命题中停止，也在肯定命题中停止，而其进程在它们中停止的情况对那些用逻辑论证的人而言，必然是确定的。

第二十二节　肯定证明中没有无限的中项

那些被述说的事物与事物是什么有关，这一点是清楚的。因为若定义是可能的，或是若事物的本质可以是已知的，而不能达到无限，则这些事物必然是有限的，它们被述说为事物是什么。

然而，我们必须在全称意义上论述，如，我们可以真实地说一个白色的事物在行走，可以真实地说巨大的事物是木头；也可以说，木头是巨大的，人行走。这两种表达方式之间有差别。在我表达白色的事物是木头时，我是在说恰巧白色的是木头。但白色的事物却并非如此，因为木头是主项，而不是白色的，也不是某一个白色的事物成为木头，所以它不是木头，除非是偶然事物。

但若我表达木头是白色的，我不是说某些其他事物是白色的，而是恰巧它是木头（例如我说一位音乐家是白色的，我指的是那个人是白色的，他恰巧是一位音乐家）。木头是成为白色事物的主项，而不是任何其他事物是木头，或是某一块木头。

若必须要指出名称，则我们称这种方式为谓述，而以那种方式不可能是谓述，或是偶然地谓述而非直接谓述。谓项是"白色的"，被谓述的是"木头"。假定谓项始终是直接而非偶然地表述主项，由此命题得以证明。因此，若一事物是一事物的谓项，则它将是以下任一事物的谓项：性质、数量、关系、行为、受动、地点或时间。

此外，对于那些指示实体、指示其述说的事物，它们即事物是什么，或是某些事物属于它们；对于不指示实体，而是其他主项之谓项的事物，它们既不是事物本身，那些事物也不属于它，它们是偶然事物。例如，白色的是人的谓项，因为人不是白色的，也没有任何事物属于白色的——但可能是动物，因为人是某一种动物。那些不指示实体的事物必然是某一主项的谓项，除非一个事物因为首先是其他事物，否则它不可能是白色的事物。不考虑观念，因为它们仅仅是空谈。若它们存在，也与主项无关，因为证明不与此类事物有关。

再则，若这一事物不是那一事物的质，那一事物也不是这一事物的质，则彼此不可能是对方的谓项。它们可能被真实地论述，但不可能真实地互为谓项。它们可以作为实体而成为谓项，或是作为属或是属差吗？前文已经表明它们不会是无限的，无论是在下降还是上升的进程中。例如，人是两足的，两足的事物是动物，动物又是其他事物。从事物是什么的角度来讲，动物不可能是人的谓项，人也不是卡里亚斯或是其他人的谓项。我们可能将这一事物的整体定义为实体，但我们无法由感知达到无限。

因此，无论是向下的还是向上的无限，我们都不可能定义无限的谓项。作为属，它们不可能彼此互为谓项，因为属将是其本身的一部分，它们都是偶然事物，是实体的谓项。在递减系列中，也不会有无限的谓项，因为对于每一个事物来说，其述说的事物或是指示某一种质，或是某一种量，或是此类事物，或是存在于实体中的事物，但它们都是有限的。范畴的属是有限的，即性质、数量、关系、行为、受动、地点或时间。

我们假定一事物是另一事物的谓项，但它们与那些不指示事物是什么的并非互为谓项。它们都是偶然事物，有些是其自身就是，有些是要采用不同的方式。我们说所有这些都是某一主项的谓项，但偶然事物不是某一个主项，所以我们不假定任何此类事物。它们不是其他任何事物，而是被称作那样的——我们说其是某些其他事物的谓项，某些其他事物又是另外的事物的谓项。

一事物不可能是一个无限向下的事物的谓项，也不可能是一个无限向上的事物的谓项。对于那些由偶然事物述说的事物，它们在每一事物的实体中具有持续性，但它们不是无限的。它们和偶然事物都是下降的，二者都不是无限的。因此，必然存在某些最初的事物中被述说，其他事物述说这一事物，这一系列停止，即存在着某些事物，它们既不是其他在先事物的谓项，也不是先于它的其他事物的谓项。

这是证明模式的一种，除此之外还有其他模式。存在这样一种证明，其中的某些事物可以被提前述说，但对于被证明的事物，与其相互作用不可能比知道它们更好，我们也不可能不经证明便了解它们。若这一点并非由这些事物成为可知的——但我们不知道这些事物，其相互作用则不会比若我们知道它们更好；对于那些由这些事物而被知道的事物，我们不会获得科学的知识。

若任何事物可能直接由证明被知道，而非由某些事物，也不是由假设，则中间的谓项必然停止。因为若它们不停止，而始终存在上述被假定的事物，则始终存在与所有事物有关的证明；所以若我们不可能达到无限，我们也不会由证明知道有这些事物的证明。若其相互作用不比我们知道它们更好，则任何事物不可能直接由证明被知道，而只能由假设被知道。

从逻辑上讲，对于这些事物，一个人可能会相信已论述的；但从解析方法上可以更简洁明确，在可证明的科学中，在我们论述的主项中，无论是在上升的系列还是下降的系列中，都不可能有无限的谓项。

此类事物的证明在本质上存在于事物中，有两种方式：一是从其自身的角度来讲事物是什么，二是事物本身存在于什么之中。例如，奇数实际上存在于数中，而数本身存在于其定义中；再如，多数或可除尽的数存在于数的定义中。但它们都不是无限的，奇数也不是数的谓项，因为在偶数中存在其他事物，其存在之处奇数也存在。若如上所述，数将首先存在于那些存在于数中的事物中。

若这些无限词项不可能存在于一事物中，也不存在于上升系列中，则所有事物必然存在于最初的事物中。例如，其存在于数中，数存在于其中，所以它们彼此相关，而且不可能有更广的范围。那些存在于一事物定义中的无限事物也不可能存在，因为若它们是无限的，则我们不可能将其定义。所以，若所有谓项是其自身的谓项，且它们不是无限的，则向上进程中的事物将停止，那些递减的事物亦是如此。

若如上所述，则两个词项之间也将始终是有限的。若它是例证，则清楚的是，必然存在证明的原则，而某些人所声明的所有事物都可证明的观点——正如我们开始研究的那样——是错误的。若存在相应的原则，则并非所有事物都是可证明的，我们也不可能达到无限。因为其中之一如上所述，则要求不存在直接的和不可分割的命题，但所有事物又都是可分割的。被证明的事物由在内部引用的词项证明，而非源于外部假定的词项。因此，若可能达到无限，两个词项之间的中项可能也是无限的，但这是不可能的。若向上和向下的谓项停止，则它们也停止，这一点我们之前已经在逻辑上证明，现在又用解析法说明了。

第二十三节　确定的推论

显而易见，由已声明的可知，若同一事物存在于两个事物中——例如，A存在于C和D中——这两个事物都不是对方的谓项，不管是在整体意义上还是在全称意义上，则它并非根据其共同事物而始终存在。

因此，对于等腰三角形和不等边三角形，其内角之和等于两个直角之和，是根据其共同事物而存在。因为它的存在就其本身而言就是某一种图形，而非其自身是其他事物。然而，情况并非始终如此，假定B是由A存在于CD中所具有的特点，则根据共同的事物和其他事物，很显然B也存在于C和D中，所以在两个词项中可插入无限的词项。但这是不可能的。

因为存在直接命题,所以相同事物并非始终存在于多个事物中。此外,词项必然存在于相同的属中,源于相同的个体,共同的事物将在本质上存在,因为将被证明的事物从一个属到另一个属进行转换是不可能的。

同样明确的是,当A存在于B中时,若存在某一个中项,我们可以证明B存在于A中,则其要素就是中项,对直接命题来说,要素或是其全部,或是全称命题;若不存在中项,则不会有证明,但这是得到原则的方式。

类似地,当A不存在于B中时,若存在一个中项,或是某些不存在的在先的事物,则会存在证明;若并非如此,则不会存在证明,但存在原则。另外,存在的要素与词项一样多,因为关于这些事物的命题便是证明的原则。

若必须要证明时,最初是B的谓项的事物必然被假定。假定它是C,A以类似方式成为其谓项,若始终进行这一过程,则不会存在外部命题,存在于A中的事物也不会在证明中被假定,但中项始终在被精简,直至成为不可分割的一个。若直接词项产生,则它便是直接命题。作为其他事物,原则是直接的,但并非在所有情况中都是相同的,在重量中是较轻的,在旋律中是四分音符,在其他事物中是另外的事物,在三段论中是直接命题,而在证明和科学中则是知识。

在三段论中,被证明存在的事物不会超出中项的范围。但在否定命题中,没有事物会处于应该存在的事物的外部,就如要证明A不是通过C存在于B中——若C存在于所有B中,但A不存在于任何C中——则需要证明A不存在于任何C中,我们必然要假定A和C的中项,由此我们必须始终进行这一过程。

然而,若需要证明D不存在于E中,又由于C存在于所有D中,但不存在于任何或是不存在于所有E中,则中项不可能超出E的范围,E存在于它不需要存在的事物中。对于第三种模式,中项不可能超出其否定的事物和否定它的事物。

第二十四节　全称证明对于特称证明的优先性

因为证明或是全称的或是特称的,或是肯定的或是否定的,所以我们可以讨论哪一个更胜一筹。直接证明和由归谬法得出的证明与之类似。首先,我们讨论全称证明和特称证明,之后讨论直接证明和由归谬法得出的证明。

有的人以下面的方式考虑问题，并认为特称证明可能更好：若一证明略胜一筹，我们可以由其获得更好的知识，这便是该证明的优势所在，而且，我们由事物自身获得的知识比由其他事物获得的更好（正如我们所知的克瑞斯库斯是一位音乐家，而不是某个人是一位音乐家，所以我们对克瑞斯库斯是一位音乐家有更好的知识。其他事物与之类似）。全称证明证明的是其他事物而不是其本身（如等腰三角形内角和等于两个直角之和，并非由于它是等腰的，而是因为它是三角形），但特称证明证明的是事物本身。若证明自身略胜一筹——特称命题如上所述而非全称命题，则特称证明将更好。

此外，若全称证明只不过是特称证明，而其观点是由存在于其中的此类事物的本质而得以证明的——例如，特殊三角形之外的三角形，特殊图形之外的图形，特殊数之外的数——则与存在有关的证明比与不存在有关的证明好，由前者不会产生错误，由后者则会产生错误，而全称证明属于后一种类型（证明类比的事物，如，一事物既不是线也不是数，既不是体也不是面，而是除此之外的其他事物，即类比）。若这一点更具有全称意义，相比特称命题其可转换性更小，会产生错误的观点，则全称证明将次于特称证明。

首先，我们是否认为这些论点之一应用在全称证明中并非多于在特称证明中？若内角之和等于两个直角之和与三角形有关，而非与等腰三角形有关，则对等腰三角形的知识要少于对三角形的知识。简言之，若就其自身而言并非三角形，而且有人表明了这点，则不会存在证明；但若是三角形，则从其自身角度知道一事物的人，获得的知识更多。

若三角形比等腰三角形具有更广的外延，且定义相同，则三角形不是模棱两可的。若内角之和等于两个直角之和存在于所有三角形中，则三角形有这样的特征，并非就其自身而言是等腰三角形，而是等腰三角形有这样的特征是因为就其自身而言是三角形。因此，知道全称证明的人相比知道特称证明的人，从存在的角度知道得更多，因此，全称证明比特称证明更好。

此外，若存在某一个定义，且不是含糊其辞的，则全称证明的存在性不是少于而是多于某些特称证明，这是由于在全称证明中存在不易消亡的事物，而特称证明中的事物更易消亡。另外，作为特称证明之外的其他事物，我们并非必然地要理解全称证明，但它所表明的事物，不只是那些不指示实体的事物，还有量、关系、行为。若按照上述方式思考，则产生错误不在于证明本身而在于听者。

再则，若证明是表明原因的三段论，而全称证明也是表示原因的，任何事物在本质上存在于其中，虽然其自身便是原因，但全称证明是主要的，因此全称证明是原因。因而全称证明更好，因为它论述原因。

除此之外，我们由此研究原因，而且我们认为我们知道它，当其即将成为或是已经存在并非由于其他事物时，则产生了最后的界限。例如，他为什么来？他可能是为了赚钱，赚钱是为了偿还债务，偿还债务是为了不使行为不公正；按照这种方式继续这一过程，直到他不再因为其他事物，也不是为了其他目的而来，则对于他来了，这一点是其已经来了或即将要来的原因的结束，则我们可以说非常了解他来的原因。

对于所有原因和研究，同样的情况也会出现。对于上述事物的原因和目的来说，我们非常了解它们；而对于其他事物而言，我们则是在主要意义上知道它们，此时事物并非由于其他事物而存在。因此，若我们知道某图形外角和等于四个直角和，因为它是等腰三角形，则相应的研究仍存在；为什么它是等腰三角形，因为它是三角形；它是三角形的原因是它是直线图形；若它并非由于其他事物得出，则我们更显著地知道它。全称证明亦是如此，因此全称证明更好。

再则，许多事物都是依据特称证明的，它们是无限的，而全称证明倾向于直接的和有限的。若就它们而言是无限的，但它们不是科学的主项；若就它们而言是有限的，则这一点可能是已知的。因此，若就它们而言是全称的，则它们比特称的具有更多科学知识的对象。那么，全称证明是更可被证明的，与更可被证明的事物有关的证明是更出色的证明，因为其关系词在同一时间内更多。因此，全称证明更好，是更出色的证明。

此外，若一证明是更合适的，则由其可知这一事物和其他事物，也可以知道其本身。知道全称证明的人也知道特称证明，但只知道特称证明的人并不知道全称证明，因此，全称证明更合适。再则，全称事物可以通过更接近原则的中项被证明，但最直接的是最接近的，即原则。若源于原则的证明比并非源于原则的证明更准确，则更接近原则的证明比更远离原则的证明更准确。全称证明更多地是这种类型，因此全称证明更好。例如，若要证明A与D有关，则中项应该是BC，而B是更接近的词项，因此由其得出的证明更具全称意义。

上述有些论点是合乎逻辑的，然而，清楚的是，全称证明更出色。在两个命题中，若我们知道前面的那一个，则在某种程度上我们也知道并拥有关于后一个命题的知识。因此，若有人知道所有三角形其内角和都等于两个直角之和，则在某种程度上他也知道一个等腰三角形的内角和也等于两个直角之和，即使他不知道等腰三角形也是三角形。但只知道后一个命题的人却不可能知道全称命题，无论是潜在的还是现实的。全称命题更直观易懂，而特称命题则止于感知。

第二十五节　肯定证明对于否定证明的优先性

由以上可知，全称证明比特称证明好，而在下面我们将论证，显而易见的是，肯定证明比否定证明更合适。在其他条件相同的情况下，由较少的假定、假设或是命题构成的证明更好。若它们以类似方式被知道，由其可以获得更快的知识，则由此得出的证明更合适。

然而，由较少命题构成的证明，其命题的逻辑推理在全称意义上如下所述：若中项以类似方式被知道，而先前的事物更为人所知。假定证明由中项BCD和FG得出，即A存在于E中。A存在于D中与A存在于E中的存在方式类似，但A存在于D中先于A存在于E中，且更为人所知。前者由后者证明，由被证明的事物得出，前者更合适。因此，在其他条件不变的情况下，由较少事物得出的证明更好。肯定证明和否定证明都由三个词项、两个命题组成，肯定证明假定事物"是"，否定证明假定事物"是"或"不是"，因此，由更多事物得出的证明略逊一筹。

此外，我们已证明三段论不可能由两个否定命题产生，所以，若其中一个命题必然是否定的，另一个则是肯定的。此外，我们必须按以下方式假定，若证明增加，则肯定命题必然要增多，但在所有三段论中，否定命题的数量不可能多于一。

假定A不存在于任何B存在于其中的事物中，而B存在于所有C中，那么，若两个命题必然要增加，则必然要使用中项；假定AB的中项是D，而BC的中项是E，很显然E是肯定的，D与B的相关性也是肯定的，而D与A的相关性是否定的，因为D必然存在于所有B中，而A不存在于任何D中；由此可产生一个否定命题，即AD。

其他三段论也存在相同的模式，因为从两个端项的角度来讲，肯定的中项始终是肯定的；而在否定三段论的例证中，中项与其中一个端项的相关性必然是否定的，所以存在一个否定命题，而另一个命题是肯定的。若由被证明事物得出的证明更为人所知、更合适，则否定命题由肯定命题得出。但后者不由前者得出，因为前者是在先的，更为人所知的、更合适的，因此也是更好的。再则，由于三段论的原则是全称的中间命题，而直接证明中的全称命题是肯定的，否定证明中的是否定的，那么，肯定证明先于否定证明，且比后者更为人所知。否定证明由肯定证明成为已知，肯定证明是在先的，就如存在先于不存在那样，因此，肯定证明的原则比否定证明的原则好，使用更好的原则的证明也更好。此外，它更多地具有原则的本质，因为没有肯定证明便没有否定证明。

第二十六节　肯定证明对于归谬法证明的优先性

由于肯定证明比否定证明好，很显然它也比由归谬法产生的证明好，然而，我们必须要知道它们之间的不同。

假定A不存在于任何B中，而B存在于所有C中，因此，A必然不存在于任何C中，若词项按照这种方式被假定，则证明A不存在于C中的命题将是直接命题。而由归谬法产生的命题如下所述：若需要证明A不存在于B中，必然要假定A存在于B中，B存在于C中，由此得出A存在于C中。然而，这一点不可能被认可，则A不可能存在于B中——因为若B存在于C中，则A不可能存在于B中。

词项以类似方式排序，但它们之间存在不同之处，即若A不存在于B中，或A不存在于C中，在哪种情况下否定命题更为人所知呢？若结论中否定命题更为人所知，则得出由归谬法产生的命题；若它在三段论中更为人所知，则证明是直接证明。

然而，从本质上讲，A不存在于B中先于A不存在于C中，因为这些事物先于结论，由它们可得出结论。A不存在于C中是结论，而A不存在于B中源于推出结论的事物。若某一事物被推翻，则它不是结论，可以推出结论的前提也不是结论。从中推出的是三段论，它或作为部分的整体存在，或作为整体的部分存在，但命题AC和AB并非按照这种方式彼此相关。

虽源于更为人所知和在先的事物的证明更具优先性，但二者都是合适的。对于源于不存在的事物的证明——一种是源于在先的事物，另一种是源于后面的事物——否定证明将比由归谬法产生的证明好；肯定证明比否定证明好，很显然也比由归谬法产生的证明好。

第二十七节　更准确的科学的本质

既与事物存在有关也与其原因有关的科学，比不与事物存在有关只与原因有关的科学更准确、更优先。不与主项有关的科学比与主项有关的科学更准确、更优先，例如，算术比和声学更优先。

由较少事物构成的科学比由附加事物构成的科学更准确、更优先，例如，算术比几何学更优先。我所说的"附加事物"，比如单位是没有位置的实体，而点是有位置的实体，这就是源于附加事物。

第二十八节　构成一事物的不同科学

一门科学与同一属中的事物有关，这些事物构成了主要原则，或是其部分或是其自身的属性。一门科学的原则与另一门科学的原则不同，即二者的原则并非源于相同的事物，也不是一门科学的原则源于另一门科学的原则。若事物是不可证明的，则它是上述论述被证实的表现，因它们必然与那些被证明的事物在同一属内。若由其证明的事物在同一属内且同词源，则它也是上述论证被证实的标志。

第二十九节　同一事物可能存在多个证明

同一事物可能存在多个证明，这种情况不仅出现在从同一类中被假定不连续的中项——如假定C、D和F是AB的中项——而且也出现在其他系列中。因此，假定A是改变的，D是感动的，B是愉快的，G是镇定的，则D是B的谓项和A是D的谓项都为真，因为愉快的人就是感动的，感动的则是改变的；再则，A是G的谓项和G是B的谓项都为真，因为愉快的人是镇定的，镇定的人是改变的。因此，由不属于同一类的不同中项产生了三段论，两个中项里面，并非一个中项是另一个的谓项，因为二者必然存在于相同的事物中。我们也必须考虑，由其他格可以有多少种方式产生相同事物的三段论。

第三十节　不存在与偶然事物有关的科学

不存在与偶然事物有关的科学，因为偶然事物既不是必然的也不是在大多数情况下会发生的，其产生方式在上述两者之外，而证明与上述二者之一有关。

所有三段论或是源于必然前提，或是源于大多数情况下为真的事物。若命题是必然的，则结论也是必然的。若命题在大多数情况下为真，则结论也具有相同的特征。因此，若偶然事物既不是在大多数情况下为真也不是必然的，则不可能存在相关的证明。

第三十一节　我们不拥有科学的知识

即使合理的感知与这一类事物而非特称事物有关，科学的知识也不可能由感知获得，但合理的感知必然在某地、某时与特称事物有关。全称事物和所有事物不可能被感知，因为它不是特称事物也不是只在某时出现，否则，它便不是全称事物了——因为我们说全称事物始终存在且无处不在。由于证明是全称的，全称事物不可能被感觉感知，则很显然我们也不可能由感觉获得科学的知识。

事实上，很清楚的是，尽管我们可能由感觉感知一个三角形的内角之和等于两个直角之和，但仍要获得证明；而非如某些人所说，可以科学地知道它们。因为必然地，特称事物可合理地感知，而科学源于全称知识。因此，若我们是在月球上看到了对面的地球，我们也不会知道月食的原因。因为我们可感知到发生了月食，但感知不到其发生的原因，则不存在与全称事物有关的合理的感知。

尽管如此，通过对这一情况的不断观察以及对全称事物的研究，我们可以获得证明。全称事物由多个特称事物确定，而全称事物是有价值的，因为它揭示了原因。因此，与事物其他原因有关的全称知识比由感觉和属性获得的知识更显著。然而，最初的原则与其他原因有关。

很清楚的是，我们不可能由合理的感知获得对任何可证明事物的科学知识，除非有人肯定合理的感知即由证明获得科学。某些问题与合理感知的缺乏有关。对这些问题而言，若我们看到它们便不用研究它们，但并非看到它们便知道它们，而是看到它们便拥有全称知识，例如，我们看到玻璃有孔，光穿过孔，则可以确定它发光的原因。我们可以单独看到它们，同时，也能感知到它在所有情况下都如上所述。

□ 托勒密和浑天仪　乔斯·根特　1476年　卢浮宫藏

古希腊人相信地球是宇宙的中心，日月星辰都围绕着地球转动，亚里士多德丰富和发展了这个学说，最后由托勒密建立了完善的体系。这个学说支配了西方天文学界一千多年。

第三十二节　由三段论的多样性得出的原则之间的不同

所有三段论不可能都有相同的原则。首先，这一点可以通过合乎逻辑的推理体现出来。有些三段论为真，有些为假，我们可以从假命题中得出真结论，但这种情况较少，例如，若A是C的谓项为真，而中项B为假，则A不可能存在于B中，B也不可能存在于C中。然而，若这些命题的中项被假定，则这些命题将为假，因为所有假结论都源于假原则，真结论源于真原则，虚假的事物与真实的事物不同。

再则，假结论不可能由相同的原则本身推出，因为它们为假且彼此相反，也不可能同时存在，例如，公正不可能是不公正或胆小，人不可能是马或牛，相等不可能是更大或更小。

由以上可知，我们可以按如下方式证明：并非所有真结论的原则都相同。因为许多结论的原则是不同的属，且是不相配的，例如，单位和点不相配，因为前者没有位置，而后者有位置。这些词项，至少要从上或从下与中项相适应，或是某些词项在其中而另一些词项不在其中。因此，不可能存在某些共同的原则使所有事物都可由其证明。我指的共同是肯定或否定所有事物，因为共同事物存在的属是不同的，有些存在于量中，而其他则仅存在于质中，所有事物不可能由共同事物得到证明。再则，原则并非比结论少很多，因为命题是原则，而词项被假定或引用时命题均存在。此外，结论是无限的，而词项是有限的；而且，有些原则源于必然事物，而其他原则源于偶然事物。

因此，若按照上述方式考虑，且结论是无限的，则不可能存在相同的有限原则。但若以其他方式进行逻辑推理，例如，这些是几何学的原则，这些是算术的原则，这些是医学的原则，则除了科学的原则，这一声明指的是什么呢？由于其自身是相同的，由此称存在相同的原则，则是荒谬的；因为若是这样的话，所有事物都是相同的。若认为从所有事物中证明任何事物即是所有事物存在相同的原则并对其研究，这是无意义的。这种情况也不会出现在显著的科学中，也不会出现在分析中，因为直接命题是原则。若假定了直接命题，则产生其他结论。

然而，若有人称最初的直接命题是相同的原则，则每一个属中都有一个命题。但若任何事物不可能由所有原则证明，则它们不可能是不同的，即每一门科学中都有不同的原则。仍然存在的问题是，所有事物的原则在同一属中都是相同的，但却有不同的原则、不同的科学证明。很显然，这是不可能的，因为我们已证明，属类不同的事物其原则的属也不同。原则体现在两方面，即源于什么事物和与什么事物有关，前者是共同的，而后者则是特有的，如数和数值。

第三十三节　科学和观点的不同

科学的对象和科学本身，与观点的对象和观点不同，因为科学是全称的，通过必然事物存在，必然事物不可能以其他方式存在。然而，有些事物是真实的，但也可能以其他方式存在。显而易见，科学不能与这些事物转换（否则那些以其他方式存在的事物就不可能以其他方式存在了），理智也不能与这些事物转换（我所说的理智指的是科学的原则），不可证明的科学也不能转换，这便是直接命题的概念。

但由理智、科学和观点表明的事物是真实的，因此，观点可与真实或虚假的事物转换，可能有多种存在形式，但这是直接命题而非必然命题的概念。这一点对于那些易变的观点和那些本质属于此类的观点同样适用。此外，若一个人认为一事物不可能以其他方式存在，则他不会认为对其拥有观点，而是拥有知识。但若他认为事实确实如此，但没有什么能阻止它以其他方式存在，则他认为对其拥有观点。观点可与此类事物转换，但科学要与必然事物转换。

那么如何对同一事物发表观点和拥有知识？若有人认为可对所有他知道的事物他都可以发表观点，那为什么观点不是科学呢？因为他知道的事物和对其发表观点的事物都将由中项推出，直到它们达到直接事物，所以，若他拥有对前者的知识，则也拥有对后者的知识。他可能对事物的存在发表观点，也可以对其原因发表观点，这便是中项。

若他按照上述方式知道的事物不可能以其他方式存在，例如，他拥有形成证明的定义，则他不是对其发表观点，而是知道它。若它们是真实的，并非在本质和形式上存在于其中，且他对于其存在和原因所发表的意见要通过直接事物，则他是对其发表意见而非知道它们；但若并非要通过直接事物，则他将不会对其存在发表意见。

观点和科学并不是完全可以与相同的事物转换，就像真实和虚假的观点以某种方式与相同的事物有关一样，科学和观点也可以与相同的事物转换。有人称真实和虚假的观点是相同的，荒谬的结果既可以由其他方面推出，也可以由发表虚假观点的人不对其发表观点得出。由于相同的事物以几种方式被表明，以某种方式可能存在，以其他方式不可能存在（关于相同事物真实和虚假的观点）。对正方形的对角线可与其边通约真实地表达观点，这是荒谬的。由于与其对角线及与其相反的观点是相同的事物，则它们与相同的事物有关，根据其定义可知，其实质是不同的。

知识和观点也可以类似方式与相同事物转换，前者以这种方式与动物转换，如，动物不可能不存在，而后者则认为动物可能不存在。前者可以与人在本质上转换，后者则可以与人转换，但并非在本质上，即人是相同的，但其方式不同。

清楚的是，在相同的时间内对相同的事物既发表观点又知道它们是不可能的，否则在同一时间内，可能会产生这种观念——相同的事物既可能又不可能以其他方式存在，这是不可能的。正如我们已经说过的，同一事物的知识和观点可能存在于不同的人中，但不可能存在于同一个人中。在同一时间内可能会产生不同的概念，例如，人在本质上是动物即指人不可能不是动物，而人在本质上不是动物则指人可能不是动物。

对于其他的对象，即如何必要地区分话语和理智、科学和艺术、谨慎和智慧，部分属于自然理论，部分属于伦理理论。

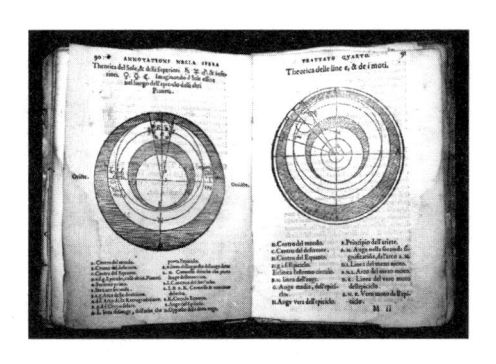

□ 托勒密的地心说

地心说是古希腊时期和中世纪主要的天文观点，比较符合人们的肉眼观察，也切合了神学的需要。虽然这一学说并不正确，但在当时也有进步的地方。亚里士多德通过观看月蚀，发现地球投在月面的阴影是弧形，从而推断地球是圆的。

第三十四节　洞察力

洞察力是对中项的一种即时推测能力，例如，有人感知到月亮朝向太阳的一面始终是发亮的，便立即明白这种情况发生的原因，即月亮被太阳照亮；或是看到一个人与一位富人交谈，他便知道那人是为了借钱；或是几个人是朋友，他便知道他们是同一个人的敌人。所以，能感知端项的人知道所有中项的原因。

假定朝向太阳的发亮面为 A，被太阳照亮为 B，月亮是 C，若 B 存在于 C 中，且 A 存在于 B 中，则 A 由 B 存在于 C 中。

第二卷

第一节 科学研究的主项有四类

研究的主项与我们科学地知道的事物在数上相等，而我们研究的有四类事物，即事实、原因、假设、本质。若我们要研究一事物是否如此，与我们所研究的事物的数有关（如太阳是否被遮蔽），其标志是若我们发现太阳被遮蔽，则我们的研究也就结束；若我们在一开始就知道它被遮蔽了，我们便不会研究它是否如此；但若我们知道了它是如此，则研究其原因，例如，若我们知道了日食和地震，则我们研究为什么会有日食和地震。我们以这种方式研究这些事物，但以其他方式研究别的事物，例如，是否存在半人半马的怪物和神。我所指的是直接存在或不存在，而非它是白的或不是白的。然而，若我们知道一事物存在，则我们研究它是什么，例如，神是什么或人是什么。

第二节 所有研究都与中项的发现有关

对于我们研究的事物和我们已知的事物——此类且数目众多，若研究其存在或是事物是否直接存在时，则我们研究其中项是否存在；若知道其存在或不存在——部分地或是直接地，则我们研究其原因或本质，之后我们研究中项是什么。对于是否在部分意义上存在的事物，比如，月亮是否被遮蔽或变盈，我们研究其是否存在；而直接意义上的存在，比如是否存在月亮，是否存在夜晚，在所有这些研究中，我们研究的是中项是否存在或中项是什么，由于原因是中项，则它在所有事物中都被研究。存在遮蔽现象吗？是否存在某一个原因？若我们知道了其存在，则我们研究它是什么。事物是否存在的原因（并非直接或非直接意义上），以及其自身存在或是偶然存在的原因，都是中项。我所说的直接意义上的存在是指主项，如月亮、地球、太阳、三角形，而非直接意义上的存在是指通过某一事物的存在而存在，如遮蔽、均等、非均等，无论它是否在中项中。在所有这些事物中，很显然，事物是什么及其原因是相同的。什么是遮蔽？地球遮挡使得月亮缺乏光照。为什么存在遮蔽或月亮为什么被遮蔽？由于地球遮挡而使光照不能通过。什么是交响乐？是指高音和低音在数上存在比率的音乐。为什么高音和低音一致？因为高音和低音在数上有比率。高音和低音一致吗，在数上是否存在与其有关的比率？假定存在，那什么是比率？

我们的研究与中项有关，由中项存在于处于感知的认知范围内的事物可知。若我们没有合理的感知，则我们会进行研究，如研究遮蔽是否存在。但若我们在月亮上，则我们不研究它是否存在，也不研究其原因，因为它是直接易见的。我们可以由合理的感知获得全称事物的知识。感知向我们表明地球与平时状况相反时（遮挡了太阳），很显然会存在遮蔽，由此产生全称命题。

因此，正如我们所说，"是什么"的知识与"为什么"的知识相同，或是直接存在或是非直接存在，例如，或是大于两个直角之和或是小于两个直角之和。

第三节　证明和定义之间的不同

显而易见，所有的研究都与中项有关。现在我们要表明如何证明事物是什么、事物与其原则相关的方法、定义是什么以及主项存在的疑问。有人可能会怀疑由相同的定义和证明是否可能知道相同的事物？定义与事物是什么有关，而所有事物都指示事物是什么，或是全称的或是肯定的，但有些三段论是否定的，其他则是全称的。所有这些在第二种格中都是否定的，但在第三种格中则是全称的。

其次，并非所有肯定命题的定义都存在于第一种格中，例如，所有三角形的内角之和都等于两个直角之和。其原因是，科学地知道被证明的事物即是拥有证明，所以，若存在与此类事物相关的证明，则很显然不可能存在其定义。一个人可以不经证明而由定义知道某事物，因为没有什么能阻止他在同一时间内知道它。与这一点有关的充分证据也源于归纳法，因为我们不可能由定义知道，其自身存在的任何事物都不是偶然事件。此外，若定义是与实体有关的某一种指示，则很显然此类事物不是实体。

清楚的是，并非所有存在证明的事物都是可定义的，但所有可定义的事物是否都是可证明的呢？对于一事物而言，其自身是单一的，存在于一门科学中。若知道可证明的事物即是拥有相应的证明，则产生不可能性，所以拥有证明的人也会不经证明而科学地知道。此外，证明的原则是定义，这一点前面已经表明。原则不会存在证明，因为若原则是可证明的，原则的原则也是可证明的，这一过程持续到无限，或是最初的原则将是不可证明的定义。

若所有事物并非相同的，则对于某一事物或相同事物可能不存在定义和证明吗？或者这种情况是不可能的？对于存在定义的事物，其证明不存在，因为定义与事物是什么有关，与实体有关，而所有证明是支持或假定事物是什么。如数学与单位和奇数有关，其余的亦是如此。

此外，所有证明都表明了在某种程度上与某事物有关，即存在或不存在。但在定义中，一事物不是另一事物的谓项，如，动物不是两足事物的谓项，两足事物不是动物的谓项；图形也不是面积的谓项，因为面积不是图形，图形也不是面积。

再则，一事物表明事物是什么，而另一事物表明其存在，定义表明事物是什么，证明则表明事物存在或不存在。不同的事物有不同的证明，除非它是整体的某一部分。我这么说是因为若已经表明所有三角形的内角和都等于两个直角之和，则等腰三角形内角之和与两个直角之和相等；因为等腰三角形是部分，三角形是整体。然而，事物存在和是什么并非以这种方式彼此相关，因为一事物不是另一事物的部分。

很显然，并非所有可定义的事物都是可证明的，也并非所有可证明的事物都是可定义的。因此，简言之，同一事物不可能既有定义又可证明。所以，很显然，定义和证明将不会相同，一事物也不是包含在另一事物中，否则其主项将以类似方式存在。

第四节　一事物的定义不可能被证明

对于事物的疑问我们已经论述，那么，若事物如我们所假定的那样，是否存在与事物是什么有关的三段论或证明呢？三段论表明由中项得出某事物在某种程度上与其相关，而定义则表明事物是什么，它是特称的且与是什么相关，因此，它们必然是相关的。若A是C的特性，则很显然也是B的特性，B是C的特性，所以它们都与彼此相关。尽管如此，若A从事物是什么的角度存在于所有B中，B类似地在全称意义上是所有C的谓项，则A同样必然是C的谓项。若在假定时没有这种重复，则A并非必然地是C的谓项，尽管A是B的谓项，但B不是其述说的事物的谓项。因此，若二者都指示事物（C）是什么，则B也将是C的定义。若二者都指示事物是什么，以及其本质是什么，则事物的本质会先于中项。从全称意义上讲亦是如此，比如，若要表明人是什么，假定C表示人，而A表示"人是什么"——或是两足动物或是任何其他事物，为了得出一个结论，A必然是所有C的谓项；由此会存在另一个中项定义，所以，它也是人的定义，是假定了要证明的事物，因为B是人的定义。

然而，我们必须考虑它存在于两个命题中，在最初和直接原则中，这一点表现得尤其明显。那些试图通过词项的转换去表明灵魂"是什么"，或人"是什么"，或其他任何事物"是什么"的人，便是犯了预先假定所要证明的观点的错误。例如，一个人会假定灵魂是生命本身的原因，这是移动的数本身，他必然要如此假定灵魂是移动的数本身，它们是相同的。若A是B的结果，B是C的结果，则A将不会是C之实体的定义，但唯一可能的是这一说法为真。即使A在本质上是所有B的谓项，A也不会是C的定义。所有动物的本质是所有人之本质的谓项，所有可以作为人存在的事物也可以作为动物存在（所有人都是动物），但二者并非是同一事物。若没有假设这一点，则也不会得出A是C之本质和实体的结论；但若假设了这一点，则将先于结论假定B是C之实体的定义。因此，结论不是被证明的，因为已经形成了"循环论证"，即假定了预先要加以证明的事物。

第五节　不存在由划分证明的结论

尽管如此，正如我们对有关格的分析那样，结论不可能由划分的方法推出。若这些事物存在，则它们不是必然的，也不会证明构成归纳法的事物。由于存在的原因，结论不可能被研究，也不可能存在。尽管回答者不会承认它，但若它们存在，则必然如此。

例如，人是动物或是无生命的呢？若已经假定了他是动物，则不会由三段论式推论得出结论。再则，所有动物或是陆生的或是水栖的，假定是陆生的，则所有人都是陆生动物，这一点不是必然地由已论述的得出，只是假定了这一点。然而，它不指示任何事物，无论他按照上述方式做得多或少，情况并无不同。因此，对于持续这一过程的人，或是可以进行三段论式推理的人，这种方式都是非三段论式的。什么事物会避免人存在的整体为真，而不阐明事物是什么或其本质是什么？再则，什么事物会避免某些事物成为附加物，或是被移除，或是超出实体？

疏忽会发生在这些事物中，但我们可以从事物是什么的角度假定所有事物，从而避免这一点。通过在划分中进行排序，最初的存在会产生假设，我们也不会忽略任何事物。然而，这一点是必需的，尽管三段论不存在，但个体必然要存在。若是如此，它会以其他方式被证明。这一点也不荒谬，因为他不可能做出归纳法式的证明，尽管他同时会明确某些事物，但由划分来选择定义的他不能得出三段论。就像在结论中没有中项一样，若有人从此类事物中得出证明，这一特称事物必然存在，则他可能研究其原因，因此他也是由划分得出定义的。什么是人？人是终将死亡的、行走的、两足的、没有翅膀的动物。其原因是什么？根据每一个附加物，他将由划分进行声明和证明，就如他认为的那样，每一个人或是终将死亡的或是永生的。然而，这个句子整体是不可定义的，因此，尽管它可以由划分而被证明，但定义不能成为三段论。

第六节　命题定义事物本身的例证

若一事物因其实体存在，其假设是假定其本质是其存在的原因。某些事物是其特有的原则，它们本身指明了其实体，则是否可能证明其整体是其特性？因为特性是其实体。再则，是否也有人以这种方式假定了事物的本质？因为我们必然要由中项证明。

此外，就如在三段论中那样，我们不会假定已经由三段论式推论得出的结论（因为命题或是整体或是部分，三段论由其构成）。因此一事物的本质也不可能存在于三段论中，但这一点会与已经确定的事物分离，作为对是否已经由三段论式推论得出结论的回答。我们必然要回答"是"，因为它已经是三段论。对于声明事物本质未得出结论的人，我们必须回答它"曾经是"，因为事物的本质已由我们确定。所以，没有三段论的证明或是定义本身，某些事物也可由三段论推出。

若有人由假设进行证明，例如，若可划分的事物是邪恶的实体，但其反对命题的实体与许多拥有反对命题的事物相反——善的与邪恶的相反，不可划分的与可划分的相反，则善的实体是不可划分的。由此，他通过假定事物的本质进行证明，他进行假定是为了证明其本质是什么。然而，假定某事物与之不同，因为在证明中假定了后者是前者的谓项，但不是同一事物，不是有相同定义的事物，也不是相关的事物。然而，对于由划分进行证明以及由反对三段论来形成证明的人来说，他们会面临相同的疑问，即为什么人是两足的行走动物，而不是行走的和动物？因为由假定的事物可知，它并不是必然地要存在于一个谓项中，就像一个人既是音乐家也是文法学家那样。

第七节　什么样的事物既不可能由证明被知道也不可能由定义被知道

那么如何用定义来证明事物的实体或是它"是什么"呢？因为既不可能由已确定的、显而易见的事物进行证明——若证明如此，则必然存在某些事物——也不可能由确定的单称事物形成归纳法；那么，由没有任何事物以其他方式存在可知，所有事物都以这种方式存在。由于归纳法未证明事物是什么，而证明了其存在或不存在。那么，其他方式是什么呢？总不可能通过感觉或手指去指明吧。

此外，如何表明它是什么？因为知道人"是什么"或任何其他事物"是什么"的人，也必然会知道它的存在。没有人知道不存在的事物是什么，但会知道定义或名字指示的是什么，例如，我说"独角兽"，但不可能知道独角兽是什么。此外，若证明了事物是什么及其存在，他要如何在同一个句子中表明这一点？因为定义和证明都是确定某一事物，但人"是什么"是一事物，而人的存在

□ 少女驯服独角兽　多梅尼基诺　1602年

独角兽是西方传说中的一种生物，仅存在于人们的想象中。虽然其虚构的样子是一匹长角的白马，但没有人见过它。亚里士多德和之后的哲学家用它来指代不存在或定义不明确的事物。

是另一事物。

再则，我们必然要由证明所有事物来表明其存在，本质除外。存在不是任何事物的本质，因为存在不是属。因此，与事物存在有关的证明是存在的，这便是科学发生作用的方式。几何学家假定三角形是什么，同时证明其存在。那么定义其"是什么"的人将证明什么？它是一个三角形？所以，他由定义就知道它是什么，但不知道它是否存在。而这是不可能的。

显而易见，由现在所使用的定义方法下定义的人，并未证明事物的存在。尽管设定存在到圆心的距离相等的事物，但为什么它是这一被定义的事物呢？为什么这是一个圆呢？因为我们可以说存在与黄铜相同的定义。因为定义不能证明被声明的事物的存在，也不能证明有定义的事物，但始终可以表明其原因。

进行定义的人要么表明了事物"是什么"，要么说明名字指示什么。若没有说明事物"是什么"，则定义将成为表述，指示与名字相同的事物，但这是荒谬的。首先，存在与非本质和非实体有关的定义，因为非实体也可能有指示意义。再则，所有论述都是定义，因为我们可以将名称赋予给任何论述，所以我们可能都是在定义中进行讨论，连史诗《伊利亚特》也可成为定义。此外，没有科学会证明这一名称指示这一事物，定义也不会明确这一点。

因此，由上述可知，定义和三段论是不相同的，三段论和定义也并非与相同的事物有关。此外，定义既不证明也不表明任何事物，而且我们既不可能由定义也不可能由证明知道一事物"是什么"。

第八节　与事物是什么有关的逻辑三段论

此外，我们必须考虑与这些事物有关的论述哪些发挥作用，哪些不起作用，还要考虑什么是定义，以及是否存在某一种方法对事物是什么进行证明和定义。我们前面已经论述，知道事物是什么与知道其是这样的原因是相同的。相应的理由是，事物存在某种原因，或与之相同或与之不同。若不相同，则它或是可证明的或是不可证明的。若不相同且是可证明的，则原因必然是中项，且在第一种格中可以证明，因为被证明的事物既是全称的又是肯定的。

我们已经研究了一种方法，即由其他事物证明事物"是什么"。因为从事物"是什么"的角度来看，这些事物是谓项，则中项必然是它是什么，即特性与特性有关。因此，对于相同事物的两种本质而言，它将证明其中一种，但不证明另一种。

前面已经说过，这种方法不是证明，但它是一个与事物"是什么"有关的逻辑三段论。接下来我们要证明用什么方法使这一点是可能的，再次从开始进行讨论。正如我们研究事物为什么是这样的原因一样，若我们知道其存在，则有时它们会在相同的时间内更显而易见，但我们不可能先于知道其存在而知道为什么。

很清楚的是，若不知道其存在，则不可能以类似方式知道事物的本质或事物"是什么"。因为若忽视了其是否存在，则不可能知道事物"是什么"。有时候我们只是在偶然意义上知道它是否存在，有时候知道某事物属于一事物，例如，我们知道雷声，因为它是云层的某种声音；知道月食，因为它是光的某种缺乏；知道人，因为人是某一种动物；知道灵魂，因为其自身是可移动的。

即使我们在偶然意义上知道了它们是什么，我们也不可能由知道它们是什么而拥有任何事物的知识，因为我们不是真正地知道它们是什么。若我们不知道其存在，则研究事物是什么就是没有研究任何事物。然而，在这些事物中，若我们知道某些事物，则很容易去研究它们是什么。因此，就如我们知道事物存在一样，我们也倾向于知道它们是什么，即我们知道了其本质的事物，也就知道它们是什么。

下面是例证。假定月食是A，月亮是C，地球的遮蔽是B，为了研究是否存在月食，则要研究B是否存在。这一点与研究其原因是否存在不同：若原因存在，则我们说B存在；我们研究矛盾存在的原因，则是要拥有相应知识。例如，三角形内角和等于两个直角之和的例证，若可以由中项推出，则我们在同一时间内发现并知道了其存在和存在的原因；但若不能由中项推出，则我们知道其存在但不知道其原因。假定C是"月亮"，A是"月食"，B是"若月亮是圆的，则不产生阴影，且在月亮和我们之间没有任何阻挡"。若B——"若月亮和我们之间没有任何事物时不可能产生阴影"——存在于C中，A存在于B中，则显而易见存在月食，但其原因我们不知道。我们知道存在月食，而A存在于C中，研究其原因即是研究B是什么，它是否是地球的遮蔽，或是月亮的转动，或是光的消失，而这是另一个端项的定义，例如在例证A中，月食是因为地球的遮蔽。

什么是雷声？它指的是云中火的消失。为什么会产生雷声？因为火在云中熄灭了。假定C是云，A是雷声，B是火的消失，则B存在于C中，即存在于云中，因为火在云中熄灭。而A是声音，则A存在于B中，因为B是大项A的定义。若B还存在于其他中项，则它将源于其他定义。

至此，我们已经表明，事物"是什么"以及它是如何被假定和被知道的。因此，对于事物"是什么"，既不存在三段论也不存在证明，尽管通过三段论和证明它将显而易见。没有证明，我们就不可能知道有不同原因的事物"是什么"，但关于它是不可能存在证明的，就如我们在疑问中已经研究过的那样。

第九节　不可证明的某些本质和原则

有些事物有其他原因，有些事物则没有。所以很显然，有些事物是直接的，即原则，我们必须以其他方式假定或明确其存在和"是什么"。算术家做的就是这些，他假定什么是单位，也假定其存在。然而，对于那些有中项的事物以及有其他原因存在的事物，正如我们所说，可以由证明知道它们，但不能证明它们"是什么"。

第十节　定义及其种类

由于定义是解释事物是什么的论述，则很显然，一个定义将与名称的指示或是其他名词性解释有关，例如，事物可以指示其自身是三角形。若我们知道其存在，则会研究其原因。但对于我们不知道的存在，则很难假定这样的事物。困难的原因我们前面已经解释过，因为我们不知道其是否存在，除非是偶然地。一个陈述有两方面的含义，一是通过连词，如《伊利亚特》，二是源于指示一事物与一事物有关，但不是在偶然意义上。

上述命名的是定义的定义，而另一种定义则是对事物原因的陈述。所以，前者具有指示意义，但并不能被证明，很显然后者则是它"是什么"。有关事物"是什么"的证明与词项位置中的证明不同。为什么打雷与什么是雷声之间存在不同吗？对于前者，有人会回答，因为火在云中熄灭；而对于什么是雷声，则是由于火的声音在云中消失。因此，同样的陈述可以以另一种方式表达出来，即在一种方式中存在持续的证明，而在另一种方式中则是定义。此外，雷声的定义是云中的声音，但这是证明它"是什么"的结论。那么，直接事物的定义就是"与实体有关的不可证明的假说"。

一种定义是指示实体的不可证明的句子；另一种则是实体的三段论，它在例证中与证明不同；第三种则是证明事物"是什么"的结论。因此，我们由已经论述的可知：证明与事物"是什么"有关，与存在什么事物有关，与不存在什么事物有关；定义以多少种方式被论述，在什么意义上能或不能表明事物的实体；定义与存在什么事物有关，也与不存在什么事物有关；定义如何存在与证明相关；同一事物在什么意义上既是可定义的又是可证明的，在什么意义上则不行。

第十一节　原因及其证明

若我们知道了原因，则我们认为我们科学地知道它。原因有四类：一是事物的实体；二是源于某些存在的事物，这一点必然存在；三是使某些事物最初移动的事物；四是由于事物存在。所有这些都由中项证明。

若一事物必然存在，则并非源于已假定的一个命题，而至少要源于两个。若它们有一个中项，则这种情况存在。因此，若一事物被假定，则必然存在一个结论，很显然便是如下所述：为什么圆中直径的圆周角是直角，或源于什么实体，它才是直角？假定A是直角，B是两个直角的一半，C是圆中直径的圆周角，那么，B是A存在于C中的原因。B等于A，而C等于B，因为B是两个直角的一半。因此，B是两个直角的一半这一事实就是A存在于C中，即在圆中直径的圆周角是直角这一结论的必然依据。

然而，这一点与对事物实体的解释相同，因为定义指示这一点，而事物实体的原因已经在中项中表明。例如，为什么米提雅人和雅典人会发生战争？与雅典人发生战争的原因是什么？因为雅典人和埃雷特里亚人一起进攻萨迪斯，这是战争的最初原因。假定战争是A，首先发动进攻是B，雅典人是C，则B存在于C中，即首先发动进攻存在于雅典人中。A存在于B中，因为发动战争存在于侵略者中。而B存在于雅典人中，因为他们是侵略者。因此，中项是原因，它最先移动。

但对于有些事物，其原因是某些事物的目的。例如，他为什么散步？因为他可能是为了健康。为什么要建房子？是为了保存家具。前者是为了健康，而后者则是为了保存。为什么必然要在晚饭后散步，或是散步的目的是什么，二者之间没有不同。假定晚饭后散步是C，食物不反胃是B，健康的是A，则晚饭后散步是食物不反胃的原因，假定这就是健康的。B似乎存在于C中，而A存在于B中，则A存在于C中的原因是什么？B是原因，即食物不反胃，这一点是A的定义，因为A以这种方式被解释。为什么B存在于C中？因为受到B的影响就是健康的。尽管如此，我们必须改变表述，由此几个要点才会更清楚。产生与移动的原因以相反方式存在，前例的中项必然最先产生，而此例的小项C最先产生，其目的则是最后产生的。

相同的事物可能是出于必然地为了某一目的。例如，为什么光会穿过灯笼？必然是由更小颗粒构成的光穿过了灯笼的气孔；但它也是出于某种原因，即为了我们不会跌倒。若某事物可能如此，则它可能产生吗？例如雷声，火被熄灭，则必然会碰撞并发出隆隆声，而且正如毕达哥拉斯学派所说，这是为了达到威胁地狱里的那些东西这一目的，以使他们感到害怕。

存在许多此类事物，尤其是那些可持续地由本质构成的事物，因为本质为了某一目的产生一事物，另一事物则是源于必然。但必然性体现在两方面，一方面与本质和推动有关，另一方面则与推动相反的暴力有关。因此，石头向上和向下是必然的，但并非源于相同的必然性。然而，对于源于理性的事物而言，其存在并非源自偶然——例如房子和雕像——也并非源自必然，而是为了某种目的；而其他的则是源于运气，如健康和安全。对于那些可以有多种存在方式的事物而言，其产生并非源于偶然事物，所以会产生好的结局，其发生或是由于本质或是由于艺术。然而，没有任何偶然事物是为了某一目的而产生的。

第十二节　现在、过去和将来（时）的原因

事物的原因与事物正在产生、已经产生和即将产生的原因相同，中项是原因。存在是事实的原因，现在存在是现在事实的原因，过去存在是过去事实的原因，将来存在是将来事实的原因。为什么会有月食？因为月亮被地球阻挡了，月食的产生则是由于地球阻挡而产生；将要产生月食，则地球将阻挡；正在产生月食，因为地球正在阻挡。什么是冰？假定它是凝固的水，假定水是C，凝固的是A，中项原因是B，即彻底缺乏热量，则B存在于C中，而A存在于B中。B现在产生，则冰现在产生；B过去产生，则冰过去产生；B将要产生，则冰也将要产生。

因此，事物的原因以及原因产生的结果在同一时间内产生。它们是同时发生的，过去和将来也是以类似方式发生的。在并非同时发生的事物中，在持续的时间内，不同事物是否有不同的原因？例如，其他事物已经产生，这一事物的原因也已经产生；其他事物将要产生，其原因也将要产生；这一事物存在，某些事物在其之前已经存在。然而，三段论源于后面产生的事物，这些事物的原则是已经产生的事物，因此，例证与正在产生的事物相同。由在先的事物不能产生三段论，三段论由后面发生的事物产生，因为前面的事物已经产生了。即将发生的事物，亦是如此。

无论时间是否是确定的，都不能说由于一事物已经真实地产生，其后的事物便也已经真实地产生。因为在两者发生的时间间隔中，若其他事物已经产生了，

则这么说是虚假的。同样的逻辑推理也适用于将要发生的事物。由已经产生的事物不能得出将要产生的事物，因为其中项必然同时产生。端项已经产生，则中项也已经产生；端项即将产生，中项即将产生；端项正在产生，中项正在产生；对于正在产生、已经产生和即将产生的事物来说，其中项不可能在同一时间内产生。

此外，时间间隔既不可能是不确定的，也不可能是确定的，因为在时间间隔中进行声明是虚假的。但我们必须考虑什么事物与之相联系，在已经产生的事物之后存在即将产生的事物。现在产生的与过去产生的没有联系，这一点是显而易见的吗？因为过去不与过去产生的一致，因为它们是词项和个体。点也不是互相联系的，那些已经产生的事物也并非如此，因为二者都是不可分离的。同样地，已经产生的事物也不是相一致的，因为现在产生的事物是可分离的，而已经产生的事物是不可分离的。就像线与点那样，已经产生的事物不是相联系的。因为过去无限的事物存在于现在的事物中。然而，我们必须在关于运动的全称讨论中，将这一问题阐述得更清楚。

我们已经表明了在连续的产生过程中，中项原因是如何存在的，之所以如此假定，是因为中项和大项之间必然是直接相关的。若A已经产生是由于C已经产生了，但C在后，A在前。原则是C，因为它更接近现在，现在是时间的原则。若D产生了，则C也产生，因此，由D已经产生可知A必然已经产生。然而，原因是C，因为由D已经产生可知C必然已经产生，而由C已经产生可知A必然已经在之前产生。

然而，若我们如此假定中项，则这一过程会在直接命题的某个时刻停止，或是由于其无限性，将始终有中项介入？正如我们已经声明的，已经产生的事物不与已经产生的事物相联系。尽管如此，我们必须要由直接命题和现在的时刻开始。

将要发生的事物亦是如此。若说D将要发生为真，则A也将存在也为真，前者先于后者。然而A的原因是C，若D将存在，则C将先于它而存在；但若C将存在，则A将先于它而存在。同样地，划分是无限的，因为将要发生的事物是互相联系的，而直接原则也必然被假定其中。在发挥作用的例证中就是如此，若已经建造了一座房子，则石头必然已经被打磨，构成房子。为什么？因为若房子已经建好，则必然已经打好了地基，而若打好了地基，则石头必然已经提前准备好。再则，若将要建一座房子，石头也将类似地先于其存在。证明同样是由中项得出，因为地基将有一个在先的实体。

尽管如此，我们看到事物在循环中产生。这种情况发生于中项和端项可以由彼此推出的条件下，因为在这一条件下它们彼此相关。然而，前面的论述已经表明这一点，即结论是可转换的，存在于循环论中的例证就是如此。实际例证中亦是如此，若地表是湿润的，则必然产生水蒸气，水蒸气产生云，云带来降雨，由于雨的存在，则地表必然是湿润的。而在最开始湿润是原因，则已经完成了一次循环。一事物的存在产生了另一事物，另一事物产生了第三件事物，由此又回到第一件事物。

有些事物在全称意义上产生（它们或是存在，或是产生，且在所有事物中始终如此），但其他事物并非始终如此，而是大部分如此。因此，并非所有强壮的人都有胡子，只是普遍情况下如此。对于此类事物，其中项必然是在大部分情况下如此。若A在全称意义上是B的谓项，B在全称意义上是C的谓项，则A必然始终是所有C的谓项（因为全称即是始终存在于所有个体中）。但若已假定是在大多数情况下如此，则其中项B也将是在大多数情况下如此。因此，对于在大多数情况下如此的事物，其原则是直接的，其在大多数情况下存在或产生的次数一样多。

第十三节　研究定义的方法

前面我们已经表明了事物"是什么"属于定义，也表明了它以什么方式存在或不存在与其相关的证明或定义中。因此，我们现在要讨论，如何从其本质的角度研究其谓项。

这些事物始终存在于每一个个体中，有些有更广的延伸，但不超出属的范围。我指的有更广的范围，即在全称意义上存在于每一个个体中，也存在于其他事物中。有些事物存在于所有三联体中，也存在于不是三联体的事物中，正如存在不是数但也存在于三联体中的事物。尽管如此，奇数存在于所有三联体中，且有更广的延伸，因为它存在于5中，但不超出属的范围。因为5是数，而数之外的事物不是奇数。

我们必须要如此假定此类事物，直到多个事物都是第一次被假定。每一个都有更广的范围，但所有在一起则没有更广的范围。因为这必然是一事物的实体。例如，数、奇数存在于所有三联体中，体现在两方面，既不可能被数衡量也不由数构成。因此，三联体是：奇数，且以这种方式——其中每一个都存在，前者存在于奇数中，后者存在于双数中，但所有的它们不存在于其他任何事物中——存在于三联体中。

然而，由于我们前面已经表明，从本质角度是谓项的事物是必然的，而全称事物是必然的，但被如此假定的事物与三联体有关，或是与其他事物有关，从事物"是什么"的角度被假定，因此三联体将必然是这些事物。然而，这便是由其得出的实体，由于它是必然的，除非三联体的实质不是如此，而是某一个属，或是可证明的或是不知名的。然而，相比仅存在于三联体中，它将有更广的延伸。假定属是此类事物，具有更广的延伸。若除了个体三联体之外，它不存在于任何事物中，这将是三联体的实体。假定个体最终的谓项是每一事物的实体，则类似地，若任何事物都按照这种方式证明，它将是那一事物的实体。

尽管如此，若任何人想要熟悉某一个整体，则要将属划分为属于种的个体，数划分为三联体和双数，然后努力假定这些事物的定义，例如直线、圆和直角。其次要假定什么是属，例如，它是否是量或质，通过共同的主要原因研究其特有的性质。

对于那些源于个体的复合物将在定义中显而易见，因为直接定义是所有事物的原则，偶然事物在本质上仅存在于直接事物中，且存在于与其相关的其他事物中。在这一方式中，由属差进行的划分对于我们的研究有用处。对于它们如何证明事物，我们前面已经表明，而它们对三段论法推出的事物"是什么"可能没有什么作用，只是在开始时要随即假定所有事物，就像在最开始没有划分而要进行假定一样。

然而，它使得有些证明是不同的，被述说的事物是否如此，在先的和后面的是否如此，例如，我们是否可以说"动物是温顺的、两足的"，或者"两足的温顺的动物"。若所有事物都由两个要素构成，其中某一事物是"温顺的动物"，由这一点和属差可知，人或其他任何事物是单一的，则我们必须由划分作出假设。

此外，只有这样才可能在定义中不遗漏任何事物。因为若假定了主要的属，而有人要做出某一个更低级的划分，则所有事物都不会属于这一划分。例如，并非所有动物都有完整的或分离的翼，而是所有有翼的动物才有这一特点，这便是它的不同之处，而动物主要的不同之处是所有动物都有的。其他的属与之类似，无论是动物之外的属还是包含在动物中的属。例如，鸟的主要不同是所有鸟都有的；鱼的主要不同是所有鱼都有的。因此，若这一进程持续下去，则我们可以知道没有任何事物被疏忽，而用其他方式我们必然会疏忽某些事物但自己却不知道。

在定义和划分时，我们并非必然地要知道所有存在的事物。有人说，若不知道每一事物，就不可能知道其不同之处，而不知道其不同之处就不可能知道每一事物；因为若没有不同之处，便是相同的，与之不同的是其他事物。

首先，这一点为假，由所有不同可知，它不是其他事物，因为相同种的事物之间也有许多不同，但并非根据实体，也不是根据其自身。其次，若有人假定了事物的对立面及其不同，以及所有事物属于或不属于这一点，也假定了问题是二者中的某一个，知道了这些，则他是否知道或是其不同之处被述说的其他事物便不重要了。因为这一进程持续下去，显而易见的是，若他达到了没有不同之处的事物，则将获得实体的定义。若没有中项的事物是对立面，则所有事物都将属于划分就不是假设，因为若它是不同之处，则所有事物必然是其中之一。

为了由划分构成定义，我们必须注意三方面，即从事物"是什么"的角度假定被述说的事物；对事物排序，哪个是第一，哪个是第二；确定它们是所有的事物。第一方面，用三段论式推论搜集存在的偶然事物，由属进行构建。若我们最初假定的事物是所有事物的结果，但所有事物不是它的结果，则会产生恰当的顺

□ 苏格拉底之死　雅克-路易·大卫　1787年
纽约大都会艺术博物馆藏

苏格拉底被雅典法庭以不敬神和腐蚀青年的罪名判处死刑。他本可以逃走，但自愿选择了饮毒酒而死。他认为自己逃走之后，法律就得不到遵守，从而失去权威和效力，正义也就不存在了。

序。此类事物必然存在。若假定了这一点，同样的方法也适用于其后的事物，第二项是剩下事物的第一项，第三项是剩下事物的第一项，因为更高级的项被假定之后，接下来的项是其余项的第一项。在其他例证中也有相似的逻辑推理。

清楚的是，由假定划分中的第一项可知，所有这些都如此，所有动物或是这样或是那样。再则，整体不同和最后项的不同之间没有差别，或是最后项的不同与整体种的不同没有差别。清楚的是，没有非必然的事物被附加，因为所有事物已被假定为与事物"是什么"有关，也不会有任何缺乏的事物，因为它或是属或是种差。最初的项是属，与种差一起被假定的事物也是属，而所有的不同之处都被包含在内。因为不存在其后的种差，否则，最后项就会在种中有所不同——然而，我们已经表明没有不同之处。

我们必须注意那些相同而非不同的事物并对其进行研究。首先要考虑所有这些事物中相同的部分，其次是与它们同属的其他事物——它们自身在同一种中，但与其他事物不同。若在其他事物中假定了它们有相同的部分，其余的事物也与之类似，我们必然要考虑在假定的事物中其相同部分是否与前面的相同，直到我们达到某一个推理，这便是那一事物的定义。但若我们没有达到这一推理，而是获得了两个或是更多的推理，则很显然，问题不是一个而是多个。

例如，若我们要研究什么是度量，则我们必须考虑某些大度的人，我们知道他们都拥有某一种品质，其自身就是如此。因此，若阿尔西比亚德斯

（Alcibiades）——或是阿喀琉斯（Achilles）或是埃阿斯（Ajax）——是大度的，他们都有什么品质？他们不能容忍被侮辱，这一点使得他们一个参与到战争中，一个发怒，一个自杀。再则，其他例证如来山德（Lysander）或苏格拉底，他们的共同之处在于，在顺境和逆境中的行为举止没有差异。基于上述两个例证，我考虑对运气的漠不关心与对被侮辱的不能容忍是否有共同之处。若没有任何共同之处，则它们是度量的两个种。

所有定义都是全称的，医生不会为某一只眼开药，说明什么是有益健康的，而会定义什么对所有的眼或种是健康的。然而，单称事物比全称事物更易定义，因此，我们必须由单称事物到全称事物，因为全称事物中的模棱两可比无差别事物中的模棱两可更隐蔽。

就如在证明中，必然要进行三段论式推理，定义也必须清晰明了。若我们能够由阐述的单称事物，分别定义属中的每一事物——例如，在颜色和图形中而不是所有方面定义相似性，在声音中定义尖锐，进而在持续的进程中定义其共同之处——则就可以防止出现模棱两可。若在论述中使用隐喻是不恰当的，则清楚的是，我们不能用隐喻下定义，也不能用那些由隐喻表达出来的事物下定义，否则，在论述中就必然要使用隐喻。

第十四节 问题的规则

我们可能会面临复杂的问题，所以必须选择适当的部分进行划分以及首先确定所有存在事物共同的属。例如，若动物是要考虑的主项（我们必须首先考虑），则要明确什么类型的事物存在于所有动物中。若这些已经确定，则我们接着要考虑什么类型的事物存在于其余事物中的所有主要个体中。若这类事物是鸟，则要考虑由所有鸟可以推出什么。如此可推论下去，每次都考虑最接近的事物。显而易见的是，我们可以说为什么事物存在，什么事物属于其共同之处。例如，为什么它们存在于人或马中，假定动物是A，B是可能存在于所有动物中的事物，CDE是某些动物，则为什么B存在于D中就显而易见，因为它由A存在。其余的事物与之类似，也具有同样的逻辑推理。

我们用现存的共同名称进行表述，但我们不能仅仅考虑这些，也要考虑其他任何事物是否有共同之处，之后考虑它可能存在于什么事物中，这些事物可能具有什么样的质。例如，有角的动物在腹部有一层粗糙的肌肉，两个颌骨上都没有牙齿。那么，当有人问："什么事物可能存在于有角的动物中？"很显然，我们已经论述了为什么它们会存在于其中，由于它们是有角的。

另一种选择的模式是类比，由于不可能假定完全相同的事物，必然不能称乌贼骨、鱼的脊骨和陆生动物的骨头是相同的事物。但也有事物存在于其中，此类事物都有某一种单一的本质。

第十五节　相同的问题

由于中项相同，有些问题是相同的，例如，所有事物某些情况下可以由对立的属性彼此形成。但对于有些事物来讲，它们在属中相同，它们在属于其他事物或是存在的方式上有差异，例如，为什么会有回声？为什么会有倒影？为什么会有彩虹？因为这些在同一属中都是相同的问题，它们都是反射，但在种中却有所不同。

有些不同的问题被包含在其他中项中，例如，为什么尼罗河的水流在月底上涨？因为那时是新月。但为什么月底天气多雨？因为那时是新月。由此可知，它们存在于彼此之中。

第十六节　原因和结果

有人可能会质疑问题及其结果，是否若结果存在，其原因也存在，例如，若叶子从树上落下或是产生月食，是否也存在落叶或月食的原因呢？落叶的原因是有充足的叶子，月食的原因是地球的遮蔽。若原因并非如此，则会有其他原因。若原因存在，则结果也将同时存在。

因此，若月亮被地球遮挡，则会产生月食；若树有充足的叶子，叶子便会脱落。若如上所述，则原因和结果就是同时发生的，且可以互相证明。假定叶子落下是A，有充足的叶子是B，藤本植物是C。若A存在于B中（有充足叶子的植物都会落叶），而B存在于C中，因为所有藤本植物都有充足的叶子；A存在于C中，因为所有藤本植物都会落叶；而原因为中项B。我们也可以由其落叶表明藤本植物有充足的叶子。若D是有充足叶子的植物，E是落叶，F是藤本植物，则E存在于F中（因为所有藤本植物都落叶），而D存在于E中（因为所有落叶的植物都有充足的叶子），所有藤本植物都有充足的叶子，其原因是落叶。

尽管如此，也有可能它们不是彼此的原因（因为原因先于其结果），如，月食的原因实际上是地球的遮蔽，而月食不是地球遮蔽的原因。以下证明由原因表明的是事物存在的原因，而不由原因表明的是存在。一个人知道地球遮蔽月亮，但不知道为什么遮蔽，则月食不是地球遮蔽的原因，而很显然地球遮蔽是月食的原因。因为在月食的定义中，地球的遮蔽存在。所以，显而易见，我们由后者知道前者，而非由前者知道后者。

或者，同一事物是否存在多个原因？若同一事物是多个事物的谓项，假定A直接存在于E中，同时直接存在于C中，B和C分别存在于D和E中，则A将存在于D、E中，其存在于D中的原因是B，存在于E中的原因是C。因此，由原因存在得出事物必然存在，但若事物存在，则其每一个原因并非必然存在，即某些原因存在，但并非所有原因都存在。

或者，若问题始终是全称的，则原因是某一个整体吗？原因的结果也是全称的吗？例如，落叶明确存在于某一个整体中，若存在与其有关的种，则也在全称意义上存在于其中。例如，落叶或是存在于植物中，或是存在于此类植物中。因此，在这些事物中，中项必然与原因的结果相等且相关。例如，为什么树会落叶？若原因是水分的凝固，则如果树落叶，必然会产生凝固；或者，如果凝固并非不加区分地发生在任何事物中，而只发生在树中，则树也必然会落叶。

第十七节　相同主项的延伸

在所有事物中，相同事物没有相同的原因而有不同的原因，这可能吗？若它由其自身，而非由标志或偶然事物证明，我们是否可以说它不可能发生吗？因为中项是端项的定义，但若它并非如此，我们可以说它是可能发生的吗？虽然我们可以在偶然意义上考虑它是哪一事物的原因、与哪一事物有关，但这些都不是问题。但若并非如此，则中项将以类似方式存在。若它们是模棱两可的，则中项也将是模棱两可的，在属中也与之类似。

例如，为什么比例会发生变化呢？因为在线中和数中，其原因可能是不同的，又可能是相同的：就其作为线而言，其原因是不同的；但就其自身有相同类型的增长时，其原因是相同的。类似的情况出现在所有事物中。事实上，不同的主项有不同的原因。颜色与颜色相似，图形与图形相似，但两者原因不同。因为这些事物中的相似是模棱两可的。图形的相似是指边相似或角相等，而颜色相似则是由感知上的感觉或是其他此类事物构成的。

然而，在类比中相同的事物也有在类比中相同的中项，这一点源于可以彼此推出的原因。而通过单个地对其假定，其原因的结果将在更广的范围内延伸，例如，三角形的外角和等于四个直角之和，就比三角形或正方形有更广的延伸。但整体来说它们是相等的，因为外角和等于四个直角的事物也将以类似方式有相应的中项。

中项是大项的定义，所有科学都由定义产生。因此，落叶同时也是藤本植物的结果，但超出了其范围；它也是无花果树的结果，并超出了其范围。但它不会超出所有植物的范围，而是与之相等。若假定了第一个中项，则它是落叶的定义，因为第一个中项是其中之一的中项。因为所有的都是如此，接下来是中项，即汁液凝固或是其他此类事物。但为什么会落叶？因为枝叶连接处汁液凝固。

在格中，对于结果和原因的研究，我们可以按如下方式解释：假定A存在于所有B中，B存在于所有D中，而在更广的意义上讲，B将在全称意义上存在于D中。我说的全称指的是不相关。最初意义上的全称则是每个单称事物不相关，而整体上确实相关的。在更广的范围上亦是如此。B是A存在于D中的原因，因此，A必然比B有更广泛的延伸。若非如此，后者A也将是前者B的原因。若A存在于所有E的属性中，所有这些属性将成为不同于B的某些事物。若非如此，又怎么可能说A存在于E的所有属性中，而E不存在于A的所有属性中呢？因此，所有E的属性是一个事物吗？我们必须考虑这一点，假定它为C，则同一事物可能存在多个原因，但种相同时却并非如此，例如，四足动物长寿的原因是它们没有胆汁，而鸟活得长则是因为其干燥的皮肤或是其他事物。然而，若没有直接达到某一个个体，也并非仅有一个中项，而是多个，则原因也会有多个。

第十八节　单称事物的原因研究

哪一个中项是单称事物的原因？是属于大项的全称事物的那一个，还是属于单称事物的那一个？显而易见，离单称词项最近的那一个是其原因。这也说明了为什么属于全称事物的大项为其固有。C是B为D所固有的原因，因此C是A为D所固有的原因，但B是其本身为C所固有的原因，则B本身就是原因。

第十九节　确定原则的必然方法和习惯

前面论述了三段论和证明以及它们是什么和如何产生，同时论述了可证明的科学。对于原则和如何使其成为已知以及认识它们的习惯，若我们提前对此提出疑问，情况便会明确。

若没有最初直接原则的知识，则不可能由证明获得科学的知识，这一点前面已经阐明。有人仍会质疑直接原则的知识，即二者是相同的还是不同的，是否存在与它们都有关的科学，或存在与其中之一有关的科学，而与另一者有关的科学是不同类型的，或不存在的习惯是否是固有的，或其存在是潜在的。

若我们拥有直接的知识，则是荒谬的。因为拥有比证明更准确的知识的人会忽略原则，但若没有提前拥有相应的知识，我们又如何在没有预存知识的情况下知道和学习它们呢？这是不可能的，就如我们在例证中所说的那样。显而易见，我们不可能拥有它们，那些忽视和没有习惯的人也不可能本就固有它们。因此，我们必然要拥有某种力量，但这一事物不是在精确性上比其他事物更杰出。

这一点也体现在所有动物中，因为它们具有与生俱来的力量——被称为感知。若感知存在于某些动物中，则感知对象的永恒事物产生，而在其他动物中则不产生。因此，其中感知的对象没有保留，或是在整体上或是在那些没有保留的事物中，没有感知便没有相应的知识。而对于那些有感知的动物来说，则会在灵魂中留下某一事物。由于存在许多此类事物，则会有相应的不同之处。

所以，对有些事物来说，逻辑推理由此类事物中永恒的东西产生，而在其他事物中则不会产生。因此，正如我们所说，记忆由感觉产生。经验源于对同一事物之记忆的重复，多个记忆构成某一经验。然而，由经验或是在灵魂中安定的所有全称存在，是一和多的关系，在所有多的事物中都是完全相同的，艺术和科学的原则由此产生。与产生进行转换的是艺术，与存在进行转换的是科学。

因此，不会有确定的习惯存在，它们也不是由其他更为可知的习惯产生，而是源于感觉的感知。例如，若战斗中有溃败，一个士兵站住，则会有第二个、第三个士兵站住，直到战斗恢复。灵魂有这样一种存在的状态，可以使其做到这一点。

然而，我们前面说的并不清楚，下面再次对其解释。若一个没有差别的事物存在，则首先会在全称意义上存在于灵魂中（因为单称事物由感觉感知，而感觉是全称的，例如人，而非卡里亚斯）。接着，另一事物停止，直到个体和全称事物都停止，例如，由此类动物到动物，方式类似。明确的是，最初的事物由归纳法成为必然已知的事物，由此感知产生了全称事物。

这些习惯与理智有关，我们由其获得真理，有些始终为真，如科学和理性；而其他的则为假，如观点和逻辑推理。除了理智，没有其他类型的知识比科学更准确。但证明的原则更为人所知。所有科学都与逻辑推理相联系，也不会存在原则的科学。由于除了理智之外，没有任何事物比科学更真实，理智将属于原则。对于由此考虑问题的亦是如此。由于证明不是证明的原则，所以科学也不是科学的原则。若除了科学之外，我们没有与习惯有关的其他真实的属，理智将是科学对象的原则。它也将是原则知识的原则，它们都将以类似方式存在于所有事物中。

论题篇

第一卷

第一节 本文的论点：推理及推理类型

本文旨在寻求一种探究的方法，借助于这种方法，我们能够从普遍接受的观点对提出的问题进行推理；并且当我们进行论证时，能够尽可能避免自相矛盾。首先，我们必须明确什么是推理以及推理的不同类型，以便更容易理解辩证推理，我们在本文中对此作了分析。

推理是一种论述。在论述中，一些内容被设定为前提，另外一些内容必然由上述前提推演而来。当推理的前提是基本事实时，或是前提同基本事实有一定的逻辑联系时，推理成立，但辩证推理是从普遍接受的观点出发。基本事实是不证自明的，就像在科学原理上没有必要去追究"为什么"，因为每一个科学原理本身就是可信的。然而，普遍接受的观点是那些似乎为所有人或大多数人或智者所肯定的观点，也就是为全体或多数人或享有盛名的智者所接受的观点；而且，当观点由似乎是但并非真正的普遍接受的观点推论出来的，以及似乎由普遍接受的观点或貌似普遍接受的观点构成时，推理存在争议。因为并非所有似乎普遍接受的观点就是真正的普遍接受的观点。在所谓普遍接受的观点中，除了具有争议性的论证原则，没有一种是可以从表象就看清的。因为大多数人，甚至是那些悟性差的人，都可以很快认清论证原则中的谬误性。那么，前者具有所谓的争议性，可被称作推理，而其他是否可被称作推理存在争议，也就不能被称作推理；因为似乎在进行推理，其实是不能被称为真正的推理的。

除了上述所有的推理外，还存在一类谬误推理，它们是从某些特定学科的专有知识推论得出的，如几何学以及与其相关联的学科。这类推理似乎不同于上述的几种推理，因为画错图形的那个人只是在虚假地进行描述，既没有从基本事实出发，也没有从普遍接受的观点出发；也因为他没有依照普遍接受观点的定义，从所有人或大多数人或智者所肯定的观点，也就是为全体或多数人或享有盛名的智者所接受的观点出发进行推论，而是从那些只适用于特定学科却并不真实的假设出发进行推论。他可能是因为绘制半圆形时出错，或是因为绘制一些直线时出错，从而形成了谬误。

总的来说，以上所述就是推理的类型。推理类型的定义就谈到这里，因为我们不是要针对每种推理类型都给出准确的定义，只是希望作一个简略的介绍。根据本文所提出的方法，我们足以从一个方面或另一个方面来认识每一种推理类型。

第二节　本文的三点意义

接下来要说明的是本文在哪些方面有意义以及有何种意义。它在三个方面有意义：思维训练、交谈以及哲学知识。

首先，在思维训练方面的意义显而易见。借助于本文提到的方法，我们可以更容易地针对提出的命题进行论证。

其次，在交谈方面有意义。因为一旦许多人持有不同的观点，我们与他们交谈时，不是以不在场的他人的观点为指向，而是以自身接受的在场人的观点为指向，当然也可以对任何我们认为不正确的观点进行驳斥。

最后，在哲学知识方面有意义。因为从正反两方进行辩论，我们可以更容易地认识各方的真理与谬误；而且本文对于每一门科学最基本的原则也有意义，因为我们不能质疑适用于既定科学的原则——其是所有科学的最基本原则，但是我们必须要从普遍接受的观点出发逐一探讨这些原则。此处使用辩证法极其合适，因为辩证法的本质就是探究，它揭示了所有方法的本质。

第三节　辩证思维能力

当我们拥有修辞术、医术以及类似的能力时，我们应该就完全掌握了这种方法。这种方法会影响我们选择从哪些普遍接受的观点出发以达成目的，因为修辞学家不必用一切方式去说服人，医生也不必用一切方式去治疗病人。只要没有忽略任何可以借助的方式，我们就可以说他掌握了该门科学的知识。

第四节　问题与命题

首先，我们来看看这种方法是什么。如果我们了解论证依据的内容、数量、种类，并知道如何对其加以有效利用，那么我们将充分地证明我们的观点。论证的依据与推论的主题须要性质相同、数目相等，因为论证是从命题出发，而推理是从问题出发。所有命题与所有问题都具备"属"、特性或偶性的性质，"属"具有"类"的性质，为了方便区别于其他，我们必须将"属"与"类"归在一起。然而在事物的性质中，一部分表现事物的本质，另一部分不表现本质，因此我们将性质区分为上述的两个部分，表现本质的部分称作定义，另一部分按照常用的名称表示为特性。根据上述的划分，显然目前一共有四个要素：特性、定义、属、偶性。但是，一定不要认为所有这些孤立的要素就是一个命题或一个问题，事实上所有命题或问题都是由这些要素构成的。

另外，问题与命题在表达方式上有所不同，因为当以"双足行走的动物是人，难道不是吗"或者"动物与人归为同一个属，难道不是吗"这样的方式表述时，这就是命题；而以"双足行走的动物是不是人"或"动物与人是不是归为同

□　海伦与帕里斯　雅克–路易·大卫
　　1788年　卢浮宫藏

亚里士多德反对"智者"，也就是当时靠收取费用教授青年演讲、修辞、写作等技能的人。他们懂得华丽的修辞和诡辩之术，被亚里士多德看作歪曲真理、玩弄是非的人。智者的代表人物之一高尔吉亚用辞藻华丽的《海伦颂》教授学生。

一个属"的方式表述时，又变成了问题。在表述其他内容时，命题与问题的表达方式也存在这样的差别。因此，问题与命题在数量上相等，因为只要变化表达方式，就能从一个命题得到一个问题。

第五节 定义、特性、属与偶性

接下来我们描述什么是定义、特性、属与偶性。定义是表明事物本质的一个句子。定义是一个句子，而不是一个名词或者短语，因为只有句子才有可能表明事物的本质，而名词或者短语达不到同等效用。试图用一个名词给事物下定义，显然无法表明事物本质，因为每个定义都是一个特定的句子。

然而，像"适合才是好的"这类的论述也可以被看作是定义，"情感与理智相同还是不同"也是如此。因为针对这些定义，无论是相同的还是不同的，都需要深入讨论。总而言之，所有探求事物本质的论述都可以被称作定义，因为探求事物本质与下定义使用的方法相同。

显然，根据上述考虑，上文提及的都属于定义。因为当我们能够论证事物是相同的还是不同之时，我们也就能够以同样的方式给事物下定义；而当我们证明出来它们不同时，我们就会推翻定义。但是上述观点反过来不成立，因为仅仅表明相同不足以给出定义，但是表明它们不同足以推翻定义。

特性实际上不表明事物的本质，只是属于事物的一部分，另外，特性也能反映事物，比如，人的一个特性是能学习语法，如果A是一个人，那么他能学习语法；反过来也成立，如果A能学习语法，那么他是一个人。没有人会将可能属于其他事物的一部分称为特性，比如睡眠就不是人的特性，只是在某个时间恰好属于人，因此，如果有人要将此类情况称作所谓的特性，不能那么绝对，因为只是在某个时刻或某个参照物下恰好发生的事物，只能是暂时的或相对的特性。因此"在右手上"是暂时的特性，而"双足"是相对的特性，比如，以马与狗为参照，"双足"是属于人的。显而易见，针对所有可能属于其他事物的情况，反过来都不成立，因为推断不一定正确，例如，如果B在睡觉，B应该是一个人。

属是表示事物是什么，但在诸多方面有别于"种"的范畴。属适用于回答提问者关于某一事物是什么的问题，被称作"是什么"的范畴，比如，人被问及是什么时，应该回答是动物。无论一个事物与另一个事物能否归为一个"属"，这样的"种"的问题也是"属"的问题，因为诸如此类的问题有着相同的方法。正如上文已经讨论过人归为动物这个属，同样牛也归为动物这个属，那么我们就可以推断人与牛归为同一个"属"；反过来，如果我们表明某些事物归为一个"属"，而另一些事物不能归为这个"属"，那么我们就可以推断这些事物所在的"属"不同。

偶性，不是上文所述的那些，它既不是定义，也不是特性，更不是属。但是它属于事物性质的一部分，只不过可能只属于某个事物，而归为同一范畴的其他个体不具备，比如"坐着"只属于某个事物，而不属于同一范畴的其他个体。"白色"也是同样的道理，因为没有理由可以否认同一个事物在此刻是白色的，而在其他时刻又不是。在上文给出的两个"偶性"的定义中，第二个更好。因为要理解提出的第一个定义，就必须先知道"属"与"特性"的定义是什么，然而第二个定义本身就足以使我们理解"偶性"是什么。借助于偶性，我们可以将事物放在一起比较，因为用来表述事物的内容以各种方式从偶性中得到，比如"美好的事物与有用的事物，哪个更受欢迎"，"崇尚美德的生活与贪图享乐的生活，哪个更幸福"，以及其他也是以这样的方式来比较的问题。就所有的这种情况而言，问题探究的都是哪个表述的词语更具偶性。显然，没有理由可以否认偶性在某个时刻变成特性（暂时特性），在某个参照物下变成特性（相对特性），比如，"坐着"是一种偶性，但当一个人是唯一一个坐着的人时，"坐着"就变成了特性；即使一个人不是唯一一个坐着的人，以其他没有坐着的人为参照，"坐着"仍然也是一种特性。因此，没有理由可以否认偶性可以变成一种暂时的特性或相对的特性，但偶性绝对不是普遍意义上的特性。

第六节 属、特性、偶性的内容也适用于定义

无论如何，我们都不能忽略这一点：所有涉及属、特性、偶性的内容也适用于定义。因为上文已述，有些不单单属于被定义的事物，比如特性；有些在定

义中给出的性质不是同一个"属"都具备的;还有些被表述的性质并不属于被定义的事物,比如用偶性来表明事物的情况。当出现以上情况时,我们或许会推翻定义。因此,基于以上原因,我们列出的所有要素在某种意义上都具有定义的内涵。尽管如此,我们决不能因而寻求一种普适方法,因为我们很难找到这一方法;而且即便找到,也是一种极为笼统的方法,并不会对本文有任何意义。如果针对上述已经区别开的每一要素施以特定的方法,并且从适用于每一要素的方向出发,那么我们对这一命题的研究就会比较容易。因此,正如以上所言,我们一定要作出大体的划分,将剩下的问题归到各自最适合的范围,使其可以称作定义与属的问题,即,将其余的问题归于各自最特有的范围,使之具有定义与属的内涵。至此,我们对每个要素几乎都解释清楚了。

第七节 "相同"的含义

首先必须明确"相同"究竟有几种含义。一般而言,大致有三种,因为我们通常从数、种或属三个方面来定义"相同":从数的方面来讲,如一件外衣与一件外套,名称不同,但都是一件,这就是数的"相同";从种的方面来讲,如人与人,马与马,事物的数目虽不同,但其在种的方面不存在差异,这就是种的"相同";同样的道理,如人与马,其在属的方面不存在差异,这就是属的"相同"。从同一源头流出的水理所应当是"相同"的,然而,这种"相同"与上述的几种含义存在差别。实际上从同一源头流出的水等同于因各种方式归为"相同"的水,因为它们同源并且彼此类似。因为相似性,所有的水与其他水都是一样的,但从同一源头流出的水之所以不符合此种情况只因为其更为相似。所以我们不认为这种情况与种的"相同"之间存在差别。

可以肯定的是,所有人都认同数目都为一的"相同"。但即便如此,"相同"仍然被解读出了多种含义。"相同"最根本、最重要的含义是名称与定义,如外衣与外套"相同",双足行走的动物与人"相同";"相同"的第二种含义是特性,如有知识者与人"相同",能够自然向上运动者与火"相同";"相同"的第三种含义是偶性,如坐着的音乐爱好者与苏格拉底(Socrates)"相同"。所有这些其实都在明确对象的唯一性。上文的真实性可从称呼的改变得到证实。因为通常我们想要用称呼呼唤坐着的一个人来到自己身边，而那个人又没有明白我们的意思时，我们就会改变称呼，希望他能根据偶性来理解我们，所以我们就称呼他为正坐着的或正说话的那个人。显然，无论是通过名称还是通过偶性来描述，都指的是同一对象。以上就是"相同"的三种含义。

第八节　通过归纳与推理可证明：所有问题均可归为定义、属、特性或偶性的问题

论证需要从上述四种要素出发，根据这些要素，并且与这些要素相联系。首先，我们通过归纳证明出上述结论。因为如果有人逐个考究每一命题与问题，就会发现所有问题均可归为定义、属、特性或偶性的问题。

其次，上述结论通过推理也可以被证明。因为用以表述主项的任意谓项与相对应主项的关系只有两种：可换位与不可换位。如果是可换位的关系，谓项就应当是定义或特性：谓项表现主项的本质时，就是定义；而谓项不表现主项的本质时，就是特性。特性也就是与主项可换位但不表现其本质的谓项。如果是不可换位的关系，谓项也有两种情况——表述或不表述主项的本质：谓项表述主项的定义时，就是属或特殊性，因为在定义中包含属与特殊性；而谓项不表述主项的定义时，显然就是偶性，因为既不是定义也不是属，还不是特性，却属于主项的，就只能是偶性了。

第九节　范畴的类型

上述四种要素就是范畴的内在含义。接下来，我们必须明确范畴的类型。范畴可划分为十种类型：本质、数量、性质、关系、地点、时间、位置、所有物、行为、受动。偶性、属、特性与定义总是蕴含在这十类范畴中，因为从四要素出发的所有命题无一不是在表示事物的本质、数量、性质或其他类型的范畴。

由此显而易见，对于事物本质，表述者有时表明其内容，有时表明其性质，还有时表明其他的范畴类型。因为当提到一个人时，表述者会说是人类或动物，

不仅表明了其本质，也表明了内容；提到白的颜色时，表述者会说是白色或一种颜色，不仅表明了其本质，也表明了其性质；同样的道理，提到一肘尺的量度时，表述者会说尺寸是一肘尺，不仅表明了其本质，也表明了其数量。其他的情况也是如此，当谓项既对个体进行表述，又对个体的"属"进行表述时，它就表明了本质。

可是，如果有人表述的是另外的事物，就没有表明本质，而是表明数量、质量或其他某一类型的范畴。因此，论证关乎这些，从这些出发，内容也就这么多了。至于我们如何将上述的内容很好地运用起来，就是接下来要论述的部分。

第十节　辩证命题

首先，我们要明确什么是辩证命题以及什么是辩证问题。我们不能将所有命题或所有问题都看作是辩证的，因为任何一个有理性的人都不会提出一个没有人认同的命题，或者是一个所有人或大多数人都理解的问题。因为后者无人质疑，而前者无人认同。

事实上，辩证命题来自所有人或大多数人或智者，也就是全体或多数人或享有盛名的智者提出的问题，而不是与之相矛盾的，因为如果智者持有的观点与普通人的不相悖，或许就会为大家所认同。辩证命题有三种存在形式：与普遍观点相似的意见、与普遍观点对立的相反意见的命题、与已有艺术学科相一致的意见。如果相反项的知识相同这一观点被普遍接受，那么相反项的感觉相同也被普遍接受；如果语法艺术数量为一的观点被普遍接受，那么吹奏笛子的方式为一的观点也可被普遍接受；而如果语法艺术有多种观点被普遍接受，那么吹奏笛子有多种方式的观点也被普遍接受。因为知识与感觉相似，语法艺术与吹奏笛子的艺术相似。

同样地，与普遍观点对立的相反意见的命题似乎也被普遍接受，比如，如果"我们应该帮助朋友"这一观点被普遍接受，那么，"我们不应该伤害他们"也被普遍接受。"我们应该伤害朋友"与普遍观点相反，但是"我们不应该伤害他们"是与普遍观点对立的相反意见；所以，如果"我们应该帮助朋友"被普遍接受，"我们不应该帮助敌人"也被普遍接受。因为这是与普遍观点对立的相反意见的命题，"我们应该帮助敌人"与"我们应该帮助朋友"这一普遍观点是相反的。其他此类情况也是同样的道理。

相比而言，用意思相反的谓项表述的相反观点也被普遍接受，如"帮助朋友"与"伤害敌人"。因为"帮助朋友"与"伤害敌人"这两种表述似乎相反，但其是否真实将在下文论述相反的部分再进行讨论。显而易见，所有自然科学领域的观点都是辩证命题，因为人们似乎会认同这类学科领域的专家持有的观点，比如，医学上，认同医生的观点；几何学上，认同几何学家的观点；其他学科也是同样的。

第十一节 辩证问题与论题

辩证问题值得探讨，其关乎选与不选的决定，也关乎真理与知识，还关乎单个存在或共同存在。辩证问题涉及的方面很多，普通人没有观点，或持有的观点与智者相反，也可以是智者持有的观点与普通人不相同，或者每个人都各持己见。

一些问题有助于帮助我们做出选与不选的决定，比如享乐是否可取；一些问题只关乎对事物的认识，比如世界是否永恒；还有一些帮助我们解决问题或与其他事物共同作用解决问题，而非上述情况。因为对于很多问题，我们不是为了了解其本身，而是通过它们来了解相关内容。还存在这样一些辩证问题，一部分是具有争议性的推理（推论具有不确定性，因为在是与否两方面都有可靠的论证）；还有一部分是无法论证的问题，因为涉及的范围极广，所以我们认为很难对此进行探究，比如世界是否永恒，可能有人在研究类似的问题。

接下来，正如上文所述，我们需要对问题与论题加以区分。论题是在哲学方面享有盛名的人所提出的、与普遍观点相悖的论断，比如安提斯泰尼（Antisthenes）所说的"矛盾是不可能的"，赫拉克利特（Heraclitus）的观点"一切物体都在运动"，麦里梭（Melissus）主张的"存在是唯一"。因为关注每一个普通人提出的悖于普遍观点的论断是不明智的做法。论题或者是与普遍观点

□ 赫拉克利特　约翰内斯·莫瑞斯

赫拉克利特（约公元前540—前470年）是古希腊著名的哲学家，他提出的许多思想都深刻地影响了后人，比如"人不能两次踏进同一条河流"。他的核心思想就是万物皆变。另外，对立和统一的概念也是由他第一次提出。他还是辩证法的奠基人之一。

不一致但有理有据的观点，比如智者所提出的"事物并不都是被创造出来的或永恒的"，因为一个音乐家兼语法学家，既不是被创造出来的，也不是永恒的。这个观点，即便有人不认同，但看起来具有合理性，有论证的必要。

一个论题也是一个问题，但并非所有问题都是论题，因为对于有些问题我们无法论断。但一个论题也是一个问题是显而易见的，根据上述内容能够得到充分证明：既然论题是悖于普遍观点的论断，那么不是普通人与智者持不同观点，就是普通人中或智者中存在内部分歧。就目前来说，几乎所有的辩证问题都被称作论题。两者用什么名称来表示无关紧要，因为我们并不是故意创造名称，而是警醒自己不要忽视两者真正的区别。

我们不需要对所有问题与论题进行探究，而是要探究可能有人会产生疑问、发问者都需要论证的，并非依靠惩罚或感觉可以解决的那些问题与论题。因为那些怀疑我们是否应该敬拜神或爱父母的人，应受惩罚；那些怀疑雪是否是白色的人，需要的是感觉。论证不要离我们讨论的内容太近，也不要离得太远，因为太近没有什么论证的必要，而太远又偏离了辩证思维训练。

第十二节　推理与归纳

说明上述内容后，我们必须区分有多少种辩证的论证。一种是推理，另一种是归纳。

推理是什么上文已经进行过论述。归纳是从特殊到普遍的过程，比如，技术娴熟的舵手是最好的舵手，技术娴熟的战车御者是最好的战车御者，因此一般说来，在某一领域，技术娴熟的人就是最优秀的。比起推理，归纳似乎更清楚，更有说服力，更容易被感觉到，因而这是更为常用的一种方法；推理则在驳斥相反观点时更加有说服力，更有效。

第十三节 进行推理与归纳的途径

论证的种类及要素在上述内容中已经作出区分。进行论证的途径有四种：一是提出命题；二是区分每个事物有多少种表达方式；三是发现差异；四是分析相似性。在某种意义上，后三个也是命题，因为三个中的任何一个都可以成为一个命题，比如"可取的或者是美好的，或者是令人愉快的，或者是有益的""感觉不同于科学知识，因为只有不考虑科学知识，感觉才能发挥作用""有益健康的东西与健康之间的关系，就像促进形成良好锻炼习惯的东西与良好的锻炼习惯之间的关系"。这三个例子中，第一个命题来自有多种表达方式的事物，第二个来自差异，第三个来自相似性。

第十四节 命题的选择

命题需要以多种方式进行选择，因为命题依据其定义，可以是所有人、大多数人或智者的观点，即全体、多数人或享有盛名的智者的观点；也可以是同貌似普遍观点对立的意见；还可以是与已有艺术学科相一致的意见。我们应该根据对立于普遍观点的相反意见的命题——上文已经提到过这点——也应该通过我们的选择来产生命题，可选择的不仅有普遍观点，还有与普遍观点相似的意见，比如"持不同观点的人有相同的感觉"（持不同观点的人也可以拥有相同的科学知识），"我们通过接纳而不是放开的方式去看"。其他方面的感觉也是如此。我们通过接收而不是释放的方式来听，味觉及其他感觉也是通过类似的方式。我们在所有事物或大多数事物中看到的一切规律可以被视为原理或普遍接受的命题，因为与此同时，没有看到该规律的人会列出不符合规律的情况。我们还应该从已写好的论证文章中选择命题，并将其按照"属"进行划分，比如"论善"或"论恶"，"论善"中要涉及善的各个方面以及善的源头。此外，我们还应关注少数人的观点,比如恩培多克勒(Empedocles)曾说过,物质有四种元素,因为大家可能都会认同一些享有盛名的哲学家的观点,这也就成为了一种普遍观点。

概括来讲,命题与问题可分为三类。一类命题是伦理方面的,一类是自然科学方面的,还有一类是逻辑方面的。伦理方面的命题诸如,"如果父母的立场与法律立场不一致,遵从哪一个才是正确的";自然科学方面的命题诸如,"世界是否是永恒的";逻辑方面的命题诸如,"持相反观点的人是否拥有相同的科学知识"。问题也是类似的情况。通过定义对以上的三种类别作出解释比较困难,所以我们必须通过归纳的方法去努力认识每一类别,根据上文提到的例子进行探究。

□ 恩培多克勒之死　萨尔瓦多·洛萨

恩培多克勒(约公元前490—前430年),古希腊哲学家。他发现空气是一种独立的物质,并提出了非常著名的四元素说:火、土、水、气是构成世界的基本物质。这个观点长期影响着西方科学的发展。传说恩培多克勒宣布自己有一天会成为神,到了那天,他跳进了埃特纳火山。

就哲学而言,我们必须按照真理原则来讨论这些命题;但就观点而言,只需要辩证的方法即可。我们必须将所有的命题置于最普遍的情况下,这样就可以以少论多。比如,因为对立项的知识相同,所以相反项的人或相关项的知识也相同。只要可以将它们分开,我们就应该以同样的方式分开讨论,比如,善与恶的知识相同,白与黑、冷与热以及其他对立项的知识也相同。

第十五节　同一谓项含义不同的情况

关于命题,上述内容已经很充分了。至于谓项表示的含义有多少,我们不仅要论述谓项的不同含义,而且还要尽力对其进行解释。比如,一方面我们将正义与勇敢称作善,另一方面将促进身体强壮、健康的习惯称作善。前者称作善是因为其具有善的某些性质，后者称作善是因为其有助于产生善的结果，而不是因其具有善的某些性质。其他事物也是如此。

谓项有多层含义或是只有一层含义，我们需要通过以下的方法进行探讨。首先，探讨相反项，如果它在表达或种的方面存在差别，那么它就有多层含义。有些谓项直接在表达上就存在差别，比如，形容声音时，尖的反义词是粗；形容锋利程度时，尖的反义词是钝。由此显而易见，尖的反义词有多层含义，所以尖也有多层含义。尖的多层含义各自对应不同的反义词。因为如果尖只有一层含义，就不会对应粗、钝这两个反义词，但事实上尖就是有两层不同含义的反义词。再比如，形容声音时，沉重的反义词是尖锐；形容重量时，沉重的反义词是轻盈。正因为沉重的反义词有多层含义，所以沉重也有多层含义。同样的道理，形容动物时，美好的反义词是丑陋；形容家庭时，美好的反义词是衰败。所以美好有多层含义。

有些谓项在表达上不存在差别，但在种的方面有明显差别，比如颜色的白与黑、声音的清与浊在表达上不存在差别，但在种的方面有明显差别。用"清"形容颜色与声音时所表达的含义是不同的，通过感觉我们可以清楚知道，因为对于同种的事物我们会有同样的感觉。但我们并不是用同一种感觉去辨别颜色与声音，辨别颜色用的是视觉，而辨别声音用的是听觉。形容液体气味与形容锐利程度也是同样的道理，前者是用嗅觉来感知，而后者是用触觉。但这两者无论在其自身或其反义词上的表达都不存在差异，因为尖的反义词是钝。

其次，我们必须考虑一种情况：有些谓项在表示一层含义时有反义词，在表示另一层含义时却没有。比如，喝水的快乐与口渴的痛苦是一对反义词；但在思考出正方形的对角线与边的比例是无理数时的快乐，就没有相对应的反义词。因此，快乐具有多层含义。还有一个例子，在情感方面，爱的反义词是恨，但它在身体能量方面没有反义词，因此显而易见，爱有多层含义。

此外，还要考虑中间状态的情况：有些谓项有中间状态，但有些没有；或是存在中间状态，但在不同方面的中间状态含义不同。比如白（清）与黑（浊），在颜色方面，中间状态有一个是深褐色；但在声音方面，却没有中间状态，如果非说出一个的话，那就是嘶哑的声音，有些人认为嘶哑的声音是中间状态。因此白（清）有多层含义，黑（浊）也是同样。还有一些谓项在表示一层含义时有多个中间状态，而表示另一层含义时又只有一个中间状态。还是举白（清）与黑（浊）的例子，在颜色方面，中间状态有多个；而在声音方面，中间状态只有一个，就是嘶哑的声音。

再次，我们必须考虑谓项的对立面是否有多层含义。如果谓项有多层含义，那么其对立面也有多层含义。"看不到"有多层含义，一是"没有视力"，二是"视力没有发挥作用"。如果"看不到"有多层含义，那么"看得到"必然也有多层含义。因为"看不到"的每层含义都有相应的对立面，"没有视力"的对立面是"有视力"，"视力没有发挥作用"的对立面是"视力发挥了作用"。

此外，我们也要考虑缺乏与具有方面的情况。因为如果一个谓项有多种含义，另一种也是如此。比如，"有感觉"有多种含义，不仅指灵魂方面还指身体方面；那么"没有感觉"也有多种含义，不仅指灵魂方面还指身体方面。现在所提到的两个谓项在缺乏与具有方面显然是对立的关系。动物天然地拥有每种感觉，不仅在灵魂方面还在身体方面。

我们还要考虑谓项词性的变化。如果"公正地"有多种含义，那么"公正的"也有多种含义，因为"公正地"有的含义，"公正的"也有。比如，如果"公正地"既有依照个人观点进行判断的含义，也有依照适当的方式进行判断的含义，那么"公正的"也有同样的含义。同样的道理，如果"健康的"有多层含义，那么"健康地"也有多层含义。比如，如果"健康的"有能产生、维持或表示健康的三种含义，那么"健康地"也有这三种含义。其他情况也是如此。当一个谓项本身有多层含义时，由其衍生出来的词性不同的谓项也有多层含义，反之亦然。

我们还要考虑同一谓项在不同范畴类型中的含义是否相同，因为如果不相同，显然这个谓项就具有多层含义。比如，善在食物中指产生快乐，在医学中指恢复健康，在灵魂中指具有自我克制、勇敢或公正的某些品性，善用于形容人也是如此。有时候善在时间上也表示恰当的时机，之所以被称作善，是因为时间恰好合适。善也常常用于形容数量，如表示适量的，因为适量的也称作善。因此，善具有多层含义。同样的道理，"白"（清）形容物体时，表示颜色；形容声音时，表示清晰。"尖锐的"也是如此，因为它在不同范畴类型中的含义不相同，正如通晓音律的音乐家所说，"尖锐的"用于形容声音时，表示音调高；而"尖锐的"角指的是小于直角的角，但"尖锐的"刀指的是有锐利刀尖的刀。

我们也要注意用同一谓项表述的事物的属，所归为的属是否不相同，属的二级范畴是否不相同。"όνος"（驴，辅助发动机）既可归为动物的属又可归为机器的属，虽然是同一个谓项，但两种情况下其定义是不同的，一个指的是某一特定动物，另一个指的是某一特定机器。然而，如果属有二级范畴，定义就可以相同。就乌鸦而言，动物与鸟都是它的属。当我们说乌鸦是鸟时，也可以说，乌鸦是动物，因为鸟与动物都可以是乌鸦的谓项。同样的道理，当我们说乌鸦是带翅膀的双足动物时，我们也可以说它是一只鸟，因此这两者都是乌鸦的谓项，也是其定义。如果属没有二级范畴，就不会出现这种情况，比如，当我们说"όνος"是机器时，就不能说其是动物；反过来，说"όνος"是动物时，就不能说其是机器。

我们不仅要考虑谓项所归为的属是否不相同，属的二级范畴是否不相同，还应从谓项的相反项进行考虑。因为如果谓项的反义词具有多种含义，那么显然谓项本身也有多种含义。

我们还要考虑复合谓项的定义，比如白色的（white）物体与清晰的（white）声音。因为当去掉特性之后，就剩下了相同的定义。但上述的情况并不发生在多义词上。因为前者指的是这一颜色的物体，后者指的是可清晰听到的声音。当去掉物体与声音后，剩下的"白色的"（white）与"清晰的"（white）并不相同。但如果"white"作为谓项出现在每种定义中的含义相同，剩下的部分就应该相同。

通常，在定义自身中存在多义现象，因此我们必须着眼于定义。比如，有人将表示"健康的东西"与"产生健康的东西"都笼统地说成与健康相关的东西，但我们不应该止步于此，而要考虑这种笼统说法的具体含义：表示健康的东西指的是具有健康的性质，产生健康的东西指的是具有促进健康的因素。

我们也要考虑是否能够比较这些谓项的程度与相似性。比如，清晰的（light）声音与轻便的（light）外衣，既不能说声音与外衣同样清晰或同样轻便，也不能说哪一个更清晰或更轻便；再比如，刺鼻的（sharp）气味与尖锐的（sharp）声音，既不能说气味与声音同样刺鼻或同样尖锐，也不能说哪一个更刺鼻或更尖锐。因此，我们可以得出，"light"与"sharp"具有多层含义，因为当其只有一层含义时，可以比较程度与相似性。

即使没有二级范畴，事物间也存在各种各样的差异，比如，动物与知识（种差各不相同）在种的方面存在差异。我们有必要考虑没有二级范畴时相同谓项表述的含义在种的方面是否存在差异。比如，"尖锐的"既可说明声音上的差别，又可说明物体的差别，因为用"尖锐的"可以将一种声音与另一种声音区别开，也可以将一种物体与另一种物体区别开。因此可以得出，"尖锐的"有多层含义，其在没有二级范畴时就存在种差。

另外，我们也应考虑用相同谓项来表述的事物本身是否存在不同的种差，比如形容物体时与形容歌曲时"色彩"的含义。形容物体时色彩的种差是关于视觉的弥漫与压迫；而在形容歌曲时，不存在这样的种差。因此可以得出，色彩有多层含义，用以形容相同的事物时才有相同的种差。

最后，因为种不是种差，所以我们应该考虑用相同谓项来表述的事物是否存在一个是种、一个是种差的情况。比如，形容物体时"白色的"（clearness）应归为颜色的种，形容声音时"清晰的"（clearness）是种差，因为可以通过"清晰的"（clearness）将一种声音与另一种声音区别开。

第十六节　发现种差

关于谓项是否有多层含义，我们必须通过上述方法以及类似的方法进行考虑。对于相关事物间的种差，我们需要在同一个属内进行探究，比如，公正与勇敢、审慎与克制有什么种差（因为这些都是出自同一个属——美德）。此外，我们还可以用这种方法来探究相差不太大的不同类的谓项之间的种差，比如，感觉与知识有什么差异。因为如果不同类的谓项之间相差太大，种差就非常明显，探究此问题就没有什么意义。

第十七节 考虑相似情况

对于不同属的事物，我们必须考虑相似情况。如果A与B有某种关系，那么C与D也有这种关系，比如，如果知识与知识的对象有某种关系，那么感觉与感觉的对象也有这种关系。如果A的载体是B，那么C的载体是D，比如，如果视觉的载体是眼睛，那么理智的载体是灵魂；如果平静的载体是大海，那么宁静的载体是天空。我们尤其需要注意那些差异很大的事物，因为其余的我们能够比较容易地识别出它们属于相似的情况。

此外，我们还要考虑归为同一属的事物，探究其是否具有相似的属性，比如，人、马、狗之间是否具有相似的属性，因为只要它们具有相似的属性，就属于相似的情况。

第十八节 在论证中以上探究的实际意义

探究谓项表示的多层含义，对于明确原文意思（当清楚地辨别谓项表示的含义有多少后，能够更好地知道谓项所表示的真正含义）以及对于主项自身的推理，都具有实用性，而不仅仅关乎名称。因为如果无法明确谓项表示的多层含义，就会造成回答者与提问者在理解含义上的偏差；反之，能够明确谓项表示的多层含义，回答者就能知道提问者所指的含义，在这样的情况下，如果提问者不是在对此进行推理，就会显得很荒谬。同时，明确谓项表示的多层含义对于避免我们自己误入歧途或误导他人有着实际意义。因为在明确谓项表示的多层含义后，我们就能知道提问者不是在对同一对象进行推理，那么就不会为谬误推理所欺骗。另外，当我们自己在提问时，如果回答者不知道谓项表示的多层含义，我们就可以通过谬误推理对其进行误导。但是，这种方法不是在所有情况下都能够发挥作用，而是仅限于多层含义中有些真实有些虚假的情况。另外，这种方法也不适于辩证法。因此辩证家都应尽力避免这种名称把戏，除非只剩下这一种讨论命题的方法。

发现差异对于相同、相异的推理以及认清每一事物的实质都具有实际意义。因为当我们发现所提出的事物的差异以及是何种差异时，我们就能够知道它们是不相同的。发现差异对于认清每一事物的本质具有实际意义，因为我们通常依据每一事物的独特差异来区分事物的实质定义。

另一方面，探究相似性对于归纳论证、假言推理以及定义论述都具有实际意义。探究相似性对于归纳论证具有实际意义，因为通过归纳多个具有相似性的个体，我们能够推断出普遍性结论；而如果我们对相似性没有了解，进行归纳就比较困难。探究相似性对于假言推理同样具有实际意义。因为通常具有相似性的多个事物中的一个是真实的，那么其余的也是真实的，所以，我们可以充分讨论它们中的任何一个。在此之前我们就认同：具有相似性的多个事物中的一个是真实的，那么所提出的这一个也是真实的。当我们证明出相似事物其中一个的真实性后，就可以通过假设来证明出命题，因为按照已证假设，相似事物中的一个具有什么样的性质，所提出的这一个也具有这样的性质。

同样地，探究相似性对于定义论述也具有实际意义。当了解所有个体中相同的内容是什么时，我们就会肯定地依据相同的内容将主项所归为的属放入定义中。因为在相同的内容中，对于表述事物本质最关键的就是属。即使在差别很大的情况下，类似的探究对于定义论述同样具有实际意义。比如，"大海的平静"与"天空的宁静"是相同的（因为两者都是一种静态）；再比如，"一条线上的一个点"与"数量上的一个"是相同的，因为两者都是事物的基本构成。因此，下定义的人将共同的内容归为属，似乎不以其他的某种方式来定义（所有事物）。因为"一个点"是一条线的基本构成，"一个"是数量的基本构成，那么显而易见，两者共同的内容被称作属。

因此，进行推理可以通过以上所述的途径，并且这些途径对于下文将要论述的内容也具有意义。

第二卷

第一节　问题的分类、特称问题的转换与问题中的错误

关于问题，有的是全称问题，有的是特称问题，比如，"所有快乐都是好的""没有快乐是好的"是全称问题，"某一种快乐是好的""某一种快乐不是好的"是特称问题。通常，立论与驳论的方法对于这两类问题都适用。因为如果我们可以证明所有事物都符合此种情况，那么就可以得出某一个体也是如此；同样的道理，如果我们可以证明某一个体不符合此种情况，那么就可以推出不是所有事物都是如此。那么，我们首先大致谈谈驳论的方法，因为其不仅适用于全称问题与特称问题，而且通常人们提出肯定的观点而不是否定的观点，之后辩论者希望驳倒肯定的观点。

一个依据偶性产生的名称最难以转换，因为其本质上只能是特定的，而不是普遍的。这种转换必须从定义、特性与属这三个方面出发。如果"A符合双足行走动物的特征"是真实的，那么由此转换而来的一种说法"A是双足行走的动物"也是真实的。依据属产生的名称也是同样的道理，如果"A符合动物的特征"是真实的，那么由此转换而来的一种说法"A是动物"也是真实的。依据特性产生的名称也是如此，如果"A符合掌握语法的特征"是真实的，那么由此转换而来的一种说法"A掌握语法"也是真实的。因为依据属或特性产生的名称不可能是部分符合或部分不符合，只能是完全符合或完全不符合。然而，依据偶性产生的名称就存在部分符合的情况，比如，白色或公正。"白皮肤或公正是与生俱来的"用于证明"一个人是白皮肤或公正的"，是不够充分的，因为毫无疑问这个人可能只是部分符合白皮肤或公正的特征。因此，对偶性产生的名称进行转换不一定能产生真实的结论。

此外，我们必须明确问题中的错误。错误有两种：一种是来自虚假主张，一种是违反既定的语言习惯。造成第一种错误的人是将本不符合某特征的事物说成

符合此特征；造成第二种错误的人是用本不属于此事物的名字来称呼此物，比如用"人"来称呼悬铃木，这违反了既定的命名法。

第二节 关于偶性问题的方法

第一种方法是考虑对方是否以某种方式将固有特征说成偶性，这种错误尤其容易出现在属的方面。比如，有人会说"白色是一种颜色"纯属偶然，但实际上，"白色是一种颜色"不是偶然现象，颜色乃是白色所归为的属。因此，提出此论述的人可能会依据类型（错将属认成偶性）作出定义，比如，认为"公正是美德"是偶然的。但我们更多时候是在定义中明显地将属说成偶性，比如，有人会说，"白色是着了色的"，或者"行走是在移动"。表述种的谓项不能以派生词的形式用于表述属，而表述种的同义谓项可用于表述所有的属，因为种的名称与定义来自于属。因此，说"白色是着了色的"的人既没有将颜色看作属，因为他以派生词的形式作出表述；也没有将颜色看作特性与定义，因为某一事物的特性与定义并不属于其他任何事物，而其他事物都可以是着了色的，比如木头、石头、人、马；因此显而易见，他将颜色视为偶性。

第二种方法是针对某特征是一切事物都具有还是没有一个事物具有的问题，要依据种而不是无限的个体。这种探究更多地是依赖于方法，只需要少量的个例。我们必须从最初的事物开始考虑，然后逐渐地考虑到个体。比如，如果有人说有对立项的知识相同，我们必须考虑他所指的对立项是哪种：关系上的对立、在缺乏与具有方面的对立或依据矛盾论的对立。如果从这些方面来考虑不够清楚，那么我们就要将范畴进一步缩小到个体，比如，公正的与不公正的、两倍的与一半的、盲与明、存在与非存在。因为如果有个例可以证明对立项的知识不相同，那么我们就能够驳倒上文提出的问题。同样的道理，如果没有个例可以证明对立项的知识不相同，那么上述问题成立。这种方法可用于立论与驳论。如果将范畴进一步缩小，证明问题在所有方面或者大多数方面都具有真实性，或是列举不符合问题所述的例子对问题进行驳斥，那么，这种方法就应被普遍接受。如果不采取任何行动却否定问题，未免荒谬可笑。

第三种方法是为偶性或具有偶性的事物（两者或两者其一）作出定义，然后考虑在定义中是否存在假定为真、实际为假的内容。比如，为了探究"我们可以伤害上帝"这个问题的真实性，我们必须考虑"伤害"的含义是什么。如果"伤害"是故意损伤，那么显而易见，上帝不可能受到伤害，因为不存在上帝受到损伤的可能性。

再比如，为了探究"高尚的人会妒忌"这个问题的真实性，我们必须考虑什么样的人会"妒忌"以及"妒忌"的含义是什么。如果妒忌意味着因高尚之人的卓越成就而感到痛苦，那么显而易见，高尚的人不会妒忌；因为如果妒忌的话，他就会堕落为小人了。为了探究"易怒者会妒忌"这个问题的真实性，我们必须清楚"易怒者"以及"妒忌"的含义是什么，因为只有这样做才能够辨明这个问题是真实的或虚假的。如果妒忌者因善良之人的成功而感到伤心，而易怒者因邪恶之人的成功而感到伤心，那么显而易见，易怒者不是妒忌者，也就是说，易怒者不会妒忌。

我们还必须从定义进行考虑，采取置换定义中名称的方法来加强理解，直至追溯到已知的内容。通常，即使在已作出完整定义的情况下，问题还不够明了。然而，如果采取置换定义中名称的方法来加强理解，所探究的问题就会十分清楚地呈现出来。

此外，可以将问题变成命题，然后进行反驳。反驳就是反对这个论题的论证。这种方法与考虑某特征是一切事物都具有还是没有一个事物具有的方法几乎一样，只是在形式上有所区别。

再则，我们必须明确哪类事物应该像普通人那样称呼，哪类事物又不应该像普通人那样称呼。这种方法对于立论与驳论都有实际意义。对于应该像普通人那样称呼的事物，如果要回答那些事物的性质如何，就不必关注普通人的意见。比如，普通人所说的有益健康的事物就是能够产生健康的事物；但如果要回答提出的事物是否能够产生健康，不再由普通人的意见决定，而是要依据医生的看法来论断。

第三节　多义谓项

如果一个谓项有多层含义，而且被确定为固有特征或非固有特征，那么我们必须证明至少其中一层含义是固有特征还是非固有特征。在多层含义被忽略的情况下，我们就需要使用这种方法。因为如果多层含义没有被忽略，对方就会说他要探究的不是这层含义，而是另外的一层含义。这种方法对于立论与驳论都适用。

如果我们想要立论，那么我们必须证明至少其中一层含义是固有特征；如果我们想要驳论，那么我们必须证明至少其中一层含义是非固有特征。在驳论时，无论所述特征属于所有事物还是不属于任何事物，我们都应以举出反例的方式来反驳。如果我们证明存在某一事物不符合所述特征，我们就能够驳倒所述特征属于所有事物的观点；同样的道理，如果我们证明存在某一事物符合所述特征，我们就能够驳倒所述特征不属于任何事物的观点。但在立论时，我们必须以一致性为原则。如果所述特征属于所有事物，那么每一事物都符合所述特征；如果某一定理被普遍接受，那么只论述某一事物符合此定理是不充分的，所以需要论述所有事物都符合此定理。比如，如果说"人类的灵魂是永恒的"，那么需要证明每个人的灵魂都是永恒的。我们必须以一致性为原则，因为如果所有灵魂是永恒的，那么每个灵魂都是永恒的。然而这种方法不能过多使用，只在我们不能充分证明所有事物符合此特征的情况下才能使用，就如几何学家通过一个公理来证明三角形内角之和等于两个直角之和的情况一样。

然而，如果谓项的多层含义没有被忽略，首先，我们就必须对多层含义进行区分，从而才能进行立论与驳论。比如，成长是有益的还是美好的，我们需要从所提出问题的两个方面进行立论与驳论：成长既是有益的又是美好的；成长既不是有益的也不是美好的。如果我们不能证明两者，我们至少要证明一个，表明一层含义真实，而另一层含义虚假。尽管谓项可能不止两层含义，但推理方法是一样的。

其次，我们必须考虑那些不是在许多情况下有多层含义，而是在个别情况下有多层含义的谓项。知识就是其中之一，它或是作为目的，或是作为达到目的的途径。比如，医学是恢复健康、规定饮食的知识，或作为恢复健康、规定饮食的目的；相反项的知识相同，因为相反项中的每一项都不是作为目的；属于本质、偶性的情况，三角形内角之和等于两个直角之和是本质的情况，而等边三角形内角之和等于两个直角之和则是偶性的情况，因为等边三角形是三角形的一种偶然情况，所以等边三角形内角之和等于两个直角之和。许多事物的知识都是相同的，显然，这一点绝无可能；但如果在某个方面相同的话，显然是可能的。我们必须区分对我们论证产生作用的若干含义。比如，如果我们要立论，我们就需要列举出有可能性的若干含义，并且将对立论产生作用的若干含义划分出来；但如果我们要驳论，我们就需要列举出不具有可能性的若干含义，并且忽略掉其余的含义。在多层含义被忽略的情况下，我们也可以使用这种方法。

通过与此相同的方法，我们可以论证出某一事物属于或不属于另一事物，比如，某一事物的知识或是作为目的，或是与目的有关，或是关于偶性，又或者不是上述的任何一种情况。对于渴望以及诸如此类的其他多义谓项，我们也可以采取同样的推理方式。对于某物的渴望或与目的有关，比如健康；或与达到目的的途径有关，比如吃药；或与偶性有关，比如喜欢甜味的人渴望葡萄酒并不是因为葡萄酒是酒，而是因为葡萄酒的甜味。因为他本质上只渴望甜味，而甜味是葡萄酒的偶性情况；如果葡萄酒是酸的，他也就不再渴望了；所以，他渴望葡萄酒只是偶性的情况。这种方法也适用于相关项，因为几乎所有诸如此类的情况都属于相关项。

第四节　关于名称、属、种、定义与时间

我们需要换用更熟悉的名称——比如，在概念的理解上，将"准确的"换作"清楚的"，将"专注于不同职业"换作"热爱工作"——因为使用的名称越熟悉，论题就更容易理解与把握。这种方法对于立论与驳论同样适用。

为了表明相同事物的相反方面，我们需要从属的范畴考虑，比如，我们想要证明感觉中既有正确的又有错误的。依靠感觉去了解就是一种判断形式，而判断有可能正确，也可能不正确；同样的道理，感觉中也既有正确的又有错误

□ 死者的灵魂　埃及壁画

在亚里士多德的时代，人民普遍相信灵魂是存在的。亚里士多德还有专门的著作《论灵魂》3卷，来探讨灵魂的各种特性。但亚里士多德的灵魂学说范围很广，包含了认识论和现代心理学的一些问题。

的。那么，对于种的证明我们可以从属的范畴着手，判断是感觉的属，因为感觉是以某种方式进行判断。

反之，对于属的证明可以从种的范畴着手，种具备的所有特征，属同样具备，比如，如果知识有优劣，那么倾向也有优劣，因为倾向是知识的属。因此，对于立论而言，第一种方法是虚假的，而第二种是真实的。因为属具备的所有特征，种不一定具备，比如动物有翅膀或四足，人却没有。然而因为种具备的所有特征，属一定具备，所以如果人是善良的，那么动物也是善良的。对于驳论而言，第一种方法是真实的，而第二种是虚假的。因为属不具备的特征，种也不会具备；而种不具备的特征，属可能会具备。

因为表述属的谓项必然可以用于表述某些种，用属或属的派生词表述的事物必然可以用种或种的派生词表述。比如，如果知识可以用于表述某一事物，那么语法知识、音乐知识或者其他学科知识也可以用于表述某一事物；如果某一事物可以用知识或知识的派生词来表述，那么也可以用语法知识、音乐知识等学科知识或其派生词来表述，比如，语法学或音乐家。如果表述是以属派生出的某种方式作出的——比如，灵魂是运动的——那么，我们必须根据运动形式的某个种来考虑灵魂是不是运动的：长大、腐化、生成或其他某种运动形式。因为如果灵魂没有按照以上某一运动形式在运动，显然灵魂不是运动的。这种方法对于立论与驳论都适用。因为如果灵魂按照某一运动形式在运动，显然是运动的；如果没有按照某一运动形式在运动，显然不是运动的。

如果论据不足以支撑论题，就必须从所提出论题真实的或普遍接受的定义中获得论据；如果不能从一个定义得出论据，就要从多个定义着手。作出定义后，论题就易于论证，因为对定义进行反驳相对容易。

我们还必须考虑所提出的论题应归为什么问题，或者如果这个问题真实，所提出的论题必然也是真实的。如果想要立论，必须考虑所提出论题应归"为什么"问题（如果证明其真实，所提出的命题也将得到证明）；而如果想要驳论，必须考虑所提出论题在真实的条件下能产生什么结论，因为如果我们能证明结论虚假，我们就能够驳倒所提出的论题。

此外，我们必须考虑时间因素，看是否会产生不一致的结论。比如，有人说被喂养的事物必然会长大，动物每天都被喂养，但并不是每天都在长大。同样的道理，有人说知识是记忆，但记忆在时间上属于过去，知识在时间上属于过去与未来。因为我们说知识就是科学地认识过去与未来的事物，比如月食将会出现，但记忆只能作用于过去的事物，除此别无他物。

第五节　将对方引到我们有充分论据支撑的论点上：用结论驳倒对方的命题

有一种诡辩法，就是将对方引到我们有充分论据支撑的论点上，这种方法有时实际上必要，有时表面上必要，还有时表面上不必要、实际上也不必要。

这种方法在两种情况下有实际的必要性。第一种情况：回答者否定了对于反驳该命题的论证能够发挥作用的某一论据，而这一论据又恰好是提问者用来反驳该命题的充分论证之一。第二种情况：有人在已论述内容的基础上，通过对某一特定论点进行溯因推理，努力驳倒这一论点，因为驳倒这一论点，也就驳倒了这一命题。

另外，在以下三种情况下，这种方法对所提出的命题表面上必要实际上并不必要：当这种方法看起来对命题的论证既能发挥作用又适用的时候，或支持论证的人否定了命题的时候，或者提问者通过与命题相悖但普遍接受的假设尽力反驳该命题的时候。剩下的就是表面上不必要实际上也不必要的情况：在反驳该论题时，回答者在与论题不相干的另一方面被对方用诡辩法驳倒。我们必须谨慎对待上述最后一种方式，因为这种方式与辩证法相差甚远。为此，回答者一定不能发怒，而是应该尊重那些对反驳论题起不到作用的论据，同时表明虽尊重但不接受的立场。如果回答者大体上能够尊重这些论据，提问者就会更加困惑，除非他们可以得出结论。

此外，无论谁，只要提出了某一论断，都能以某种方式作出一系列论断，因为一个论断必然能够推论出许多其他论断，比如，论断"A是人"的那个人，也能论断"A是动物""A是有生命的""A是双足的"以及"A拥有智慧与知识"。因此，只要由原命题产生的一系列论断中有一个被驳倒，原命题自然也就被驳倒了。我们必须谨慎以防将自己引到更难论证的命题上，因为有时驳倒原命题推断出的结论更加容易，而有时则是驳倒原命题本身更为容易。

第六节 立论与驳论的方法

在两个特征必然有且只有一个为真的情况下——比如，对于人而言，只能符合疾病或健康其中一个特征——如果我们能够充分论证主项符合或不符合其中一个特征，那么也就能够对其他特征进行充分论证。这种方法对于立论与驳论同样适用。因为如果我们论证了主项符合其中一个特征，那么也就论证出主项不符合另一个特征；如果我们论证了主项不符合其中一个特征，那么也就论证出主项符合另一个特征。因此显而易见，这种方法对于立论与驳论都具有实际意义。

其次，我们必须通过理解名称的具体含义来进行论证，因为含义比名称更适合作为先决条件。比如，"生气勃勃的"不是"勇敢的"这层含义，而是表明有着健康的灵魂；同样地，"对美好的事物心怀希望"意味着"憧憬美好的事物"；"幸运的"也是如此，它意味着"宿命是美好的"，就像色诺克拉底（Xenocrates）所言，"幸运是有着美好的灵魂"，因为灵魂就是每个人的宿命。

有些事情必然发生，有些经常发生，有些则偶然发生。如果有人将必然的事情说成经常的，或是将经常的事情说成必然的，或是将经常的相反项说成必然的，这就为我们的论证创造了机会。因为如果将必然的事情视为经常的，显然对于某一论断不是所有个体都符合，因此，论断就是虚假的；同样的道理，如果将经常的视为必然的，显然存在不符合某一论断的个体，因此，论断就是虚假的；此外，如果将经常的相反项视为必然的，论断就是虚假的，因为经常的相反项是较少，比如，人通常是邪恶的，善良的人较少，那么如果说人必然是善良的，就犯下一个很大的错误。同样，如果将偶然的说成必然的或经常的，也犯下一个很大的错误，因为偶然的既不是必然的也不是经常的。如果有人没有明确论断针对的是经常的还是必然的，即使提出者的原意应该是经常的，我们也可以就此辩论并认为他指的是必然。比如，在没有明确必然、经常或偶然的情况下，如果有人说，不符合传统就是邪恶的，我们也可以对此展开辩论并认为他指的是必然发生。

□ 赫拉克勒斯的选择　阿尼巴尔·卡拉奇

普罗狄克斯（公元前465—前395年）是哲学家，也是第一代智者，受到柏拉图和苏格拉底的尊重。他曾讲过一个寓言，是关于大力神赫拉克勒斯必须在美德女神和邪恶女神之间做出选择的故事。邪恶女神提供欢乐和富贵，美德女神则指引他为人类造福。

我们必须考虑，论断提出者是否因为名称不同而将事物本身视为事物的偶性。比如，普罗狄克斯（Prodicus）将愉快划分为快乐、欣喜与欢乐，如果有人将快乐视为"愉快"这一对象的偶性，就是将事物本身视为事物的偶性，因为快乐、欣喜与欢乐是"愉快"这一对象的不同名称。

第七节 对于相反项的方法

相反项有六种组合方式，其中四种组合方式能够产生相反性，因此我们必须以一种对于立论与驳论都有实际意义的方法来考虑相反项。

首先，每个谓项都可以与每一对象或其相反项进行组合，形成第一组的两种组合方式，比如，"善待朋友"与"损害敌人"；反过来，"损害朋友"与"善待敌人"。其次，用相反的谓项来表述同一对象，形成第二组的两种组合方式，比如，"善待朋友"与"损害朋友"；"善待敌人"与"损害敌人"。最后，用同一谓项来表述相反的两个对象，形成第三组的两种组合方式，比如，"善待朋友"与"善待敌人"；"损害朋友"与"损害敌人"。

上面第一组中的两种组合方式，实际上不会产生对立性。原因如下："善待朋友"与"损害敌人"并不是相反的，两者都是可取的选择，并且都具有相同的特征；"损害朋友"与"善待敌人"也不是相反的，两者都是不可取的选择，并且都具有相同的特征。不可取的一方与不可取的另一方并不是相反的，除非论述中一方过于不可取，另一方稍微不可取，因为"过于"表明不可取的程度深，"稍微"表明不可取的程度浅。

然而，其余的四种组合方式会产生对立性。"善待朋友"与"损害朋友"是相反的，因为两者所具有的特征相反，一方可取而另一方不可取。同样，其他三种组合方式也是如此。在每种组合方式中，一方可取而另一方不可取，一方符合高尚的特征，而另一方符合卑劣的特征。根据上述内容，显然，同一项能形成多种不同的相反项，比如，"善待朋友"的相反项有"善待敌人"与"损害朋友"。同样的道理，按照相同的方式，其他每一项都可以形成两个相反项。因此，考虑相反项对于命题的论证具有实际意义。

另外，如果某一项是偶性的相反项，我们必须考虑该相反项是否也符合偶性的特征。如果符合的话，该相反项就不是偶性真正的相反项，因为互为相反项的两者不可能同时符合同一特征。

此外，我们也要考虑可以用存在着的事物来表述的一类事物，此种情况下，必然存在相反项。比如，如果有人说思想存在于我们之中，那么就可以推论出：思想不仅是运动的，而且是静止的；思想不仅可以感知，而且可以理解。对于认同思想存在的人来说，思想很容易看出来是静止的，可以理解的。但如果思想存在于我们之中，就不可能不是运动的，因为我们是运动的，存在于我们之中的一切也一定是运动的；而且，如果思想存在于我们之中，显而易见，思想是可以感知的，因为我们通过视觉可以感知到每一事物的样子。

最后，如果对于偶性来说，存在某个相反项，我们就应该考虑包含偶性的事物是否也包含其相反项，因为同一事物可能包含相反项。比如，有人说憎恨伴随愤怒而生，那么憎恨产生于灵魂中的暴怒情绪，因为愤怒是如此。那我们就应该考虑，憎恨的相反项——友爱，是否也产生于灵魂中的暴怒情绪，如果不是这样，而是产生于欲求，那么憎恨就不是伴随愤怒而生。

同样的道理，有人说灵魂中的欲求是无知，但实际上其包含知识。因为如果灵魂中的欲求确实是无知，就不可能看上去是包含知识的这种状态。正如上述的内容，这种方法对驳论具有实际意义。但对于立论而言，这种方法对于证明"偶性必然属于某物"没有实际意义，而对于证明"偶性可能属于某物"具有实际意义。因为当我们证明了相反项不属于某物时，我们也就证明出偶性不属于也不可能属于某物；而且，即使我们证明了相反项属于某物，我们也证明不出偶性必然属于某物，最多只能证明偶性可能属于某物。

第八节　立足于一系列对立形式的方法

因为有四种对立形式，所以我们须考虑是否能够从这些对立形式中推出结论；反过来，依据立论或驳论的方式对这些结论进行论证，并且运用归纳法进行假设。比如，如果人是动物，那么不是动物的某物就不可能是人，其他例子也是如此。因为动物是通过人得出的结论，但非动物不是通过非人得出的结论，所以反过来论述就是，非人是通过非动物得出的结论。从所有的例子可以归纳出一个普遍性结论：如果前者不成立，后者也不成立。比如，如果美好的事物是赏心悦目的，那么不赏心悦目的事物就不美好；同样的道理，如果不赏心悦目的事物不美好，那么美好的事物是赏心悦目的。因此，显而易见，根据对立形式反推结论的方法对于立论与驳论同样适用。

事实上，对于相反项，立论者与驳论者都须考虑相反项中的一项是否是另一项的直接结果，并且须通过有助于论证的例子归纳出结论。直接结果的情况，比如，勇敢与怯懦，美德是勇敢的直接结果，而劣行是怯懦的直接结果；可取的是勇敢的直接结果，不可取的是怯懦的直接结果。以上这些都是直接结果，因为可取的与不可取的是相反项，其他例子也是如此。逆向结果的情况，比如，健康是良好体质的结果，但疾病不是不良体质的结果，事实上不良体质是疾病的结果。因此，显而易见，这里的结果是逆向的。对于相反项而言，逆向结果的情况很少出现，大部分结果都是直接的。如果相反项中的一项既不是另一项的直接结果，也不符合逆向结果的情况，那么就表明，一个论断不是另一论断的结果。如果不是上述两种情况，那么一个论断必然是另一论断的结果。

如同考虑相反项一样，我们也必须考虑缺乏与具有方面的情况。在缺乏的情况下不会出现逆向结果，必然结果总是直接的，正如感觉是视力的直接结果，而没有感觉是视力缺失的结果。在缺乏与具有方面，感觉与没有感觉是对立的，因为一个是具有的状态，而另一个是缺失的状态。

对于相关项也是如此，我们需要借助与缺乏、具有方面相同的方式，因为相关项的结果也是直接的。比如，如果三倍是倍数，那么三分之一是分数，因为三倍与三分之一是相关的，倍数与分数是相关的；再比如，如果知识是意见，那么知识的对象也是意见的对象；如果视觉是感觉，那么可见就是可感知的。可能有人会不认可以上论述，称相关项不一定是直接的结果，可感知的事物是知识的对象，但感觉并不是知识。但是，这种反驳看起来并不真实，因为许多人否认基于感觉的知识。此外，上述方法对于相反项的证明具有重要意义，因为可感知的事物不是知识的对象，同样地，感觉也不是知识。

第九节　对于对等词、生成物与被破坏物的方法

此外，在立论与驳论中，我们须注意基本的对等词及其派生词。对等词是指这样一类词，比如，公正的事与公正的人都与公正对等，勇敢的行为与勇敢的人

都与勇敢对等；同样地，某物与有益或促进某物的东西也是对等的，比如，有益健康的东西与健康是对等的，促进形成良好习惯的东西与良好习惯也是对等的。与此类似的其他情况也是对等的。还有一类词也通常被视为对等的，比如，公正的、勇敢的、健康的，以及根据以上方式形成的其他派生词。派生词与原来的词是对等的，比如，公正的与公正对等，勇敢的与勇敢对等。

所有的同根词都是对等的，比如，公正、公正的、公正的人、公正的事以及公正地。因此，显而易见，当一组同根词中的任何一个被证明是善的或者是值得称赞的时候，其余的所有词就都被证明也是如此。比如，如果公正是值得称赞的，那么公正的人、公正的事、公正的这三者就也是值得称赞的。同样的道理，上述也能说明"公正地"是"值得称赞地"，因为"公正地"由"公正"派生而来，"值得称赞地"由"值得称赞"派生而来。

然而，我们不仅要考虑所述事物本身的相反情况，还要考虑其相反项的相反情况。比如，善不一定是快乐的，因为恶不一定是痛苦的；如果恶一定是痛苦的，那么善就一定是快乐的；如果公正是知识，不公正就是无知；如果"公正地"是"有知识地"与"熟练地"，那么"不公正地"就是"无知地"与"生疏地"。但是，如果"公正地"不是"有知识地"或"熟练地"，那么"不公正地"就也不是"无知地"或"生疏地"，这与上述情况一样。与"生疏地"相比，"不公正地"与"熟练地"含义更相近。这种方法在上文相反项的一节中已经提到过，因为相反项中的一项是另一项的结果这个原则具有重要意义。

此外，立论者与驳论者都须考虑生成与破坏的情况以及加强与减损的情况，从而进行论证。如果其生成物是善的，那么自身也是善的；如果自身是善的，那么其生成物也是善的。反之，如果其生成物是恶的，那么自身也是恶的。破坏方面的情况则与生成方面的情况相反。如果被破坏物是善的，那么自身就是恶的；如果被破坏物是恶的，那么自身就是善的。论证者能够以同样的方式对加强与减损的情况进行论证：如果被加强的事物是善的，那么起加强作用的事物是善的；如果被减损的事物是善的，那么起减损作用的事物则是恶的。

第十节　对于相似项、更多项与更少项的方法

此外，我们须考虑相似项是否真的相似。比如，如果知识涉及多数中的一部分，那么意见是否也是如此；如果拥有视觉是能够看见，那么拥有听觉是否能够听见。真正的相似项以及普遍认同的相似项也是如此。这种方法对于驳论与立论同样适用。因为如果相似项中的某一项如此，其他项就也是如此。然而，如果相似项中的某些项不是如此，其他项也不是这样。

另外，我们也要考虑某一方面的相似以及多方面的相似，因为有时情况不一样。比如，如果知道某物就是用智慧去思考某物，那么，知道许多事物就是用智慧去思考许多事物。但这实际上并不是真实的，因为我们或许可能知道许多事物，但却无法用智慧去思考这些。因此，如果多方面的相似不是真实的，那么某一方面的相似就不是真实的，也就是说，知道某物就是用智慧去思考某物也不是真实的。

其次，我们需要从更多与更少的情况进行论证。一共有四种更多的情况：第一种情况，更多的是否是更多的结果。比如，如果快乐是善，那么更多的快乐就是更多的善；如果伤害是恶，那么更多的伤害就是更多的恶。这种方法对于驳论与立论同样适用。如果偶性因其所属主项的增加而增加，正如上文所述，那么，显而易见，上文中的特征就是偶性；但如果不因主项的增加而增加，那么上文中的特征就不是偶性，所以我们必须借助归纳法才能论证出这个结论。

第二种情况，当同一个谓项表述两个主项时，如果谓项不属于更应属于的那个主项，那么这个谓项也就不会属于更不应属于的另一主项；反过来，如果谓项属于更不应属于的那个主项，那么这个谓项也就一定属于更应属于的另一主项。

第三种情况，当两个谓项表述同一个主项时，如果看起来更应属于主项的那个谓项不属于主项，那么，更不应属于主项的另一谓项就也不属于主项；反过来，如果看起来更不应属于主项的那个谓项属于主项，那么另一谓项就更应属于主项。

第四种情况，当两个谓项表述两个主项时，如果谓项A看起来更应属于主项A但实际上却不属于主项A，那么谓项B也就不属于主项B；如果谓项B虽看起来

更不应属于主项B但实际上却属于主项B，那么谓项A也就属于主项A。

再次，我们要对在同等程度上属于或看起来属于的情况进行论证。一共有三种情况，也就是上述四种更多情况的后三种：第一种情况，一个谓项在同等程度上属于或看起来属于两个主项。如果这个谓项不属于其中一个主项，那么这个谓项也就不属于另一主项；如果这个谓项属于其中一个主项，那么这个谓项也就属于另一主项。第二种情况，两个谓项在同等程度上属于同一个主项。如果一个谓项不属于主项，那么另一谓项也就不属于主项；一个谓项属于主项，那么另一谓项也就属于主项。第三种情况，两个谓项在同等程度上属于两个主项。如果谓项A不属于主项A，谓项B也就不属于主项B；如果谓项A属于主项A，谓项B也会属于主项B。

第十一节　从添加与绝对性进行论证

上文已经论述了更多、更少、相似情况下的方法。此外，我们还可以从添加方面进行考虑。将A添加到B上，使B变成善的或白的，如果B在添加之前不是善的或白的，那么作为添加物的A就是善的或白的，因为A使得整体具有了善或白的特征；如果B在添加之前就具有某种特征，添加了A之后，B的这种特征更加突出，那么，添加物A也具有与B相同的特征。类似的其他例子也是这样。然而，这种方法并不适用于所有情况，只适用于添加后特征更加突出的情况。此外，这种方法也不适用于驳论。如果添加物没有使被添加物或整体变成善的，就无法明确添加物本身是不是善的。因为善添加到恶上不一定使整体变成善的，白添加到黑上也不一定使整体变成白的。

此外，如果某物可以用特征更多或更少来表述，那么该物绝对符合此特征。因为非善或非白的事物绝不可能用善或白的更多或更少来表述；恶的事物也绝不可能用善或白的更多或更少来表述，只能用恶的更多或更少来表述。这种方法也不适用于驳论。因为存在许多事物，它们虽然不能用特征更多或更少来表述，但却绝对符合此特征。比如，人虽然不能用人的特征更多或更少来表述，但不能说人不符合人的特征。

我们也应该以相同的方式考虑论断在某方面、某时与某地成立的情况。因为如果一论断在某方面可能成立，也就绝对可能成立。某时与某地的情况也如此。因为绝对不可能成立的论断在任一方面、任一时间以及任一地点都是不可能成立的。或许有人会反驳道：在某些方面，人的本性是善的，比如，人会宽宏大度或自我克制，但人的本性并非绝对是善的。同样地，易腐败的物品在某时可能没有腐败，但绝对不可能是不会腐败的。在某地，比如有害健康的地方，保持某种习惯是有益的，但并非绝对是有益的；而且，在某地能够独居，但却不是绝对能够独居。同样地，在特里巴利人部落，用父亲献祭是善的行为，但并非绝对是善的。可能有人会质疑第二个某地的例子说明的不是某地而是某部落。实际上，两者没有区别，因为不论在什么地方，只要是在特里巴利人部落，用父亲献祭就是善的行为。某时吃药是有益的，比如生病时，但并非绝对是有益的。可能有人会质疑这个例子说明的不是某时而是某种情况，因为人在什么时间吃药并不重要，重要的是需要吃药的情况。

因此，不受任何条件限制的善或善的相反项就是绝对的。比如，不能说用父亲献祭是善的行为，只能说某些人认为用父亲献祭是善的行为，因此，这不是绝对的善。然而，敬畏诸神是不受任何条件限制的善，所以它是绝对的善。因此，所有不受任何条件限制的善行或恶行或其他此类行为，都可以说是绝对的。

第三卷

第一节　更可取与更佳

接下来，我们还要考虑两个或两个以上事物中哪个更可取或更佳。首先要明确的是，我们考虑的内容不包括那些相差甚远的事物（因为没有人不知道幸福与财富哪个更可取），而是差别较小的事物；并且，对于这些事物，我们比较不出来优劣，因此也不知道哪个更佳。如果这些事物中，哪个能表现出一处或多处优势，显然我们就可以推论出优势多的那个更可取。

首先，更持久或更确定的事物比不那么持久或不那么确定的事物更可取。明智或善良的人，公正的法官，潜心于某一方面的学者，各个领域（比如医学领域或木工行业）的专家，他们中的大多数人或所有人都倾向于做出相似的选择。而他们做出的选择就是大多数或者所有选择出来的事物，比如善，因为一切向善。言归正题，在绝对意义上，更佳与更可取由更佳的知识——对于一个人来说，就是他所拥有的全部知识——来决定。

其次，归为种范畴的事物比没有归为种范畴的事物更可取。比如，公正比公正的人可取，因为前者是在种范畴中的善，而后者不是；并且，前者本身是善，而后者不是。因为任何不在种范畴中的事物都不能用种本身来表述，比如，白人不能称为颜色本身，其他情况也是这样。

再次，因其本身被选择的事物比因其他被选择的事物更可取。比如，健康比锻炼更可取，因为前者是因其本身被选择，后者则是因其他事物被选择；并且，因其本质被选择的事物比因其偶性特征被选择的事物更可取，比如，正直的朋友就比正直的敌人更可取，因为前者因其本质被选择，后者因其偶性特征被选择。我们之所以因偶性特征选择正直的敌人，是因为他们可能不会伤害我们。这与上文的选择是相同的，但在表述方式上存在区别。我们选择正直的朋友是因其本质，即使作出此选择对我们也不会产生任何影响，又或者他们在遥远的印度。但是，选择正直的敌人则是因为其他原因，即他们可能不会对我们造成伤害。

此外，本质上善的事物比偶性上善的事物更可取。比如，美德比好运更可取（因为前者的善是本质上的，而后者的善源于偶性），其他类似情况也是这样。从相反的意义上讲，本质上恶的事物比偶性上恶的事物更不可取，比如，本性邪恶比偶有恶行更不可取；因为本性邪恶是本质上的恶，而偶有恶行是偶性上的恶。

绝对的善比对于特定人群的善更可取，比如，健康比切除手术更可取，因为前者是绝对的善，而后者是对于手术患者的善。同样地，本性的善比非本性的善更可取，比如，公正比公正的人更可取，因为前者是本性，后者是后天习得的。

另外，属于更好的与更令人珍重的事物更可取，比如，属于神的比属于人的事物更可取，属于灵魂的比属于身体的事物更可取。同样地，更好事物的特性比更坏事物的特性更好，比如，神的特性比人的特性更好。虽然这两者有相同点，不容易区别开，但在特性方面，神比人更好。

存在于更好的、更优先的或更令人珍重的事物中的东西也是更好的。比如，健康比力量、美貌更好，因为健康存在于湿、燥、寒、暑之中，简单来说，存在于构成身体的基本要素中，而力量、美貌则存在于后一级的要素中：力量存在于肌腱与骨骼中，美貌似乎是肢体匀称。目的比达到目的的途径看起来更可取，而在两种途径中，更能达到目的者更可取。简单地说，达到生活目的的途径比达到其他目的的途径更可取，比如，实现幸福的途径比实现审慎的途径更可取。

能奏效的事物比不能奏效的事物更可取，在两个动力中，更易达到目的的更可取。当目的A优于目的B的程度比目的B优于其动力的程度更高时，通过比较就可以知道动力与目的之间哪个更可取。比如，如果幸福优于健康的程度比健康优于有益健康事物的程度更高，那么，产生幸福的事物就比健康更佳。因为幸福优于健康的程度与产生幸福事物优于有益健康事物的程度相同，那么产生幸福的事物优于有益健康事物的程度比健康优于有益健康事物的程度更高。因此显而易见，产生幸福的事物比健康更可取，因为产生幸福的事物优于同一参照对象的程度更高。

再次，因其本身更美好、更令人珍重以及更值得称赞的东西更可取，比如，友情比财富更可取，公正比力量更可取。前者因其本身更令人珍重、更值得称赞，后者不是因其本身而是因其他事物更令人珍重、更值得称赞，因为没有人因财富本身而是因其他事物珍重财富；与此相反，我们是因友情本身珍重友情，即使我们不能从友情中得到什么。

第二节　相似项与最佳项

当两个事物十分相似，并且看不出两者中哪一个更有优势时，我们就应该依据两者的结果进行考虑，能够产生更好结果的事物更可取。换言之，如果结果都是坏的，那么结果不那么坏的事物就更可取。依据结果的考虑包含两个方面，因为既有先发生的结果又有后发生的结果，比如，对于学习者来说，无知是先发生的结果，而获得知识是后发生的结果。大多数情况下，后发生的结果更好。因此，我们应该考虑哪个结果更符合我们的目的。

其次，更多的善比更少的善更可取，该论述或者是绝对的，又或者是其中一个包含于另一个之中，也就是更少的善包含于更多的善之中。可能有人会反驳道：在某种情况下，如果一个因为另一个而存在，那么两者作为一个整体并不会比单独的一个更可取。比如，恢复健康与健康作为一个整体，并不会比健康更可取，因为我们作出恢复健康的选择是因为健康。然而，没有理由可以否认不善者与善者的整体比善者更可取，比如，幸福与其他不善的事物比公正与勇敢更可取，带着快乐的事物比没有快乐的同一事物更可取，没有痛苦的事物比带着痛苦的同一事物更可取。

若事物发生于最能发挥其作用的时间，则更可取。比如，没有痛苦在老年时比在青年时更可取，因为没有痛苦在老年时更能发挥作用；同样地，审慎在老年时也更可取，因为没有人愿意选择一个年轻人作为领导者，因为年轻人不够审慎。与此相反，勇敢在年轻时更可取，因为勇敢对于年轻人而言更有必要；自我克制也在年轻时更可取，因为比起老年人，年轻人更控制不住自己的欲望。

在所有时候或大多数时候更有用的事物更可取。比如，公正与自我克制都比勇敢更可取，因为前两者在所有时候都是有用的，而后者只在有些时候有用。另外，有一种事物，所有人都有而且有了它我们就不再需要其他事物，这种事物比所有人都有但我们还需其他的事物更可取。比如，对于公正与勇敢，因为如果所有人都公正，勇敢就没什么作用，但即使所有人都勇敢，公正仍然具有实际意义。

我们还需要从破坏、排斥、生成、获得以及相反的情况进行论证。其中，更能避免遭到破坏的事物本身更可取。排斥与相反的情况也相同，因为更能避免受到排斥或相反的事物本身更可取。但生成与获得的情况与此相反，因为更容易获得与生成的事物本身更可取。

另一个方法是，与善更接近的事物更好、更可取，与善更相似的事物也更好、更可取，比如，公正比公正的人更好。同样地，与更好者更为相似的事物比不那么好的事物更可取，比如有人说，埃阿斯（Ajax）比尤利西斯（Ulysses）更好，因为前者与阿基里斯（Achilles）更相似。可能有人会反驳这不是真实的，因为虽然没有理由可以否认埃阿斯与阿基里斯更相似，但阿基里斯并不是最好的；而尤利西斯与阿基里斯虽然不相似，但尤利西斯确实是个好人。

□ 教育阿基里斯　詹姆斯·巴里　1772年

阿基里斯也被译作阿喀琉斯，是希腊神话中半人半神的英雄，曾参加过特洛伊战争。古希腊哲学家在著作中经常用神话中的英雄人物举例，比如著名的芝诺悖论"阿基里斯追不上乌龟"。

因此我们需要搞清楚事物间相似性的考虑是否荒谬，比如类人猿与人相似，而马与人不相似，虽然类人猿与人更相似，但类人猿没有马更好看。此外，在A与B之间，如果A与更好的事物更为相似，B与更坏的事物更为相似，那么，与更好者更为相似的A就更好。同样，可能有人会对此提出反驳，因为没有理由可以否认A只是与更好的事物有点相似，而B则与更坏的事物极其相似。比如，埃阿斯只是与阿基里斯有点相似，但尤利西斯却与涅斯托耳（Nestor）极其相似。或者，A与更好的事物相似是指在更坏的方面相似，而B与更坏的事物相似是指在更好的方面相似，比如，类人猿与人相似，马与驴相似。

另一个方法是，更杰出的事物比不那么杰出的事物更可取。同样地，更难得到的事物也更可取，因为如果我们拥有了这些不容易得到的事物，就会非常珍视。再则，更特别的事物比更普通的事物更可取。我们还要选择与邪恶联系更少的事物，因为没有折磨的事物比带来折磨的事物更可取。

此外，如果A在绝对意义上比B更好，A中的最佳项也就比B中的最佳项更好。比如，如果人比马更好，那么最好的人就比最好的马更好。反过来，如果A中的最佳项比B中的最佳项更好，那么A就在绝对意义上比B更好。比如，如果最好的人比最好的马更好，人就在绝对意义上比马更好。

另外，可以与朋友分享的东西比不可以与朋友分享的东西更可取，我们更愿意为朋友做的事情比愿意为陌生人做的事情更可取。因为真正公正的行为与真正的善行比显得公正、显得善的行为更可取，我们更愿意为朋友做真正的善事而不是做显得善的事，但对于陌生人则相反。

再有，富足的东西比必需的东西更好，并且有时也更可取。过好的生活比生存更好，因为过好的生活就是富足，而生存本身是必需。有时候，更好的东西不是更可取的，因为不能从更好必然地推出更可取。比如，哲学思考比赚钱更好，但对于一个缺乏生活必需品的人来说，哲学思考就不是更可取的。哲学思考需要建立在富足的基础上，也就是当一个人拥有生活必需品，在此基础上努力获得其他美好的东西之时才可取。概括来讲，就是必需的东西基本上更可取，而富足的东西则绝对更好。

还有，不能由其他事物产生的事物比可以由其他事物产生的事物更可取，比如，公正比勇敢更可取。此外，如果没有B的A是可取的，而没有A的B则是不可取的，那么，A就比B更可取。比如，不加克制的权力是不可取的，但没有权力的克制是可取的。另外，在两个事物中，如果我们否认其中一个，就显得拥有了另一个，那么，显得拥有的事物就更可取。比如，我们否认自己的辛苦付出，是希望显得有天赋。

最后，承受较少责备的事物比遭受磨难的事物更可取；没有遭受磨难的事物比承受责备的事物更可取。

第三节　更可取的内容再续

在同一个种的范畴下，具有独特优点的事物比不具有的事物更可取。当两者都具有独特优点时，独特优点表现程度越高的事物就更可取。此外，如果某一事物使得其作用的事物为善，而另一事物不可以，那么，使得其为善的事物就更可取，比如能够产生加热作用的事物比不能产生加热作用的事物更可取。如果两者都能使其作用的事物为善，能使事物更善的东西也就更可取，或者能使更好的与更重要的事物为善的东西就更可取，比如，如果某一事物使灵魂为善，另一事物使肉体为善，那么前者比后者更可取。

其次，根据词性、用法、动作以及作用进行论证，不同的谓项因为这些相互联系。比如，如果公正的比勇敢的更可取，那么公正比勇敢更可取；反过来，如果公正比勇敢更可取，那么公正的比勇敢的更可取。其他情况也是如此。

再次，如果与同一参照对象相比，A的善更大，B的善更小，那么，A就更可取。或者，A与B的善都比参照对象大，那么善更大的更可取。如果两者都比同一参照对象更可取，那么，可取程度更大的事物比可取程度更小的事物更可取。此外，如果A之放纵比B之放纵更可取，A本身也就更可取，比如，友情比财富更可取，因为友情之放纵比财富之放纵更可取。通过自己获得的事物比通过其他获得的事物更可取，比如，朋友比金钱更可取。

此外，我们还可以从添加方面进行考虑：被添加到同种事物中的事物是否使整体变得更可取。我们需要注意以下情况，即同一事物用在其中一个被添加物时，或者以其他方式与其中一个被添加物结合时，其余的事物既不使用也不结合的情况：比如，在施工中，将锯子与切割器一起使用，有时两者结合在一起时更可取，但不是绝对意义上的更可取。再则，如果某物添加到更小的善上能使整体变成更大的善，那么这一事物就更可取。从减除方面进行考虑也是如此。如果某事物从同种事物中被减除，余下的部分是更小的善，那么，被减除的事物就是更大的善，因为减除了被减除的事物才使余下的部分变成了更小的善。

另外，如果A因其本身而更可取，B是因其他而更可取，那么A比B更可取，比如，健康比美貌更可取。对于某种看法而言，更可取可以定义为：如果没有人关注，就不会去努力获得。如果A不仅因其本身而且因其他而可取，B只因为其本身或其他而可取，那么A就更可取。因其本身而更重要的事物，就是更好的、更可取的。因其本身更重要，指的是我们完全是因其本身更愿意选择它，而不期待其本身产生什么结果。

我们也要区别可取的多种含义以及可取所为的目的，比如有益、美好或欢乐等，因为对于所有或大多数事物有用的东西比不那么有用的东西更可取。当一个事物可取出于两个目的时，就要考虑哪个目的更显著，也就是更欢乐、更美好或更有益的那一个。另外，所为目的更好的事物更可取，比如，所为目的是美德的事物就比所为目的是欢乐的事物更可取。在避免方面的情况也是如此，对可取事物造成更大妨碍的事物就更不可取，比如疾病就比畸形更不可取，因为疾病对欢乐与真诚造成的妨碍都更大。

再则，同理可证，如果所提出的事物是不可取的或可取的，这样的事物可以同样地选择与避免，那它就比绝对可取的事物更不可取。

第四节　比较可取与不可取的方法的作用

正如上述所说，我们需要进行两个事物间的比较。同样的方法对于表明事物可取或不可取也可以起到作用，因为只需要减除其中一个事物超出另一事物的优势部分。如果更令人珍重的东西更可取，那么令人珍重的事物也就可取；如果更有用的事物更可取，那么有用的事物也就可取。对于类似于此种形式的比较，情况与此相同。然而，进行两者间的比较时，我们有时直接就能断言两者或两者中的某一个可取，比如，当我们说一个事物本性善而另一事物本性不善的时候就是如此，因为本性善的事物显然是可取的。

第五节　极具普遍性的方法：从更多与程度更高进行考虑

考虑更多与程度更高被认为是极具普遍性的方法，因此也被认为对于许多问题都具有实际意义。对于上文提及的例子，我们只要稍微改变一下名称，就会使其具有更普遍的适用性，比如，本性具有某特征的事物，比非本性具有此特征的东西更具有此特征；而且，如果A具有某特征或者某固有特征，而B不具有，那么A具有该特征的程度就比B更高。如果两者都具有，具有该特征更多的事物，该特征的表现程度更高。

另外，如果A与B是相同的事物，A具有的某特征更多，B具有的某特征更少；或者A具有的特征比某特征更多，B具有的特征没有那么多，那么显而易见，A的该特征表现程度更高。再则，我们可以从添加方面来进行考虑，某事物添加到同一事物中是否会使整体具有的某特征更多，或者，某事物添加到该特征更少的事物中是否会使整体具有的某特征更多。从减除方面来考虑也是如此。如果某物被减除后剩余物的特征更少，那么，减除者本身具有的这种特征就更多；而且，混合相反特征越少的事物特征就更多，比如，混合的黑更少的事物就更白。除上述内容外，如果某事物能更多地反映所说对象的真正定义，那么其具有定义中的特征就更多，比如，如果白色的定义是视力能够分辨的一种颜色，那么视力更能分辨的颜色就更白。

第六节　以上方法也适用于特称问题

对于提出的问题是特称的不是全称的，上文提及的立论或驳论的一般方法全部都适用。因为从普遍意义上进行立论与驳论时，我们可以证明特殊的方面：如果某事物属于全体，那么它也就属于某一个体；如果它不属于全体，也就不属于任何一个个体。这些方法尤其适用于对立、对等与派生方面的情况，因为同样是从普遍意义上进行假设。

在对立方面，"如果一切快乐都是善的，那么一切痛苦都是恶的"与"如果某种快乐是善的，那么某种痛苦是恶的"是相似的普遍意见。在对等方面，如果某种感觉不是能力，那么没有这种感觉也就不是没有能力；如果针对其提出观点的事物是某种能认知的事物，那么这种观点也就是知识。如果某些不公正的事是善的，那么某些公正的事就会是恶的；如果某些公正的行为是恶的，那么某些不公正的行为就会是善的。在派生方面，如果某些快乐的事是不可取的，那么某些快乐就会是不可取的；如果某些快乐的事是有益的，那么某些快乐就会是有益的。

在败坏、生成与破坏方面也是如此。如果快乐或知识败坏产生的某种事物是善的，那么快乐或知识就会有恶的。同样的道理，如果知识的破坏物有善的，而知识的生成物有恶的，那么，知识也就会有恶的。比如，如果忘记某人已为的恶行是善的，而牢记某人已为的恶行是恶的，那么，对已为的恶行的判断就是恶的。其他方面的情况也是如此，因为在一切场合都存在相似的普遍意见。

其次，可以从更多、更少与同等的方面进行考虑。如果另一属中的某一事物比所言对象具有的某种特征更多，而同一个属的其他事物都不具有这种特征，那么，所言对象也就不会具有这种特征。比如，如果某一知识比快乐具有的善更多，而其余的知识都不具有善的特征，那么，快乐也就不具有善的特征。

从同等与更少的方面考虑也是同样的。只有从同等的方面考虑，才能既驳论又立论；从更少的方面考虑，就只能立论不能驳论。比如，如果某一能力与知识的善同等，当这一能力是善的时，知识也就是善的；但当没有一种能力是善的时，知识也就不是善的。如果某一能力比知识具有的善更少，当这一能力是善的时，知识也就是善的；但当没有一种能力是善的时，没有一种知识是善的这一结论就不是必然的。因此，显而易见，从更少方面进行考虑的方法只能用于立论。

□ 亚西比德接受苏格拉底的教诲
弗朗索瓦-安德烈·文森特

亚西比德是雅典著名的军事将领和政治家，也是苏格拉底的学生。据说他与苏格拉底一样，对雅典的民主制度持怀疑态度。他们还一起探讨过美德、善、正义。苏格拉底认为，善就是关于人的利益的学问。

此外，我们不仅可以通过另外的属，而且可以通过提出同一属中的特定例子进行驳论。比如，提出某一知识是善的而且已表明审慎不是善的，那么，就不存在哪一知识是善的，即使是那些最适合被称作知识的事物。我们也可以通过假设进行论证。假设某一特征属于或不属于某一事物，那么这一特征也就属于或不属于同一个属中的所有事物。比如，如果人的灵魂是永恒的，那么其他灵魂也就是永恒的；如果人的灵魂不是永恒的，那么其他灵魂也就不是永恒的。

因此，在驳论时，如果假定某一特征属于某一事物，就需要证明这一特征不属于这一事物，那么就可以根据假设得出这一特征不属于任一事物的结论；反过来，如果假定某一特征不属于所有事物，就需要证明这一特征属于某一事物，那么就可以根据假设得出这一特征属于任一事物的结论。因此，显而易见，提出假设的人是通过对特定例子进行假定的方式使得问题普遍化。为了探究普遍性结论，就需要任意一个例子都符合结论；如果假设任意一个例子都符合，那么所有的都符合。

对于不明确的问题，只有一种驳论方式，比如，如果有人说快乐是善的或不是善的，却没有作出任何解释说明。如果他说的是某一快乐是善的，那么，我们想要驳倒这个命题，就必须从普遍意义上证明没有快乐是善的。同样地，如果他说的是某一快乐不是善的，那么，我们想要驳倒这个命题，就必须从普遍意义上证明所有快乐都是善的。对于驳倒以上两个命题，都是有且只有一种方式。如果我们只证明某一快乐不是善的或者是善的，就不能够驳倒命题。

因此，显而易见，驳论的方式只有一种，但立论的方式却可以有两种。只要我们从普遍意义上证明所有快乐都是善的，或者某一快乐是善的，就可以证明某一快乐是善良的这个命题。同样地，如果要证明某一快乐不是善的，我们可以通过普遍的与特殊的这两种方式证明，也就是证明没有快乐是善的或者某一快乐不是善的。

然而，对于明确的命题，就有两种驳论方式。比如，如果提出的命题是某一快乐是善的，而某一快乐不是善的，那么，证明所有快乐都是善的，或者证明没有快乐是善的，都会驳倒这个命题。如果有人说只有一种快乐是善的，那么就有三种驳论方式：证明所有快乐都是善的，或者证明没有快乐是善的，又或者证明不止一种快乐是善的，都会驳倒这个命题。如果命题更明确，比如，只有审慎这一种美德是知识，那么就有四种驳论方式：证明所有美德都是知识，或者证明没有美德是知识，或者证明某个其他的美德（比如公正）是知识，又或者证明审慎本身不是知识，都会驳倒这个命题。

如同考虑普遍性的问题，针对特定例子要考虑某特征是否是其固有特征同样具有实际意义。此外，我们也要根据种对属进行划分，如上文所述，直至分到个体为止。因为不论是证明所有事物都符合该特征，还是都不符合，在列举了许多例子后，对方都应该认同该观点具有普遍性，不然就需要提出与观点不相符的例子进行反驳。还有，无论对方用种还是数目来定义偶性，反驳者都应考虑这些特征是否都不属于所言对象，比如，通过列举许多种类的运动来证明时间既不是运动的也不是运动形式。如果这些种类的运动中没有一种属于时间，那么，显而易见，时间就既不是运动的也不是运动形式。同样的道理，我们可以通过对数进行划分——用奇数或偶数来证明灵魂不是数，如果灵魂既不是偶数，也不是奇数，那么显然灵魂就不是数。

因此，对于偶性，我们必须通过上述方法以及采用同样的方式进行论证。

第四卷

第一节 关于属的论题

接下来，我们应该考虑与属、特性有关的一些问题，这些都是定义中的要素，但是，辩论者很少考虑这些问题本身。

如果假设存在某一特定事物的属，那么，我们首先应该考虑与论题有关的所有事物，从而知道是否存在某些事物没有被论题表述，比如偶性的情况：如果有人断定善归为快乐的属，我们就应该考虑是否存在某一快乐不是善的；如果存在，显然善就不是快乐的属，因为属可以用于表述同一种下的所有事物。

此外，我们也要考虑在回答事物本质的问题时，属是否没有作出表述，而仅有偶性，比如，雪是白色的，或者灵魂会自己运动。因为雪与白色不是相同的事物，所以，白色不是雪归为的属。同样地，灵魂与运动的事物也不相同，因为运动只是灵魂的偶性特征，就像运动通常也是能行走且正在行走的动物的偶性特征一样；而且，正在运动也不表示事物的本质，而是表示事物动态与静态的特征。白色也是如此，因为白色没有表明雪的本质，只表明其特征。因此，这些都没有在回答事物本质的问题时作出表述。

首先，我们尤其要考虑偶性的定义是否与已述的属相符，比如上文提及的例子。因为相同的东西可能会也可能不会自己运动，同样地，相同的东西可能是也可能不是白色的。所以，这些都不是属，只是偶性，因为我们已经对偶性作出解释，偶性就是可能属于也可能不属于某一事物的特征。

其次，我们要考虑属与种是不是同一个范畴类型，还是一个为本质，另一个为性质；或者一个为关系，另一个为性质。比如，雪与天鹅是本质，白色不是本质而是性质，因此，白色不是雪的属，也不是天鹅的属。再则，知识是关系，而善与美好都是性质，因此，善或美好也都不是知识的属。因为关系的属本身也必须是关系，以两倍为例，倍数作为两倍的属，其本身也是关系。一般说来，属与种应该是同一个范畴类型，如果种是本质，那么属也应该是本质；如果种是性质，那么属也应该是性质。比如，如果白色是性质，那么颜色也是性质。其他情况也是如此。

再次，我们还要考虑属共享比属级别低的定义是必然的还是可能的。共享定义就意味着可以接受共享对象的定义，因此，显而易见，种能共享属的定义，但属不能共享种的定义。因为种可以接受属的定义，但属却不接受种的定义。所以，我们要考虑所提出的属是否共享或能否共享种的定义。比如，有人断言，如果"存在"或"唯一"的某一属共享种的定义，那么就可以得出属共享种的定义，因为"存在"与"唯一"可以表述所有实体，其定义也是如此。

然后，我们要考虑是否会出现这样一种情况：事物所归为的种真实地表述某一事物，而属却不真实地表述。比如，有人将"存在"或知识的对象看作观点对象的属，观点表述的对象是非实体，因为许多非实体是观点的对象。然而，"存在"或知识的对象显然不能表述非实体。因此，无论"存在"还是知识的对象都不是对象的属，用于表述种的东西必然表述属。

另外，我们必须考虑归为属的事物是否不可能共享任何一个种。因为不共享任何一个种的事物不可能共享属，除非本身就是最初分类时仅共享属的那些种中的某一个。因此，如果有人将运动看作快乐的属，我们就应该考虑快乐是否既不是生长，也不是变化，还不是任何一个其他给定的运动形式。显然，归为属的事物不共享任何一个种，也不共享属，因为共享属的事物必然共享某个种。由此可以得出，快乐不是运动的种，也不是归为运动这个种的个体。因为个体也共享属与种，比如，某个人就要共享人与动物的特征。

此外，我们要考虑归为属的事物是否比属表述的范围更大，比如，观点的对象比实体的范围更大。因为实体与非实体都是观点的对象，所以，观点的对象不可能是实体的种，属表述的范围总是比种更大。我们还要考虑种与属表述的事物数目是否一样多，比如，通过所有情况得出的结论中，是否一些归为种，而另一些归为属，比如"存在"与"唯一"。"存在"与"唯一"是通过所有情况得出的结论，所以，一个不可能是另一个的属，因为两者表述的事物数目一样多。

同样地，因为本原就是原始，初始就是本原，所以两者其一是通过另一个得出的结论。因此，上述两者是相同的，也就是说，两者其一不是另一个的属。在所有类似的情况下，属比种、种差表述的范围更大，因为种差表述的事物比属更少。

此外，驳论者要考虑上述是否不是或看起来不是种方面没有区别的某一事物的属；立论者要考虑其是否是某一事物的属，因为种方面没有区别的所有事物的属都是相同的。因此，如果证明A是某一事物的属，显而易见，A就是所有事物的属；如果证明A不是某一事物的属，显而易见，A就不是任一事物的属。比如，如果有人认同存在不可分的线，会说不可分是这些线的属，因为作出表述的不是这些线的属。这些线的属与不可分在种的方面不存在区别，因为所有直线在种的方面都不存在区别。

第二节 关于属、种、种差的论题

首先，我们要考虑是否存在给定种归为任何一个属，给定种既不包含在给定属之内也不归为给定属，比如，有人宣称知识是公正的属。因为美德是公正的属，且任何一个属不包含其他属在内，所以，知识不可能是公正的属。因为普遍认为，当一个种归于两个属时，那么其中一个属就要包含另一个。

当然，在某些情况下此观点存在疑问。因为有人认为审慎既是美德也是知识，而这里任何一个属不包含其他属在内。然而，审慎是知识的观点并不被所有人认同。因此，如果所有人都认同该观点真实，那么就存在一个普遍观点：对于同一事物的属，要么其中一个包含另一个，要么两者都归为同一个属，正如美德与知识的情况一样。因为美德与知识中的每一个都既是习惯又是倾向，所以两者归为同一个属。因此，我们要考虑是否两种情况都不属于给定的属。因为如果不是两者中的一个属包含另一个，也不是两者都归为同一个属，给定的内容就不是属。

其次，我们也应考虑给定属的属，并且以这样的方式考虑高一层次的属，看是否所有的这些都表述种以及是否能回答事物的本质。因为所有高一层次的属都应该在本质中表述种，所以，如果存在不相符合之处，那么显而易见，给定的就不是属。

此外，我们也应考虑属本身或高一层次的某个属是否共享种，因为高一层次的属不共享低一层次的一切。对于驳论者来说，上述方法具有实际意义；对于立论者来说，如果普遍认为提出的属归于种，但其是否归于属还存在疑问，那么，上述方法就足以证明高一层次的某个属是在本质中表述种。因为，当一个属在本质中表述时，所有属——无论是高一层次的还是低一层次的——只要表述种，就也都在本质中表述。由此可以得出，给定的那个属也在本质中表述。通过归纳我们才能得出，如果一个属在本质中表述，那么所有其余的属也在本质中表述。

然而，如果对给定的属是否绝对适用于种还存在疑问，我们就不能充分证明所有高一层次的属在本质中表述种。比如，有人将位移看作行走的属，但通过证明行走是运动，并不能充分证明行走是位移，因为运动还有其他形式；而是必须进一步证明行走不共享与位移同一层次的其他任何运动形式，因为属的共享者还必须要共享属最初划分中的某个种。由此可以得出，如果行走既不共享运动的增加与减少，也不共享运动的其他形式，那么显而易见，行走就会共享位移，因此，位移应该是行走的属。

再次，在给定的种表述为属的情况下，我们不仅要考虑给定的属是否在本质中表述种所表述的那些事物，而且还要考虑比给定属高一层次的所有属是否也如此。因为如果存在不相符合之处，那么显而易见，这个给定物就不是属。如果给定物是属的话，比其高一层次的所有事物及其本身，就会在种表述其本质的那些事物的本质中表述事物。如果这个属不在种表述的事物的本质中表述，这种方法对于驳论具有实际意义；如果这个属是在本质中表述，这种方法对于立论就具有实际意义。如果属与种在本质中表述同一事物，那么，同一事物就归于两个属，而这两个属又必然是一个包含另一个。因此，如果证明我们想要确定为属的事物没有包括在种内，而是相反的情况——种包含在属内，那么，也就会证明此物应该是属。

另外，我们也要考虑属的定义，看其是否既适合给定的种也适合共享种的那些事物。因为属的定义必然既表述种也表述共享种的事物，所以，如果存在不相符合之处，那么给定物显然就不是种。

然后，我们要考虑是否有人将种差看作属，比如将永恒的看作神的属。永恒的只是生命体的种差，因为有些生命体是终将死亡的，而有些是永恒的。显然这样的看法存在错误，因为种差绝不可能是任何事物的属。显而易见，这才是真实的结论。因为任何一个种差都不表现本质，而是更多地表现性质，正如行走的与双足的。

同时，我们也要考虑是否有人将种差归于属，比如将奇数当作数。因为奇数只是数的种差，而不是数的种。所有共享属的事物，要么是种要么是个体，而种差既不是种也不是个体。显而易见，种差并不共享属，所以奇数也不是种，而是种差，因为其不共享属。

再则，我们要考虑是否有人将属归于种，比如，将接触看作联结，或者将混合看作融合，又或者如柏拉图定义的，将局部空间的运动看作位移。然而，接触并不一定是联结，因为不是所有接触的事物都是联结的。但反过来，所有联结的事物一定是接触的。其他情况也是如此，不是所有的混合物都是融合物，比如，干燥东西的混合物就不是融合物。类似地，也不是所有的空间位置变化都是位移，行走似乎就不是位移。因为位移一般被认为是被动地变换空间位置，正如没有生命的自然物质一样。显而易见，从上述例子我们可以得出，种比属具有更多的含义，反过来也是真实的，也就是具有含义更多的是种。

此外，我们要考虑是否有人将种差归于种，比如，将永恒的看作神。这样就会使得种的表述范围与种差相等，或比种差更大；而实际情况相反，种差的表述范围与种相等，或比种更大。再则，我们要考虑是否有人将属归于种差，比如，将颜色看作混合的，或将数看作奇数。我们也要考虑是否有人将属说成了种差，因为可能会有人提出此类观点，比如，将混合看作融合的种差，或者将空间位置的变化当作位移的种差。对于所有类似情况的考虑都能够通过这种方法进行，因为方法是互通的。属表述的范围一定比种差更大，而且属也不共享种差。然而，如果将属说成种差，上述的所有情况就不可能发生；因为如果那样的话，属表述的事物就会更少，而且也就会共享种差。

另外，如果没有一个种差表述给定的种，属也就不会表述这个种。比如，如果奇数与偶数都不表述灵魂，那么数也就不表述灵魂。再则，我们要考虑种是否原本就比属要早，以及是否破坏相伴的属，因为人们普遍认为相反的观点是真实的。还有，如果种有可能与提出的属或种差分开——比如运动与灵魂分开，或者真理、谬误与观点分开——那么，提出的这些就既不是属也不是种差。因为人们普遍认为，只要种存在，属与种差就存在。

第三节　属与种的实质构成

首先，我们要考虑归于属的事物是否共享，或者能够共享与属相反的某些事物。如果是这样的话，同一事物就会同时共享多个属的相反项，因为种不会与属分离，而是共享或能够共享属的相反项。再则，要考虑种是否能共享归于属的事物具有的任何特征，比如，如果灵魂共享生命，而所有数都不可能有生命，则灵魂就不会是数的种。

因为属与种含义相同，所以我们要考虑种是否与属一样都具有多层含义，关于多义词的研究上文已经涉及。

既然每个属都有许多个种，那么我们就要考虑被提出的属是否不可能有另外的种。如果没有的话，那么，显而易见，所提出的这个就不可能是属。

同样，我们也要考虑是否有人将某个隐喻性的谓项看作属，比如，将自我克制看作交响曲。所有的属实质上是表述种的，但交响曲不是在实质上而是在隐喻性上表述自我克制，因为所有交响曲蕴含在音乐中。

其次，是否会有种的相反项存在，我们需要从多方面对此进行考虑。第一，要考虑在属本身没有相反项时相同的属中是否存在相反项。因为如果属本身没有相反项，那么，相反项一定存在于相同的属之中。如果属本身有相反项，就要考虑相反的属中是否也存在相反项。因为如果属本身有相反项，相反的属中也应该存在相反项。这些方面都可以通过归纳法来呈现。

第二，要考虑种的相反项是否不存在于任何属中，而其本身就是属。比如善，如果善不存在于任何属中，其相反项也不存在于任何属中，那么，善本身就是属，正如善与恶的情况一样。因为两者都不存在于属中，两者中的每一个本身就是属。

第三，要考虑属与种是否是同一事物的相反项，以及是否一些相反项之间有中间项，而另一些则没有。因为如果属的相反项之间有中间项，那么种的相反项之间也有中间项；如果种的相反项之间有中间项，那么属的相反项之间也有中间项。正如美德与罪恶、公正与不公正一样，在每组相反项之间都有中间项。可能会有人对此进行反驳：虽然恶与善之间有中间项，但健康与疾病之间没有中间项。或者，是否种与属的相反项之间都有中间项，但是不相似，而是一个正面，另一个负面。因为人们普遍认为，种与属的相反项之间应存在相同的中间项，正如美德与罪恶、公正与不公正一样，通过否定判断得出种与属的相反项之间存在中间项。

第四，当属没有相反项时，我们不仅应该考虑相反项是否存在于同一属中，而且还应该考虑中间项是否也是如此。因为中间项的两个端点存在于同一属中时，中间项也就存在于同一属中，比如，白与黑，因为颜色不仅是白与黑的属，也是所有白与黑的中间色彩的属。有人可能也会对此进行反驳：不足与过度存在于同一属中，因为两者的本质都是恶。然而，两者中间状态的适度的本质却不是恶，而是善。

第五，也要考虑属是否有某个相反项，而归为属的种却没有。如果属有某个相反项，那么种也应该如此，正如美德与罪恶，公正与不公正。考虑其他事物时也应如此，这种观点是显而易见的。然而，我们根据健康与疾病也能对此进行反驳。因为从绝对意义上讲，健康是疾病的相反项，但是，具体病症——归为疾病这个属的种——却没有相反项，比如发烧、结膜炎以及其他病症。

驳论者需要从上述多个方面进行考虑，因为如果不符合上述的条件，那么，显而易见，给定的就不是属。另外，立论者可以从三个方面进行考虑。第一，当属没有相反项时，要考虑种的相反项是否存在于先前给定的属中。因为如果种的相反项存在于这个属中，那么，显而易见，所提出的种也就存在于属中。第二，要考虑中间项是否存在于上文给定的属中。因为这样的话，两个端点也就存在于上文给定的属中。第三，如果属有相反项，就要考虑相反项的种是否存在于相反项的属中。如果是这样的话，那么，显而易见，所提出的种也就存在于所提出的属中。

再次，对于派生词与对等词，驳论者与立论者需要考虑这两类词是否会产生类似的结论。因为每一类词都是同时属于或不属于一个事物或所有事物，比如，如果公正是某一知识，那么，"公正地"也就是"有知识地"，"公正的人"也就是"有知识的人"；反过来，只要这些结论中有一个不成立，其余的也就都不成立。

第四节 关于相似项、关系项等的论题

我们要考虑彼此相关、情况类似的例子，比如，快乐的事物与快乐有关；类似地，有益的事物与善也有关。因为在两组例子中，其中一个与另一个有着同样的效果。因此，如果快乐是善，那么快乐的事物就是有益的。因为快乐是善，快乐与善就有着同样的效果。

生成与破坏方面也是如此，比如，如果开发是活动，开发了就是活动了；如果学习是记忆，学会了就是记住了；如果被分解是被破坏，已被分解就是已被破坏，因为分解就是一种破坏方式。生成者与破坏者、能力与使用方面也是如此。

简而言之，在驳论与立论中，我们要以与生成、破坏方面相同的所有方式来

进行考虑。如果破坏物会分解，被破坏的物质就会被分解；如果生成物会生产，被生成的东西就会被生产，因为生成也就是生产。能力与使用方面也是如此。如果能力是一种素质，有能力就是有素质；如果对某物的使用是活动，使用就是活动，使用了就是活动了。

然而，如果缺乏在种的方面存在对立项，那么就有两种反驳的方式：第一，考虑对立项是否存在于给定的属中。因为缺乏在绝对意义上与其相反项不存在于同一个属中，也不是同一个属的端点，比如，如果看得见是感觉这个属中的端点，那么看不见就不是感觉。第二，如果缺乏在属与种的方面都存在对立项，而且种方面的对立项不存在于属方面的对立项中，那么，给定的种就不可能存在于给定的属中。因此，驳论时我们可以使用上述两种方式，但立论时，就只能使用一种方式，也就是上述的第二种方式。如果种方面的对立项存在于属方面的对立项中，所述的种也就应该存在于所述的属中，比如，如果看不见是一种感觉缺失，那么看得见就是一种感觉。

其次，我们要反过来考虑否定的情况，正如上文考虑偶性的方式一样，比如，如果快乐的事物是善，那么不善就是不快乐的。因为如果不是这样的话，不善的事物就是快乐的。然而，如果善是快乐的属，不善的事物是快乐的情况就不可能发生。因为谓项只要没有表述属，也就没有表述任何种。立论时，我们也要以同样的方式考虑。如果不善是不快乐，那么快乐是善，因此，善就是快乐归为的属。

如果种方面的谓项是关系项，我们就要考虑其所归为的属是否也是关系项。因为如果种方面的谓项是关系项，其所归为的属也就是关系项，正如两倍与倍数一样，因为这些中的每一个都是关系项。但是，如果所归为的属是关系项，种方面的谓项却不一定是关系项，比如，知识是个关系项，但语法却不是。或者，我们可以认为之前的论断看起来并不是真实的，比如，美德既是美的事物又是善的事物，但是，美德虽表示关系，但善与美却不表示关系而是表示性质。

再次，我们要考虑其本身以及在属的方面、种的方面的谓项是否没有表述同一含义。比如，如果两倍表述的是一半的两倍，那么倍数也应该表述的是一半的倍数；如果不是这样的话，倍数就不可能是两倍的属。

然后，我们应考虑在属的方面以及这个属的所有方面、种的方面的谓项是否不表述同一含义。因为如果两倍与倍数与一半相关，那么，超过与一半也相关。简而言之，高一层次的所有属也都与一半相关。有人可能会对此提出这样的反驳：在其本身及属的方面，谓项不一定表述同一含义。比如，知识被说成是关于可知事物的，但习惯与倾向不是关于可知事物的，而是关于灵魂。

另外，我们还要考虑，在属与种的方面，谓项是否以同样的方式进行表述。比如，在种的方面，表述特定物或某个事物的谓项，在属的方面也是如此表述，正如两倍与高一层次的属的情况一样，两倍与倍数都是表述特定物。知识这个谓项也是如此，因为无论是知识本身还是知识归为的属，比如习惯与倾向，表述的都是特定物。有人可能会举出反例进行反驳：比如，"不同的"与"相反的"都表述的是与特定物有关，但"另外的"作为这两者所归为的属，表述的不是特定物，而是某个事物——当一个事物用"另外的"来表述，含义不同于"其他事物"。

此外，我们也要考虑相似的关系项在转换后是否仍具有相似的关系，正如两倍与倍数一样，两者本身表述的都是某个事物，两者转换后的一半以及更小的分数所表述的也是某个事物。知识与观点也是如此，两者表述的都是特定物，转换后仍具有相似的关系，知识与观点的对象表述的都是某一事物。因此，如果转换后不具有相似的关系，那么，显而易见，一个谓项就不能是另一个谓项归为的属。

还有，我们要考虑在属与种的方面，关系项是否表述同等数量的事物。因为看起来对于同等数量事物的每一个表述都类似，正如礼物与给予物一样。礼物意味着属于某人或作用对象是某人；给予物也是如此，它意味着属于特定的人或作用对象是特定的人。给予物是礼物所归为的属，因为礼物是不需要归还的给予物。然而，有些关系项表述的事物数量不相等。比如，两倍是某一事物的两倍，但超过与更大却可以表述特定物，因为超过与更大既可以表述某一事物又可以表述特定物。所以，上述的谓项不是两倍归为的属，因为这些谓项不表述同等数量的事物。不然，在属与种的方面谓项表述同等数量事物这一观点就不是普遍真理。

同样地，我们也要考虑一个谓项的对立项是否是另一个谓项的对立项的属。比如，如果倍数是两倍的属，那么分数也是一半的属，因为一个谓项的对立项一定是另一个谓项的对立项的属。另外，如果有人称知识是感觉，那么，知识的对象也一定是可感知的。然而，这个论断事实上不成立，因为不是所有知识的对象都是可感知的，只有可以理解的事物才是知识的对象。所以，感觉的对象不是知识的对象的属。因为如果不是这样的话，感觉也不会是知识的属。

关系项可以表述所有事物。有些一定属于或关于恰巧表述的那些事物（比如倾向、习惯与对称，因为这些关系项只可能属于所表述的那些事物，而不可能属于其他事物）；有些不一定属于而是可能属于或关于表述的那些事物（比如，灵魂是知识的对象，因为没有理由可以否认灵魂具有本身的知识。虽然这不是必然的，原因是，同一知识也可能属于其他事物）；还有些则完全不可能属于恰巧表述的那些事物（比如，相反项不可能属于其相反项，知识也不可能属于知识的对象，除非知识的对象恰巧是灵魂或人）。

因此，如果有人将此类事物归于某个属，我们就必须考虑此类事物究竟应不应该归于这个属，比如，有人称记忆是永久的知识。因为所有永久都属于或关于永久的事物，所以，知识的永久也属于知识。因此，记忆是知识，是永久的知识。但这是不可能的，因为记忆属于灵魂。上述方法同样也适用于偶性的情况，因为永久是记忆的属与永久是记忆的偶性，这两种说法不存在差别。如果在某种意义上记忆是永久的知识，那么，同样的论证也适用于此。

第五节　关于属的论题再续

我们要考虑是否有人认为习惯包含于活动中或活动包含于习惯中。比如，有人说感觉是身体的运动，因为感觉是一种习惯，而运动是一种活动。同样地，有人说记忆是保存在观点中的一种习惯，因为所有的记忆都不是习惯，而是活动。

将习性归因于能力是一种错误的做法，比如，将文明归因于对暴怒的控制能力，将勇敢、公正归因于对恐惧、利益的控制能力。因为没有恐惧、暴怒情绪的人才是勇敢的、文明的，而有这种情绪却没有因此失控的人是拥有自控能力的人。某一能力也有可能是某一习性的原因，有的人只是忍受住这种情绪没有宣泄出去，比如，没有宣泄出怒气。但是，这种人不能称之为本质上勇敢、文明的人，而只是不受恐惧、暴怒之类情绪影响的人。

有时候，人们将通过各种方式随之发生的事物看作属，比如，将痛苦看作暴怒的属，将观点看作信念的属。虽然上述两者以某种方式在给定的种之后发生，但它们都不是属。虽然暴怒的人是痛苦的，但痛苦在暴怒之前就已经产生，所以暴怒不是痛苦的原因；相反地，痛苦是暴怒的原因。因此，暴怒完全不是痛苦。同样的道理，信念也不是观点，因为即使对某事物没有信念，也可能对其持有观点。信念不可能是观点的种，因为如果某一事物完全由种变化而来，它就不可能再继续保持不变，正如同一动物不可能在某一时刻是人而在另一时刻又不是人。如果有人说发表观点的人一定有信念，那么，观点与信念所表述的内容就应该同等，因此一个不可能是另一个的属，因为属表述内容的范围更大。

其次，我们也要考虑种与属是否天然地存在于同一事物中。因为对于属存在于其中的事物，种也存在于其中。比如，对于白色存在于其中的事物，颜色也存在于其中；对于语法存在于其中的事物，知识也存在于其中。如果有人说耻辱是恐惧或者暴怒是痛苦，那么就可以推论出种与属不存在于同一事物之中。因为耻辱存在于逻辑中，而恐惧则存在于灵魂的情绪中；痛苦存在于灵魂的欲望中（因为快乐也存在于其中），而暴怒则存在于灵魂的情绪中。给定的恐惧、痛苦等谓项与种不是天然地存在于同一事物中，因此，它们不是耻辱、暴怒这些种所归为的属。

同样的道理，如果友情存在于灵魂的欲望中，友情就不可能是一种意志，因为所有意志都存在于逻辑中。这种方法对偶性的情况也同样适用。因为偶性与偶性的内容存在于同一事物之中，所以，除非这些事物符合这个情况，不然，显而易见，它们就不符合偶性的特征。

再次，我们要考虑种是否部分地共享被断言的属。因为人们普遍认为属不会被部分地共享，正如所有人都是动物，所有语法都是知识，其他例子也是如此。

因此，我们要考虑在某些情况下属是否被部分地共享，比如，断言动物是可感知的、可见的事物。但对于动物而言，只有某些部分是可感知的、可见的：在身体的部分，动物才是可感知的、可见的，在灵魂的部分却并非如此。所以，可感知的、可见的事物都不是动物的属。

有时候，人们确实会不知不觉地将整体说成部分，比如，将动物说成动物的身体。然而，部分根本不能表述整体。因为身体只是部分，不是整体，所以身体就不可能是动物归为的属。

然后，我们要考虑是否有人将应受责备的或应该避免的事物称作能力或具有能力的事物，比如，将诡辩家称作能够从显见真理中获得财富的人，将诽谤者称作能够诽谤且化友为敌的人，或将盗贼称作能够偷偷窃取他人财物的人。然而，上述的每一类人之所以有此称呼，并不是因为其具有这些方面的能力。尽管神与好人也有能力做坏事，但他们本性上不是如此，因为所有恶行都因有意为之才被称作恶行。此外，所有能力都是可取的，即便是做坏事，其能力也是可取的，所以我们说神与好人也具有这样的能力，因为他们有能力做坏事。因此，能力不应该是应受责备事物的属；否则，我们就能够根据存在应受责备的能力，推论出某些应受责备的事物是可取的。

我们还要考虑，对于其本身值得尊敬的或可取的事物，是否有人将其称作能力或具有能力的事物或发挥作用的事物。因为具有能力的事物以及发挥作用的事物都是由于其他事物而可取的。我们还要考虑是否有人将应该归于两个或更多的属的某一事物只归于其中一个属。一些事物不能只归于一个属，比如冒名行骗者

□ 密涅瓦和马尔斯的战斗　约瑟夫·伯努瓦 1771年

希腊和罗马神话中的诸神，也有人的喜怒哀乐和欲望，但他们的能力比人类要强大得多。亚里士多德认为，尽管神与好人也有能力做坏事，但他们本性上不是如此，恶行要故意为之才被称作恶行。

与诽谤者。因为有意为之不是能做坏事，能做坏事也不是有意为之，而冒名行骗者或诽谤者是这两种情况都符合的人。因此，我们不能将上述两种事物只归于一个属，而要归于以上两个属。

另外，我们还要考虑存在错位的情况：有时人们将属当作种差，将种差当作属，比如，将惊叹当作赞美的过度，将信念看作观点的强化。过度与强化都不是属，而是种差。因为惊叹是过度的赞美，信念是强化的观点，所以，赞美与观点是属，过度与强化是种差。

再则，如果有人将过度与强化看作属，那么没有生命的东西也就包含有信念与惊叹了，因为每一事物的强化和过度都属于已经强化与过度了的事物。如果惊叹是赞美的过度，惊叹就属于赞美，因此赞美可以是惊叹。同样地，因为信念是观点的强化，信念也属于观点，所以观点可以是信念。再则，这些人也会将强化称作强化的，将过度称作过度的。因为信念是强化的，所以，如果信念是强化，那么强化就是强化的；同样地，因为惊叹是过度的，如果惊叹是过度，那么过度就会是过度的。然而，看起来上述结论都不成立，正如知识不是知识的对象，运动也不是运动着的事物。

有时候，确实也存在这样的错误观点，就是有人将某一特征归于某一特征的主项，即把某一特征的主项作为某一特征的属，比如，将永恒称作永恒的生命，因为看起来永恒是生命的一个特征或表征。如果有人认为能免于死亡的人就是永恒的，那么这个结论的真实性就显而易见。因为没有一个人会说免于死亡的人将获得另一个生命，而是说某一特征或表征存在于他的生命中。因此，生命不是永恒归为的属。

此外，也存在这样的错误观点，就是有人断言具有某一特征的事物是某一特征的属，比如将风称作运动着的空气。然而风更应该被称作空气的运动，因为空气不论是运动的或是静止的都是相同的空气。所以，简而言之，风不是空气。如果不是这样，在空气不运动的时候也会有风，那么，被称作风的空气与静止的空气是相同的。其他类似例子也是这样的情况。如果一定要说风是运动着的空气，那么只能说这一结论不是在所有例子中都成立，只有在给定的属被真实地表述时才成立，因为不是所有的属都被真实地表述。

在有些情况下，属看起来没有被真实地表述，比如泥水与雪。人们将雪称作凝固的水，而将泥水称作混合了水分的泥。然而，事实上，雪不是水，泥水也不是泥。因此，给定的这些事物不可能是属，因为属一定能够永远真实地表述种。同样地，酒和水，也不是像恩培多克勒所说的那样——酒是经过发酵的水，因为酒根本不是水。

第六节　关于属的论题另续

再则，我们必须考虑给定的谓项是否是任何事物的属。如果不是的话，显而易见，这个谓项就不是所述事物的属。因此，我们必须从那些共享给定的属且在种方面丝毫没有差别的事物中进行考虑，比如白色的东西，因为这些东西在种的方面丝毫没有差别。然而，每一属的各个种却互不相同，因此，白色不是任何东西的属。

我们还要考虑所有事物都具有的特征是否被称作属或者种差。因为有许多特征是所有事物都具有的，比如"存在"与"唯一"就是所有事物都具有的特征。如果有人将"存在"作为属，很显然，"存在"表述所有事物，当然是所有事物的属。而属除了表述种以外不表述其他任何事物，因此"唯一"是"存在"的一个种。"存在"和"唯一"确实表述一切事物，由此可以得出，属所表述的所有事物，种也对其进行表述。所以，种表述的范围必然比属小。如果有人称属跟所有事物都具有的特征是种差，那么显而易见，种差所表述的范围就将与属相等或者比其大。因为，如果属是所有事物都具有的特征，属与种差所表述的范围就是相等的；然而，如果属不是所有事物都具有的特征，种差所表述的范围就比属大。

另外，我们要考虑给定的属是否被称作存在于作为主项的种之中，正如白色是雪具有的特征。如果存在，那么显而易见，给定的属不是真正的属，因为属仅仅表述作为主项的种。

我们也要考虑属与种的含义是否不相同，因为属总是以相同的含义表述所有种。

要注意，存在这样两种类型的错误：其一，当种与属各有一个相反项时，将这两个相反项中更好的种归于更坏的属，剩下的那个相反项自然就归于剩下的属。因为相反项包含在相反的属中，所以，更好的种就应该包含在更坏的属中，而更坏的种则应该包含在更好的属中。但是，看起来，更好的种所归为的属也应该是更好的。其二，当同一个种与两个属有着相似的关系时，将这个种归于更坏的属而不是更好的属，比如，灵魂是运动，又或者是运动的东西。因为人们普遍认为同一个灵魂既可以是静止的又可以是运动的，所以，如果静止是更好的，灵魂就应归于静止这个属。

此外，驳论者可以通过更多与更少的情况进行论证，即考虑是否属包含更多这种情况，但种本身以及用种来表述的事物都不能包含更多这种情况。比如，如果美德包含更多这种情况，那么公正与公正的人也能包含更多这种情况，因为可以说一个人比另一个人更公正。因此，如果给定的属包含更多这种情况，但种本身以及用种来表述的事物都不能包含更多这种情况，那么，给定的属就不是真正的属。

此外，如果看起来是属或似乎是属的谓项实际上却不是属，那么显然给定的这个谓项也就不是真正的属。这种方法尤其适用于此类情况：似乎有许多表述种的谓项都回答了事物本质的问题，但因为没有这个事物的定义，所以我们也不知道在这些表述种的谓项中究竟哪一个是属。比如，痛苦与受到轻蔑的感觉似乎都表述了暴怒的本质，因为暴怒的人不仅遭受痛苦，而且认为自己受到了轻蔑。在比较种与其他事物时，我们也可以采用这样的方法。比如，当给定的种看起来更像是归于这个属或似乎归于这个属，实际上并不归于这个属时，那么显然给定的种也就不可能归于这个属。

驳论者同样也可以采用上述方法。但对于立论者而言，考虑给定的属与种是否包含更多这种情况的这种方法，便不具有实际意义。因为当属与种都包含更多这种情况的时候，也就没有理由可以否认一个不是另一个的属。比如，美好与白色都可以包含更多这种情况，但两者其中一个却不是另一个的属。然而，对属与种进行比较却具有实际意义。当A与B同样都是属，如果其中一个是属，那么另一个也是属；同样地，如果更少的是属，更多的也是属。比如，能力比美德更能被称作是自我克制的属，如果美德是属，那么能力也是属。相同的论证也同样适用于种的情况。当A与B同样都是所述属的种，如果其中一个是种，那么另一个也是种；如果更少的是种，更多的同样也就是种。

此外，立论时，我们要考虑给定的这些种的属是否表述事物的本质。如果给定的种不是只有一个，而是多个不同的，那么可想而知，这个属就是真正的属。然而，如果给定的种只有一个，我们就要考虑包含有其他种的这个属是否表述事物的本质；如果是这样的话，就可以推论出同一个属表述多个不同的种。

然而，有人认为种差在表述事物本质时也表述种，那么，我们就必须根据上文所述的几点将属从种差中划分出来：第一，属表述的范围比种差更大；第二，在回答事物本质的问题上，属比种差更合适，比如，将人称作动物的人就比将人称作行走的人在更大程度上表明人的本质；第三，种差总是表明属的性质，但属却不总是表明种差的性质，比如，将人称作行走的人这一表述说明了人是具有什么性质的动物，但将人称作动物的人这一表述却没有说明人行走的这个性质。

我们也必须将种差从属中划分出来。对于具有音乐性的事物，它只要具有音乐性，就被普遍认为具有知识性，那么音乐就是一种知识；如果行走的事物是通过行走而在运动，那么行走就是一种运动。根据上文所述的方式，我们必须考虑与此特征相关的事物所归为的属，比如，如果我们想要说明知识是一种信念，就必须考虑有知识的人是否有信念。这样的话，不言而喻，知识就是一种信念。对于其他类似的情况，我们也需要借助于相同的方法。

此外，我们很难将总是伴随某一事物却不能与其换位的事物从属中划分出来，并表明其不是属。如果A总是伴随B中的每个个体，而B却不总是伴随A中的每个个体，这种情况是存在的，比如，安静伴随平静，可分性伴随数，但每组中的两者却不能换位（因为不是所有可分的事物都是数，也不是所有的安静都是平静）。我们可以采用此种办法作出判断：一个事物总是伴随另一事物且这一事物不能与其换位，这样的便可被称作属。然而，这样的结论并不是在所有情况下都成立。我们可以用一个反例进行反驳：非实体总是伴随每一个将要生成的事物

（即将生成但还未生成），而且这两者也不能换位（因为不是所有的非实体都将会生成），然而，非实体却不是将要生成事物的属，因为非实体不包含任何的种。因此，对于属，我们就要根据上文所述的方法进行考虑。

第五卷

第一节 关于特性

判断所述事物是特性或不是特性，需要通过下列的方法进行考虑。

特性可以说是本质上的、永恒的，又或者是与其他事物相关的、间或的。比如，对于人而言，本质特性是天性文明的一种动物，而与其他事物相关的特性就是灵魂与身体，即一个支配，另一个被支配；永恒的特性正如"神是永恒的生灵"，而间或的特性正如"某人在体育馆散步"。

然而，针对某物相对于其他事物的特性（关系特性），会产生两个或四个问题。如果同一个特性被一个事物肯定，被另一个事物否定，那么就只有两个问题。比如，假定相对于马，人的特性是双足的，那就要证明人不是双足的，而马才是双足的；或者人与马都不是双足的。但是，如果同一个特性被一个事物肯定，也被另一个事物肯定；被一个事物否定，也被另一个事物否定，那么就产生四个问题。比如，假定对于马与人，人的特性是双足的，而马的特性是四足的。那么，要证明人不是双足的，而是四足的；或者马是双足的，而不是四足的。只要反驳者能够证明任何一个成立，就可以驳倒原本的假定。

本质特性是所有事物都具有且将每一事物与其他事物区别开的特性，比如，人的本质特性是能够获得知识且终将死亡的动物。然而，关系特性不是为了将某一事物与其他所有事物区别开，而只是为了与某一特定事物相区别。比如，对于美德与知识，美德的本质特性存在于多方面的能力中，而知识的本质特性只存在于推理能力中，具体来说是在拥有推理能力的人当中。永恒的特性意味着在任何时候都真实并且永远不会失去真实性，比如，动物的永恒特性是由灵魂与身体构成的。间或的特性意味着只在某些特定时候真实并且不总具有真实性，比如，一个人的间或特性是在广场上散步。

□ 苏格拉底把亚西比德从性爱欢悦的拥抱中拖走
巴龙-让·巴蒂斯特·勒尼奥　1791 年　卢浮宫藏

苏格拉底认为美德就是知识，哲学就是追求智慧，没有经过反省的人生是不值得过的。因此，他排斥肉欲和感官享受，提倡人们追求美德和智慧。

然而，我们或许会判断某物相对于其他事物的特性，指出它们的普遍性与永恒性，以及对于大多数事物与在大多数时候的区别。在普遍的与永恒的这一方面的区别：比如，人相对于马的特性是双足的，因为每个人永远都是双足的，但任何一匹马在任何时候都不是双足的。对于大多数事物与在大多数时候的区别：比如，理智相对于欲望与暴怒的特性，就是理智支配，欲望与暴怒被支配。但理智并不是在任何时候都支配，有时也被支配；欲望与暴怒也不是在任何时候都被支配，在人的灵魂堕落时欲望与暴怒会起支配作用。

本质特性、永恒的特性以及某物相对于其他事物的特性（关系特性）是所有特性中极其符合逻辑的。正如上文所述，针对关系特性，一定会产生两个或四个问题，也就是多个问题，所以，由此也会产生与这些问题相关的多个论点。论证本质特性与永恒的特性可以根据诸多事物的联系或者考虑诸多时态的情况。我们可以通过比较许多事物论证本质特性，因为本质特性一定属于与该特性存在于其中的每一事物相关的主项，所以，如果这个主项没有同其相关事物区别开，那么就不能很好地给出这个主项的本质特性。我们论证永恒的特性应该考虑诸多时态下的情况。如果这个特性当前不存在，或者过去不曾存在过，或者将来也不会存在，只要符合三种情况中的一种，就不可能是永恒的特性。然而，对于间或的特性，我们通常只考虑现在的时态，因此，关于间或特性的论证数量不多。但是，由于论证间或特性是一个逻辑问题，所以由其可以引出诸多正确的论点。

至于某物相对于其他事物的特性，我们可以依据有关偶性的方法进行考虑，也就是看这种特性是否正好属于这个事物而不是另一事物。然而，关于永恒的特性以及本质上的特性，我们就需要通过下文介绍的方法进行考虑。

第二节 特性的正确表述

首先，我们需要考虑特性是否被正确地表述。判断正确与否的一个方法就是看这个特性是否通过人们更加了解或熟悉的事物进行表述。具体来讲，驳论时，要看是否没有通过人们更加了解或熟悉的事物进行表述；立论时，则要看是否通过人们更为了解或熟悉的事物进行表述。

判断是否通过人们更加了解或熟悉的事物进行表述有两种方法：一种方法是，比起用于表述特性的事物，看某人给定的特性是否更加不了解或不熟悉。如果是这样的话，特性就没有被正确地表述。我们论述特性，是为了对其更加了解，因此，特性应该通过人们更加了解或熟悉的事物进行表述，只有这样，特性才能尽可能多地被了解。比如，如果有人说火的特性与灵魂最为相似，但比起火来我们更不了解灵魂（因为我们更了解火是什么，不了解灵魂是什么），那么，说火的特性与灵魂最为相似就没有正确地表述火的特性。

另一种方法是，看具有这一特性的事物是否没有更为人所了解或熟悉。因为不仅特性要比主项更为人所了解，而且这一特性所属的这一事物要比主项更为人所了解。因此，这两种情况中的任何一种，都会使我们不能清楚地了解特性，比如，有人说火的特性是灵魂天然存在于火中的原始元素，他是在通过比火更不为人所了解的内容进行表述。灵魂是否天然地存在于火中以及是否是火的原始元素这两个问题使我们更不能清楚地了解特性。所以，"灵魂天然存在于火中的原始元素"没有正确地表述火的特性。

然而，立论时，我们就要考虑特性是否通过更为了解或熟悉的事物进行表述以及是否每种表述方式都是通过更为了解或熟悉的事物来完成的。如果是这样的话，特性就被正确地表述。在正确立论的方式中，有的只是在某一方面正确证明，有的则是在所有方面都正确证明。比如，有人说动物的特性是拥有感觉，那这就不仅是通过用人们更加熟悉的事物表明特性，而且是以一种更为熟悉的方式来表明的。所以，拥有感觉就是对动物特性的正确表述。

其次，驳论时，我们需要考虑在用来表述特性的谓项中是否有一些存在多层含义，或者在整个论述中是否存在多层意义。如果是这样的话，特性就没有被正确地表述。比如，感觉有多层含义，一层含义是拥有感觉，另一层含义是使用感觉，那么，感觉这种天赋被表述为动物的特性就不是正确的。因此，我们不能用存在具有多层含义的谓项或论述来表述特性。因为具有多层含义的表述会使得意思表达得含混不清，将要对其进行论证的人就会不明白对方所指的究竟是哪一层含义，而论述特性本是为了更好地了解特性。此外，如果有人将多层含义中错误的一层含义用来表述特性，那么反驳者就可以通过演绎推理的方式对多层含义做出说明，从而对其表述进行反驳。立论时，如果所有谓项或整个论述中都不具有多层含义，特性就被正确地表述。比如，"物体""最容易向上运动"以及由这两个谓项组合成的整个论述都不具有多层含义，那么，由此可见，在这一点上，"最容易向上运动的物体"是火的特性即为正确的表述。

再次，驳论时，我们要考虑对方是否使用具有多层含义的谓项表述特性。如果对方在表述特性时使用了此类谓项，但却没有定义谓项所指的是哪一层含义，那么，特性就没有被正确表述。因此，必然导致与上文所述相同的结果，即对特性的表述就会含混不清。比如，"A的知识"有多层含义：A拥有知识、A运用知识、存在关于A的知识或者是运用关于A的知识。因此，如果没有定义表述特性时所指的是哪一层含义，"A的知识"的特性就不能被正确地表述。立论时，我们要考虑表述特性的谓项是否没有多层含义，是否绝对只有一层含义。如果是这样的话，在这一点上，特性就被正确地表述。比如，"人"绝对只有一层含义，那么，"天性文明的动物"是"人"的特性即为正确的表述。

驳论时，我们还要考虑在表述特性时相同谓项是否重复出现。人们通常在表述特性时稍不注意就会这样做，正如在下定义时也会出现同样的情况。如果是这样的话，特性就没有被正确地表述。因为不断地重复相同谓项会扰乱受众，必然会使得对特性的表述含混不清，而且还会被认为是在喋喋不休地讲废话。

相同谓项的重复出现有两种类型。第一种，重复使用同一个谓项，比如，有人说火的特性是"物体中最细微的一种物体"。在这个例子中，"物体"这一谓项重复使用。第二种，用定义来替换谓项。比如，有人说土的特性是"物体中自然向下运动的一种物质"，就是用物质替换了物体，而物体与物质是同一种东西，是相同的。所以，表述中重复出现了相同谓项，因而特性就没有被正确地表述。立论时，我们也要考虑在表述特性时相同谓项是否没有重复出现，如果是这样的话，在这一点上，特性就被正确地表述。比如，如果有人说人的特性是"能获得知识的动物"，就没有重复使用同一个谓项，那么在这一点上，特性就被正确地表述。

另外，驳论时，我们要考虑在表述特性时使用的谓项是否属于所有事物。因为如果不能将所述事物与其他所有事物区别开，那就不具有实际意义。所以，在表述特性时使用的谓项必须将所述事物与其他所有事物区别开，在下定义时也应该这样做。如果不是这样的话，特性就没有被正确地表述。比如，如果有人说知识的特性是"经过推理论证永恒的观点，具有合一性"，那么，在表述特性时就使用了"合一性"这个属于所有事物的谓项，那知识的特性就没有被正确地表述。

立论时，我们则要考虑是否没有使用属于所有事物的谓项，而是使用能够将所述事物与其他所有事物相区别的谓项。如果是这样的话，在这一点上，特性就被正确地表述。比如，如果有人说具有灵魂是动物的特性，那么，他就没有使用属于所有事物的谓项。因此，在这一点上，具有灵魂是动物的特性即为正确的表述。

另外，驳论时，我们还要考虑对方是否提出了同一事物的多种特性，是否对这些特性做出区分。如果没有的话，特性就没有被正确地表述。正如在定义中，除了揭示本质的陈述之外不需要多余的论述一样，在表述特性时，除了表明所述特性的论述之外不需要多余的论述；否则，这样的特性表述就没有实际意义。比如，如果有人说火的特性是"最细微的、最轻的物体"，就是提出了多种特性。因为最细微的物体、最轻的物体各自真实地表述了火的特性，所以，"最细微的、最轻的物体"是火的特性就不是正确的表述。

立论时，我们则要考虑对方是否没有提出了同一事物的多种特性，是否只是提出了一种特性。如果是的话，那在这一点上特性就被正确地表述。比如，如果有人说液体的特性是"可以盛放在任何形状容器中的物体"，那这就是只提出了一种特性而非多种。因此，在这一点上液体的特性就被正确地表述。

第三节 关于特性的论题再续

此外，驳论者应该考虑对方是否提及所述特性的主项，或具有此特性的其他事物。如果是这样的话，特性就没有被正确地表述。提出特性原本是为了更好地了解事物，若有人在主项之后提出具有此特性的其他一些事物时，便无法达到目的，因为主项与这些事物都不是更为人所知的。因此，这种方法不能更好地对任何特性都做出说明。比如，如果有人说动物的特性是包含人这个种的实体，就提及了具有此特性的其他事物（动物），所以，就不能正确地表述特性。立论者则应该考虑是否既没有提及所述特性的主项，又没有提及具有此特性的其他一些事物。如果是这样的话，在这一点上，特性就被正确地表述。比如，如果有人说动物的特性是由灵魂与肉体构成的，那么就既没有提及所述特性的主项，又没有提及具有此特性的其他事物。因此，在这一点上，动物的特性就被正确地表述。

我们也应该以相同的方式来考虑，是否有使得主项更容易被了解或没有使主项更容易被了解的其他谓项。驳论时，我们要考虑对方是否提及主项的对立项——本质上与主项同时或在其之后产生的某些事物。如果是这样的话，特性就没有被正确地表述。因为主项的对立项本质上与其是同时产生的，然而，本质上与主项同时或在其之后产生的某些事物并不能使主项更容易被了解。比如，如果有人说善的特性是与恶对立，那么就是提及了善的对立项，因此就没有正确地表述善的特性。立论时，我们则应该考虑是否既没有提及主项的对立项，又没有提及本质上与主项同时或在其之后产生的某些事物。如果是这样的话，在这一点上，特性就被正确地表述。比如，如果有人说知识的特性是可信度最高的观点，就既没有提及知识的对立项，又没有提及本质上与知识同时和在其之后产生的某些事物，因而在这一点上，知识的特性就被正确地表述。

另外，对特性进行驳论时，我们要考虑对方是否将那些不总是伴随主项，而且有时不是其特性的性质当作特性。如果是这样的话，特性就没有被正确地表述。因为我们认识到，主项的名称一定表示特性所属的事物，主项的名称一定不表示特性不属于的东西，这两个论述都不具有必然性；而且，除此之外，即使在提出特性后，也不清楚该特性是否属于主项。如果该特性不是永远作为特性存在的，那么特性就不是清晰的。比如，如果有人说动物的特性是时而运动时而静止站立，就是将有时不是特性的性质作为特性，因而就没有正确地表述特性。立论时，我们则要考虑给定的特性是否一定永远作为特性存在。如果是这样的话，在这一点上，特性就被正确地表述。比如，如果有人说美德的特性是使拥有者受人尊敬的性质，就是将总是伴随主项的性质作为特性，因此，在这一点上美德的特性就正确地表述。

另外，驳论时，我们要考虑对方在提出现在的特性时，是否没有明确界定所提出的特性是现在时态下的。如果是这样的话，特性就没有被正确地表述。第一，对任何不同于常态的事物都应该做出明确说明，因为人们大多数情况下总是习惯将伴随主项的性质当作特性。第二，只要没有明确界定所提特性是现在时态下的，那么对特性的表述就是不清楚的，所以不应当为免受批评找任何借口。比如，当有人说一个人的特性是与另一个人坐在一起时，实际上指出的是这个人现在的特性。然而，如果没有明确界定所提出特性是现在时态下的，就没有正确地表述特性。立论时，我们要考虑对方提出现在的特性时，是否明确界定所提出特性是现在时态下的。如果是的话，在这一点上，特性就被正确地表述。比如，如果有人说一个人现在的特性是正在行走，那么他就对此特性做出了明确界定，从而正确地表述了其特性。

另外，驳论时，我们要考虑提出的特性是否只有通过感知才能清楚其存在。如果是这样的话，特性就没有被正确地表述。因为对于所有可感知的事物而言，如果脱离了感觉的范围便会模糊不清，那么也就不清楚其是否存在，只有通过感知才能有所了解。对于不一定永远伴随主项的性质而言，情况也是如此。比如，如果有人说太阳的特性是在地球上方运行的最明亮的那颗恒星，那么在表述特性时就使用了上述表达方式。在地球上方运行是要通过感知才能了解的，然而，当太阳下山时我们感觉不到，就无从得知太阳是否在地球上方运行。因此，这个人就没有正确地表述太阳的特性。立论时，我们则要考虑提出的特性是否通过感知不能清楚其存在，或可以通过感知了解其显然一定属于主项。如果是这样的话，在这一点上，就正确地表述了特性。比如，有人说表面的特性是"最早着了色的事物"，虽然使用"着了色"这一可感知的谓项，但由于这个谓项显然一定永远属于主项，所以，在这一点上，他就正确地表述了表面的特性。

还有，驳论时，我们要考虑对方是否将定义作为特性提出来。如果是这样的话，就没有正确地表述特性，因为特性不一定表示事物的本质。比如，如果有人说人的特性是双足行走的动物，那么就是将表示人本质的定义作为人的特性提出来，因此就没有正确地表述人的特性。立论时，我们则要考虑提出的特性是否能够与主项换位而且不表示事物的本质。如果是这样的话，在这一点上，就正确地表述了特性。比如，有人说人的特性是天性文明的动物，所述特性就是能够与主项换位而且不表示人的本质，因此，在这一点上，就正确地表述了人的特性。

还有，驳论时，我们要考虑对方是否没有将所述特性的主项归于主项的属中。因为正如在下定义时一样，表述特性时首先应表明主项归为的属，然后加上其他谓项以将所述主项与其他事物区别开。因此，特性如果不是以这样的方式提出，就不可能被正确地表述。比如，有人说动物的特性是具有灵魂，这就没有提出动物归为的属，因此就没有正确地表述动物的特性。立论时，我们则要考虑对方是否表明主项归为的属，以及是否加上其他谓项将所述主项与其他事物区别开。如果是这样的话，在这一点上，就正确地表述了特性。比如，有人说人的特性是能获得知识的动物，就表明了主项归为的属，因此，在这一点上，他就正确地表述了人的特性。

第四节　关于所述之物是否为特性的论题

我们需要通过上述的多种方法考虑论题是否正确地表述所提出的特性。而所述之物是否为特性，我们则要通过下列的方法来检验。因为完全肯定特性得以正确表述，与特性生成原则的方法全然相同，所以，探究这两个问题所采用的方法可以相互借鉴。

首先，驳论时，我们须针对所述特性中出现的每一个谓项进行考虑，是否每一个谓项都不关于任何个体，或者在所述方面是否不真实，又或者是否都不是特性。如果对于所述特性中出现的谓项，以上任何一种情况都是真实的，那么所述特性就不是真正的特性。比如，"几何学家不会受论点欺骗"是不真实的论断（因为几何学家在作图出错时，就会受欺骗），因此，"不会受论点欺骗"就不是这些有知识者的特性。立论时，我们则需要考虑所述性质是否对于每一个体以及每一方面而言都是真实的。如果是这样的话，被表述为不是特性的性质就是特性。比如，如果能获得知识的动物，对于每个人而言都真实符合，那么，能获得知识的动物就是人的特性。驳论时采用的方法是，考虑是否论述不真实而谓项真实以及是否论述真实而谓项不真实；立论时采用的方法则是，考虑是否论述与谓项都真实以及论述与谓项所表述的事物相同。

其次，驳论时，我们要考虑论述与谓项是否都不真实以及论述与谓项所表述的事物是否不相同。如果是这样的话，所述特性就不是真正的特性。比如，虽然拥有知识的永恒生命真实地表述神，但不表述人，所以，拥有知识的永恒生命就不是人的特性。立论时，则要考虑是否主项表述的是谓项，谓项表述的也是主项。如果是这样的话，被表述为不是特性的性质就是特性。比如，因为具有灵魂的事物真实地表述动物，而且动物也真实地表述具有灵魂的事物，所以，具有灵魂的事物就是动物的特性。

再次，驳论时，我们要考虑主项是否被当作处在主项中事物的特性。如果是这样的话，所述特性就不是真正的特性。比如，有人说最细微之物构成物体的特性是火，就是将主项当作了谓项的特性，那么，火就不是最细微之物构成物体的特性。主项不是处在主项中事物的特性，因为同一事物不可能是诸多在种方面不同的东西的特性。许多在种方面存在差异的东西属于同一事物，而且被表述为只属于这个事物。因此，如果有人依照这样的方式来提出特性，主项就会是所有这些东西的特性了。立论时，我们则要考虑处在主项中的事物是否被当作主项的特性。如果所述的处在主项中的事物只限定为被称作特性的事物，那么，被当作不是特性的事物就是真正的特性。比如，有人说土的特性是种方面最重的物体，就是将主项中被称作特性的事物称作主项的特性，因此，就正确地表述了土的特性。

□ 天文学家　扬·维米尔

人与其他动物的不同之处在于，人是能够不断获得知识发展自身的动物。那么，从这一点来说，亚里士多德认为，相对于其他动物，能获得知识就是人的特性。

然后，驳论时，我们要考虑特性是否依据共享而存在，如果是这样的话，所述特性就不是真正的特性。因为依据共享而存在的性质属于事物的本质，所以，这样的性质就应表述为某一个种的种差。比如，有人说人的特性是双足行走，就是将特性当作依据共享而存在的性质，因此，双足行走就不是人的特性。而立论时，我们则要考虑是否没有称特性依据共享而存在，也没有称特性可与主项换位并表示本质。如果是这样的话，被表述为不是特性的性质就是真正的特性。比如，有人说动物的特性是天然具有感觉，就是既没有称特性依据共享而存在，也没有称特性可与主项换位并表示本质，因此，天然具有感觉就是动物的特性。

另外，驳论时，我们要考虑特性是否不可能与名称表示的主项同时存在，而是先于或后于其存在。如果是这样的话，所述特性就不是真正的特性，也就是任何时候都不是或者不总是特性。比如，因为穿过市场属于某个对象，可能是先于或后于对象而存在的，所以，穿过市场就不是人的特性，也就是任何时候都不是或者不总是人的特性。立论时，我们则要考虑特性是否一定总是与名称表示的主项同时存在，而且它既不是定义也不是种差。如果是这样的话，被表述为不是特性的性质就是真正的特性。比如，因为能够获得知识的动物与人一定总是同时存在的，而且这一点既不是人的定义也不是人的种差，所以，能获得知识的动物就是人的特性。

此外，驳论时，我们要考虑同一事物是否是一些相同事物（只要这些事物是相同的）的特性。如果不是的话，所述特性就不是真正的特性。比如，如果对某些人善不是追求目标的特性，那么对某些人善这一性质也就不是选择目标的特性，因为追求的目标与选择的目标是相同事物。立论时，论及相同事物时，我们则要考虑同一事物是否是一些相同事物的特性。如果是的话，被表述为不是特性的性质就是真正的特性。比如，论及人，只要某一个体是人，具有三重灵魂就是其特性，同时具有三重灵魂也是终将死去之物（只要这些事物终将死去）的特性。这种方法同样适用于偶性方面的问题，因为相同事物一定属于或者不属于相同事物（只要这些事物是相同的）。

此外，驳论时，我们要考虑，对于种方面相同的事物，其特性是否在种的方面不总是相同的。如果是这样的话，所述特性就不是真正的特性。比如，人与马在种的方面是相同的，自主站立不总是马的特性，自主运动也不总是人的特性。因为自主站立与自主运动在种的方面是相同的，而且，所有的动物都具有这样的性质。立论时，我们则要考虑种方面相同的事物的特性是否在种方面也总是相同的。如果是这样的话，被表述为不是特性的性质就是真正的特性，比如，人的特性是双足行走，鸟的特性就是双翅飞翔。因为每个人与每只鸟在种的方面都是相同的，也就是人与鸟作为不同的种都归于动物这同一个属中，除了双足行走、双翅飞翔这两种性质外，其他性质则作为动物这个属内的种差。

然而，如果所述特性中有一个只属于某一个种，而另一个属于多个种，正如四足行走，那么这种方法就是错误的。因为相同与不同都具有多层含义，所以，诡辩假设时，很难提出只属于某一事物的特性。属于偶性事物的特性也会属于伴随这个事物的偶性，比如，属于人的特性也会属于白人。如果存在白人，属于白人的特性也属于人。有人可能会对许多这样的特性提出疑问，称主项自身是一个事物，具有偶性的主项又是另一个事物。比如，人是一个事物，而白人是另一个事物；习惯是一个事物，而依照习惯来命名的东西是另一个事物。因为属于习惯的事物也属于依照习惯来命名的事物，反过来，属于依照习惯来命名的事物也属于习惯。比如，因为有知识者是依照知识来命名的，所以，知识的特性就不是经过论证永恒不变的观点，否则，有知识者也就是不能用论证来说服的人。立论者应该断言偶性所属的主项与伴随这个事物的偶性并不是一定不同，但因两者的本质不同所以其表述不同。一个人是一个人，一个白人是一个白人，这两者不是同一事物。

此外，我们也要考虑词性变化的情况。当表述有知识者时，不能说"它（中性词）是不能用论证来说服的事物"，而要说，"他（阳性词）是不能用论证来说服的人"。同样地，当表述知识时，也不能说"它（中性词）是经过论证永恒不变的观点"，而要说"她（阴性词）是经过论证永恒不变的观点"。因为对方以各种方式进行反驳，我们就应该对其提出的各个方面再次进行反驳。

第五节　关于所述之物是否为特性的论题再续

接下来，驳论时，我们要考虑，当对方本想提出一个天然存在的性质时，他是否由于论说方式而将其表述为一个总是存在的性质。如果是这样的话，被表述为特性的性质就被驳倒了。比如，有人说人的特性是双足的，原本是想提出一个天然存在的性质，但依照其论说方式，表述的却是一个总是存在的性质，所以，两足的就不是人的特性，因为不是所有人都有两只脚。立论时，我们则要考虑，当我们本想将天然存在的性质表述为特性时，论说方式是否也正确地表述了这一点。如果是这样的话，被表述为特性的性质就没有被驳倒。比如，有人将人的特性表述为能够获得知识的动物，而且论说方式也正确地表述了这一点，那么，就不可能有人在这个方面驳倒上述论断，也不可能提出能够获得知识的动物不是人的特性的例证。

此外，对于那些通过其他事物或其本身进行初始表述的事物，我们很难提出其特性。如果指出的是通过其他事物而被表述事物的特性，这个特性也就属于通过其他事物进行初始表述的事物；如果要提出通过其他事物进行初始表述事物的特性，这个特性也就属于通过其他事物而被表述的事物。比如，如果有人说着了色是表面的特性，着了色这个特性也就属于物体；而如果说着了色是物体的特性，这个特性也就属于表面。所以，即使通过论述的特性是真实的，也不能得出谓项也真实地表述主项的结论。

然而，对于某些特性来说，大多数时候出现错误，是因为没有明确界定所提出的特性是如何属于其主项以及其主项是什么。因为所有人都力图以多种形式来提出事物的特性：天然存在的特性，如双足的是人的特性；或者部分存在的特性，如有四根手指是某个人的特性；或者种方面的特性，如最细微之物构成的物体是火的特性；或者完全特性，如生命是动物的特性；或者通过其他事物提出的特性，如智慧是灵魂的特性；或者初始的特性，如审慎是推理能力的特性；或者具有特性，如经过论证无可争议是有知识者的特性（因为经过论证而无可争议只是因为其具有知识，而不是因为其他）；或者已具有特性，如经过论证永恒不变是知识的特性；或者是因被共享而产生的特性，如感觉是动物的特性（因为其他别的事物也拥有感觉，比如人，但人拥有感觉是因为其共享了动物的特性）；或者因共享而产生的特性，如生命是某一个动物的特性。如果没有加上"天然"这个谓项，就会出现上文所述的那些错误。因为可能出现这样的情况：天然存在的性质事实上不属于那个天然存在这个性质的事物，比如，有双足这个性质天然属于人。

如果没有明确界定提出的是实际存在的性质，也会出现错误。因为某些性质现在存在不一定将来也存在，比如，某人有四根手指。如果没有明确界定提出的是初始性质还是通过其他事物产生的，也会出现错误，这个谓项就不能真实地从定义上表述特性，比如，着了色的表述为表面或物体的特性。如果预先并未表明提出的特性是具有特性还是已具有特性，那么也会出现错误，所提出的就不是特性。因为如果提出的特性是已具有特性，那么这个特性就也会属于具有特性的事物；如果提出的特性是具有特性，那么这个特性就也会属于已具有特性的事物，正如经过论证而无可争议地既被称作知识的特性又被称作有知识者的特性。如果不另外说明提出的特性是因被共享还是共享而产生的特性，那么也会出现错误，提出的特性也会属于其他事物。因为如果指出的特性是因被共享而产生的特性，那么这个特性就也会属于共享的事物；如果指出的特性是因共享而产生的特性，那么这个特性就也会属于被共享的事物。比如，生命被表述为某些动物的特性或动物的特性。如果未表明提出的特性是种方面的特性，那么也会出现错误，所提出的特性就会只属于种内的某一个事物。因为性质之最只能属于某一个事物，比如，最轻是火的特性。

当然，有时即使加上了"种方面"这个词，仍然也会出现错误。当加上"种方面"这个词时，被表述的就应该是一个种的事物，但有些情况下不是如此。比如谈及火的特性时，因为火不是一个种，尽管燃烧着的煤、火焰与光都是火，但它们在种的方面存在差别。当加上"种方面"这个词时，被表述的事物就不应该指此种之外的另一个种，因为这时提出的特性就会更倾向于属于某些事物，而不是其他事物。比如，最细微之物构成的物体更倾向于属于火，因为光比燃烧着的煤、火焰更细微。但是，这种情况不应该出现，除非谓项没有在更大程度上表述特性，且论述更为真实地表述主项。如果不是这样的话，谓项和论述就都在更大程度上表述主项，而这不符合逻辑。

除了这些以外，还会出现这样的情况：同一特性可以完全是具有该特性事物的特性，也可以在较大程度上是具有该特性事物的特性，正如火具有最细微之物的特性。同一特性也是光的特性，因为光也是由最细微之物构成。基于上述原因，如果别人以这样的方式提出特性，我们就应该极力进行反驳；对于我们自己来说，在我们提出特性时，应该明确界定所提出的特性是如何属于其主项以及其主项是什么。

此外，驳论时，我们要考虑对方是否将某一事物本身当作其特性。如果是这样的话，被表述为特性的性质就不是真正的特性。因为对于所有事物而言，其本身都表示其本质，然而表示本质的并不是特性而是定义。比如，有人说匀称是符合标准的特性，就是将事物本身当作了其特性（因为匀称与符合标准是相同的），因此，匀称就不是符合标准的特性。立论时，我们则要考虑是否没有将某一事物本身当作其特性，而是提出了另一个可换位的谓项。如果是这样的话，被表述为不是特性的性质就是真正的特性。比如，有人将生物的特性表述为有生命的实体，那么就不是将事物本身当作其特性，而是用另一个可换位的谓项来表述，因此，有生命的实体就是生物的特性。

此外，如果论及由相似部分构成的事物，驳论者应该考虑整体的特性是否对部分而言不真实，或者，部分的特性是否不能表述整体。只要是这两种情况中的一种，被表述为特性的性质就不是真正的特性。在下文所述的情况下，就是如此。当有人提出由相似部分构成之物的特性时，有时倾向于关注整体，有时则转而关注表述部分的内容，在这两种情况下都不能正确地表述特性。比如，倾向于关注整体的情况，有人说海的特性是最大量的咸水，就是指由相似部分构成之物的特性。但他所提出的特性对部分而言不真实（因为某个海并不充满着咸水），因此，海的特性就不是最大量的咸水。倾向于关注整体的情况也是如此，比如，有人说空气的特性是可呼吸，就是指由相似部分构成之物的特性。虽然提出的特性对于某一部分空气而言是真实的，但却不能表述空气这个整体（因为空气这个整体不能说是可呼吸的），因此，可呼吸就不是空气的特性。立论者则要考虑对于相似部分而言，真实的特性是否对于相似部分构成之物而言也是真实的。如果是这样的话，被表述为不是特性的性质就是真正的特性。比如，因为自然向下运动对于所有的土而言实在是真实的，并且这个特性也是构成土的相似部分的特性，所以，自然向下运动就是土的特性。

第六节 从对立方面考虑特性

接下来，我们必须从对立方面进行考虑：第一，从对立方面的相反项出发。驳论者须考虑一组相反项的其中一个，如果它不是另一组相反项其中一个的特性的话，那么一组中的每一个相反项都不是另一组中每一个相反项的特性。比如，不公正与公正相反，极恶与极善相反，因为极善不是公正的特性，所以极恶也不是不公正的特性。然而，立论者则要考虑一组相反项的其中一个，是否是另一组相反项其中一个的特性，如果是这样的话，一组中每一个相反项都是另一组中每一个相反项的特性。比如，恶与善相反，不可取之物与可取之物相反，如果可取之物是善的特性，那么，不可取之物也是恶的特性。

第二，从对立方面的关系项出发。驳论者要考虑一组关系项的其中一个是否是另一组关系项其中一个的特性，如果不是的话，一组中的每一个关系项都不是另一组中的每一个关系项的特性。比如，两倍与一半相关，超过与被超过相关，因为超过不是两倍的特性，所以被超过也就不是一半的特性。立论者则要考虑一组关系项其中一个是否是另一组关系项其中一个的特性，如果是的话，一组中每一个关系项就都是另一组中每一个关系项的特性。比如，两倍与一半相关，比例2∶1与比例1∶2相关，因为比例2∶1是两倍的特性，所以，比例1∶2就是一半的特性。

第三，驳论时，我们要考虑依照具有来表述的性质是否是具有的特性。如果不是的话，依照缺乏来表述的性质就不是缺乏的特性。反过来也成立，如果依照缺乏来表述的性质不是缺乏的特性，那么依照具有来表述的性质也就不是具有的特性。比如，因为没有感觉不是耳聋的特性，所以感觉也就不是耳聪的特性。立论时，我们也要考虑依照具有来表述的性质是否是具有的特性，如果是的话，依照缺乏来表述的性质也就是缺乏的特性。反过来也成立，如果依照缺乏来表述的性质是缺乏的特性，那么依照具有来表述的性质也就是具有的特性。比如，依照我们具有的视觉来讲，看得见是视觉的特性，那么，依照我们不具有原本应该天然具有的视觉来讲，看不见就是盲的特性。

然后，我们也要从肯定和否定的情况进行考虑。第一，从肯定与否定含义的谓项本身出发。但这种方法只适用于驳论，比如，考虑肯定或依照肯定含义表述的性质来确定是否是主项的特性。如果不是这样的话，否定或依照否定含义表述的性质就不是主项的特性；如果否定或依照否定含义表述的性质是主项的特性，那么，肯定或依照肯定含义表述的性质就不是主项的特性。比如，因为有生命是生物的特性，所以，没有生命就不是生物的特性。

第二，从肯定与否定含义的谓项以及肯定与否定含义的主项出发。驳论时，我们要考虑肯定含义的谓项是否是肯定含义主项的特性。如果不是的话，否定含义的谓项也就不是否定含义主项的特性；如果否定含义的谓项不是否定含义主项的特性，那么，肯定含义的谓项也就不是肯定含义主项的特性。比如，因为生物不是人的特性，所以非生物也就不是非人的特性；如果非生物看起来不是非人的特性，生物看起来也就不是人的特性。立论时，我们也要考虑肯定含义的谓项是否是肯定含义主项的特性。如果是的话，否定含义的谓项也就是否定含义主项的特性。比如，如果没有生命是非生物的特性，有生命就是生物的特性；如果有生命看起来是生物的特性，那么没有生命看起来也就是非生物的特性。

第三，从肯定与否定含义的主项本身出发。驳论时，我们要考虑提出的特性是否是肯定含义主项的特性。如果是的话，这个特性也就不是否定含义主项的特性；如果提出的特性是否定含义主项的特性，那么，这个特性也就不是肯定含义主项的特性。比如，因为有生命是生物的特性，所以这个特性就不可能是非生物的特性。立论时，我们则要考虑提出的特性是否是肯定含义主项的特性。如果不是的话，那么这个特性就是否定含义主项的特性。然而，这是一种错误的方法，因为肯定含义的谓项不是否定含义主项的特性，否定含义的谓项也不是肯定含义主项的特性；还因为肯定含义的谓项根本不会属于否定含义的主项，即使否定含义的谓项会属于肯定含义的主项，却不是作为其特性。

另外，从同属一个整体的对立部分出发。驳论时，我们要考虑整体中一个对立部分是否是整体中其余对立部分的特性，如果不是的话，被表述为特性的性质就不是真正的特性。比如，因为可感知的生物不是其他生物的特性，所以，可理解的生物就不是神的特性。立论时，我们也要考虑整体中其余对立部分中是否有一个是整体中所有对立部分的特性，如果是这样的话，整体中其余对立部分也就是这个被表述为不具有此特性事物的特性。比如，因为本身天然具有的逻辑美德是审慎的特性，其他形式的美德也以同样的方式考虑，所以，灵魂本身具有的欲求美德就是克制的特性。

第七节　从派生词的方面考虑特性

接下来，我们从派生词的方面进行考虑。驳论时，我们要考虑一组派生词其中一个是否是另一组派生词其中一个的特性，如果不是的话，一组派生词其余一个也就不是另一组派生词其余一个的特性。比如，因为"美好地"不是"公正地"的特性，所以"美好的"也就不是"公正的"的特性。立论时，我们也要考虑一组派生词其中一个是否是另一组派生词其中一个的特性，如果是这样的话，一组派生词其余一个也就是另一组派生词其余一个的特性。比如，因为双足行走是人的特性，所以，人的特性就被表述为双足行走。

另外，我们不仅要考虑上文所述的派生词本身，而且也要按照上文所述的方式考虑派生词的对立项。驳论时，我们要考虑一组派生词其中一个的对立项是否是另一组派生词其中一个对立项的特性，如果不是的话，这个派生词也就不是那个派生词的特性。比如，因为"美好事物"不是"公正事物"的特性，所以，"丑恶事物"也就不是"不公正事物"的特性。立论时，我们也要考虑一组派生词其中一个的对立项是否是另一组派生词其中一个对立项的特性，如果是的话，这个派生词也就是那个派生词的特性。比如，因为最善是善的特性，所以，最恶也就是恶的特性。

其次，我们从关系相似的情况进行考虑。驳论时，我们要考虑一种关系中的谓项是否是主项的特性，如果不是的话，在与这种关系相似的关系中，谓项也就不是主项的特性。比如，"房屋建筑者"对"建筑房屋"，"医生"对"恢复健康"，这两种关系相似，因为"恢复健康"不是"医生"的特性，所以，"建筑房屋"也就不是"房屋建筑者"的特性。立论时，我们也要考虑一种关系中的谓项是否是主项的特性，如果是的话，在与这种关系相似的关系中，谓项也就是主项的特性。比如，"医生"对"有助于恢复健康"，"健身教练"对"有助于身

□ 第欧根尼　让-莱昂·杰罗姆　1860年
华特斯艺术博物馆藏

什么是美好的事物，什么是善？这是哲学家们苦苦思索的问题。犬儒学派的第欧根尼（约公元前412—前324年）给出了他的答案：简朴自然的生活就是理想状态，就是最美好的生活。因此，他住在一只大桶内，像乞丐一样生活，与犬为伍。

体强壮"，这两种关系相似，因为"有助于身体强壮"是"健身教练"的特性，所以，"有助于恢复健康"也就是"医生"的特性。

再次，我们从关系相同的情况进行考虑。驳论时，我们要考虑与两个主项关系都相同的谓项是否是其中一个主项的特性，如果不是的话，这个谓项就不是两个主项中任何一个的特性。如果与两个主项关系都相同的谓项是其中一个主项的特性，那么，被表述为特性的性质就不是真正的特性。比如，因为审慎对善行或恶行的关系相同，从审慎作为两者的知识出发，善行的知识不是审慎的特性，所以，恶行的知识也就不是审慎的特性。即使善行的知识是审慎的特性，丑行的知识也不是审慎的特性，因为同一个谓项不可能成为多个主项的特性。这种方法不适用于立论，因为确定关系是否相同需要将一个谓项同多个主项进行比较。

然后，驳论时，我们要考虑所谓存在的谓项是否是所谓存在事物的特性。如果不是的话，不仅被破坏不是所谓被破坏之物的特性，而且生成也不是所谓生成之物的特性。比如，因为"动物"不是人的特性，所以，"成为动物"也就不是"成为人"的特性，"被破坏的动物"也就不会是"被破坏的人"的特性。正如从上文论述的存在到生成与被破坏，我们须依照相同的方式考虑从生成到存在与被破坏以及从被破坏到存在与生成的情况。立论时，我们也要考虑所谓存在的谓项是否是所谓存在事物的特性。如果是的话，所谓生成也就是所谓生成之物的特性，所谓被破坏也就是所谓被破坏之物的特性。比如，因为"凡人"是"人"的特性，所以，"成为凡人"也就是"成为人"的特性，"被破坏的凡人"也就是"被破坏的人"的特性。我们须依照相同的方式进行论证，从生成、被破坏到存在以及从存在到生成与被破坏，正如论述驳论时的内容一样。

另外，我们要从所述性质的概念进行考虑。驳论时，我们要考虑所述性质是否不属于概念，或者是否不属于其表述的概念。如果不属的话，被表述为特性的性质就不是真正的特性。比如，因为静止不属于"作为人的"人本身，而是属于"作为概念的"人本身，所以，静止就不是人的特性。立论时，我们则要考虑特性是否属于概念，而且是属于其表述的概念，同时这个概念不是被称作特性的性质。如果属于的话，被表述为不是特性的性质就是真正的特性。比如，因为

"由灵魂与身体构成"属于动物本身，并且是属于"作为动物的"动物本身，所以，"由灵魂与身体构成"就是动物的特性。

第八节　从更大程度与更小程度上考虑特性

接下来，我们从更大程度与更小程度上考虑特性。第一，驳论时，我们要考虑更大程度的谓项是否是更大程度事物的特性。如果不是的话，最小程度的谓项就不是最小程度事物的特性，最大程度的谓项就不是最大程度事物的特性，初始谓项也就不是初始事物的特性。比如，因为更大程度的着色不是更大物体的特性，所以更小程度的着色也就不是更小物体的特性。简而言之，着了色的就不是物体的特性。立论时，我们也要考虑更大程度的谓项是否是更大程度事物的特性，如果是的话，最小程度的谓项就是最小程度事物的特性，最大程度的谓项就是最大程度事物的特性，初始谓项也就是初始事物的特性。比如，因为更高层次的感知是更高层次动物的特性，所以，更低层次的感知就是更低层次动物的特性，最高层次的感知就是最高层次动物的特性，最低层次的感知就是最低层次动物的特性。简而言之，感知就是动物的特性。

然后，我们从初始情况出发对更大程度与更小程度的情况进行考虑。驳论者需要考虑初始谓项是否是初始事物的特性。如果不是的话，更大程度的谓项就不是更大程度事物的特性，更小程度的谓项就不是更小程度事物的特性，最大程度的谓项就不是最大程度事物的特性，最小程度的谓项也就不是最小程度事物的特性。比如，因为"值得尊敬"不是"能称之为人的人"的特性，所以，"更值得尊敬"也就不是"更能称之为人的人"的特性。立论者也要考虑初始谓项是否是初始事物的特性。如果是这样的话，更大程度的谓项就是更大程度事物的特性，更小程度的谓项就是更小程度事物的特性，最大程度的谓项就是最大程度事物的特性，最小程度的谓项也就是最小程度事物的特性。比如，因为"自然容易向上运动"是"能称之为火的火"的特性，所以，"自然更容易向上运动"是"更能称之为火的火"的特性。我们也能够以同样的方式考虑其他所有的此类情况。

第二，驳论时，我们要考虑更大范围的谓项是否是更大范围事物的特性。如果不是的话，更小范围的谓项就不是更小范围事物的特性。比如，感知比认知的范围更大，动物比人的范围更大，而感知不是动物的特性，因此，认知也就不是人的特性。立论时，我们则要考虑更小范围的谓项是否是更小范围事物的特性。如果是这样的话，更大范围的谓项就是更大范围事物的特性。比如，天性文明是人的特性，有生命是动物的特性，天性文明比有生命的范围更小，人比动物的范围更小，且天性文明是人的特性，因此，有生命也就是动物的特性。

第三，驳论时，当比起A（谓项）是B（主项）的特性，A（谓项）更大可能是C（主项）的特性时，我们要考虑这个谓项是否是C的特性。如果不是的话，它也就不会是B的特性；而且，如果这个谓项是C的特性，那就不会是B的特性。比如，因为比起"着了色的"是物体的特性，"着了色的"更大可能是表面的特性，而它不是表面的特性，所以，"着了色的"就不是物体的特性；而且，如果它是表面的特性，那么就不会是物体的特性。这种方法不适用于立论，因为同一谓项不会是多个事物的特性。

第四，驳论时，我们要考虑更大可能是特性之物是否是某事物的特性。如果不是的话，更小可能是特性之物也就不是某事物的特性。比如，比起可分的，可感知的更大可能是动物的特性，而可感知的不是动物的特性，因此可分的也就不是动物的特性。立论时，我们则要考虑更小可能是特性之物是否是某事物的特性。如果不是的话，更大可能是特性之物也就是某事物的特性。比如，比起有生命，感知更小可能是动物的特性，且感知是动物的特性，因此，有生命的也就是动物的特性。

此外，我们要从同等程度上进行考虑。第一，A是B的特性，C是D的特性，两个论述具有同等的可能性。驳论时，我们要考虑A是否是B的特性。如果不是的话，C也就不是D的特性。比如，欲望是灵魂中欲求的特性，推断是逻辑的特性，两个论述具有同等的可能性，而欲望不是灵魂中欲求的特性，因此，推断也就不是逻辑的特性。立论时，我们也要考虑A是否是B的特性。如果是的话，C也就是D的特性。比如，根本的审慎是逻辑的特性，根本的克制是欲求的特性，两个论述具有同等的可能性，且根本的审慎是逻辑的特性，因此，根本的克制也就是欲求的特性。

第二，A与C在同等程度上是B的特性。驳论时，我们要考虑A是否是B的特性。如果不是的话，C也就不是B的特性。比如，看与听在同等程度上是人的特性，而看不是人的特性，因此，听也就不是人的特性。立论时，我们则要考虑A是否是B的特性。如果是这样的话，C也就是B的特性。比如，一部分为根本的欲求与一部分为根本的逻辑，在同等程度上是灵魂的特性，且一部分为根本的欲求是灵魂的特性。所以，一部分为根本的逻辑也就是灵魂的特性。

第三，A在同等程度上是B与C的特性。驳论时，我们要考虑A是否是B的特性。如果不是的话，A也就不是C的特性；并且，如果A是B的特性，那么A也就不是C的特性。比如，燃烧在同等程度上是火焰与燃烧着的煤的特性，而燃烧不是火焰的特性，所以，燃烧也就不是"燃烧着的煤"的特性。即使燃烧是火焰的特性，燃烧也不是"燃烧着的煤"的特性。这种方法不适用于立论。

然而，从同等的可能性考虑两种论述的方法，不同于从同等程度考虑属于事物的特性的方法。因为前者以类推为根据，不必考虑所属性质，而后者则是通过所属性质进行比较的。

第九节 关于潜在特性的方法

接下来，驳论时，我们要考虑提出潜在特性时，所提出的特性是否与非实体相关。因为潜在特性不可能属于非实体，如果是这样的话，被表述为特性的性质就不是真正的特性。比如，有人说空气的特性是可呼吸，就是根据潜在性提出此特性的（因为能够被呼吸进去的事物才具有呼吸的特性），同时所提出的特性与非实体相关。即使不存在天然能够呼吸空气的任何一个动物，空气也会存在；然而，如果动物不存在，就不可能呼吸空气。因此，在不存在天然能够呼吸空气的动物时，能被动物呼吸的这种性质就不是空气的特性。因此，可呼吸就不是空气的特性。

立论时，我们则要考虑提出潜在特性时，所提出的特性是否与实体相关。如果潜在特性有可能属于非实体，被表述为不是特性的性质就是真正的特性。比如，有人将存在的特性称作能够被作用或施加作用，所提出的特性就是与实体相关。因为当实体存在时，它就能够被作用或施加作用。因此，能够被作用或施加作用就是存在的特性。

另外，驳论时，我们要考虑提出特性时是否使用了"最大程度"这类表述。如果是这样的话，被表述为特性之物就不是特性。使用"最大程度"这类表述提出特性时，会产生论述不能真实地表述所述事物的结果。因为即使在事物毁灭后，论述也仍然不变，并在最大程度上属于现在存在着的事物。比如，如果有人将火的特性称作"最轻的物体"，而在火熄灭后，仍然会存在"最轻的物体"，因此，"最轻的物体"就不是火的特性。立论时，我们也要考虑提出特性时是否没有使用"最大程度"这类表述。如果没有使用的话，在这一点上，就正确地表述了特性。比如，有人将人的特性称作天性文明的动物，提出特性时没有使用"最大程度"这类表述，因此，在这一点上，他就正确地表述了人的特性。

第六卷

第一节　讨论定义的相关方法

对于定义的讨论可分为五个部分。出于推翻定义的目的，我们需要指出：（1）表述被定义项定义的论述根本不真实（如，人的定义必须对于每个人而言都真实符合）；（2）虽然所述的被定义项有其归于的属，但下定义时却没有将被定义项归于这个属，或者没有将其归于其应被归于的属（定义的提出者必须将定义的对象归于其应被归于的属中，然后再加上种差；因为在定义的要素中，属被认为是表明被定义项本质的第一要素）；（3）论述并非被定义项专有的（正如上文所述，定义必须是被定义项专有的）；（4）尽管定义的提出者成功规避以上三点错误，但没有对被定义项作出界定，也就是没有表明被定义项的本质；（5）除上述四点外，还有最后一点，虽然对被定义项作出界定，但界定却不正确。

然后，定义的论述对于被定义项是否真实符合，我们要从关于偶性的方法进行考虑。因为对于偶性我们总是会考虑：偶性是真实的还是不真实的？当我们表明偶性属于某个事物时，就可以称这个偶性是真实的；而当我们表明偶性不属于某个事物时，就可以称这个偶性不是真实的。再则，所述定义是否没有将被定义项归于其应被归于的属中，或者对定义的论述并非被定义项专有，对于这两个问题，我们要从上文已述内容中关于属与特性的方法进行考虑。

接下来我们要谈的是，如何考察对于被定义项是否没有作出定义或者定义不正确的问题。首先，我们需要考虑对被定义项作出的定义不正确的问题。对于任何事情来说，"仅仅做"比"正确地做"更加容易。因为"正确地做"更加困难，所以它显然会比"仅仅做"更加容易出现错误。基于这个原因，我们针对"正确地做"进行推理以驳倒对方相对容易。

对被定义项定义不正确的有两种情况：第一，在定义被定义项时使用了含糊的语言（论述定义时一定要尽可能使用最明晰的语言，因为提出定义是为了更好地认识被定义项）；第二，在定义被定义项时说了不必要的内容，因为在定义中一切额外添加的内容都是多余的。此外，上述的这两种情况每种都可以再细分为诸多部分。

第二节　定义的正确性

从论述的含糊性进行考虑，有以下几种方法：第一，考虑定义的论述中是否出现意义含糊的词，比如，"生成是转变为实体的方式"，"健康是冷热均衡"。这两个论述中就出现了意义含糊的词，即方式与均衡都是多义词。因此，这种表述无法明确定义论述者究竟想要传达的是其多层含义中的哪一层。还有一种情况也是如此，如果被定义项有多层含义，而定义论述者并未作出明确界定，那么就不清楚要定义的是哪层含义；而且，有人可能会质疑，对定义的论述不适用于被定义项的所有可能对象。如果忽略多义词的情况，下定义的人就很有可能面对这样的质疑。另外，提问者也可能自己区分被定义项的多层含义并作出推理。因为如果其论述并不适用于任何一层含义的被定义项，那么，显而易见，他

□ 正义女神　瑞士伯尔尼雕塑

正义女神的形象为一手拿剑一手拿天平，用白布蒙着双眼的年轻女子。剑代表制裁，天平代表公正，蒙眼表示司法来源于理性，而不是感觉。古希腊的法律已经比较完备，但是法由人定，仍有诸多不完美的地方。因此，亚里士多德否认法律为天然公正事物的尺度或象征。

根本就不可能作出正确的定义。

第二，考虑在定义中是否出现了隐喻表达，比如，是否将知识称作不能变更的东西，将大地称作乳娘，或者将克制称作和谐。因为使用隐喻表达的所有定义都是含糊的。我们可以对使用隐喻表达的人提出疑问。他可能表述得正确，但提出的定义却不适用于被定义项。比如，就克制这个例子而言，因为和谐总是存在于声音之中，并且，如果和谐是克制的属，那么同一事物出现在互不包含的两个属中。因为美德是克制归于的属，而和谐不包含美德，美德也不包含和谐。

第三，考虑定义是否没有使用通用的名称，比如，柏拉图将眼睛称作被眉毛遮盖的事物，或者将某种蜘蛛称作腐物的进食者，又或者将骨髓称作生成骨骼的事物。以上所有这些不常用的表述都是含糊的。

第四，然而有时候，论述定义时使用的词不是多义的，也不是隐喻的，也不是专有的，比如，将法律定义为天然公正事物的尺度或象征。这种用法比隐喻更糟糕，因为隐喻通过相似性在一定程度上让我们对被定义项有多些了解（所有使用隐喻的人都是考虑到了某种相似项才使用了隐喻）。但是，对法律定义的这种用法不会使人们对被定义项有多些了解（因为在法律是尺度或象征的论述中，既不存在相似性，也没有使用法律常用的专有表达）。于是，如果有人说法律是尺度或象征，就是错误的。因为象征指的是由模仿产生的事物，而法律并不是由模仿产生的。另外，如果这种用法不是专有表达，那么，显然，这样的表述就是含糊的，而且比任何一种隐喻表达都更糟糕。

第五，我们要从所述内容来考虑对相反项作出的定义是否不明晰。因为正确提出的定义也会表明被定义项的相反项。或者，当论述只表明被定义项本身时，我们要考虑是否没有明确定义的对象，正如古代绘画一样，如果画上没有题字，就无法了解每幅画所表达的含义。

第三节 定义中的多余内容

因此，如果定义不明晰，我们就可以通过上文所述的这些方法进行考虑。但如果在定义中有多余的内容，首先我们应该考虑在定义中是否出现了某种普遍性质，或者属于一般存在者，或者属于与被定义项同一个属的所有事物。如果是这样的话，就一定会出现内容多余的情况。因为我们需要根据属将被定义项的主项与不在一个属内的事物区分开，根据种差则将被定义项与在一个属内的事物区分开。而属于一般存在物的普遍性质，一定不能将被定义项与不在一个属内的其他事物区分开；属于与被定义项同一个属内所有事物的性质，同样也不能将被定义项与在一个属内的事物区分开。因此，添加这样的多余内容毫无意义。

其次，即使添加的内容是被定义项专有的性质，我们也要考虑删去这些添加的内容后，余下的定义论述是否仍是被定义项专有的性质，并且表明事物本质。比如，在对于人的定义中，能够获得知识就是多余的添加内容。因为删去这部分内容后，余下的定义论述仍是人专有的性质，并且表明人的本质。总之，任何内容只要删去后，余下的论述仍然能明确被定义项的，那它就是多余的。比如，灵魂的定义就是如此——"灵魂是自己运动的数"，而柏拉图给出这样的定义："自己运动的事物是灵魂"。或许，"灵魂是自己运动的数"表明了被定义项的特性，然而如果删去"数"这个词，就无法表明灵魂的本质。我们难以判断上述的两种论述哪一种才是灵魂正确的定义。因此，在所有的类似情况下，我们就必须以可取性为指导，比如，有人将"黏液"定义为"从食物中产生未被消化的最初液体"。"最初"表示只有一个而不是多个，因此，添加"未被消化的"就是多余的。如果删去"未被消化的"，余下的定义论述仍然是"黏液"专有的定义，因为从食物中产生出来的最初液体不可能既是黏液又是其他液体。黏液并不一定是从食物中产生的最初液体，而只是未被消化液体中最初产生的。如果是这样的话，添加"未被消化的"就是必须的。在对"黏液"的定义中如果删去"未被消化的"就是不真实的，因为黏液不是从食物中产生的所有液体中最初的液体。

再次，我们要考虑在定义的论述中，某些性质是否不属于同一个种内的所有事物，因为这类定义比使用属于所有事物的普遍性质作出的定义还要糟糕。因为在那种情况下，余下的定义论述是被定义项专有的，那么整个定义也就会是被定义项专有的。简而言之，如果真实的内容加在对被定义项专有的论述中，整个定义也一定是被定义项专有的。然而，如果定义的论述中某些性质不属于同一个种内的所有事物，整个定义也就不可能是被定义项专有的，因为定义的论述不能与被定义项换位，比如，"双足行走的动物是四肘尺高"就是属于这样的情况。"四肘尺高"不能与"双足行走的动物"换位，因为"四肘尺高"不属于同一个种内的所有事物。

然后，我们要考虑在论述定义时相同定义项是否重复出现。比如，将"欲望"称作"对于快乐的欲求"，又因为所有欲望都是对于快乐的，所以，与"欲望"相同的事物（欲求）也就是对于快乐的。"欲望"与"对于快乐的欲求"没有差异，于是，欲望的定义就是"对于快乐的欲求"。所以，两者的定义都是对于快乐的。或许这其中并无悖理之处。又如，因为"人"是"双足的"，所以，与"人"相同的事物也就是"双足的"；又因为"双足行走的动物"与"人"是相同的事物，所以，"双足行走的动物"就是"双足的"。然而，这其中并无悖理之处。因为"双足的"不表述"行走的动物"（如果是这样的话，就是用"双足的"表述同一事物两次），而是用来表述"双足行走的动物"，所以，"双足的"只表述同一事物一次。对于"欲望"，也是这样的情况。因为"对于快乐的"并不是表述"欲求"，而是表述"对于快乐的欲求"这个整体，所以，"对于快乐的"只表述同一事物一次。因此，相同定义项在一个论述中出现了两次并不是悖理。悖理是用相同定义项表述同一事物两次，比如，色诺克拉底说的"审慎是对存在的界定与思考"。"界定"是某种形式的"思考"，因此，在论述中加上"思考"，就是用相同定义项表述同一事物两次。有人将"冷藏"称作"缺乏天然热"，论述中同样也存在悖理之处。因为所有缺乏都是天然存在的东西的缺乏，所以，在表述中加上"天然"就是多余的，说"热的缺乏"就已经足够，因为缺乏本身就表明了所指的"热"是"天然热"。

另外，我们要考虑在提出普遍性的论述后是否又添加了特殊性的表述，比如，我们所定义的"公平是益处与公正的缩小"。因为"公正"是某种形式的"益处"，所以，"公正"包含于"益处"之中。于是，"公正"就是多余的，因为这是在提出普遍性的论述后又添加了特殊性的表述。如果有人作出定义，"医学是有助于动物与人健康的知识"，或者"法律是天然善与公正事物的象征"，也是同样的情况。因为"公正"是某种形式的"善"，所以，在论述中相同定义项重复出现。

第四节 定义是否表明事物本质

因此，关于定义正确与否，我们应该用上文所述的方法以及类似的方法进行考虑。至于在定义中是否提到或表明事物本质，我们应该以下列方法进行考虑。

首先，看定义的提出者在下定义时是否按照先前的、更为熟悉的事物。因为提出定义是为了更好地认识被定义项，而我们认识事物不是随便通过任意其他事物，而是借助于先前的、更容易被了解的事物，正如证明时那样（所有条例与原则也是如此存在的）。因此，显而易见，如果有人没有按照这类事物下定义，那就没有正确地给出定义。如果不是这样的话，对同一事物就会有多种定义。很明显，按照先前的、更为熟悉的事物作出的定义更好，这两种定义都是对于同一事物的。然而，此类情况似乎不是如此。因为每一个存在都只有一种本质，所以，如果对于同一事物出现了多种定义，每种定义表明的本质就是属于被定义项的同一种本质。但事实上每种定义表明的本质却不相同，因其定义就是不相同的。因此，如果没有按照先前的、更为熟悉的事物下定义，定义就没有被正确地给出。

没有按照先前的、更为熟悉的事物下定义可能有两种情况：一种是使用绝对意义上更为不熟悉的事物；另一种是使用对我们来说更为不熟悉的事物。从绝对意义上来说，先前的事物比之后的事物更为熟悉。比如，"点"与"线"、

"线"与"面"、"面"与"体",前者比后者都更为熟悉,正如"一"比"数"更为熟悉。因为"一"先于"数",而且是所有数的本原。同样的道理,人们对字母比对音节也更为熟悉。然而,对于我们来说,有时会发生相反的情况。因为我们对"体"感知最多,因此了解最多,而"面"比"体"少,"线"比"面"少,"点"又比"线"少。普通人更了解"体""面"这类容易被感知的事物,因为了解这些不需要高超的理解力,而对余下的事物则需要正确且高超的理解力。

从绝对意义上来说,我们最好是通过先前的事物来了解之后的事物,因为这样一种方式更符合逻辑。然而,如果有人不能通过这种方式来了解事物,可能就需要通过他们熟悉的事物来论述定义。"点""线""面"之类的定义就属于所述情况,因为所有这些定义都是通过之后的事物来表明先前的事物,"点"是"线"的极限,"线"是"面"的极限,"面"是"体"的极限。然而,我们必须注意到,通过这种方式论述的定义,不可能表明被定义项的本质,除非刚好同一事物既是对我们来说更为熟悉的事物,又是绝对意义上更为熟悉的事物。另一种方式是,使用对我们来说更为不熟悉的事物。正确的定义必须通过属与种差来论述。属与种差在绝对意义上比种更为人们熟悉,而且先于种而存在。如果属与种差不存在了,种也自然就不存在,因此,属与种差先于种而存在。同时,属与种差在绝对意义上比种更为人们熟悉,因为如果种被熟悉,属与种差一定也被熟悉(比如,如果有人了解"人",一定也了解动物与双足的事物)。然而,如果属或种差被熟悉,种却不一定被熟悉,因此,种是更不为人熟悉的。

另外,那些将通过这种方式(从所有人都熟悉的事物出发)论述的定义视为真正定义的人一定会说,同一事物会有多个定义。因为某些事物对于某些人来说更为熟悉,而不是对所有人来说都更为熟悉,即相同事物对不同人来说熟悉程度是不同的。因此,如果定义必须要从每个个体各自最为熟悉的事物出发来论述,那么,针对每个个体,就要提出不同的定义。

此外,对于相同的人来说,在不同的时间,更为熟悉的事物也是不同的。首先,感觉的对象在这方面就是如此:当对其认识更为精确时,就会出现更为熟悉的事物换位的情况。因此，对于那些认为必须要从每个个体各自最为熟悉的事物出发来论述的人来说，同一个人也不会在所有时间都提出相同的定义。因此，显而易见，我们不应该按照每个个体各自最为熟悉的事物，而应该按照绝对意义上更为熟悉的事物来论述定义。我们只有以这种方式才总能提出唯一的、相同的定义。绝对意义上更为熟悉的事物有可能并不是所有人都熟悉的，而是那些理解力高超的人所熟悉的，正如绝对意义上的健康属于那些身体状态好的人。对于所有的这些情况我们都应该精确地表述，并根据实际需要运用到论述中。但我们也应该承认，如果定义刚好既不是根据对我们来说更为熟悉的事物，又不是根据绝对意义上更为熟悉的事物来论述的，那么它也很有可能被推翻。

没有按照更为熟悉的事物来下定义有两种方式：一种方式是通过之后的事物来了解先前的事物，正如上文所述；另一种方式是通过不确定的、运动的事物来定义确定的、静止的事物，确定的、静止的事物要先于不确定的、运动的事物。

没有按照更加先前的事物来下定义有三种方式：第一种方式是通过一组对立项中的一个来定义另一个。比如，有人通过恶来定义善，因为对立项自然是同时存在的；而且，也有人认为，善与恶的知识也是相同的。因此，一组对立项中的一个不会比另一个更为熟悉。然而，我们也要注意到，有些事物或许不可以通过其他方式来定义，比如，"两倍"只能通过"一半"来定义。其他所有本身表示关系的事物也是类似的。因为对于所有这些事物来说，它们具有相同的本质，即在某一方面与其他事物相关，那么就不可能不通过一个事物来了解另一个事物。因此，在其中一个事物的定义中一定会包含另一个事物。我们应该了解所有这些情况，并根据实际需要加以运用。

第二种方式是用被定义的事物来定义其本身。当定义的提出者没有使用被定义事物的名称时，这种情况就容易被忽略。比如，有人将"太阳"定义为"白天看得见的恒星"就是这样的情况，因为当提到"白天"时，就提到了"太阳"。为避免忽略这种情况，我们需要将名称换成定义，比如，将"白天"定义为"太阳在地球上空运动"。显而易见，只要说到"太阳在地球上空运动"也就会提到"太阳"，因此，提到"白天"时，也就会提到"太阳"。

第三种方式是通过整体中的一个对立部分来定义另一个对立部分，比如，将"奇数"定义为"比偶数大1的数"。因为从同一个属中划分出来的对立部分自然是同时存在的，奇数与偶数就是从同一个属中划分出来的对立部分，两者都是"数"的种差。

同样地，我们也可以考虑定义的提出者是否通过下位词来定义上位词，比如，将"偶数"定义为"能被2整除的数"，或者将"善"定义为"具有美德"。因为"能被2整除的数"来自于"2"，而"2"就是一个偶数；"美德"也是一种形式的"善"，所以"2"是"偶数"的下位词，"美德"也是"善"的下位词。还有，在提到下位词时，一定会提到的是被定义的上位词本身。比如，提到"美德"就会提到"善"，因为"美德"是一种形式的"善"；同样地，提到"能被2整除的数"就会提到"2"，因为"能被2整除的数"要用"2"来表述，而"2"是一个偶数。

第五节　关于属的定义

通常情况下，人们下定义时会出现两种错误：一种错误是没有按照先前的、更为熟悉的事物下定义，这类情况在前文已作出详细的论述；另一种错误是被定义的事物虽然是在属中，但下定义时却没有被归于属中。在没有预先表明被定义项本质的定义中，此类错误常常出现。比如，有人将"物体"定义为"三维的"，或者将"人"定义为"有计算能力者"，他只是作出这样的定义，却没有说明什么是"三维的"以及什么是"有计算能力者"。而属能够表明事物的本质，并且在定义的所有定义项中应该最先被提出。

其次，我们要考虑被定义的事物是否虽不符合所有定义项，但符合多个定义项。比如，有人将"语法"定义为"书写口述内容的知识"，就应该加上"语法也是阅读的知识"。将"语法"定义为"书写知识"，将"语法"定义为"阅读知识"，这两者都没有对"语法"作出足够的界定。因此，这两者都不是"语法"正确的定义。只有一个定义同时包含"书写知识"与"阅读知识"，才是"语法"正确的定义，因为同一个事物不可能存在多个定义。有些时候，上文所述内容就是真实的情况；但有些时候，上文所述内容不符合真实的情况，比如，被定义的事物在本质上不符合两种论述时。其中一个例子是，将"医学"定义为"产生疾病与健康"，"产生健康"是"医学"的本质，而"产生疾病"只是偶性，且"医学"一定是排斥"产生疾病"的。因此，既包含"产生健康"又包含"产生疾病"的"医学"定义，与只包含其一的定义相比，它并没有更正确。而且事实上它可能会更糟，因为任何人都有"产生疾病"的能力，而不单单是精通"医学"的医生。

然后，在被定义的事物符合多个定义项时，我们就要考虑定义是否没有提及更好的定义项，而是提及更坏的定义项。如果是这样的话，定义就出现了错误，因为所有的知识与能力通常都被认为是关于最好的事物。

另外，如果在定义中被定义的事物没有被归于其专有的属中，那么我们就要从上文所述有关属的基本方法进行考虑。

此外，我们要考虑提及所定义事物的属时，是否略过最近的属，转而提出关系较远或高层次的属。比如，有人将"公正"定义为"产生平等或分配平等的一种状态"，在这样的定义中，略过了"美德"这个属。就是因为漏掉了"公正"的这个属，所以定义的提出者根本没有表明"公正"的本质——因为每个事物的本质都与其归于的属相联系——这就相当于没有将所定义的事物归于其最近的属中。如果下定义的人将所定义的事物归于其最近的属中，就会提及所有高层次的属，因为所有更高层次的属都表述低层次的属。基于上述原因，所定义的事物应该被归于其最近的属中，否则就需要在高层次的属上添加所有的种差用以定义最近的属。只有这样，需要说明的内容才不会被遗漏，提及低层次的属不用通过其名称而是用定义来论述。还有一种情况是，只是提及高层次的属本身，并没有同时提及低层次的属，比如，有人将某物称作"植物"，并没有同时说明它就是"树"。

第六节　关于属、种以及其他方面的种差问题

关于种差，我们需要以相同的方式去考虑，即定义的提出者提及的种差是否

□ 柏拉图 版画

柏拉图把理念看作宇宙的本原，而且是永恒不变的，现实世界只是理念的幻影。但是亚里士多德反对这个观点。在拉斐尔的名画《雅典学院》（见本书23页）中，柏拉图右手指天，仿佛在与亚里士多德争论是否存在理念。

在被定义事物归于的属中。如果定义的提出者定义被定义项时，没有按照被定义项专有的种差来定义，或者提出了完全不能作为任何事物种差的定义项，比如动物、实体，那么，显而易见，他就没有正确地给出定义，因为他所提出的定义项根本不是种差。我们还要考虑所提出的种差是否存在从一个整体中划分出来与其对立的种差，如果没有的话，所提出的种差显然就不在被定义事物归于的属中。因为所有属的划分都是依据从整体中划分出来的对立种差，比如，"动物"的划分是依据"行走的"与"有翅膀的"、"水栖的"与"双足的"。

我们也要考虑，是否虽然存在从整体中划分出来与其对立的种差，但却不符合被定义事物所归于的属。如果是这样的话，显而易见，这些也不是该属的种差，因为所有从整体中划分出来的对立种差都会符合它们专有的属。同样地，我们还要考虑，所提出的种差是否虽然符合该属，但将其加在该属上没有产生种。如果是这样的话，显而易见，这个种差就不是该属内种方面的种差，因为所有种方面的种差加在属上都会产生种。然而，如果这个不是种差，那么所提出的那个也就不是，因为两者是从一个整体中划分出来的对立部分。

再则，我们要考虑定义的提出者是否依据"否定"来划分属，比如，有人将"线"定义为"没有宽度的长度"，该定义仅仅表明了线是没有宽度的。那么，是否就可以推出属共享其本身的种？因为对于所有事物而言，要么符合肯定的含义，要么符合否定的含义。对于所有长度而言，要么有宽度，要么没有宽度。所以，长度作为线的属，要么有宽度，要么没有宽度。然而，"没有宽度的长度"是种的定义；同样地，"有宽度的长度"也是种的定义，因为"没有宽度"与"有宽度"都是种差。而种的定义是依据属与种差的，因此，属适于种的定义。

同样地，属也适于种差的定义，因为上述的种差中一定会有一个来表述属。这个方法可以用来反驳那些断言存在"理念"的人。因为如果存在"长度"本身，"没有宽度"或者"有宽度"又如何表述属呢？如果这两个说法中的某一个符合"长度"的属，那么就一定符合所有"长度"。然而，这个结论可能是不正确的。原因在于，事实上既存在"没有宽度的长度"又存在"有宽度的长度"。因此，这个方法只可以用来反驳那些断言"属的数量是一"的人。这个观点也正是那些断言存在"理念"的人所赞成的，因为他们将长度本身与动物本身都称作属。

有些情况下，我们可能需要依据"否定"来下定义，比如，定义缺乏方面的事物时，"盲"是不具有原本应该天然具有的视觉。依据"否定"来划分属，与依据对立于肯定的否定来划分属，这两种方式不存在差异。比如，"长度"被定义为"有宽度者"，对于"有宽度者"而言，从整体中划分出来与其对立的只能是"没有宽度者"。因此，第二种方式还是依据"否定"来划分属的。

再则，我们要考虑定义的提出者是否将种当作了种差，比如，有人将"侮辱"定义为"带有嘲弄的傲慢"。因为"嘲弄"就是"侮辱"的一种形式，所以，"嘲弄"是种而不是种差。

然后，我们要考虑定义的提出者是否将属当作了种差，比如，将"美德"称作"一种好的或值得尊敬的状态"，因为"善"是"美德"的属。或者，"善"不是属而是种差，因为同一事物事实上不可能存在于互不包含的两个属中。"善"不包含"状态"，"状态"也不包含"善"。因为不是所有的"状态"都是"善"，也不是所有的"善"都是"状态"，所以两者不可能都是"美德"的属。如果"状态"是"美德"的属，那么，"善"就不可能是"美德"的属，只能是种差。另外，"状态"表明了"美德"的本质，"善"没有表明"美德"的本质，而是表明其性质，表明性质的似乎应该是种差。

我们也要考虑提出的种差是否没有表明性质而是表明一个特定个体。而种差看起来是表明某种性质的。

我们还要考虑种差是否只是偶性地属于被定义的事物。所有的种差都不是偶性，正如属也不是偶性，因为种差不可能在某些时候属于某一事物，在其他时候又不属于这一事物。

此外，如果定义的提出者用种差、种或者归于种的某个事物来表述属，那么他就没有作出正确的定义。上述事物没有一个可以用来表述属，因为属具有最广的外延。还有，如果定义的提出者用属来表述种差，那么他也没有作出正确的定义。因为属似乎不表述种差，而是表述种差所表述的事物。比如，"动物"表述的是"人""牛"以及其他行走的动物，而非用来表述种的种差本身。如果"动物"表述每一个种差，那么许多动物就会表述种，因为种差表述的是种。还有，如果种差是"动物"的话，所有的种差就都是种或个体，因为每个动物不是种就是个体。

同样地，我们也要考虑种或者归于种的某些事物是否表述种差。这不可能是真实的，因为种差表述的范围要比种更广；而且，如果某个种表述种差，就会得出"种差是种"的错误结论。比如，如果人表述种差，很明显，种差就是人。再有，我们要考虑种差是否是先于种，因为种差必须是先于种、后于属的。

我们也要考虑提到的种差是否归于另外一个属，而这个属与被定义项归于的属互不包含。如果不是这样的话，就会得到"同一个种存在于互不包含的两个属中"的错误结论。因为每一个种差都归于其特定的属，比如，"行走的"与"双足的"归于"动物"这个属。因此，如果每个属都表述种差所表述的事物，那么，显然，这个种就存在于两个互不包含的属中。或者，同一个种差也有可能归于互不包含的两个属中，但是，种差的提出者要补充说明"如果这两个属不在一个相同的类别下"。比如，"行走的动物"与"会飞的动物"是互不包含的两个属，而"双足的"则是这两个属的种差。因此，提出者要补充说明"如果这两个属不在一个相同的类别下"，尽管这两者都属于动物。根据上述内容，同一种差可能归于互不包含的两个属中，那么，显而易见，种差也不必归于其特定的属。但是，当种差归于不是其特定的属时，这些属一定比其特定属的层次高，比如，"双足的"归于"行走的动物"与"会飞的动物"。

我们还要考虑定义的提出者是否将"处于某物之中"当作了实体的种差。因为所处的地点似乎不能将一个实体与另一个实体区别开，因此，根据"陆栖"与

"水栖"来划分"动物"的那些人应受指责,"陆栖"与"水栖"仅仅表明所处地点的不同。或者,这种指责也有可能是不正确的。因为"水栖"既不表示"处于某物之中",又不表示所处地点,而是表示一种特定的性质。原因在于,"水栖动物"即使在干燥的陆地上,也仍然是水栖动物;同样地,"陆栖动物"即使处于潮湿的地方,也仍然是陆栖动物而不是水栖动物。然而,如果有人确实将"处于某物之中"当作了种差,那么,明显就出现了错误。

再则,我们要考虑定义的提出者是否将承受当作了种差。因为所有的承受在强化后都会改变本质,而种差不同于此类事物。种差似乎是要保持因其而存在的事物,并且,如果没有个体专有种差的存在,所有个体就绝对不可能存在。比如,如果"陆栖"不存在,人也绝对不存在。总而言之,我们不能将某事物所具有的能引起性质改变的东西当作种差,因为所有此类事物在强化后都会改变本质。于是,如果有人将此类事物当作种差,就出现了错误,因为我们所说的种差不可能引起性质的变化。

还有一种错误是,定义的提出者提出关系项的种差并不关于其他事物。因为关系项的种差本身也是关系,比如科学。科学分为理论科学(思辨科学)、实践科学以及创制科学,其中每一个都表示一种关系,分别是关于某事物的理论、关于某事物的实践以及关于某事物的创制。

我们还要考虑所提出的关系项的定义是否针对其自然关联项。因为在关系项中,有的只可用于其自然关联项,不可用于其他事物;而有的既可用于其自然关联项,又可用于其他事物。比如,"视觉"只可用于"看",而"擦身器"既可用于"擦去身上的水分",又可用于"拉起一个重物"。尽管如此,如果有人将"擦身器"定义为"拉东西的工具",那么就出现了错误,因为该定义不是关于其自然关联项的。对于其自然关联项的定义是审慎者所使用的,因此也是下定义专有的知识。

另外,当一个词有多层含义时,我们要考虑,定义的提出者是否没有指出其主要含义,比如,将"审慎"定义为"人或灵魂的美德",而不是定义为"逻辑的美德"。因为"审慎"主要是作为"逻辑的美德",而且正是因为这个原因,

"人"与"灵魂"才被称作是"审慎的"。

此外，如果被定义项被表述为承受、倾向或者其他事物，但却与被定义项不符合，那么，也会出现错误。因为每一种承受、每一种倾向都自然产生于作为承受或倾向主项的事物中，比如，知识是灵魂的倾向，产生于灵魂中。

然而，有时人们也会在下列的一些问题上犯错误，比如，将"睡眠"称作"感觉颓靡"，将"困惑"称作"不同论点的等效"，将"痛苦"称作"自然结合部分的猛烈分离"。"睡眠"不属于"感觉"，当然也就不是"感觉颓靡"；因为如果"睡眠"是"感觉颓靡"，就会得出"睡眠"属于"感觉"的错误结论。同样的道理，"困惑"也不是"不同论点的等效"，"痛苦"也不是"自然结合部分的猛烈分离"。如果"痛苦"是"自然结合部分的猛烈分离"，那么就会得出"没有生命的事物也会经受痛苦"的错误结论，因为"自然结合部分的猛烈分离"也属于没有生命的事物。将"健康"定义为"冷热均衡"，也是一样的情况。如果像定义的那样，"健康是冷热均衡"，那么热的东西与冷的东西一定同时存在于"健康"之中；又因为每种平衡都存在于具有平衡的事物之中，所以，健康也存在于热的东西与冷的东西之中。这就出现了矛盾。

另外，定义的提出者如果以上述方式提出定义，便会犯下因果倒置的错误。因为"自然结合部分的猛烈分离"不是"痛苦"，而是产生"痛苦"的原因；"感觉颓靡"也不是"睡眠"，而是其中一方为另一方的原因：或者我们去睡觉是因为感觉颓靡，或者我们感觉颓靡是因为睡着了。同样的道理，"不同论点的等效"似乎是产生"困惑"的原因。因为当我们对一个问题的两个方面进行推理，似乎每个方面都是正确的，这时就会因为要抉择哪一方而感到困惑。

此外，我们要从所有时候的情况进行考虑，看是否有不一致之处。比如，有人将"不朽的"定义为"目前不腐的生物"，因为"目前不腐的生物"现在就是"不朽的"。事实上，在这种情况下我们可能得不出上述的结论，因为"目前不腐"的含义模糊不清：可以表示"目前尚未腐"，或者表示"目前不可能腐"，或者表示"在目前，是永远不腐的东西"。因此，当我们说这个生物"目前不腐"时，如果意思是"目前是永远不腐的东西"，那么这层含义与"不朽的"是相同的，因此，就不会表示"目前是不朽的"。然而，如果定义中所提出的性质只符合现在或过去的情况，而名称所表示的含义却不符合，那么，它们所指的就不是相同的事物。因此，这种方法应该依照我们上文所述的方式运用。

第七节　是否存在更明晰的定义

我们首先要考虑其他定义来表述被定义物是否比所提出的定义更好，比如，将"公正"定义为"分配平等的一种能力"。但事实上，比起有能力分配平等的人，"慎重选择分配平等的人"更能被称作是公正的人。于是，"公正"不是"分配平等的一种能力"，因为如果是这样的话，有能力分配平等的人就是最公正的。

其次，我们要考虑是否被定义的事物本身包含更大的程度，而依照所提出的定义，该事物却不包含更大的程度；或者从相反的方面进行考虑，是否依照提出的定义，所述事物包含更大的程度，而被定义的事物本身却不包含更大的程度。如果定义所表述的事物与被定义的事物是相同的，两者就应该都包含更大的程度，或者都不包含更大的程度。此外，如果两者都包含更大的程度，我们也须考虑两者是否不同时包含更大的程度，比如，将"爱"定义为"对性行为的欲望"就是此类情况。有人在更大程度上爱，但对性行为没有更多的欲望，于是，这两者并不同时包含更大的程度。如果两者是相同的事物，就应该同时包含更大的程度。所以，此处产生矛盾，表明这个定义是错误的。

然后，当提出两种事物时，我们要考虑是否被定义的事物在更大的程度上符合两者，而定义所表述的事物在更小的程度上符合两者，比如，将"火"定义成"最细微之物构成的物体"。因为"火焰"与其说是"光"，不如说是"火"；而与其说是"最细微之物构成的物体"，不如说是"光"；即"火焰"是"火""光""最细微之物构成的物体"的程度递减。如果两者是相同的，就应在同等的程度上符合同一个事物。还有，对于被定义的事物、定义所表述的事物，我们要考虑是否其中一个在同等的程度上属于两者，而另一个不在同等的程度上分别属于两者。

另外，我们要考虑定义的提出者是否表述了所定义事物相互独立的两层含义，比如，将"美好"定义为"悦目或悦耳的事物"，或者将"存在"定义为"能够被作用或施加作用的事物"。如果是这样的话，同一事物就会既是"美好"又是"不美好"；同样地，同一事物就会既是"存在"又是"非存在"。"悦耳的事物"与"美好"是相同的，那么，"不悦耳的事物"与"不美好"就是相同的。因为相同事物的对立面也是相同的，"不美好"是"美好"的对立面，"不悦耳的事物"是"悦耳的事物"的对立面，所以，显而易见，"不悦耳的事物"与"不美好"就是相同的。基于上述原因，如果某一事物"悦目"但又"不悦耳"，那么，它就会既是"美好"又是"不美好"。我们可以依据同样的方式证明同一事物既是"存在"又是"非存在"。

此外，对于所述定义中的属、种差以及其他除了名称以外的所有事物，我们应考虑它们是否有什么不一致。

第八节 对于关系项的定义

如果被定义项本身或其属是关系项，我们就要考虑在定义中是否没有提及与被定义项本身或其属相关的事物，比如，有人将"知识"定义为"永恒不变的观点"，或者将"希望"定义为"没有痛苦的欲求"。因为所有关系项的本质都存在于与其他事物的关系之中，每一个关系项（与其他事物相关的事物）的存在与某一种关系的存在都是相同的。因此，我们应该将"知识"定义为"关于知识对象的观点"，并且将"希望"定义为"对于善的欲求"，同样地，也应该将"语法"定义为"关于文字的知识"。我们在定义中需要提及与被定义项本身或者与这个被定义项的属相关的事物。此外，我们也要考虑在定义中是否没有提及与被定义项这个关系项相关的目的。每一个事物的目的，或者是作为这个事物原因的其他事物，是最能有效定义的。那么，在定义中我们就应该提及最能有效定义的，或者作为被定义项原因的其他事物。比如，我们不应该将"欲望"定义为"属于快乐者的"，而应该定义为"为了快乐"；正是因为后者，我们才提到了快乐者。

而且，我们也要考虑与被定义项相关的事物是否是"生成"或"活动"，因为此类事物都不是目的。相比于"正在生成"与"正在活动"，"生成了"与"活动了"更能被称作"目的"。这种说法有可能不是在所有情况下都是真实的，因为相比于"停止享受快乐"，几乎所有人还是更渴望"享受快乐"的这种状态。所以，在这个时候，人们就是将"进行中的活动"而不是"已完成的活动"当作"目的"的。

在有些情况下，我们还要考虑定义的提出者是否没有提出被定义项在数量、性质、地点或其他方面的种差，比如，对于有雄心壮志的人而言，他们渴求荣誉的数量与性质是怎样的。因为所有人都渴求荣誉，所以，将"有雄心壮志的人"定义为"渴求荣誉"是不充分的，我们在定义时还应添加数量、性质、地点或其他方面的种差。同样地，在定义"贪财的人"时，我们应该提及贪图钱财的数量；在定义"荒淫无度的人"时，应该提及所寻求快乐的性质。因为并不是对所有快乐都不加克制的人可被称作"荒淫无度的人"，"荒淫无度的人"只指那些"对某种性质的快乐不加克制"的人。还有，将"黑夜"定义为"大地的阴影"，或者将"地震"定义为"大地的运动"，或者将"云"定义为"空气的凝结"，或者将"风"定义为"空气的运动"，在这些情况下，我们就需要添加数量、性质以及方式等方面的种差。在其他此类情况下也需要这么做，因为如果漏掉任何一个方面的种差，定义的提出者都无法表述事物真正的本质。否则，反驳者总是可以针对这些不足之处进行辩驳的。因为不是"任何性质、任何程度的大地运动"都能被称作"地震"，同样地，也不是"任何性质、任何程度的空气运动"都能被称作"风"。

另外，在定义"欲求"以及其他类似的事物时，我们要考虑是否漏掉了"表面"这样的词。如果是这样的话，那么就出现了错误，比如，将"希望"定义为"对于善的欲求"，将"欲望"定义为"对于快乐的欲求"，就没有出现"表面"这样的词。因为通常这些有欲求的人没有认清善或快乐的本质，所以，他们欲求的就不是真正的"善"或"快乐"，而只是表面上的"善"或"快乐"。由于这个原因，在定义"欲求"以及其他类似的事物时，我们需要添加"表面"这样的词加以限制。

然而，断言"理念"存在的人会引入"理念"对上文所述的内容进行反驳，因为"理念"不可能是相对于任何一种表面的事物的。而"形式"似乎是相对于表面的事物的，比如，"欲望"本身是相对于"快乐"本身的，"希望"本身是相对于"善"本身的。于是，"希望"或"欲望"不是相对于表面的"善"或表面的"快乐"，因为如果存在表面上"善"或"快乐"的事物本身，就出现了悖理之处。

第九节 关于相反项及其他的定义

接下来，如果所提出的定义关于一种状态，那么我们就要考虑处于该状态中的事物；如果所提出的定义关于处于该状态中的事物，那么我们就要考虑这种状态。对于其他此类情况，我们也需要以相同的方式进行考虑，比如，如果"快乐"是"有益的事物"，"快乐的人"就是"受益的"。一般来讲，以这样的方式下定义时，定义的提出者有可能定义的不止是一种事物，而是多种事物。比如，以这样的方式定义"知识"时，定义的提出者同时也定义了"无知"；同样地，以这样的方式定义"有知识"时，同时也会定义"没有知识"；以这样的方式定义"知道"时，同时也会定义"不知道"。对于此类情况，只要其中一个清楚了，其余的那些在某种意义上也就清楚了。在所有的此类情况下，以防出现不一致，我们还要依据关于相反项与对等词的方法进行考虑。

另外，对于关系项，我们要考虑提出的种是否与其所在属相关事物的种相关。也就是说，如果A与B相关，A与B作为属，那么我们要考虑A的种是否与B的种相关。比如，如果"领悟"与"领悟的对象"相关，我们就要考虑"某一种领悟"是否与"某一种领悟的对象"相关；如果"倍数"与"分数"相关，我们就要考虑"某一种倍数"是否与"某一种分数"相关。因为如果不是这样的话，显然，定义就出现了错误。

此外，我们要考虑对立项的定义是否是对立的，比如，"一半"的定义是否与"两倍"的定义是对立的。如果"两倍"的定义是"超过一个同等数量"，那么，"一半"的定义就是"被一个同等数量超过"。对于相反项，也是类似的情况，因为相反项的定义是相反的。比如，如果"有益的"是"产生善的"，那么，"有害的"就是"产生恶的"或"破坏善的"。提出另一个相反项的定义时，所使用的词中一定有一个要与提出第一个相反项时出现的词相反。如果没有一个词相反，那么很明显，之后提出的定义就与之前提出的定义不是相反的，那么，之前提出的定义就不是正确的。

然而，有些相反项是根据其相反项的缺乏来进行定义的，比如，"不平等"似乎是"平等的缺乏"（因为"不平等的事物"被称作"不是平等的"）。那么，显然，根据缺乏来进行定义的一个相反项必须要通过另一个相反项进行定义。然而，定义另一个相反项时，我们却不能通过根据缺乏而被定义的这个相反项（进行定义），否则，就会得到"每一个相反项都要通过另一个才能被认识"的错误结论。因此，在定义相反项时，我们一定要注意此类错误。比如，如果有人将"平等"定义为"不平等的相反项"，那么，就出现了错误。因为定义的提出者是通过根据缺乏而被定义的这个相反项下定义的。而且，定义的提出者以这种方式给出定义时，一定会用到被定义项。如果我们用定义去替换被定义项的名称，很容易就能看出这一点。因为说"不平等"与"平等的缺乏"没有差别，于是，"平等"就是"平等的缺乏"的相反项，所以，就用到了被定义项。

还有，如果没有一个相反项是根据缺乏来进行定义的，定义的提出者仍然以上述的方式提出另一个相反项的定义，比如，将"善"定义为"恶的相反项"。那么，显然，"恶"也就是"善的相反项"，因为他是以相同的方式对相反项进行定义的。于是，他就又一次用到了被定义项。因为"善"存在于"恶"的定义中，如果"善"是"恶的相反项"，"恶"与"善的相反项"没有区别，那么，"善"就是"善的相反项"的相反项，所以，显而易见，定义的提出者用到了被定义项本身。

此外，我们要考虑定义的提出者在根据缺乏对被定义项进行定义时，是否没有提到是对于什么事物的缺乏，比如，状态、相反项，或者对于其他事物的缺乏；而且，我们也要考虑定义的提出者是否没有添加上天然存在于其中的事物，无论是完全地，还是主要地。比如，将"无知"定义为"一种缺乏"时，我们要考虑定义的提出者是否没有提及它是"知识"的缺乏。或者，是否没有添加上天然存在于其中的事物，又或者加上了，但却没有提及"主要地"，比如，将被定义项定义为"存在于人或灵魂中"，而不是"推断能力中"。如果漏掉了上述的一处，定义就出现了错误。如果定义的提出者没有说"盲"是"眼睛视力的缺乏"，也是同样的结果。有人如果想要正确地表述"缺乏"的本质，他就不仅要表明是对于什么的缺乏，还要表明缺乏的是什么。

我们还要考虑，对于并非根据缺乏而被定义的事物，定义的提出者是否将其定义为一种缺乏，比如，对于"无知"。如果没有根据否定对其进行定义，那么就可能出现这样的错误。因为"无知"似乎不是"没有知识"，而是"容易上当受骗"。由于这个原因，我们也不能称"没有生命的事物"以及"儿童"是"无知的"。因此，"无知"就不能被定义为"知识的缺乏"。

第十节 表述定义所用的词与被定义项词尾的相似性

接下来，我们要考虑表述定义所用的词与被定义项是否具有相同的词尾。比如，如果"有益的"是"能产生健康的"，那么，"有益地"是否就是"能产生健康地"，"已受益的"是否是"已产生健康的"。

我们也要考虑所提出的定义是否符合理念。因为在有些情况下并不符合，比如，柏拉图在定义"动物"时添加上"终将死去的"这个词。然而，理念（比如，人本身）不是终将死去的，因此，这个定义就不符合理念。另外，如果加上"能够发挥作用的"或"能够被作用的"这样的词，定义也一定不符合理念。断言"理念"存在的那些人认为，理念既不能被作用，也不能运动。这种方法对于反驳这些人的观点具有实际意义。

另外，对于多义词，我们要考虑定义的提出者是否只提出了一个共同的定义。对于多义词而言，如果只针对这个词的名称提出了一种定义，给出的定义同等地适用于一个多义词的每层含义，那么给出的这个定义也就不可能适用于这个多义词的任何一层含义。狄奥尼修斯就犯了这样的错误，因为他将"生命"定义为"由营养维持的内在运动"。他给出的这个定义既符合"动物"又符合"植物",然而,"生命"似乎不只表述一种"生命",属于"动物"的有一种"生命形式",而属于"植物"的又有另一种"生命形式"。当然,定义的提出者也有可能将所有的"生命"视为相同,认为只表述一种即可,因此,他只提出一个定义是

□ 维纳斯的诞生　桑德罗·波提切利　1486年

传说中,爱与美之神维纳斯从海洋中的泡沫里诞生,风神把她送到岸边,春神为她穿上锦衣。但在古希腊时代,人们已经把地球上的生命当作科学研究的对象进行考察,而不是完全依照神创论的传说看待所有生物。亚里士多德是第一个将生物学分门别类的哲学家。

有意为之;或者定义的提出者注意到了多义现象,并且只想针对一层含义提出定义,然而却没有注意到,他所提出的是两层含义共同的定义,而不是某一层含义专有的定义。

不论定义的提出者以这两种方式中的哪一种提出定义,都会出现错误。因为多层含义有时不容易被注意到,所以,提问者应该将其作为同义词来说明(如果没有将多层含义进行区分,那么所提出的定义就应该适用于这个多义词的每层含义;但因为一层含义的定义不适用于另一层含义,所以,定义的提出者就没有作出正确的定义)。而回答者应该将多层含义加以区分。当提出的定义不适用于这个多义词的每层含义时,回答者就说被定义项是多义词;而如果提出的定义适用于这个多义词的两层含义,回答者就说被定义项是同义词。

因此,我们必须预先达成共识,或者预先证明被定义项是同义词还是多义词。原因在于,人们还不能预见结果时,比较容易达成一致意见。然而,如果不能达成一致意见,而且,提出的定义不适用于这个多义词的第二层含义,我们就将同义词说成多义词。接下来,还要考虑第二层含义的定义是否也适用于其他层含义。如果适用的话,那么,显然,第二层含义就与其他层含义是相同的;如果

不适用的话，其余的这些层含义就需要多种定义。因为对于统一名称下的两层含义，先前提出的一种与之后提出的另一种，都需要专有的定义。

另外，如果有人定义了某个多义词，他所提出的定义不适用于这个多义词的每层含义，但他不辩论被定义项是一个同义词，却辩论"被定义项的名称不适用于每层含义"是因为"定义不适用于每层含义"。那么，为了对他所说的进行反驳，我们可以称：对于那些已经约定俗成的传统用法，我们不应该将其随意改变；另外，其中一部分更不能根据表述多义词的同样方式进行表述。

第十一节 复合词与单纯词的定义

如果所提出的是某个复合词的定义，我们就要考虑去掉这个复合词中某一部分的定义后，定义中其余的内容是否是复合词其余部分的定义。如果不是的话，显而易见，整个定义就不是整个复合词的定义，比如，有人将"有限直线（线段）"定义为"有限平面的边界，并且其中心处于端点中"。如果"有限直线（线段）"的定义是"有限平面的边界"，那么，其余的定义（即中心处于端点中）就应该是"直线"的定义。然而，一条无限的直线既没有中心也没有端点，仅仅是直的。因此，定义中其余的内容就不是复合词其余部分的定义。

然后，如果被定义项是合成词，我们就要考虑提出的定义与被定义项是否具有一样多的组成部分。当定义中名词、动词与被定义项的组成部分一样多时，我们就可以说，定义与被定义项具有相等数量的组成部分。在这样的情况下，或者是所有词，或者是某些词，一定会改变名称，因为现在所使用的词并没有以前的多。于是，定义的提出者就应该提出论述以替换所有的词，如果做不到，就尽可能替换更多的词。对于单纯词也是这样，定义的提出者只是通过替换被定义项的名称，就给出了其定义，比如，用"外衣"来替换"外套"。

另外，如果用来替换名称的词更不为人熟悉，就会出现更严重的错误，比如，用"白色终将死去之物"来替换"白人"。一方面，这根本不是定义；另一方面，这种形式的表述更不清楚。

此外，我们要考虑在替换名称时，用以替换名称的词与原来的名称所表示的意义是否不相同。比如，有人说"思辨科学"是"思辨观点"，于是，就出现了错误。在这个例子中，"科学"与"观点"不相同。然而，如果整体上，也就是"思辨科学"与"思辨观点"相同，那么"科学"与"观点"就应该相同；虽然在两个定义中，"思辨"是共同部分，但其余部分却不相同。

此外，我们还要考虑在替换一个名称时，被替换的名称是否不是种差而是属，正如上文给出的例子一样。"思辨"比"科学"更不为人熟悉，因为"科学"是属，而"思辨"是种差，属是所有这些当中最为熟悉的。正是因为种差更不为人熟悉，所以被替换的不应该是属而是种差。有人可能对此进行批评，这并非没有道理可言。因为没有理由可以否认用最为熟悉的名称来表述种差，用不那么熟悉的名称来表述属是最合适的，否则在表述定义时被替换的名称应该是属而不是种差。然而，如果有人没有用名称来替换名称，而是用论述来替换名称，那么，很明显，定义的提出者更应该提出种差的定义而不是属的定义。因为提出定义是为了明确被定义项，而种差比属更不为人熟悉。

第十二节 复合词与单纯词的定义再续

如果所提出的是种差的定义，我们就要考虑这个种差的定义是否是被定义项与其他事物所共有的，比如，有人说"奇数"是"有中心的数"时，就须进一步说明"如何有中心"。"数"在两个论述中是共同的，但相比于第一个论述，在第二个论述中"奇"被替换成了"有中心的"。而"一条线"和"一个体"尽管不是"奇数"，但是也有中心，因此，"有中心"不是"奇"的定义。如果"有中心"有多层含义，定义的提出者就须进一步说明"如何有中心"。这样，他就不会因此遭受批评，或者证明出"根本没有作出被定义项的定义"的结论。

其次，我们要考虑是否被定义项属于"存在者"，而给出的定义所表述的事物却不属于"存在者"，比如，将"白色"定义为"与火混合的颜色"。因为非物体不可能与物体混合，所以，"与火混合的颜色"就不可能存在，然而白色是实际存在的。

再次，在定义关系项时，有些人没有区分出与被定义项相关的事物，在表述定义时将被定义项包含在多个事物之中，那么表述就在完全程度或部分程度上出现了错误，比如，有人说"医学"是"关于存在的科学"。因为如果"医学"不是"关于任何一种存在的科学"，那么，显而易见，表述就在完全程度上出现了错误；如果"医学"是"关于一种存在的科学"而不是"关于另一种存在的科学"，那么，表述就在部分程度上出现了错误。如果称"医学"作为"关于存在的科学"是在本质上而不是偶然的，那么"医学"就应该是"关于所有存在的科学"，正如其他关系项一样，因为每一种知识的对象都与知识相关。同样地，对于其他关系项也是如此，因为所有这些关系项都可以换位。

另外，如果定义的提出者不是从本质上而是从偶性上定义一个事物，那么这就是正确的做法，因为每一个关系项都不是只与一个事物而是与多个事物相关。因为没有理由可以否认同一事物既是白色的又是善的，所以，只要表述的定义与其中任何一个事物相关，就是正确的。于是，从偶性上作出定义就是正确的做法。然而，这样的定义不可能是被定义项所专有的。因为不仅仅是"医学"，其他许多科学都被称作"与存在相关"，所以其中每一个都是"关于存在的科学"。因此，显而易见，这样的定义不是任何科学的定义，原因在于定义必须是专有的而不能是共有的。

有时候，定义的提出者定义的并不只是事物，而是处于良好或完美状态下的事物。比如，有人将"雄辩家"定义为"能够对每个论题都进行具有说服力的论证并且毫无漏洞的人"，或将"窃贼"定义为"偷偷拿走东西的人"，这两个例子就属于上述的情况。因为，显而易见，如果"雄辩家"与"窃贼"都是定义中所表述的那样，"雄辩家"就是优秀的雄辩家，"窃贼"就会是高明的盗贼。因为"窃贼"不是"偷偷拿走东西的人"，而是"想要偷偷拿走东西的人"。

另外，我们要考虑提出的定义本身是可取之物，还是因为通过实践、创制或其他方式相关的其他事物而可取的。比如，有人将"公正"定义为"法律的维持者"，或者将"智慧"定义为"幸福的创制者"，但维持、创制其他事物的东西是因为其他事物的存在而可取的。或许，因本身而可取的事物，也有可能因其他事物而可取。然而，以这样的方式来定义本身可取之物是错误的。因为对于每一个事物而言，最好的都存在于其本质之中，本身可取之物比因其他事物而可取的东西更好，所以，定义中更应该表明本身可取之物。

第十三节　定义中不同的概念

我们要考虑定义的提出者是否将某一事物定义为"A与B"，或者"A与B构成之物"，又或者"A&B"。如果将其定义为"A与B"这种形式，那么就会得出定义属于两者或者不属于两者中任何一个的结论，比如，将"公正"定义为"克制与勇敢"。如果有两个人，一人符合"克制"，另一人符合"勇敢"，那么，"公正"属于两个人或者不属于任何一人。因为两个人作为整体符合"公正"的定义，但单独来看每个人都不符合"公正"的定义。因为在其他例子中也是这样的情况（没有理由否认两个人的钱一起算有一元，但每个人拥有的钱都不是一元），上述例子就显得不是那么荒谬了。

然而，同一定义内含矛盾，似乎完全是荒谬的。在下面的例子中就是这样的情况：如果一个人符合"克制与怯懦"，另一个人符合"勇敢与放纵"，那么，两个人作为整体就同时符合"公正"与"不公正"。因为如果"公正"是"克制与勇敢"，那么不公正就是"怯懦与放纵"。简单地说，所有论证，只要能证明出来整体与部分不相同，都可以用来反驳上述例子，因为提出上述此类定义的人似乎断定整体与部分相同。这样的论证尤其适用于整体明显由部分构成的情况，如"房子"以及其他此类事物。显而易见，没有理由可以否认"部分存在但整体不存在"的情况，因此，部分与整体是不相同的。

如果定义的提出者没有将某一事物定义为"A与B"，而是定义为"A与B构成之物"，我们首先要考虑这种事物是否是天然存在于"A与B"之中。因为有些事物紧密关联，以至于从它们之中不会形成其他的东西，比如"线"与"数"。

第二，我们要考虑被定义项是否天然存在于最初的某一种事物中，而下定义者所说的构成被定义项的东西是否不是存在于最初的某一种事物中，而是每一种都存在于不同的事物中。如果是这样的话，显而易见，被定义项就不是形成于这些东西中的。因为整体一定存在于整体中各部分所存在于其中的事物中，所以，整体不可能存在于最初的某一种事物中，而是存在于多种事物中。然而，如果各部分与整体都存在于最初的某一种事物中，我们就要考虑各部分与整体所存在于其中的最初事物是否是不同的，是否对于整体有一种事物，而对于各部分有另一种事物。

第三，我们要考虑，整体被破坏时，各部分是否也被破坏。因为实际情况应该是，当部分被破坏时，整体就会被破坏；但当整体被破坏时，各部分不一定被破坏。

第四，我们要考虑，整体是善的或恶的时，各部分是否既不是善的也不是恶的；或者各部分是善的或恶的时，整体是否既不是善的也不是恶的。因为善的或恶的事物形成于非善非恶的事物，还是非善非恶的事物形成于善的或恶的事物，这两种情况都是不可能发生的。

第五，我们要考虑，一部分善的程度要比另一部分恶的程度高时，由这两部分构成的整体是否恶的程度要高于善的程度。比如，有人将"无耻"定义为"勇敢"与"错误的观点"，在这个例子中，"勇敢"善的程度比"错误观点"恶的程度高，但"无耻"这个整体却是恶的。因为"勇敢"善的程度比"错误观点"恶的程度高，所以，我们可以得出结论：这两部分构成的整体的结果应该由程度高的来决定，或者完全是善的，或者善的程度比恶的高。上述结论也有可能不成立，除非每一部分本身就是善的或恶的。因为许多创制之物本身不是善的，而是混在一起之后才是善的。从相反的情况来看，单独的每个事物是善的，但混在一起之后就不是善的，或者既不是善的也不是恶的。下面关于有益健康之物与有害健康之物的例子，就能很好地说明这一点。对于有些药而言，就有可能出现这样的情况：每一种药单独服用是好的，但混合服用就是坏的。

我们还要考虑由较好事物与较坏事物构成的整体，是否不是比"较好事物"更坏，而是比"较坏事物"更好。上述结论也有可能不成立，除非构成整体的每一部分本身就是善的或恶的。但没有理由否认整体不是善的，正如上文所述的例子。

另外，我们要考虑整体是否与构成整体的一个部分含义相同。事实上不会有这样的情况，比如"音节"，因为一个音节不与构成这个音节的任何一个字母的含义相同。

此外，我们要考虑定义的提出者是否没有表述部分构成整体的方式。事实上，只表述哪些部分构成整体的定义，并不足以让人们清楚认识被定义的这个整体。因为整体的本质不仅仅取决于由哪些部分构成，还取决于以哪种方式构成，比如，"房子"。因为将构成"房子"需要的材料以随便一种方式混在一起，根本不可能构成"房子"。

如果将被定义项定义为"A&B"，那么，定义的提出者一定会先说："A&B"，或者"A与B"，又或者"A与B构成之物"，都是相同的。因为"蜂蜜&水"，或者"蜂蜜与水"，又或者"蜂蜜与水构成之物"，是相同的。于是，如果他说"A&B"与"A与B""A与B构成之物"这两种事物中的一种相同，那么，上文所述反驳每一种情况的方法也就适用于此。然后，我们还要区分"&"的不同方式，进而考虑是否任何一种方式的"A&B"都不可能成立。比如，有人说，"A&B"可以表示"A、B存在于同一事物中"，正如"公正"与"勇敢"存在于"灵魂"中；也可以表示"A、B处在同一地方或同一时间"。上述的所有这些根本不真实，那么，显而易见，如此提出的定义不可能是任何一种事物的定义，因为任何一种方式的"A&B"都不成立。

然而，如果在区分出来的那些方式中，每一种方式都处在同一时间，那么我们就要考虑每一种方式是否都与同一事物相关，比如，如果有人将"勇敢"定义为"大胆&正确的看法"。一个人可能有的是"欺骗的勇敢"以及对于"有益健康的事物"有正确的看法，即使他在同一时间有"大胆&正确的看法"，但他并不是"勇敢的"。还有，即使每一种方式都与同一事物相关，比如，都关于"医学"（因为没有理由否认一个人在与医学相关的问题上有着既勇敢又正确的看法），有"大胆&正确的看法"的人也仍然不是勇敢的。因为每一种方式都不应该与不同的事物相关，也不应该与随便一个相同的事物相关，而是应该与"勇敢的目的"相关，比如，"战争的危险"，或者任何比"战争的危险"更需要勇敢的一种目的。

有些根据这种方式提出的定义根本不能归于上文所划分的类别，比如，将"暴怒"定义为"痛苦&受到轻蔑的概念"。因为这个定义想要表明痛苦的产生是由于受到轻蔑这一概念，所以，A的产生是由于B，与上述的所有类别都不相同。

第十四节　整体作为合成物等的定义

如果定义的提出者将整体称作是"一些事物的合成物"，比如，"动物"是"灵魂与肉体的合成物"，那么，我们首先就要考虑定义的提出者是否没有提及合成方式，比如，如果将"肉"或"骨头"定义为"火、土与气的合成物"。只将被定义项表述为合成物是不够的，还要进一步界定合成方式。因为"肉"或"骨头"并不是由"火、土与气"按随便一种方式合成的，而是由这些基本物质以一种方式合成"肉"，而以另一种方式合成"骨头"；而且，可能"肉"与"骨头"这两者中没有一个与"火、土与气的合成物"完全相同。因为对于所有合成物而言，分解物都是其相反项，而"肉"与"骨头"这两者中都没有相反项。还有，如果"每个合成物都是由这些物质合成的"与"每个合成物都不是由这些物质合成的"同样都是被普遍接受的观点，然而"每个合成的动物"都不是"合成物"，那么，其他任何一个由其他物质合成的事物就不是"合成物"。

如果两个相反项同样都天然存在于某一事物中，但有人只是根据其中一个相反项作出这个事物的定义，那么，显然，他就没有给出真正的定义。如果这样的话，对于同一事物就会有多个定义。因为两个相反项同样都天然存在于某一事物中，所以，根据其中一个相反项作出的定义与由另一个相反项作出的定义，怎么能说一个比另一个更合适？比如，将"灵魂"定义为"能获得知识的实体"就是这样的情况，因为"灵魂"也能被定义为"能获得无知的实体"。

此外，当我们因为不熟悉整个定义而无法对其进行驳斥时，如果熟悉某个部分，而且这个部分显然没有被正确提出，那么我们就可以针对定义中的这个部分进行驳斥。因为如果这个部分被推翻，那么整个定义也就被推翻了。还有，在定义含混不清时，我们首先应该对其进行修正与完善，使得定义中的各个部分都表述清楚，然后提出论证，接着再进行其他方面的考虑。因为在这种情况下，回答者只有两个选择：或者接受提问者提出的论证，或者自己解释清楚定义所表述的意思。再有，正如出台一部新法律是人们在议会上的习惯做法——如果提出的新法律更好，就会废除先前的法律——对已提出的定义进行驳斥时也应该这样做，即提出另一种不同的定义。因为如果我们另外提出的定义看起来更好，而且能够更清楚地表述被定义项，那么，很明显，就可以推翻先前给出的那个定义，原因在于对于同一事物不应该有一种以上的定义。

还有，反驳所有定义时，最重要的是我们自己首先要明智地对被定义项进行界定，或者接受一个表述正确的定义。通过对照先前所设定的定义模板，如果我们能够辨别出定义中必要成分的缺少以及多余成分的添加，就能为反驳他人所提出的定义更好地进行论证。

那么，关于定义，以上这些内容应该就足够了。

第七卷

第一节　相同还是不同的问题

两个事物是相同还是不同的问题，我们需要从上文所述的"相同"含义中最严格的一种（也就是前面所说的数目为一的"相同"）出发进行考虑，也要从其派生词、对等词以及对立项进行考虑。如果"公正"与"勇敢"相同，那么，"公正的人"与"勇敢的人"相同，"公正地"与"勇敢地"也相同。对立项的情况也是如此。如果A与B相同，那么，根据所述的各种对立形式的对立项来看，A与B的对立项也是相同的。于是，我们说A的对立项或者B的对立项就没有什么差别，因为它们是相同的。还有，我们也要从生成者与破坏者、生成与破坏进行考虑。简而言之，我们要从与这两个事物中的每一个都具有同样关系的事物进行考虑。如果这些事物完全相同，其生成与毁灭，或者生成者与毁灭者，也都是相同的。

我们还要考虑，提出的两个事物中有一方在最高的程度上被表述时，另一方是否也在最高的程度上被表述。比如，色诺克拉底认为"幸福的生活"与"有

□ 贺拉斯兄弟的宣誓　雅克–路易·大卫　1784年

在历史上，勇敢和坚韧都是公民良好品质的体现，古希腊和古罗马有许多流传很广、可歌可泣的故事。大卫的这幅名画中，贺拉斯三兄弟代表罗马城与敌人进行决斗，这是他们出战前宣誓的一刻。

价值的生活"是相同的，因为在各种各样的生活中，"幸福的生活"与"有价值的生活"都是最可取的。"最可取的"与"最伟大的"也是相同的。同样地，其他此类情况也是这样。然而，被表述为"最伟大的"或"最可取的"的两方事物中的每一方数目都应该为一，如果不是这样的话，就无法证明它们是相同的。有人认为"伯罗奔尼撒人"与"拉开代莫尼人"是最勇敢的希腊人，却没有充分的理由可以证明"伯罗奔尼撒人"与"拉开代莫尼人"是相同的，因为"伯罗奔尼撒人"与"拉开代莫尼人"的数目都不为一。然而，可以得出的结论是：一方一定包含另一方，比如，"拉开代莫尼人"包含于"伯罗奔尼撒人"中。如果不是这样的话，就会得出"一方比另一方更好"的结论。如果一方并非包含另一方，就一定能够得出"伯罗奔尼撒人比拉开代莫尼人更好"的结论，因为"伯罗奔尼撒人"比其余的那些希腊人更好；同样地，就一定能够得出"拉开代莫尼人比伯罗奔尼撒人更好"的结论，因为"拉开代莫尼人"比其余的那些希腊人更好。于是，一方比另一方更好，另一方也比一方更好。因此，显而易见，如果要证明"最好的事物"与"最伟大的事物"是相同的，它们的数目都应该为一。因为"幸福的生活"的数目不为一，"有价值的生活"的数目也不为一，所以，虽然二者都是最可取的，但无法证明它们是相同的，而是一方包含另一方。这就是色诺克拉底无法证明其观点的原因。

然后，我们要考虑当提出的两个事物中有一个与某个事物相同时，另一个是否也与这个事物相同。如果它们两个不是都与这个事物相同，显然它们也就不是彼此相同的。

另外，我们要从提出的两个事物的偶性，以及它们作为偶性所属于的那些事物进行考虑。因为只要某一事物是其中一个的偶性，也一定是另一个的偶性；只要其中一个是某一事物的偶性，另一个也一定是某一事物的偶性。只要在上述的其中一种情况下出现了不一致，那么，显而易见，这两个事物就不是相同的。

我们也要考虑提出的两个事物是否不在同一个属的类别中，是否一个表示性质，而另一个表示数量或关系。还有，我们要考虑这两个事物的属是否不相同，比如，是否一个是"善的"，而另一个是"恶的"；或者一个是"美德"，而另一个是"知识"。再则，我们要考虑，是否这两个事物虽然在同一个属的类别中，但表述每一个事物的种差不相同，是否一个的种差是"理论科学"，而另一个的是"实践科学"。其他此类情况也是这样。

此外，我们要从更大的程度出发，考虑是否其中一个可以有更大的程度，而另一个却不可以；或者，是否虽然这两个事物都可以有更大的程度，但却不是同时的。比如，一个人可以爱得更深，但对于性行为却没有更多的欲望，因此，"爱"与"对性行为的欲望"就不是相同的。

再则，我们要从添加的情况出发，考虑将这两个事物都添加到同一事物中，构成的两个整体是否相同；或者，从这两个事物中都去掉相同的部分后，余下的部分是否相同。比如，有人说"一半的两倍"与"一半的倍数"是相同的，就出现了错误。因为从"一半的两倍"与"一半的倍数"中都去掉"一半"后，余下的部分原本应该表示相同的事物，但事实上却不相同，因为"两倍"与"倍数"不表示相同的事物。

另外，我们不仅要考虑是否从这两个事物相同的论题得出某个不可能的结论，而且通过假设要能够证明这个结论是不可能的，比如，有人说"真空"与"充满空气"是相同的。如果排出空气，那么，显而易见，"真空"不是更小而是更大了，但"充满空气"却是更小了。因此，通过某个假设，无论是虚假的还是真实的（这两种不存在差别，因为不会对结果造成影响），其中一个事物被推翻了，但另一个却没有。因此，我们就可以得出这两个事物是不相同的。

一般来讲，我们要从表述这两个事物的谓项以及这两个事物所表述的对象出发，考虑是否出现了不一致。因为表述A的谓项，同样也应该表述B；A所表述的对象，B也应该表述。

此外，因为"相同"表现在多个方面，我们就要考虑是否两个事物在一个方面相同，在另一个方面却不是相同的。因为在种的方面或者属的方面相同的事物，不一定或者根本不可能在数目上也是相同的，所以，我们要考虑两个事物是否在一个方面相同，在另一个方面却不是相同的。

此外，我们要考虑这两个事物是否其中一个不存在时，另一个存在。如果是的话，这两个事物就不是相同的。

第二节 确立、推翻定义的方法之差异

以上这些就是考虑事物相同与否的方法。从上文所述的内容得知，所有关于"相同"的驳论方法在定义方面同样都有实际意义。因为如果名称与论述表示的不是同一个事物，那么，很显然，所提出的论述就不是定义。然而，关于"相同"的任何一种立论方法在定义方面都没有实际意义。因为在确立定义时，论述与名称表示的是同一个事物，并不能充分证明所提出的论述就是定义，定义中还应该包含上文所述的有关定义的所有要素。

第三节 适用于确立定义的方法

通过上文所述的这些方法，我们便可以力图推翻定义。从另一方面而言，如果我们想要确立定义，首先必须知道，只有几个或根本没有一个论述者通过演绎的方法推论出一个定义，几乎所有论述者都是将原理一类的事物作为前提，比如，精通几何学、算术学以及其他此类学科的人。其次，我们也要知道，准确地说出定义的本质以及如何下定义，是另外一个方面的探究，现在只要关注那些对当前探究有利的即可，也就是，对一个事物的定义以及本质进行推理是可能的。因为定义是表明事物本质的论述，并且定义中应该只有表述事物本质的谓项（属与种差都是表述事物本质的），那么，显然，如果说表述某个事物本质的谓项只有A与

B，那么，包含A与B的论述就一定是这个事物的定义。因为已经没有其他能够表述事物本质的谓项了，于是，任何别的论述都不能作为其定义。

因此，显而易见，我们可以使用演绎的方法确立定义。关于确立定义的方法，在上文已经作了更为明确的论述。这些方法同样也适用于当前的探究。我们需要从相反项与对立项，整个论述与构成论述的各个部分进行考虑。因为如果对立的论述是对立项的定义，那么，给出的论述就是被定义项的定义。然而，因为存在多种形式的相反项，所以我们要从这些相反项中选出看起来与被定义项最相反的那一个。

那么，整个论述就按照上文所述的方式考虑，构成论述的各个部分则按照下列方式考虑。首先，我们要考虑给出的属是否是正确的。如果被定义项的相反项在与给定属相反的属中，而被定义项与其不在同一个属中，那么，显而易见，被定义项就会在给定的属中，因为相反项要么在同一属中要么在相反的属中。

其次，我们认为相反的种差表述相反项，比如，"白的"与"黑的"，前者分散视觉，后者凝聚视觉。因此，如果相反的种差表述相反项，那么，给定的种差就表述被定义项。于是，属与种差都是正确的。那么，提出的论述显然就是正确的定义。相反的种差并不一定表述相反项，除非相反项在同一个属中。然而，如果属是相反的，就没有理由可以否认相同的种差表述相反项，比如，"公正"与"不公正"。因为"公正"与"不公正"，一个是"灵魂的美德"，另一个是"灵魂的恶行"，并且也存在"身体的美德与恶行"，所以，"灵魂的"作为种差用以表述这两个相反项。至少这么说是真实的：相反项的种差要么是相反的，要么是相同的。于是，如果与所提出种差相反的种差表述的是被定义项的相反项而不是其本身，那么，显而易见，所提出的这个种差就是表述被定义项的。一般而言，因为定义是由属与种差构成的，那么，如果被定义项的相反项的定义是明确的，被定义项的定义也就是明确的。因为，相反项要么在同一个属中，要么在相反的属中；同样地，表述相反项的种差也要么相反，要么相同。那么，显而易见，在被定义项与其相反项的定义中会出现三种情况：属相同，种差全部相反或部分相反，其余部分是相同的；或者与上述相反，种差相同，属相反；或者，属与种差都相反。因为种差与属不可能都相同，否则，相反项就会与被定义项具有相同的定义。

另外，我们要从派生词与对等词进行考虑。因为在这样的情况下，所提出的事物与其派生词及对等词，无论在属的问题上，还是在定义的问题上，都具有一致性。比如，如果"遗忘"是"知识的失去"，"遗忘的"就是"失去知识的"，"遗忘了"就是"失去了知识"。因此，只要这些说法中的任何一个成立，其余的一定也成立。同样地，如果"消灭"是"实质的瓦解"，"被消灭"就是"实质被瓦解"，"消灭地"就是"以瓦解的方式"，"消灭性的"就是"瓦解实质的"。其他此类的情况也是这样。因此，只要这些说法中的任何一个成立，其余的一定也成立。

我们也要从具有同样关系的情况进行考虑。比如，如果"有益健康的"是"产生健康"，"有助于身体强壮的"就是"造就强壮的身体"，"有益的"就是"产生益处"。因为这些例子都同样地与其特定目的相关，所以，如果其中一个被定义为"有助于达成目的"，其余的定义也都是这样的。

此外，我们要从更高程度与同等程度的情况进行考虑，通过将两个事物与其他两个事物做比较，尽可能以各种方式来确立定义。比如，如果"A作为C的定义"比"B作为D的定义"更合适，而较不合适的B是定义，那么，更合适的A也就是定义；并且，如果"A作为C的定义"与"B作为D的定义"同等合适，A是C的定义，那么，B也就是D的定义。然而，从更高程度进行考虑时，将一个定义与两个事物做比较，或者将两个定义与一个事物做比较，都没有实际意义。因为一个定义不能同时作为两个事物的定义，同一事物也不可能有两个定义。

第四节 最适合的方法

上文所述的方法以及关于派生词与对等词的方法，是最适合的，在大多数情况下这些都是最有用的。因此，我们尤其应该掌握好这些方法，并在适当的时候加以运用。对于其余的方法，我们要关注那些应用最普遍的，因为它们是最有效的。比如，对于定义是否合适的问题，我们要从个体与种的方面进行考虑，因为

"种"与"个体"表示的是相同含义。此类方法适用于反驳断言"理念"存在的那些人，正如前文所述。另外，我们也要考虑名称是否用隐喻来表达，或者将本身作为不同的事物来表述其本身，并且，如果有应用普遍且有效的方法，我们也要加以运用。

第五节　定义的确立与推翻

通过下面将要论述的内容，我们可以清楚地知道：确立定义比推翻定义更加困难，因为定义的提出者不容易注意到并且去掉会遭到质疑的此类前提，比如，在给出的定义中，存在属与种差，而且属与种差表述的都是事物的本质。如果不具备这些前提，就不可能通过演绎推理来确立定义。因为，如果其他的表述也是事物的本质，那么这一点——是所提出的论述还是其他的论述是被定义项的定义——就不清楚。因为定义就是表明事物本质的论述。得出一个结论比得出多个结论更容易，由此可以清楚地知道：确立定义比推翻定义更加困难。推翻定义时，只要驳倒定义中的一点就可以（因为只要驳倒了任何一点，就能够推翻整个定义）；然而，确立定义时，就需要证明定义中的所有部分都是符合被定义项的。

另外，确立定义时，推理得出的结论必须普遍适用。因为定义应该表述被定义项名称下的所有对象，而且，如果确实针对被定义项给出了专有定义，定义与被定义项可以换位。而推翻定义时，结论无须是普遍适用的，因为只要证明被定义项名称下存在一个对象不符合定义即可；而且，即使可能要对被定义项名称下的所有对象进行证明，定义与被定义项也无须是可以换位的。也就是说，只要证明被定义项名称下任一对象不符合定义，而无须进一步证明名称表述"定义没有表述的事物"；如果定义适用于名称下的所有事物，但却不是这个名称所专有的，定义也就被推翻了。

对于特性与属，也是同样的情况：推翻比确立更容易。关于特性，我们从上文内容可以清楚地知道。因为在大多数情况下，特性是在复合表述中被提出的，所以，只要推翻了复合表述中的一个词，就推翻了特性；但是，确立特性时，则一定要通过推理来证明所有词。接下来，关于定义的方法大多数也同样适用于特性的问题。因为确立特性时，我们应当证明特性适用于名称下所有对象；而推翻特性时，只要证明特性不适用于名称下某一个对象即可。如果特性适用于名称下的所有事物，但却不是这个名称所专有的，特性也就被推翻了，正如谈到定义时所说的情况一样。

关于属，我们只能通过一种方式来确立，也就是证明这个属适用于名称下的所有事物。关于属，我们可以通过两种方式来推翻：证明这个属不适用于名称下的所有事物；或者证明这个属不适用于名称下的某一个事物，先前给出的属就被推翻了。此外，对于属，在确立时，我们只证明其适用于事物是不够的，还要证明其是作为属而适用于事物的；而推翻时，只要证明这个属不适用于某一个事物或者所有事物就足够。似乎，正如在其他问题上破坏比产生更容易，在目前所探究的这些方面也是这样：推翻比确立更容易。

对于偶性，在全称命题里，推翻比确立更容易。因为确立时，必须证明偶性适用于名称下的任何事物；而推翻时，只要证明偶性不适用于名称下的某一个事物即可。但是，在特称命题里，情况是相反的，确立比推翻更容易。因为确立时，只要证明偶性不适用于名称下的某一个事物；而推翻时，则须证明偶性不适用于名称下的任何事物。

为什么推翻定义是最容易的？这很容易理解。因为定义中包含多个部分，所以也就有多个地方可以推翻；而且定义中包含的部分越多，推翻得也就越快。因为比起"更少部分"，"更多部分"更容易出现错误。再有，我们也可以通过其他方法来推翻定义。因为如果论述不是专有的，或者所提出来的不是属，又或者论述中包含的某个部分不适用于被定义项，那么，定义就被推翻了。然而，我们不可能提出源自定义的论证来推翻定义，其他的也不可能；因为只有关于偶性的那些，才适用于上文所述的所有情况。定义中的所有要素一定都适用于被定义项，然而，属即使在没有被推翻的情况下，也没有特性更适用于被定义项；同样地，特性的适用度并不一定要与属相同，偶性的适用度也并不一定要与属、特性相同，只要适用就足够了。因此，我们不能依据一些要素来反驳另一些，除非是用来推翻整个定义。因此，显而易见，推翻定义是最容易的，确立定义则是最困难的。因为确立定义需要通过演绎的方法推理出定义中的所有要素，比如，所提出的所有性质都适用于被定义项；所提出的是属；论述应当是被定义项专有的。除了这些，论述还要表明事物的本质，而且必须正确地做到这一点。

在定义外的其余要素中，特性是最容易被推翻的，因为大多数情况下，特性由多个部分组成。然而，特性又是最难确立的。因为确立者必须证明特性中所有的部分，此外，还要证明特性是所述事物专有的，而且特性必须要能与所述事物换位。

在上文所述的所有要素（特性、定义、属以及偶性）中，偶性是最容易确立的。因为对于其他要素，不仅要证明其适用于名称下的事物，还要证明其是以正确的方式适用；而对于偶性，只需要证明其适用就足够。然而，推翻偶性又是最难的，因为可以推翻的地方最少。在表述偶性时，无须进一步证明它是如何适用的，因此，推翻的方法只有一种，就是证明其不适用于其名称下的事物。而对于其他要素，就会有两种推翻的方法，即证明其不适用或者不以正确的方式适用。

有助于论证上述问题的方法，已经列举得很详细了。

第八卷

第一节　论证顺序

接下来我们要谈的是论证的顺序与质疑的方法。如果有人想要质疑，首先要找到进行质疑的点；其次，提出质疑并自己整理若干条命题；第三，也是最后一步，就是对其他人展开论证。关于找到进行质疑的点，哲学家和辩证家所考虑的是一样的，但是，之后的步骤，整理命题与质疑，只是辩证家专有的做法，因为所有这些问题都与另一方相关。如果推理的命题是真实的、为人熟悉的，由于这些命题接近于原来的问题，其结果能够预见，回答者很可能不会赞成，但对于哲

□ 天文学家哥白尼　扬·马特伊科　雅盖隆大学博物馆

哥白尼本身是一名神父，是虔诚的天主教徒，他也是个数学家。哥白尼研读过托勒密的著作，他对"地心说"的质疑是建立在大量观测基础上的。之后，经过更多的观测和计算，他提出了"日心说"，推翻了统治1000多年的"地心说"。

学家与自己探究的人而言，并不在乎这一点。哲学家甚至可能会尽力寻找最熟悉而且最接近的公理，因为这些公理是科学演绎得以存在的基础。

得到论证依据的方法上文已经谈过。接下来，我们要谈的是整理命题与提出质疑的内容。首先，我们要将必要命题从所提出的命题中区分出来。必要命题指的是借以进行演绎推理的命题。除了必要命题外，所提出命题可分为四种：（1）用于进行普遍性归纳的命题；（2）用于充实论证的命题；（3）用于隐藏结论的命题；（4）使得论证更清楚的命题。除了上述这些命题以外，我们无须再提出其他任何命题，只要力图通过这些命题来加强论证，提出质疑即可。那些用于隐藏结论的命题适用于辩论的目的，而本文提及的所有这些命题都针对另一方，所以，我们也必须运用其余的命题。

必要命题指的是借以进行演绎推理的命题，我们不应该直接从必要命题进行推理，而是距离其尽可能远。比如，如果想让对方赞成"相反项的知识是相同的"，就应该说，这是关于对立项的，而不是关于相反项的。因为只要对方认可"对立项的知识是相同的"，进而就可以通过演绎推理的方法得出"相反项的知识是相同的"，因为相反项是对立项。如果对方不认可，我们就需要借助于归纳推理的方法，即通过例举相反项来论证。因为提出必要命题可以通过下列方式：完全的演绎推理、完全的归纳推理、演绎推理与归纳推理相结合。对于那些明白易懂的，我们可以直接提出来。因为通过间接的以及归纳演绎得到的结论总是更不清楚的，但如果不能以上述的方式提出命题，也可以直接提出来。除了这些以外，我们应根据它们应提出其他命题，并且通过如下方式来运用：从特殊到普遍、从已知到未知地归纳。对于所有人或者大多数人而言，可感知的事物是更加熟悉的。如果要隐藏结论，就要通过初步演绎的方式，以得到对原命题进行演绎推理时所需要的命题，而且，这样的命题越多越好。这样，我们通过演绎推理不仅可以得到必要命题，而且还有那些对其有用的命题。

还有，我们不应该一开始就提及结论，而是之后将所有结论一并推论出来，这样做可以使提问者距离原命题尽可能远。简单而言，想要隐蔽质疑的人，也应该以这样的方式来提问。因为，在提出所有论述和结论之后，听者就会询问其中的原因。通过上文所述的方法来做是最好的。如果我们只提出最后的结论，结论是如何得出的就没有清楚地呈现，因为回答者无法预见推论的过程，先前的演绎推理也不够清楚。如果我们没有提出结论所依据的假设，而只是提出演绎推理所需要的假设，那么就不能够将结论的演绎推理过程表述清楚。

不按照一般的顺序提出进行演绎推理所需的公理，而是将公理与结论对应着提出，这也是一个有用的方法。因为在提出一个个能证明结论的公理之时，从公理推出来的结论就会更清楚。

我们也应该尽可能通过不是与词项本身相关而是与其对等词相关的定义来提出全称命题。因为在提出与其对等词相关的定义时，回答者便不会将其当作全称性的，从而为谬误推理所欺骗。比如，如果想要证明的是"发怒的人因为受到明显的轻蔑而想要报复"，我们就要提出"发怒是明显受轻蔑产生的报复欲望"。显而易见，如果所提出的定义得到认可，我们就能够推论出想要证明的全称命题。然而，如果提出与词项本身相关的定义，回答者通常会针对这个词项提出异议而不认可该定义，比如，指出"发怒的人没有报复的欲望"，因为我们对父母发怒时，并不会有报复的欲望。这种异议对于否定上述定义也可能没有作用，因为对于有些人而言，只是痛苦与悔恨的情绪就足以让他们进行报复。然而，提出的异议对于否定上述定义还是会有些说服力，不会让否定看起来没有道理。因为对于发怒的定义，人们不容易提出异议。

然后，提出命题时，我们要让回答者以为我们不是为了命题本身，而是为了其他。因为回答者关注的是那些有助于推翻论题的内容。简单而言，不管提问者想要证明的是所提出的命题本身，还是其对立面，都要尽可能使其不确定。因为如果有助于推翻论题的内容是不确定的，回答者容易提出他们自己的观点。

另外，如果采用通过相似项进行质疑的方法，质疑论证更有说服力，更不容易被回答者察觉。比如，如果相反项的"知识与无知"是相同的，那么相反项的"感觉"也是相同的；反过来，如果相反项的"感觉"是相同的，那么相反项的"知识"也是相同的。这种方法与归纳推理相似，但二者不是同一种方法。因为归纳推理的方法是从特殊到普遍，而基于相似项的方法，依据的不是普遍性，而是所有相似项所具有的共性。

此外，我们有时候也需要对自己提出疑问，因为回答者通常不会怀疑看似在进行公平辩论的人。还有一种有用的方法，就是加上"这是通常的看法"。因为在没有异议可以提出来时，回答者会惮于对"通常的看法"进行改动；同时，他们自己也会用到"通常的看法"，所以会非常谨慎，尽量不对此进行改动。还有，我们的态度不要认真，虽然这样做完全是有用的，但人们更容易反对态度认真的人；而且，我们要通过比照提出命题，因为人们倾向于认可那些不是由于命题本身而是由于其他而提出的命题。然后，我们不要直接提出实际上想要提出的命题，而要提出能够从中得到目标命题的间接命题。能够从中得到目标命题的间接命题，看起来没有目标命题那么明显，因此，人们就更愿意认可。实际上，在提出间接命题之后，我们便能够推出目标命题。

另外，提问者应该在最后再提出真正想要提出的内容。因为大多数提问者在一开始就提出他们最看重的内容，所以，回答者倾向于否定最开始提出的内容。然而，在质疑比较难说服的人时，我们则要一开始就提出目标命题。因为那些人通常会轻易认可一开始提出的内容，尤其是在随之得出的结论不清楚之时，而在最后想再赢得他们的认可就很难了。同样地，对待那些自认为回答问题尖锐的人，我们也应该这样做。因为虽然他们认可了我们提出的诸多观点，但在最后会通过诡辩论证的方法，提出"结论不是从先前给出的前提推理出来的"；并且，他们容易在一开始就认可，坚信自己的能力，而且认为自己不会失败。此外，我们也能够展开论述，而且将根本无用的内容插入论述当中，正如那些画错图形的人一样。因为在论述中插入大量与论证无关的内容之后，错误的地方就不那么明显。因此，提问者有时就会使用这种方式，偷偷将一些单独出现时不会被认可的东西插入到论述中。

为了隐藏结论，我们需要使用上文所述的方法；而为了修饰结论，我们需要使用归纳推理的方法以及划分同类的东西。关于归纳推理的方法，我们已经很清楚，下面将介绍什么是划分。比如，如果一门学科比另一门学科更好，可以是因为前者更精确，也可以是因为前者涉及的对象更好，就可以将科学划分为理论科学、实践科学以及创制科学。即使可能不会得出结论，归纳推理与划分同类的东西也都可以修饰论证。

我们需要通过举例与比较的方法使论证更清楚。所举的例子要来自我们熟悉的东西，比如，来自荷马，而不是来自科尔里卢（Choerilus）。通过这样的方法，命题会更加清楚。

第二节　关于辩证质疑的论题

在辩论时，我们要用演绎推理来应对辩证家而不是普通人，但归纳推理要用来应对普通人，这在前面的部分中已经提及。在进行归纳推理时，有些情况下可以提出全称问题，而其他情况下却不容易提出来，因为用来指代所有相似项的一个共同名称不存在。而在需要提出全称问题时，我们通常说"对于所有此类个体都是如此"。但是，如何定义"此类"，也就是指出哪些属于这个类别，哪些又不属于，却是最难的。因此，在辩论时，人们通常规避这个问题，一方断言"不相似的事物是相似的"，另一些人则质疑"相似的事物是否不是相似的"。因此，我们应当尽力给定一个能够指代所有相似项的名称，这样，回答者就不会疑问"所提出的不符合相似的表述"，提问者也不会提出"只是看似相似的表述"的疑问，因为许多看似相似的事物却不符合相似的表述。

当我们列举出许多例子进行归纳推理得出结论，而对方不认可由此得出的全称命题时，我们可以要求其提出异议，这是公平的做法。然而，如果我们自己并未说出对于什么事物是这样的，却要求对方说出什么事物不是这样的，这就是不公平的做法。因为只有先进行归纳得出结论，才可以要求对方提出异议。还有，我们也能够要求对方提出的异议不要针对所述项本身，除非此类事物中只包含所述项这一个，就像"第一个偶数"所表示的这类事物中只包含"2"。因此，反对者应该针对除所述项之外的此类事物提出异议，否则就要说明所述项是此类事物中唯一的一个。

有时候，人们反对一个全称命题，但提出的异议不是针对与所述项在同一个属内的事物，而是针对多义词。比如，有人可能会有不属于自己的颜色、脚或手，因为画家会有不属于自己的颜色，厨师也会有不属于自己的脚。我们须对此类事物进行区分后再提出问题。因为如果多义现象一直没有被注意到，针对命题提出的异议看起来就是正确的。然而，如果反对者通过针对多义词而不是与所述项在同一个属内的事物提出异议来制止提问，我们就应该去掉遭受反对的内容，将其余的组成新的全称命题，直到达到目的，比如，"遗忘"与"忘记了"的例子。人们不可能会认可"一个人如果失去了关于某事物的知识，就是遗忘了某事物"，这是因为，如果该事物已经发生改变，这个人就会失去关于这个事物的知识，但并不等同于将这个事物遗忘了。因此，我们就应该去掉遭受反对的内容，只断言其余部分，比如，应该说"一个人如果失去了关于某事物的知识，而这个事物没有发生改变，那就是遗忘了这个事物"。

同样地，有人反对"更大程度的恶与更大程度的善是对立的"的观点，应对这样的人也可以采取同样的方法。这些人断言，健康比良好体质的善更少，但其与更多的恶是对立的，因为疾病比虚弱体质的恶更多。因此，在这种情况下，我们也应该去掉遭受反对的内容。去掉之后，我们所提出的观点就更容易得到认可，比如，"更大程度的恶与更大程度的善是对立的，除非一种善伴随另一种善出现，正如健康伴随良好的体质。"

另外，我们不仅应该在对方提出异议时这样做，而且如果对方已经预见到悖理之处，只是没有提出异议，此时我们也应该这样做。因为如果去掉有可能遭受反对的内容，反对者就不得不认可所提出的命题，他就无法预见可以进行反对的内容；就算他拒绝认可，当他被要求提出异议时，他也无法做到。在此类命题中，一部分是虚假的，一部分是真实的。在对待这些命题时，我们就要去掉虚假的部分，只留下真实的内容。然而，如果我们通过列举许多例子进行归纳推理得出结论，而对方没有提出异议，就意味着他对此认可。因为对于辩证命题，存在许多符合命题的例子，而对方又无法针对此类命题提出异议。

在进行证明而不是辩论时，只要我们能够使用演绎推理的方法推演出同样的结论，不管是否通过归谬法，都没有任何区别；然而，如果是在与其他人进行辩论时，就不能通过归谬法来进行演绎推理。因为如果不通过归谬法来进行演绎推理，那么，就不会出现争议；然而，如果推演出了不可能的结论——除非出现了很明显的错误，人们才会说这是不可能的结论——这时，提问者就不会得到他们期望的结果。

我们提出的命题应该是：不仅有许多例子可以证明，而且，完全没有异议，或者悖理之处不容易被看出来。因为如果看不出来悖理之处在哪里，对方就只能认可命题是真实的。

我们不应该以问题的形式表述结论，否则，如果回答者否定这个结论，看起来就好似演绎推理的过程出现了错误。即使没有以问题的形式表述结论，而是作为推演的结论提出来，人们也会对此否认。但如果这样做，那些没有看出结论来自已经确定的前提的人，似乎就无法对结论进行反驳。因此，如果我们以问题的形式表述结论时，甚至也没有说出结论来自已经确定的前提，其他人就会否认这个结论，看起来就好似演绎推理的整个过程出现了错误。

并不是所有的全称论述都是辩证命题，比如，"什么是人呢？"或者"善有几种含义呢？"对于辩证命题，我们可以用"是"或者"否"来回答。而对于上文刚刚提到的两个例子，我们不能这样回答。因此，此类就不是辩证命题，除非提问者在提出这些之前先作出定义或区分，比如，"善是这个含义，还是那个含义呢？"对于此类论述，我们很容易就回答"是"或者"否"。因此，我们必须力求以这种方式提出此类命题。同时，在提问者自己事先作出定义或区分时，问对方"善有几种含义"可能也是公平的做法，虽然回答者一定不会认可。

如果有人一直提出同一个问题，无论是谁，都是一个差劲的提问者。因为如果被提问的人回答了所提出的问题，那么，显而易见，这个提问者还会问许多问题，或者一直提出同一个问题。因此，这个提问者要么是说一堆废话，要么是缺乏推理能力。因为他所有的推理都是基于少量的前提。然而，如果被提问的人没有回答问题，那为何不责备提问者，或者打断他呢？

第三节　辩证论证的概述

对于同一个假设而言，反驳困难，坚持容易。按自然发生的顺序，最初的与最终的假设就属于此类。因为最初的假设需要给出定义，而如果想要从最初的假设出发按照一般的顺序得出，就需要通过一系列步骤，不然，论证就会显得似是而非。我们如果没有从适当的原理出发，不断从一个结论推论出另一个结论，直至最后一个，那么就不可能证明任何东西。而回答者既没有想要给出定义，也没有注意提问者是否给出了定义；然而，如果他不清楚命题是什么，就不容易对其进行反驳。这样的问题尤其可能发生在原理上。因为其他命题是通过这些原理才得以证明的，而原理根本不可能通过其他东西来得到证明。但了解每个原理一定要通过定义。

接近原理的那些命题也很难被反驳。原因在于，我们并不可能提出足够多的论据对其进行反驳，因为这些命题与原理之间只存在少量的作为中项的命题，而我们却必须要通过这些作为中项的命题来证明后续结论。还有，在所有的定义中，使用"这样"一类词的定义是最难被反驳的。首先，人们不知道"这样"的一类词是只有一层含义还是有多层含义；此外，也不知道定义的提出者使用的是"这样"一类词的本身含义还是隐喻含义。命题的不确定性，导致论证不能够顺利地进行，但也正是由于不确定是否使用的是隐喻含义，反驳者没有机会提出异议。

总而言之，对于所有问题，如果很难进行反驳，回答者就可以认为其需要进行定义，或者表述有多层含义或隐喻含义，或者是接近原理，或者不知道从哪里开始着手推论。上文所述的这些就是阻碍反驳的原因。如果清楚了是哪一种原因，那么，显而易见，我们需要做的就是，作出定义，或者进行区分，或者提出间接命题。因为只有做到这些，我们才能证明最后的结论。

对于许多论题而言，如果我们不能正确地提出定义，就不容易进行论述与论证，比如，一个事物的相反项有一个或多个。但当提出相反项专有的定义后，我们就可以很容易地对同一个事物是否可能有多个相反项进行论证。对于其他需要作出定义的事物，我们可以采用同样的方式。还有，在几何方面，有时候似乎也会因为缺少定义造成作图困难，比如，证明"与平面任意两条边平行的直线能分割一个平面，这条直线也能够以相同的方式分割直线与面积"。然而，一旦"相同方式"的定义被确立之后，论述立刻就变清楚了。因为面积与直线的分割比例是相同的，这就是"相同方式"的定义。总的来说，原理的定义被确立之后，最初的命题就容易得到论证，除非我们因为间接命题不够多不能够对其中每一个都进行论证，比如，"直线"与"圆"的本质。然而，如果没有确立原理的定义，我们就很难甚至几乎不可能论证最初的命题。那些辩论的情况也是如此。

因此，当对于一个论题难以提出异议时，我们就不应该忽略上述提及的每种情况。然而，在论证公理与前提都比论证论题更困难时，有人可能就会产生疑虑，究竟要不要提出这些公理与前提。如果对方不认可，并且认为需要对这些进行论证，他就安排了一个比最初的命题要更难完成的任务；然而，如果对方认可，他就会相信说服力小的论述。因此，如果我们不增加问题的难度，就应该提出公理；但如果必须通过更为熟悉的前提进行推理，就不应该提出公理。或者说，学习者不应该论证，除非它是更为熟悉的东西；但自己训练的人，就必须论证，因为只有这样才是真实的情况。因此，显而易见，对于提问者与教师而言，要求论证的情况也是不相同的。

第四节　辩证回答

这样，关于如何提出疑问并整理若干条命题，我们已经讲得差不多了。

关于回答，我们首先必须界定，一个好的回答者要做的是什么，正如对于好的提问者我们所谈论的问题一样。提问者的任务就是，诱导回答者的论证，从而使得回答者通过论题得出最不可信的结论。回答者的任务则是，要让不可能的结论或悖论看起来不是他的原因，而是因为论题。因为提问者可能会出现另一个错误，就是在确立最初论题时出现错误，而且在之后又不能以适当的方式维持错误。

第五节　论题辩论的不同目的

　　那些以训练与尝试为目的进行论证的人无须遵循固定法则，因为这些教师、学习者以及辩论者进行论证的目的不同于那些为论证而论证的人。学习者总要提出似乎真实的东西，教师中也没有一个人试图教授虚假的东西。然而，在辩论时，提问者看起来总是在影响回答者，而回答者看起来不愿意受到影响。在辩证的情况下，辩论者作出的论证不是出于比赛的目的，而是为了尝试与提问；回答者的目标应该是正确地保持自己的立场，由此来决定认可或不认可提问者的论述。因为其他人没有探究过这个论题，我们就只有自己谈一下。

　　回答者进行论证需要这样的论题：被普遍接受的、被普遍拒绝的、既非被普遍接受的又非被普遍拒绝的，绝对意义或相对意义上的被普遍接受的、被普遍拒绝的——比如，对于某个人，或者回答者自己，又或者其他人——论题。然而，对于各种形式的被普遍接受、被普遍拒绝而言，并没有差别。因为正确回答的方式是相同的，也就是接受或者不接受所提出的问题。

　　如果回答者提出的论题是被普遍拒绝的，提问者想要得出的结论就一定是被普遍接受的；如果回答者提出的论题是被普遍接受的，提问者想要得出的结论就一定是被普遍拒绝的。因为提问者想要得出的结论总是与回答者的论题对立。如果回答者提出的论题既非被普遍接受的又非被普遍拒绝的，提问者想要得出的结论就会是同样的类型。因为，如果要想正确地推理，提问者就要从更为被普遍接受以及更为熟悉的前提证明所提出的论题；那么，显而易见，如果提出的是一个绝对意义上被普遍拒绝的论题，回答者就不应该认可似乎在绝对意义上被普遍拒绝的论题，也不应该认可似乎被普遍接受的论题，而是应该认可比结论在更少程度上被普遍接受的论题。因为如果回答者的论题是被普遍拒绝的，提问者想要得出的结论就会是被普遍接受的，所以，提问者提出的所有前提都要被普遍接受，而且要比得出的结论更为被普遍接受，正如更不为人熟悉的是由更为人熟悉的前提推论出来的。因此，除非提出的是这一类的问题，否则回答者就不会认可。

然而，如果回答者提出的是在绝对意义上被普遍接受的论题，那么，显而易见，提问者想要得出的结论就会是在绝对意义上被普遍拒绝的。因此，提出的都应该是看起来真实的论题；对于那些看起来不真实的，应该提出的是与结论相比更为被普遍拒绝的那些。因为这样，辩论看起来就是充分有效的。同样地，如果回答者提出既非被普遍接受的又非被普遍拒绝的论题，也是这样的情况。

于是，所有看起来真实的论题都应该得到认可，还有，在看起来不真实的论题中那些与结论相比更为被普遍接受的，也应该得到认可。因为这样，论证就会被普遍接受。如果回答者提出的论题是绝对意义上被普遍接受的、被普遍拒绝的，我们就应该以看起来绝对真实的论题为参照进行比较；而如果回答者提出的论题不是绝对意义上被普遍接受的、被普遍拒绝的，而只是回答者自己接受的，那么，我们就应该以回答者认为看起来真实或不真实的论题为参照进行比较。如果回答者想要为另一个人的观点辩护，那么，显而易见，他在认可或否认论题时就应该依照那个人的观点。正是因为这个原因，那些持有他人观点（比如，正如赫拉克利特所言，"善与恶是相同的"）的人，就不会认可"相反项不可能同时存在于同一事物中"。但这不是因为他们自己觉得如此，而是依照赫拉克利特的观点，他们必须这样断言。那些互相认可对方论题的人，也是这样做的，因为他们就是在依照论题提出者的观点进行断言。

第六节 关于可接受论题的规则

因此，我们很清楚回答者应该达到何种目的，无论他所提出的论题是在绝

□ **哭泣的赫拉克利特和大笑的德谟克利特**
1477年 意大利壁画

赫拉克利特发现了万物流变、无物常驻，宇宙的一切都处于不断生成和消亡过程中。据说，他因此大哭了一场，被称为"哭泣的哲学家"。而德谟克利特待人和气，总是笑脸迎人，被称为"笑的哲学家"。

对意义上被普遍接受的，还是只是某个人所接受的。然而，提出的每个论题一定是被普遍接受的，或者被普遍拒绝的，又或者既非被普遍接受又非被普遍拒绝的；并且，提出的每个论题也一定是或者与论证相关的，或者与论证不相关的。

如果论题被普遍接受而且与论证不相关，回答者就应该认可这个论题并且说"这个论题是被普遍接受的"；如果论题被普遍拒绝而且与论证不相关，回答者也应该认可这个论题并且补充说"这个论题似乎不是被普遍接受的"，这样做是为了避免自己被当成傻子。

然而，如果论题与论证相关并且被普遍接受，回答者就应该说"虽然这个论题似乎是被普遍接受的，但是过于接近原命题"，并且，如果这个论题得到认可，所提出的命题就被推翻了；如果论题与论证相关，但其依据的原理被普遍拒绝，回答者就要说明"虽然从这个前提能够通过原理得出结论，但所提出的论题实在是毫无意义"。在论题既非被普遍接受又非被普遍拒绝的时候，如果它不与论证相关，我们就应该不加说明地认可；如果与论证相关，我们就应该说明"如果这个论题得到认可，命题就被推翻了"。因为这样的话，回答者看起来就不必自己承担责任。

如果这些论题之前就得到认可，提问者就可以通过演绎推理得出结论，因为，比结论更为被普遍接受的所有前提都已经得到回答者的认可。然而，显而易见，有些人试图从比结论更为被普遍拒绝的前提出发来推理，就是没有作出正确的推理。因此，回答者就不应该认可这些。

第七节　回答者如何应对含义模糊的问题

同样地，我们也会遇到含义模糊与多义的情况。因为如果表述含混不清，造成回答者不理解，他就可以说自己不理解；如果是一个事物的表述有多层含义，回答者就没有必要被迫认可或者否认。

显而易见，在第一种情况下，也就是表述不清楚时，回答者就应该毫不犹豫地说自己不理解，因为人们常常会难以认可表述含糊的问题。虽然回答者理解了，但是这个事物的表述却有多层含义。这时，如果表述的全部内容都是真实的或者都是虚假的，那么回答者就应该绝对认可或者绝对否认；如果表述的内容一部分虚假一部分真实，那么回答者就应该表明这个事物的表述有多层含义，还要表明哪一部分虚假哪一部分真实。因为如果是在之后才做出区分，对方就会不清楚回答者是否一开始就看出来有多层含义。如果回答者的确没有看出来有多层含义，而是只根据一层含义就表示认可，那么，如果提问者指的是另一层含义时，回答者就应该说，在他表示认可时，他所理解的与提问者所指的不是同一层含义，而是另一层含义。因为同一个名称或论述有多层含义时，就容易让人产生疑问。然而，如果提出的问题表述清楚且只有一层含义，回答者就一定要回答"是"或者"否"。

第八节 归纳的回答

每一个演绎推理的前提，要么是构成演绎推理的一个成分，要么是为了推出其他某个构成成分而提出的（当提出许多具有相同本质的问题时，我们就可以很清楚地看出这一点，因为人们在大多数时候是通过归纳推理或者相似项来得到全称命题的），因此，如果特称命题是真实的并且被普遍接受的话，那么，它们都应该得到认可。

而对于全称命题，我们应该力图提出异议，因为如果没有真实的或明显的异议，妨碍论证就是不正当的。于是，如果对于以许多例子为依据的全称命题，有人既不认可又没有提出异议，显而易见，他就是违背常理的；而且，如果他甚至也不提出相反的论证来推出该命题不真实，似乎就更是违背常理的。

然而，即使我们达到这个要求，也还是不够的。因为有许多与普遍观点相反的论点，很难得到解决，比如，芝诺（Zeno）"没有什么能够被移动穿过或自己穿过一个运动场"的论点。然而，这并不是无法证明命题不真实的理由。所以，如果有人不认可被提出的命题，但他既不提出异议，又不提出相反论证，显然就是违背常理的。谁没有通过上述的方式进行回答，谁就会破坏推理。

第九节 论题的辩护

如果要为论题与定义进行辩护，回答者应该先自己反驳自己。因为，显而易见，提问者反驳回答者观点的依据正是回答者要进行反驳的命题。

我们也应该注意不要为被普遍拒绝的假设辩护。被普遍拒绝的假设可能有两种：一种是由其会推出谬论，比如，有人说"一切事物都是运动的"或者"没有任何事物是运动的"；另一种是思想更恶劣的人选择的所有假设，并且这些与普遍价值观相反，比如，"享乐是善"，"施加伤害比承受伤害更好"。人们厌恶提出这些假设的人，因为这些人会被认为不是为了论证的需要而为这些假设辩护，而是本身就赞同这些假设。

第十节　应对虚假论证以及阻止得出结论的方法

如果通过论证推出了虚假的结论，我们就需要通过推翻得出虚假结论的前提来解决。即使被推翻的是虚假的前提，但如果不是得出虚假结论的那个前提，就无法解决问题。因为一个论证可能包含多个错误。比如，如果有人假设"坐着的人在书写"，因为"苏格拉底是坐着的"，所以从这些可以得出"苏格拉底在书写"的结论。即使我们推翻了"苏格拉底是坐着的"这一前提，也不能够解决论证中出现的问题，结论仍然是虚假的；而且，论证之所以虚假不在于此，因为如果有人刚好坐着但是没有在书写，在这种情况下该方法就不再适用。所以，应该推翻的不是这个前提，而是"坐着的人在书写"，因为事实上不是所有坐着的人都在书写。因此，只有推翻得出虚假结论的前提，才能完全解决论证推出虚假结论的问题。知道论证是依据该前提的人就知道应该这样解决，正如画错图形时的情况一样。因为即使被推翻的前提是虚假的，只提出异议也是不够的，必须要证明它为什么是虚假的。因为只有这样，才会让人清楚提出异议的人是否预见了其中的问题。

阻止得出结论有四种可能的方法：第一，推翻产生虚假结论的前提；第二，针对提问者提出异议（因为通常在回答者没有给出解答时，提问者也就不能继续提问）；第三，针对提问者给出的问题提出异议（有可能因为没有正确地提问，提问者想要的结论就不会从提出的问题中得出，但如果添加一部分内容，他可能就会得出结论。所以，如果提问者不能继续论证，回答者就能够对其提出异议；但如果他能继续论证，那么回答者就要对其给出的问题提出异议）；第四，最不可取的一种方法，就是针对时间提出异议（因为有些人提出异议后需要的讨论时间比目前所需要的更多）。

正如上文所述，有四种提出异议的方法。但是这些方法中只有第一种可以解决问题，其余的方法都只是阻止得出结论的手段。

第十一节　对论证的抨击

对论证本身的抨击与对提问者的抨击是不同的。论证没有正确进行通常要归因于提问者，因为他不认可以适当的方式对他的论题提出异议的论证。要确保论证这个共同工作的顺利进行，不是仅凭借一方的力量就可以完成的。因此，有时候需要抨击的是说话者而不是其论题，比如，在回答者伺机准备反对提问者并且表现得傲慢无礼时。这样的话就会惹恼对方，训练就从辩论变为争论。另外，因为这类论证是以训练与尝试而不是以教授为目的的，所以，显而易见，推演出的结论就不只有真实的，还有虚假的，结论所依据的前提也不总是真实的，有时候也是虚假的。因为提出真实的前提时，辩论者通常就要将其推翻，从而提出需要的论断。有时候，提出的虚假论题也需要通过虚假前提来推翻。因为有可能有人更相信虚假之物，而不是真实的事物。因此，在依据这个人认可的事物论证时，与其说这个人受益，倒不如说他被说服。

还有，如果有人想要以适当的方式转而论证不同的论题，就要借助于辩证的方式而不是争论的方式，正如几何学家以几何学的方式进行推理，不管得出的结论是虚假的还是真实的。关于辩证推理本质的问题，上文已经谈过。妨碍共同工作的人是一个糟糕的合作者，显而易见，在论证中也是同样的情况。在论证中双方也有共同的目标，除非是那些为了比赛而争论的人——对于他们而言，不可能想要达到相同的目标，因为不可能有多个人同时获胜。通过回答的方式或者提问的方式这样做，两者之间不存在任何差别，因为不仅以争论方式进行提问的人是糟糕的辩论者，而且，在回答中不认可明显事实或者不接受提问者想要提出的问题的人，也是糟糕的辩论者。从上文所述的内容我们可以清楚地知道，对论证本身的抨击与对提问者的抨击是不同的。因为即使论证是糟糕的，提问者也可以尽可能通过最好的方式与回答者进行辩论；而如果在此时对论证本身进行抨击，提问者就不可以直接按其所想进行推理，而只可以尽其所能进行推理。

人们何时认可相反项以及何时认可最初前提，都是不确定的（因为通常他们自己在谈论时，会说到相反项，之前先否定，之后又给予认可。所以，他们在被质疑时，经常认可相反项以及最初前提）。由于这个原因，必然会产生糟糕的论证。然而，对此负责的应该是回答者，因为他们不认可这些，而是认可与这些同一类的其他论证。于是，显而易见，我们不会以同样的方式对提问者及论证进行抨击。

对于论证本身的抨击有五种情况：（1）从提出的问题中得不出命题以及其他任何结论；结论所依据的所有前提或者大多数前提都是虚假的，或者被普遍拒绝的；还有，去掉前提，或者添加前提，或者去掉一些前提又添加另一些前提，这三种做法都不能得出结论。（2）演绎推理以上述前提为依据，并且按照上述方式进行，但与最初的论题却不相关。（3）如果演绎推理以某些添加的前提为依据，相比于所提出的问题，这些前提更糟糕；并且，相比于结论，也更为普遍地被拒绝。（4）演绎推理是以某些去掉的前提为依据的。因为有时候人们会提出一些多余的不必要前提，所以，演绎推理并不通过这些不必要前提得出结论。（5）如果相比于结论，论证所依据的前提更为普遍地被拒绝、更不可信，或者，论证所依据的前提虽然真实，但证明起来却比证明问题要花费更多的工夫。

尽管如此，我们也不应该要求：所有问题的演绎推理都在同等程度上被普遍接受，都具有同等程度的可信度。因为所探究的内容中有的容易，有的就困难，这是本质上的直接结果。所以，如果有人从最可能被普遍接受的前提得出结论，那么，这就是正确的论证。因此，显而易见，对论证本身的抨击与对所提出问题的抨击是不同的。因为没有理由否认，论证其本身就是要受到抨击的，而被提出的问题就值得表扬；或者反过来，论证其本身就值得表扬，而被提出的问题就是要受到抨击的，因为从许多的被普遍接受的、真实的前提更容易得出结论。有时候，得出结论的论证或许比没有得出结论的论证更糟糕：如果前一个论证的问题不荒谬，但结论所依据的前提却是荒谬的，而后一个论证只是添加了一些被普遍接受的、真实的前提——尽管论证不会依据这些添加的前提。对那些从虚假前提得出真实结论的人进行抨击是不公正的。因为虚假的结论一定总是从虚假的前提得出，而真实的结论有时候也可以从虚假的前提得出，这一点从《分析篇》的内容中我们可以清楚知道。

上述的论证是对某一事物的证明，但如果这一事物与结论不相关，演绎推理就不是关于该结论的；但如果上述的论证只是看起来是证明，那么它就会是诡辩而不是证明了。哲学是证明式的演绎推理，反驳是辩证式的演绎推理，诡辩是争论式的演绎推理，而辩谬则是推出矛盾的辩证式演绎推理。

此外，如果证明出来某一结论的两个前提被普遍接受，但这两个前提不是在同等程度上被普遍接受，那就没有理由否认证明出来的结论比两个前提中任何一个更为普遍地被接受。然而，如果一个前提被普遍接受，另一个既非被普遍接受又非被普遍拒绝，或者，一个被普遍接受，另一个不被普遍接受，那么，当他们在同等程度上被普遍接受或被普遍拒绝时，结论也就是同等程度上地被普遍接受或者被普遍拒绝；当其中一个前提在被普遍接受或被普遍拒绝的程度更高时，结论也就会有一个程度更高。

在演绎推理中，还会出现一种错误：有人通过更多的前提，或者可能通过更少的前提来证明，但这些前提中有些已经包含在论证中了。比如，有人要证明一种观点比另一种更合适，就先假设"每个事物本身就以最高的程度存在着"，而且同时假设"这个观点的对象本身也是真实的"，所以，这个观点的对象就比任何其他的更合适；于是，如果这个观点的对象更合适，那这个观点也就更合适。还有，这个观点本身也是真实的，而且比任何其他观点更准确。既然已经假设"每个事物本身就以最高的程度存在着"和"这个观点的对象本身也是真实的"，所以，这种观点就更准确。其中有什么缺陷吗？问题在于展开推理的依据并非不证自明的。

第十二节　清楚的论证与虚假的论证

清楚的论证有三层含义：第一层含义，也是最普遍意义上的，即无须再提出问题，论证就能够得出结论；第二层含义，也是最高级的，即所提出的前提是推出结论所必需的，而且论证也是通过本身作为结论的前提推出结论的；第三层含义，论证所需要的被普遍接受的前提少。

虚假的论证有四层含义：第一层含义，论证看起来得出了结论，但实际上却没有，这就是被称作争论式的演绎推理；第二层含义，论证得出了结论，但却与提出的问题不相关，特别在用归谬法的时候会发生这样的情况；第三层含义，论证得出的结论虽然与提出的问题相关，但不是通过适当的方法，无论得出的结论是虚假的还是真实的，比如，将非医学论证当作医学论证，或者将非几何论证当成几何论证，或者将非辩证论证当成辩证论证；第四层含义，通过虚假的前提得出结论，在这种情况下，有时结论是虚假的，有时又是真实的。因为虚假的结论一定总是从虚假的前提得出，而真实的结论有时候也可以从不真实的前提得出，上文也提到过这一点。

虚假的论证在更大程度上是由于论证者的错误而非论证本身的错误，然而，它也不总是由论证者的错误造成的，只是在论证者没有注意到错误时才如此。因为我们在更大程度上接受的不是本身就真实的许多真理，而是那些从看起来普遍接受的前提出发，并推翻真实命题的论证。这样的论证是为了证明其他真理，于是论证者所提出的某一个前提不能用在论证中，因为他会在之后对其进行证明。然而，如果一个论证是通过虚假而且极其荒谬的前提得出真实的结论，那么这个论证就比许多得出虚假结论的论证要更糟糕，尽管前一类论证也可能是后一类论证。

因此，显而易见，对于论证本身，要考虑三点：第一点，论证是否得出了结论；第二点，得出的结论是真实的还是虚假的；第三点，从何种前提得出结论。如果论证所依据的前提是虚假的但却被普遍接受，那么，这就是辩证的论证；如果论证所依据的前提是真实的但却被普遍拒绝，那么，这就是虚假的论证；如果论证所依据的前提不仅是虚假的而且被普遍拒绝，那么，显而易见，这就是糟糕的论证，或者在绝对意义上如此，或者就当前讨论的问题而言是糟糕的。

第十三节　请求对方认可前提与相反项

对于最初前提以及相反项，提问者应该以何种形式提出以请求对方认可，这在《分析篇》中已经从真理的层面进行过论述，现在我们再从观点的层面进行讨论。

请求对方认可最初前提似乎有五种方式：第一种也是最清楚、最主要的一种，当有人请求认可的就是需要证明的前提时，如果他直接提出，就容易被对方发觉；然而，如果他使用同义词来表述前提，也就是名称与定义都表示同一事物的词，那么，就不容易被对方发觉。

第二种，当有人想要请求的是特称前提时，就应该以全称命题的形式提出。比如，如果他试图证明"相反项的知识是相同的"，就应该请求对方认可"所有相反项的知识是相同的"。因为如果这样做的话，他似乎就是将本应该单独请求认可的东西，与许多其他东西放在一起来请求认可。

第三种，当有人想要请求的是全称前提时，就应该以特称命题的形式提出。比如，如果有人想要请求的是"所有相反项的知识是相同的"，他就应该请求对方认可"某一对相反项的知识是相同的"。因为如果这样做的话，他似乎就是将本应该与许多其他东西放在一起来请求认可的东西，拿出来单独请求认可。

第四种，将前提划分成多个部分，分别请求对方认可。比如，在请求对方认可"医学既是关于健康的科学也是关于疾病的科学"的前提时，他就应该将这个前提划分成两个部分，然后再分别请求对方认可。

第五种，请求对方认可多个必然相互伴随的前提中的一个。比如，如果想要请求对方认可"对角线与边是不可通约的"，他就应该请求对方认可"边与对角线是不可通约的"。

请求对方认可相反项同样有五种方式：第一种，请求对方认可对立项的肯定方面与否定方面。第二种，请求对方认可对立意义上的相反项，比如，"善"与"恶"是相同的。第三种，当想要请求的是全称前提时，就应该以特称前提的形式提出。比如，如果有人想要请求认可的是"相反项的知识是相同的"，他就应该提出"有益健康的知识与有害健康疾病的知识是不同的"；反过来，如果想要请求认可的是"有益健康的知识与有害健康疾病的知识是不同的"，他就应该以特称前提的形式提出。第四种，请求对方认可与所提出前提必然得出的结论相反的命题。第五种，不提出对立项本身，而是断言由其产生了对立矛盾的两个前提。提出相反项与请求对方认可前提，这两者间存在差异，因为后者的错误存在于结论中（因为得出了结论后，我们才说最初的议题已经得到对方认可）。然而，相反项则存在于前提中，相反项与前提之间具有某种关系。

第十四节　辩证训练

要进行上文所述这些论证的训练与尝试，我们首先要养成转换论证的习惯。通过这种方法，我们就能够为所要进行的论题做更好的准备，而且能够在较少的训练与尝试中了解许多论证。转换论证就是将结论与其余的前提进行交换，以这种方式来推翻已经得到认可的前提。如果结论不是真实的，那么，这个结论所依据的这些前提中的一个必然会被推翻。因为论证者正是提出了所有的这些前提，才能够必然得出这个结论的。其次，对于每一个论题，我们必须从正反两个方面来考虑其论证。当发现论证在每个方面的悖理时，我们就应该立刻寻求解决方法。通过这种方法，我们在提问与回答这两个方面就都会得到训练。如果我们找不到其他人与我们辩论，那么我们就与自己辩论。

另外，我们要选取与同一论题相关的论证，将它们排在一起进行比较。通过这种方法，我们能够得到很多论证来支持自己的论点，同时也能用这些论证来驳倒与自己论点相悖的东西，从而为正面论证与反面论证做好充分准备，最后就能防范相反的论证。另外，能够看出或已经看出了每一个假设推出的结果，都是拥有知识与哲学智慧的极大表现。如果有人可以做到这样，他只要正确地选出其中的一个即可。实际上，完成这样的工作需要具有天赋，而且真正的天赋就是正确地选出真理、避开谬论的能力。具有天赋的人能够完成这样的工作，因为对于被提出的东西，他们能够正确地知道自己是喜欢还是憎恶，从而正确地从中选出最善的。

我们需要足够了解那些经常出现的问题的论证，尤其是有关最初论题的论证。因为在这些论证中，回答者们通常会极其不满意；并且，我们应该准备好充足的定义以备使用，既要有被普遍接受的定义，也要有最初的定义，因为推理正是通过这些定义才得以进行。同时，我们也应该努力掌握其他论证最常依据的那些定义。原因在于，正如在几何学中，基础练习非常重要；在算术中，掌握了10以内数的乘法非常有助于掌握其他数的乘法；同样地，在论证中也是这样，掌握原理并且牢固记忆命题对于论证会有很大的帮助。只要是存在于我们灵魂中记忆部分的东西，我们就能够很快地记起来。所以，这些会让一个人的推理能力变得更强。因为所有与所需命题相关的命题，都在这个人灵魂中的记忆部分有序存放着。与论证相比，我们更应该记住具有普遍性的命题，因为准备原理与假设只是一般难度。

另外，我们应该养成这样一个习惯：将一个论证化为多个，而且隐藏得越模糊越好。如果有人论证的内容距离目标论题及其相关论题足够远，那么，他就成功地做到了这一点。这种方法适用于具有普遍性的命题，比如，"对于许多事物来说，不可能只存在一种知识"。对于关系项、相反项与对等词而言，情况都是这样的。

还有，我们应该从普遍方面来记录论证，尽管所要探究的可能是特殊方面。因为通过这种方法，我们就可以将一个论证分为多个。这种方法同样适用于修辞学上的省略推理。

然而，辩论者应该尽可能避免将演绎推理普遍化。此外，他也应该考虑，论证是否以普遍性的原理为依据。因为所有特殊性的论证也都依赖于普遍性的论证，而且普遍性的论证也适用于特殊性的论证。如果没有普遍性的论证，根本就不可能通过演绎推理得出结论。

□ 丽达与天鹅（达芬奇画作复制品）
乔万尼·弗·美尔奇
意大利乌菲齐美术馆藏

归纳推理和演绎推理是两种不同的思考方式。归纳法是从个别到一般的推理，由大量具体的特殊事物推导出普遍原理。比如，我们看到一只天鹅是白的，然后又看到许多只天鹅都是白的，因此推测出"所有天鹅都是白的"。但是，现实中是有黑天鹅的，所以归纳推理并不总是有效。

对于青年人，我们应该安排归纳推理的训练；对于熟手，应该安排演绎推理的训练。我们也需要试图从熟练演绎推理的人那里获得命题，从熟练归纳推理的人那里获得实例，因为他们在各自熟练的领域接受过训练。总而言之，在辩证训练中，我们一定要努力得出关于某个论题的演绎推理，或者一种解决方法，或者一种命题，或者一种异议，或者一个人是否正确地提出问题（无论是自己还是其他人）以及每个问题是什么。通过这些，我们获得了能力，而训练的目的就是获得能力，尤其是在命题与异议方面的能力。总而言之，准备好提出命题与异议的人是辩证家。提出命题就是将多个部分合为一个整体（因为论证所要得出的结论一定是一个整体），而提出异议则是将一个整体分为多个部分，因为对于所提出的命题，反驳者要么区分，要么推翻，要么部分肯定、部分否定。

我们不要与每个人都辩论，也不要与普通人进行辩论训练。原因在于，与这样一类人进行辩论时，论证一定会很糟糕。因为他们似乎要想尽一切办法避开对方，那么，我们就会竭尽全力推出结论，这是公平的做法，但并非合适的做法。因此，不要轻易地与普通人进行辩论训练，否则论证一定会很糟糕。甚至对于进行训练的人而言，他也难以制止争论式辩论的发生。

同样地，我们也要掌握有关这样一类议题的论证，因为只要掌握少量这类议题的论证，就能应对大量的议题。这些就是普遍性的论证，并且难以从一些显见的事实中得到。

辩谬篇

第一节 概述诡辩式反驳

接下来，我们谈一谈诡辩式反驳。它虽然看起来是反驳，但事实上却是谬误。我们就依照正常顺序，从第一个开始进行讨论。

显而易见，一些推理是真正的推理，而另一些虽然看起来是推理，实则不是。这种因相似而混淆的情况出现在其他方面，同时也出现在论证方面。有的人体质良好，而有的人只是因为家庭出身好再加上刻意打扮才看起来如此；有的人美丽是因为自身的美貌，而有的人只是因为华服修饰才显得美丽。

同样地，没有生命的事物也是同样的情况。在这些事物中，有的是真正的黄金白银，而有的尽管不是真的，但看起来感觉像是黄金白银，比如，锡制品看起来像是银，铅黄制品看起来像是黄金。同样地，对于推理与反驳，有的是真实的，而有的不是，有些人可能由于经验不足无法辨识，因为经验不足的人似乎只能从远处观察到表面现象。推理是以已经提出的前提为依据，然而，从搜集的那些必要前提出发得出的结论，不同于从假设出发得出的东西。反驳是从所得结论推出矛盾命题的推理。

实际上，有的反驳没有从所得结论推出矛盾命题，但是由于多种原因看起来好像做到了这一点，其中一个最自然最常见的原因是，论证通过名称来进行。我们虽然不能通过列举这些事物本身来进行论述，但是可以用事物的名称来替代这些事物本身。因为我们认为对于事物名称而言出现什么样的情况，对于事物本身而言也会出现同样的情况，正如那些计数的人就是用事物的名称来替代事物本身的。但实际上，对于事物的名称与事物本身而言，出现的情况并不相同。因为名称是有限的，句子的数量也是有限的，但是事物的数量却是无限的，所以，同一个句子与同一个名称都要指代多个事物。因此，在辩论时，那些计数不太精明的人容易被掌握计数技巧的人欺骗。在论证中也是同样的情况，那些不善于运用名称的人，无论是在自己与自己辩论时，还是与他人辩论时，都会受谬误推理欺骗。因为这个原因以及下文将要提到的其他原因，就会出现那些看起来是但事实上却不是的推理与反驳。

然而，有些人认为，比起"事实上有智慧但看起来不是这样"，"看起来有智慧"更加有用（比如，诡辩的技巧就是看起来有智慧但事实上不是这样，诡辩家就是利用看似真实但并不真实的智慧来赚钱的人）。对于这样的人来说，他们会努力让自己看起来扮演的是智者的角色，而作为真正的智者却看起来不是。

我想要在一点上做一下比较，对于精通某一个领域知识的人来说，他们要做的是避免在这一领域进行谬误推理，而且能够指出其他人进行了谬误推理。要做到这一点不仅需要有能力进行推理，而且需要对他人作出的推理进行判断。因此，对于那些热衷于诡辩式论证的人而言，他们应该探究上文所述的各类论证，因为这有助于他们达到诡辩式论证的目的，而且拥有这样的能力就能使自己看起来有智慧，这也恰巧是他们的目标。

很明显有这样一类论证，促使我们称之为诡辩家的人渴望拥有上文所述的这种能力。接下来，我们来谈一谈有多少种诡辩式论证、诡辩这种能力由多少个要素组成、本篇由多少部分组成以及有助于掌握这种技巧的要点。

第二节　论证的属

在辩论中，有四个属类的论证：教导式论证、辩证式论证、检验式论证以及争论式论证。实际上，教导式论证是那些从适用于每个论题的原理出发，而不是从回答者持有的观点出发进行推理的论证（因为学习者必须相信学习的内容）；辩证式论证是那些从被普遍接受的观点出发，推出矛盾命题的论证；检验式论证是那些从被回答者接受的前提出发，推出结论的论证，这些前提也是假装具有这方面知识的人所必须知道的内容（至于以何种方式，实际上已经在别处作出解释）；争论式论证是那些从看起来被普遍接受但实际上却不是的前提出发，进行推断或看起来进行推断的论证。我们已经在《分析篇》中谈过教导式论证，在其他部分的论述中也已经谈过辩证式论证与检验式论证，因此，现在我们开始谈争论式论证。

第三节　诡辩式论证的目的

首先，我们必须清楚辩论中的争论者心怀多少目的。争论者一共有五个目的，前四个是反驳、谬论、悖论、语法错误，第五个目的是在辩论中使对方说话啰嗦（也就是迫使他多次重复自己所说的同一内容）。或者实际上不是如此，但看起来是这样。他最先会选择运用反驳的方式来驳倒对方；其次是指出一些错误的断言，即归谬法；第三个选择是，将对方引向悖论；第四个选择是，使对方犯语法上的错误（就是通过争论的方式，使回答者使用不合乎语法的表述）；最后一个选择是，使对方多次重复自己所说的同一内容。

第四节　有关语言的反驳

反驳有两种方式，一种与语言有关，另一种与语言无关。使用语言产生假象有六种方式：歧义、含糊、合并、拆分、重音与语言形式。我们可以通过归纳推理与演绎推理的方法证明这一点，另外也可以通过基于假设的一些方法，因为我们可以用相同的名称与句子来表示不同含义。

下面将要提到的这些论证都是关于歧义的，比如，"有知识的人学习，因为语法学家学习他们背诵的东西"。在这个论证中，"学习"就是一个有歧义的词，它有两层含义，一层含义是"运用知识来理解"，另一层含义是"获得新知识"。再比如，"恶是善，因为必然存在的东西是善，且恶是必然存在的东西"。"必然存在"有两层含义，一层含义是"不可避免"，这层含义对于"恶"来说通常都是符合的（因为某些"恶"就是不可避免的）；另外，我们说"善是必然存在的"，这里就是另一层含义"不可缺少"。

再比如，"同一个人既坐着也站着，既患病也健康，因为这个人站起来后变成站着的，康复后变成健康的"；有可能过去坐着的这个人站起来，现在变成站着的；有可能过去患病的这个人康复，现在变成健康的。"患病的人"做过或者经历过一些事情，但并不是同样的事。"患病的人"有时指的是这个人"现在患病"，有时指的是他"过去患病"。"过去患病"的人确实曾经是病着的，但后来康复了，现在是健康的，没有患病。

下面将要提到的这些论证都是关于含糊的：比如，"希望擒住我这个敌人"与"必然存在关于知道的知识"，在这个句子中"知道"的含义模糊，既可以表示"拥有知识的人"，又可以表示"作为知识被知道的事物"；再比如，"看见了它，它看见了"，因为有人看见了柱子，所以柱子也看见了他；再比如，"你承认是的事物，你就承认是；你承认石头是，你就承认是石头"；再比如，"谈论沉默是可能的"，在这个句子中"谈论沉默"的含义模糊，既可以表示"谈论者是沉默的"，又可以表示"被谈论的事物是沉默的"。

歧义与含糊有三种类型：（1）句子或词实际上表示多层含义，比如，"鹰"与"狗"；（2）我们习惯了以这样的方式说话；（3）由多个词组成的短语有多层含义，但独立的每个词都只有一层含义，比如，单个词"认识"与"字母"组成"认识字母"，"认识"与"字母"各自只有一层含义，而由两者组合的短语"认识字母"有多层含义，既可以表示"字母本身具有知识"，又可以表示"除字母本身外的其他事物拥有关于字母的知识"。

那么，含糊与歧义的类型就是上文所述的这些，接下来我们来谈一谈合并的情况，比如，"坐的人可以走路"，"没有写字的人可以写字"。将每个例子中表示动作的词单独使用与合并使用，会产生不同的意思，比如，"一个现在坐着的人可以走路"；再比如，"现在没有在写字的人可以写字"，也是同样的情况。如果有人将这些表示动作的词合并使用，就是"不写字的人写字"，意思是"这个没有写字的人有写字的能力"；如果有人将这些表示动作的词单独使用，就是"没有在写字的人写字"，意思是"当没有在写字时，这个人有写字的能力"。再比如，"这个人现在认识字母，因为他已经学习过了关于字母的知识"。还有"这个人有能力搬运一件东西，因为他有能力搬运多件东西"。

下面将要提到的这些论证都是关于拆分的，比如，"5等于2加3"，"5等于奇数加偶数"，那么"大就等于小"，因为"大"只不过是"小"再加上一些东西。但同一个句子拆分成几个部分与合在一起时，似乎不总是表示同样的含义，比如，"我给你奴隶自由"与"像神一样英勇的阿基里斯留下了一百五十人"。

关于重音的论证，若不以文章的形式进行探讨，就很难实现，而以文章、诗歌的形式就比较容易。比如，有些人指责荷马的这句话"其中一部分因雨水而腐败"（τὸ μὲν οὖ καταπύθεται ὄμβρῳ）言辞荒谬。有人为此辩护，通过改变重音解决了问题，说重音应该标记在 οὖ 上。同样地，在关于阿伽门农之梦的那部分，宙斯他自己并没有说"我们答应，让他的祈祷灵验"，而是说成"希望这个梦能让他的祈祷灵验"，这些就是关于重音的例子。

其他的是通过语言形式进行论证，就是以相同的方式表述不同的事物：比如，将阳性表述为阴性，将阴性表述为阳性，或者将中性表述为阴性或阳性；再比如，将数量表述为质量，将质量表述为数量，将主动表述为被动，将状态表述为主动，或者将其他表述为我们在前文所讲的那些区分类型。对于不在"行为"这个范畴内的事物，可能用语言来表述后它就好像在"行为"这个范畴内一样。因此，"健康"就被认为与"切割""建造"的语言形式相同，尽管"健康"表示的是某种性质或状态，而"切割""建造"表示的是某种行为。其他一些例子也是同样的情况。

第五节　与语言无关的谬误

那么，与语言有关的反驳通过上文所述的那些方式产生，而与语言无关的谬误有七种：（1）由于偶性而产生的谬误；（2）由于完全的断言而产生的谬误，或者不是完全的，而是在某一方面、某个地方、某个时间、某一关系上进行限定而产生的谬误；（3）由于不知道反驳的定义而产生的谬误；（4）由于默认有争议的前提而产生的谬误；（5）由于结果而产生的谬误；（6）由于将不是原因的事物当作原因而产生的谬误；（7）由于将多个问题合成一个而产生的谬误。

首先，我们谈一谈由于偶性而产生的谬误，这种谬误产生于一个性质在同等程度上既属于某一主项又属于偶性时。因为在同一事物有多个偶性时，所有这些偶性不一定都符合所有的谓项以及谓项所表述的主项。比如，如果克瑞斯卡斯（Coriscus）与"人"不同，那么他也就与自己不同，因为他是"人"；如果克瑞斯卡斯与苏格拉底不同，但苏格拉底是"人"，那么就可以认为克瑞斯卡斯与"人"不同，因为被称作与克瑞斯卡斯不同的苏格拉底碰巧是"人"。

接下来，我们谈一谈第二种谬误。首先，由于对某些事物进行完全断言，或者在某一方面进行限定，或者不恰当地将只涉及部分的表述说成全部，就会产生这种谬误。比如，如果（有人推断）"非存在"是观点的对象，那么"非存在"就是"存在"，因为某物"存在"与"完全地存在"不同。再比如，如果有存在者不是"存在"，比如人不是"存在"，那么"存在"就不是"存在"，因为某物"不存在"与"完全地不存在"不同。虽然"某物存在"与"存在"，"某物不存在"与"不存在"，两两之间语言表达相似，但仍然存在细微差别。

其次，在某一方面进行限定或者完全意义上的表达所产生的谬误，也是同样的情况。比如，"全身黑色的印度人有白色的牙齿"，那么他就既是白色的又不是白色的。如果两个性质属于同一方面，那么相反的性质同时存在。有时候对于某些句子，我们很容易觉察出这种谬误。比如，假设埃塞俄比亚人是黑人，有人会问他的牙齿是不是白色的，如果他的牙齿是白色的，就得到了这一问题的答案，那么就可以通过演绎推理证明：他既是黑色的又不是黑色的。但有时候对于另一些句子，我们不容易觉察出这种谬误。也就是说，无论在何时或者何地，只要这些性质的论述是针对某一方面的，我们就能得到这些性质在完全意义上也成立的结论；而且，在这种情况下，我们不容易觉察出这些性质是否符合某一事物。如果两个对立的性质在同等程度上属于某物，就会发生这样的情况，因为似乎要么两者都能在完全意义上被断言，要么都不能在完全意义上被断言。比如，如果某一事物一半是白色的，而另一半是黑色的，那么这个事物是白色还是黑色的呢？

接下来，我们谈一谈第三种谬误——由于没有给出演绎推理或者反驳的定义，或者给出的定义有遗漏而产生的谬误。反驳是关于同一个事物——不是关于名称而是关于这个事物，而且这个事物的名称只有一层含义——的矛盾命题，并且在同一方面、关于同一关系、以同一种方式、在同一时间，从给出的前提（不包括最初的问题）出发，进行推断得出必然结论。关于任何事物的虚假论断也都是以同样的方式产生的。其中，有些论断遗漏了上述的一些条件，只是看起来在进行反驳。比如，"两倍"与"非两倍"是相同的，可能是因为，2是1的两倍，却不是3的两倍；也可能是，同一事物的"两倍"与"非两倍"是相同的，但不在同一方面，如，在长度的方面是两倍，但在宽度的方面是"非两倍"；还可能是，"两倍"与"非两倍"是对于同一事物，而且在同一方面、以同一种方式，但却不在同一时间，因此，显然这是反驳。然而，有人可能也会将这种谬误归为与语言有关的类别。

接下来，我们谈一谈第四种谬误——由于默认有争议的前提，以及通过尽可能多的方式请求对方认同最初前提而产生的谬误。这些只是看起来是反驳，因为人们不能做到同时觉察出其相同之处与不同之处。

接下来，我们谈一谈第五种谬误——基于结果的谬误，这是由于人们认为原因与结果可以换位而产生的。因为从"A存在"得出"B必然存在"，所以人们就认为"如果B存在，A也一定存在"。观点基于感觉，因此与观点有关的谬误的根源就在于感觉。比如，人们通常将胆汁误认为是蜂蜜，因为蜂蜜总是黄色的；再比如，因为下雨时地面变成湿的，所以如果地面是湿的，我们就会认为刚刚下过雨，但是事实上不一定下过雨。在修辞论证中，从迹象得出的证明就是以结果为依据的。比如，如果人们想要证明"某一个人是奸夫"，他们所依据的就是某个迹象：这个人喜欢打扮，或者看到这个人半夜闲逛。这些迹象对于很多人来说都是符合的，然而，"奸夫"不一定符合这个人。同样地，在演绎论证中，人们也是以结果为依据的。比如，在麦里梭"宇宙是无限的"这个论证中，他假设"宇宙是非生成的"（因为没有东西可以从"非存在"中生成），而生成的东西需要最初事物。因此，如果宇宙不是由什么生成的，那就没有最初事物，所以宇宙是无限的。然而，由以上条件不一定得出该结论。因此，由"任何事物生成的东西都需要一个最初事物"，不一定能得出"有最初事物的东西是生成的"；同样地，由"人发烧时会发热"，也不一定能得出"发热的人都是发烧了"。

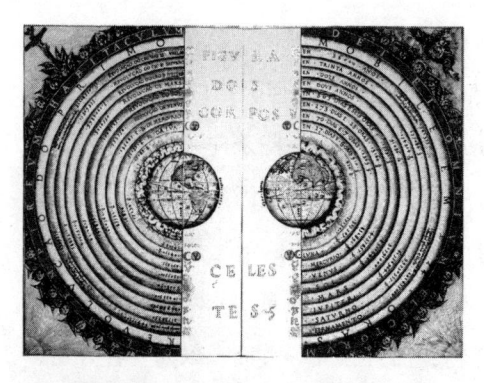

□ 天体的形状　巴尔托洛梅乌·维利乌　1568年
法国国家图书馆藏

古希腊哲学家麦里梭从逻辑推理中得出"宇宙是无限的",他用的方法与后世经院哲学家论证"上帝存在"有一定相似。麦里梭大约是第一个对"无限"进行研究的哲学家。但是,天文学作为一门自然科学,没有观测工具,是很难得出科学结论的。

接下来,我们谈一谈第六种谬误——从不是原因的事物中产生的谬误,也就是将不是原因的事物误认为是原因,好像谬误是由其产生的。在归谬推理中就会发生这样的情况,因为在这类推理中需要推翻某个前提。于是,如果有人认为不是原因的事物处于生成不可能结果的问题之中,那么这种谬误通常就是由不是原因的事物生成的。比如,论证"灵魂与生命不同":如果生成与破坏相反,那么一种形式的生成就对应一种形式的破坏;因为死亡是一种形式的破坏,而且死亡与生命相反,所以生命就是生成,活着就是被生成;但是这个结果是不可能发生的,于是就可以得出"灵魂与生命不同"。然而,这并不是通过演绎推理得出的结论,因为即使不说"灵魂与生命不同",只说"生命与死亡相反,死亡是破坏,破坏与生成相反",也可以得出不可能发生的结果。这样的论证不是绝对意义上的非推理性的,而是对于所提出的论点是非推理性的。即使是提问者自己,通常也注意不到这种情况。

那么,以上这些论证就是通过两种谬误进行的:由于结果而产生的谬误以及从不是原因的事物中产生的谬误。接下来,我们谈一谈最后一种谬误——由于将两个问题合成一个而产生的谬误,产生这种谬误的原因在于没有注意到有多个问题,只给出了一个答案,就好像只有一个问题一样。在有些情况下,人们很容易就能看出有多个问题,而且知道不能只给出一个答案,比如,对于"地球是海,还是天空是海呢"这个问题。而在有些情况下,人们不太容易看出有多个问题,似乎只能看到一个问题,人们要么认可对方,因为他们没有回答所提出的问题;要么好像就被驳倒了。比如,对于"这个人与那个人是同一个人吗"这个问题,在回答是肯定的时候，可以说，如果有人打了这个人，也打了那个人，那么，他就是打了一个人，而不是多个人。

再比如，"一些东西中一部分是好的，一部分是坏的，那么这些东西作为整体是好的还是坏的呢？"对于这个问题，无论回答"是"或者"否"，都可能会遭到明显的反驳，或者被指出这是显然虚假的表述。因为，无论说"不好的部分是好的"还是说"好的部分是不好的"，都出现了谬误。然而，有时候，如果加上一些前提，可能会产生真实的反驳。比如，一个人认可"无论是一个事物还是多个事物都可以被称作是白色的、赤裸的、盲的"，因为一个盲的事物尽管天然具有视力，但事实上看不见；或者多个盲的事物尽管天然具有视力，但事实上看不见。但当一个事物没有视力而另一个事物有视力时，不能说"这两者都看得见，或者都是盲的"，因为会产生谬误。

第六节　关于因为不知道反驳的定义而产生的所有谬误

我们必须将表面上的演绎推理与反驳区分开，或者将其归因于不知道反驳的定义，并以此作为出发点，因为我们可以将上文所述的所有谬误都归因于背离反驳的定义。首先，我们要考虑谬误是否是非推理性的。因为结论必须从前提得出，所以我们说这是必要的，而不只是看起来必要。其次，我们要考虑谬误是否符合定义的各个部分。因为，与语言有关的谬误中，有的是由于双重含义而产生的，比如，歧义、含糊、语言形式这三种谬误（因为人们通常使用同一名称或句子表示某一事物）；然而，合并、拆分与重音这三种谬误，是从不同的句子或名称中产生的虚假推理。但是，在真正的反驳或推理中，须要做到论述的事物与针对其得出结论的事物是相同的。比如，如果要推论的是"外衣"，我们就应该通过演绎推理的方式得出关于"外衣"的结论，而不是关于"外套"的。虽然关于"外套"的结论的确也是真实的，但不是通过演绎推理的方式得出的。因为如果有人追问原因，就须证明"外衣"与"外套"指的是同一事物。

在我们给出演绎推理的定义后，由于偶性而产生的谬误就变得很明显，因为反驳的定义与演绎推理的定义必然是相同的——只不过反驳要再加上矛盾命题，因为反驳就是推出矛盾命题的演绎推理。于是，如果没有基于偶性的演绎推理，也就没有反驳。比如，如果A与B存在，那么C必然存在，而且C是白的，但"C是白的"并不是通过演绎推理得出的必然结论。再比如，"三角形内角和等于两直角和"，三角形恰巧是图形、基本元素或原理，在这个论证中，"三角形是图形、基本要素或原理"不是由推论得出的。因为该证明既不是关于"作为图形的三角形"，也不是关于"作为基本元素的三角形"，而只是关于"作为三角形本身的三角形"。其他例子也是同样的情况。因此，如果反驳是演绎推理的一种形式，那么，由于偶性而产生的推理就不是反驳。但就是在这一点上，大师与学者遭到了无知者的反驳，因为无知者正是基于偶性进行推理，以此来对付大师与学者的。然而，无知者无法区分由于偶性而产生的推理与反驳，因此在他们遭受质疑时，就只能认可对方，或者无法进行反驳而认可了对方。

对于在某一方面进行限定而产生的谬误与完全不加限定的谬误，它们之所以产生是因为，肯定与否定不是对于同一事物而言。对于"在某一方面是白色的"而言，其否定形式是"在某一方面不是白色的"；对于"完全是白色的"而言，其否定形式是"完全不是白色的"。于是，如果有人认可"一个事物部分是白色的"就等同于"这个事物完全是白色的"，那么这个人就没有提出反驳，只是因为他不知道反驳的定义就显得像是提出了反驳。

在所有谬误中，最明显的就是上文提及的，由于不知道反驳的定义而产生的谬误，它们也以此命名。表面上的反驳是因为定义有遗漏而产生的，如果我们以这种方式来划分谬误，我们就应该将"定义有遗漏"作为所有谬误的共同特征。

对于因默认有争议的前提以及将不是原因的事物当作原因而产生的那些谬误，我们借助于定义就可以清楚知道。因为结论应该从那些存在的前提中推论出来，而不是存在于不是原因的事物中。另外，不能将最初问题作为前提进行推理，而是要通过请求对方认可前提从而进行推理。

由于结果而产生的谬误其实是由于偶性而产生的谬误中的一部分，因为结果是偶性的一种形式，但又与偶性不同。不同之处在于，偶性只存在于一种事物中，比如，黄色的东西与蜂蜜是相同的，白色的东西与天鹅是相同的；而结果存在于多种事物中，因为我们认为，与同一事物相同的事物也是彼此相同的，这就是由于结果产生谬误的依据。然而，到目前为止，这不完全是真实的，比如，基于偶性，因为雪与天鹅都是白的，所以这两者是相同的。再比如，在麦里梭的论证中，有人认为"已经生成"与"有最初事物"是相同的，或者"相等"与"体积一样"也是相同的；因为生成的东西需要最初事物，所以人们也断言"有最初事物的东西已经生成"，并进行论证，"已经生成"与"有限"就好像是相同的，因为这两者都有最初事物。同样地，对于相等的事物而言，人们假定，如果体积一样的事物是相等的，那么，相等的事物体积一样，事实上这是在假定结果。于是，由于偶性而产生的谬误之所以存在是因为不知道反驳的定义，很显然，由于结果而产生的谬误也是这样。此外，我们还会以另外一种方式来进行考虑。

对于那些由于将许多问题合成一个问题而产生的谬误，其产生的原因是我们不能清楚区分命题的定义。命题是关于一个事物的一个陈述。而一种事物的同一个定义不仅适用于每一个个体，而且适用于全体。比如，人的定义，不仅适用于每一个人，而且适用于全体的人，其他例子也是同样的情况。如果一个命题是关于一个事物的一个陈述，那么这样的一个问题也就是不加限定的一个命题。但因为推理从命题出发，反驳是推理的一种形式，所以，反驳也从命题出发。因此，如果命题是关于一个事物的一个陈述，那么，很明显，上述的这种谬误是由于不知道反驳的定义而产生的，因为似乎是命题的东西，事实上却不是命题。于是，如果回答者作出的回答似乎只针对一个问题，那就会出现反驳；然而，如果他实际上没有回答，只是显得像回答了，那就会出现表面上的反驳。因此，所有由于不知道反驳的定义而产生的谬误都与语言有关，原因在于，表面上的反驳的特征是矛盾命题，而其他的谬误则是因为不符合演绎推理的定义。

第七节　谬误方式

那些与歧义、含糊有关的谬误，之所以产生是因为我们无法区分表述的多层含义（我们不容易区分一些词，比如，"唯一""存在"与"相同"）；那些与合并、拆分有关的谬误，之所以产生是因为我们认为合成的词句与拆分的词句之间没有区别，这一点对于大多数词句而言是符合的。

同样地，那些与重音有关的谬误，产生的方式与此类似。重音强的词句与重音弱的词句似乎指的是相同的含义，但事实上这是不可能的，至少多数词句都不符合这一点。那些与表达方式有关的谬误，之所以产生是因为表达方式相同，人们很难区分哪些事物使用相同的方式来表达，哪些事物用不同的方式来表达。那些能够对此区分的人，几乎可以认知真理。容易认可这种谬误的原因是，我们认为表述一个事物的每个谓项都是一个确定的个体，于是我们将其视为同一个，因为这一确定的个体与"存在"似乎都作为"唯一"与"本质"的结果。

也正因为以下三个原因，这种谬误可以归到与语言有关的谬误中：第一，我们与其他人一起探究问题，比自己独自探究，更容易造成这种谬误（因为与其他人一起探究时要使用语言进行交流，而自己独自探究时仅仅通过事物本身）；第二，如果一个人借助语言进行探究，自己也容易被自己"欺骗"，从而造成谬误；第三，因为相同产生谬误，然而相同是源自语言。至于因偶性而产生的谬误，这种谬误之所以产生，是因为我们无法区分"相同"与"不同"、"一个"与"多个"、"谓项"与"主项"，这些都是偶性。同样地，那些由于结果而产生的谬误也是同样的情况，因为结果是偶性的一种形式。

此外，在许多情况下人们会认可这个看起来真实的谬误："如果A没有与B分离，那么B也就没有与A分离"。至于那些因为定义的缺陷而产生的谬误以及由于在某一方面加以限定与完全不限定而产生的谬误，它们之所以产生是因为差别细微。因为我们认为，对于事物、方面、方式或时间的限定没有任何意义，所以就认可了普遍意义的命题。同样地，对于那些由于默认有争议的前提、将不是原因的事物当作原因，以及将多个问题看作一个而产生的谬误，它们之所以产生也是因为差别细微。因为上述原因，我们无法准确地区分命题或演绎推理的定义。

第八节　诡辩式推理与反驳

因为我们已经知道了表面上的演绎推理产生的原因，那么也就知道了诡辩式推理与反驳产生的原因。现在我们所说的诡辩式反驳与诡辩式推理，不仅指那些看起来是但事实上却不是的推理与反驳，而且也指那些虽然真实但与所述论题只是看起来相符合，事实上却不符合的推理与反驳。这样的推理与反驳不能就所述论题来驳倒对方，并揭示对方的无知，因为揭示对方的无知是检验式论证的范畴。检验式论证是辩证式论证的一种形式，认可论证的回答者可能会因为无知而通过演绎推理得出虚假的结论。另外，尽管人们可以通过诡辩式反驳推出矛盾命题，但并不能表明对方是否是无知的，因为学者也可能会落入这样的陷阱。

现在我们通过相同的方法知道了诡辩式推理与反驳产生的原因，这是显而易见的。因为这些，听者会认为，结论是通过演绎推理得到的，回答者也会有相同的看法。因此，上述的所有或部分原因，会产生虚假的演绎推理。比如，对于一个没有被提问的人，如果他认可什么，那么被提问时他也会认可原本就认可的内容。除非在某些情况下，漏洞会被质疑，谬误也会被察觉，比如，在与语言、语法错误有关的谬误推理中。如果矛盾命题的谬误推理是从表面上的反驳中产生的，很明显，虚假的演绎推理也与表面上的反驳产生的原因一样。

然而，表面上的反驳是由真实反驳的组成部分产生的，因为真实的反驳缺失一些组成部分时，就会产生表面上的反驳，比如下面的这些谬误：结论不是经过推理得出的结果；得出不可能的结果；将两个问题合成一个问题；将偶性当作事物的本质；由于结果（偶性的一种形式）而产生。此外，有些谬误不是实际发生的，而是由文字推导出来的。有些谬误，其矛盾命题不是普遍意义上的，也不是对于相同的事物、相同的关系或者相同的方式的，而是限定于某一事物、某一关系或者某一方式等。还有些谬误，将最初问题作为前提进行推理。至此，我们就讲完了谬误推理的各种情况，所有的谬误推理都涵盖于其中，不可能有其他的情况了。

诡辩式反驳不是绝对意义上的反驳，而是只针对某个人，诡辩式推理也是如此，除非是由于歧义而产生的反驳只表示一层含义。由于表达方式相同而产生的反驳只表示"唯一"的事物以及其他类似的情况。其余的就既不是反驳也不是演绎推理，不论是绝对意义上的还是针对回答者的。如果加上假设，那么就有针对回答者的反驳或演绎推理，然而仍然没有绝对意义上的反驳或演绎推理。因为他们不能假设只表示一层含义是真实的，而只能做到对于回答者来说是这样的。

第九节　反驳方式

如果没有关于所有事物的知识，我们不应该试图知道被反驳者有多少种被反驳的方式；而且，这也不属于任何一门学科的范畴，因为知识很可能是无限的。于是很明显，证明也是无限的。另外，反驳也可能是真实的，因为对于任何可以证明的事物，我们都可以驳倒那些提出相悖于真理的矛盾命题的人。比如，如果有人断言，"正方形的对角线长与边长可以通约"，那么反驳者就可以通过证明"正方形的对角线长与边长不可通约"对其进行反驳。因此，拥有关于所有事物的知识很有必要，因为有的反驳源于几何学的原理及结论；有的反驳源于医学原理；其他的则源于其他学科的原理；而且，虚假的反驳同样是无限的，因为每个学科都会有虚假的演绎推理，几何学上有几何的虚假推理，医学上有医学的虚假推理。我所说的"按照学科"，意思是"按照学科的原理"。显而易见，我们无须知道所有的反驳方式，只要知道属于辩证式论证的那一部分就足够了，因为这一部分对于每个学科或者对每个学科与每种能力来说都是共同的。

同样地，学者的任务是探究每门学科的反驳，辨别出只是表面上是实则不是的反驳；如果反驳是真实的，就要知道为什么是真实的反驳。然而，那些源于不属于任何学科的共同知识的反驳，则属于辩证法的范畴。只要我们掌握了被普遍接受的演绎推理的依据，也就掌握了被普遍接受的反驳的依据。因为反驳是对所述论题的矛盾命题的演绎推理，所以关于该矛盾命题的一个或两个推理就是反驳。于是，我们也就掌握了所有反驳的情况，掌握了这些，就知道如何应对反驳——只要对其提出反对就可以了。我们也掌握了那些表面上反驳的情况，不是针对每个人，而是针对特定的人。如果针对任何人来说的话，那么将会有无限的情况。因此，辩证家必须通过共同命题来掌握反驳的各种情况，比如，真实的或者表面上的，辩证的或者看似辩证的，或者检验式的。

第十节　关于名称或理念的论证之间的区别

有人称"有的论证关于名称，而有的论证关于理念"，然而这不是对于论证真正的进一步划分。认为关于名称的论证与关于理念的论证不是相同的，这种看法实在荒谬。在不是关于理念的论证中，如果辩论者没有在被提问者认可的意义上运用名称去辩论，那么，被提问者就会认为问题不是在这个意义上被提出来的。这与关于名称的论证完全是相同的。

然而，在关于理念的论证中，认可的意义就是所理解的意义。如果一个名称表示多层含义，但提问者与被提问者都认为这个名称只表示一层含义（比如，"存在"或者"单一"，这两个名称中的每一个都表示多层含义，但是回答者在回答时，提问者在提问时，都认为这些只表示一层含义，并论证"所有事物都是单一的"这一论点），这样的辩论就是关于名称，或者关于被提问者的理念。

然而，如果提问者与被提问者中有人认为这个名称表示多层含义，显然这就不是关于理念的论证，原因如下：第一，关于名称与理念的论证都适用于对多层含义的论证；第二，所有论证都可以关于理念，因为论证关于理念不是因为论证本身，而是因为回答者对自己所认可的观点的态度；第三，所有论证可能都关于名称，在此"关于名称"不等同于"关于理念"。除非在这里推断，"在所有的论证中，包含既不关于名称，也不关于理念的论证"；但是他们称，"所有论证要么关于名称，要么关于理念"，也就是将论证划分为"关于理念的论证"与"关于名称的论证"，没有其他的类别。然而，事实上，关于名称的论证包含在对多层含义的论证中，因为"所有关于语言的论证都是关于名称的"这一说法是一种谬误。然而，有的谬误推理之所以产生，不是由于回答者对其的态度，而是由于论证本身就包含具有多层含义的一类问题。

简而言之，在讨论反驳之前没有讨论演绎推理，这种做法十分荒谬，因为反驳也是演绎推理。因此我们必须先讨论推理，然后再讨论虚假的反驳，因为虚假反驳是对矛盾命题在表面上的演绎推理。因此，谬误所产生的原因存在于演绎推理或矛盾命题中（有必要加上矛盾命题）；如果反驳是表面上的，在这个时候谬误所产生的原因就存在于两者之中。比如，在有人断言"沉默的人说话"时，谬误就存在于矛盾命题而不是演绎推理中；在"一个人给予别人他自己没有的东西"中，谬误就存在于两者之中；在"荷马的诗是一幅圆圈的画"中，谬误就存在于演绎推理中。在矛盾命题与演绎推理中都不存在谬误的推理，就是真实的推理。

现在，言归正传，数学论证与理念有关还是无关呢？如果有人认为"三角形"有多层含义，而且认为它不是"内角和等于两直角和的图形"，那么这是否属于他思想中的推理能力呢？并且，如果一个名称有多层含义，但回答者并不知道或不认为这个名称有多层含义，那么，辩论又怎么会关于理念呢？或者，除了进行划分，我们还能以其他方式来提问吗？比如，"沉默的人说话，可能还是不可能？"或许这个问题的答案为"在一种意义上是，在另一种意义上否"。如果有人认为，这绝对是不可能的，而另一个人主张这是可能的，那么，辩论又怎么会关于理念呢？这样的辩论似乎是关于名称的论证，于是，没有一个属类的论证是关于理念的。尽管有些论证关于名称，但不是所有的论证都如此，比如，表面上的反驳。因为有些表面上的反驳与语言无关，比如，由于偶性或其他而产生的反驳。

有人要求作出划分，称"沉默的人说话，在一种意义上表示这个，在另一种意义上表示那个"。然而，首先，提出划分的要求不得不说是荒谬的（因为有时问题涉及的东西似乎没有多层含义，那么也就不可能对其进行划分）。其次，除了这个以外，教导式论证还是什么呢？对于那些既不考虑，也不知道，更不认为还存在其他表述方式的人而言，教导式论证使得他们清楚这种情况。对于没有双重含

□ 荷马与他的向导
威廉·阿道夫·布格罗　1874年

荷马是古希腊最著名的诗人，他双目失明，他的两部史诗《伊利亚特》和《奥德赛》都被称为西方文学最伟大的作品之一。有关荷马的其人其事，亚里士多德和柏拉图在多部著作中都有过论述。

义的事物,是什么阻止这一情况发生呢?比如,"2等于4的组成部分",然而,对于2来说,有的以一种方式存在于4中,有的则以另一种方式存在于4中。再比如,"相反项的知识是同一种吗?"然而,对于相反项来说,有些是已知的,有些是未知的。因此,提出该要求的人似乎不知道教导式论证不同于辩证式论证,而且也不知道以下内容:教导式论证者不应该提出问题,而是自己对问题进行论证;而辩证式论证者就需要提出问题。

第十一节 反驳的种差

要求回答者作出"是"或"否"的回答,这不是证明者应该做的,而是检验者应该做的。因为检验的技能是辩证法的一种形式,而且思考的人不是有知识者,而是无知者与假装有知识者。所以,从普遍真理出发进行论证的人是辩证家,而仅仅在表面上做到这样的人则是诡辩家。争论式推理与诡辩式推理都只是表面上的推理,而辩证式推理可以作为一种检验方法;因为有时候尽管结论是真实的,但结论并没有理据支撑。

另外,还有这样的一类谬误推理,它们不依照各种探究方法,似乎是依照我们所提到的技能。虚假的图形不属于争论式推理(因为这种谬误与关于技能的论题相符合),得出真实结论的虚假图形也是同样的情况,比如,希波克拉底(Hippocrates)用圆弧将圆形化为正方形。而布莱梭(Bryso)借助圆弧将圆形化为方形的方法,虽然有效,却仍是诡辩的,因为这种方法没有依照论题。因此,关于这些事物的表面推理是一种争论式论证,所有只是看上去依照论题的推理,即便真的是推理,也只能是争论式推理。因为这样的推理只是在表面上依照论题,所以是具有欺骗性的、不公正的。就像在比赛中,如果出现任何形式的不公正,那这场比赛就是一种不公正的较量;在反驳中,争论式推理就是一种不公正的较量。因为在上述的第一种情况下,那些一心取胜的参赛者为了获胜不择手段;在上述的第二种情况下,一心取胜的争论者也是如此。因此,我们通常将一心取胜的这些人称作争论者与爱争论的人,而将靠取胜来获利的人称作诡辩家。就像我们之前所说的,诡辩是一种利用表面上的智慧来赚钱的技能,因此诡辩家的目的只是表面上的证明。

争论者与诡辩家虽然进行的是相同的论证，但他们想要达到的目的是不同的。相同的论证可以同时是诡辩的、争论的，但诡辩式论证与争论式论证的目的却不同。如果目的只是表面上的胜利，就是争论式论证；如果目的是表面上的智慧，就是诡辩式论证。原因在于，诡辩就是一种表面上的智慧，而不是真正的智慧。争论者与辩证家在某一方面相同；同样地，画错图形的人与几何学家在某一方面也相同。因为争论者与辩证家所作的谬误推论都是从相同的原理出发的；画错图形的人与几何学家也是从相同的原理出发。但画错图形的人不是争论推理者，因为他画出的虚假图形是以几何学的原理与结论为依据；而争论者的论证是以辩证法的原理为依据，所以显然他就是针对有争议问题进行论证的争论式推理者。比如，虽然用圆弧将圆形化为正方形不是争论式的，但布莱梭用圆弧将圆形化为正方形的方法却是争论式的。前者不适用于几何学以外的任何主题，因为它是以几何学专有的原理为根据的；而后者则可以被用来应对这样的辩论者——也就是对于每个论题不知道什么可能，也不知道什么不可能的人——因为它适用于所有论题，比如，安提丰（Antipho）将圆化为正方形的方法。再比如，如果有人由于芝诺的论证否认晚饭后散步更好，那这一定不会是医学上的论证；因为芝诺的论证适用于普遍情况。

如果争论者与辩证家两者之间的关系，就像画错图形的人与几何学家两者之间的关系一样，那么，就不存在关于上述论题的争论式推理了。但事实上，辩证家既不局限于任何特定属类的事物，也不证明任何事物，而且与普遍领域的哲学家也不同。所有事物不可能都包含在一个属内，即便是这样，这些存在物也不可能处于相同的原则下。于是，任何证明事物本质的技能都不依赖于提出问题，因为我们不可能只认可问题中两个方面的其中一个，否则就无法根据这两者形成推理。

然而，辩证式论证却依赖于提出问题，但不是在证明所有事物时都提出问题，比如，在证明基本原理以及专有原理时，就不会提出问题。因为如果对方不承认这些原理，那么辩证家也就没有根据来反驳对方提出的异议。辩证式论证也可以作为一种检验方法。因为与几何学这门技能不相同，检验技能是没有知识的人也可以掌握的一种技能。一个不了解论题的人可以对另一个不了解论题的人进行检验，只要后者既不是因为他自身知道的东西，也不是因为论题的专有原理，而是因为结果表示认可。于是，即使他掌握检验技能，也不能说他就知道这些结果；但如果他不知道这些结果，他就一定没有掌握检验技能。因此，显而易见，检验技能不是关于任何特定论题的知识。也正是由于这个原因，检验技能涉及各方各面，所有的技能都会用到共同原理。

因此，所有人，包括没有知识的人，都可以以某种方式运用辩证以及检验的方法；所有人都可以在一定程度上检验那些作出任何断言的人。在此他们运用的是共同原理，因为他们对此的了解不比那些有知识的人少，尽管他们所说的似乎已经离题很远了。所有人都可以进行反驳，只不过是辩证家是专业的，而那些不是辩证家的人是业余的，辩证家是运用推理的技能来进行检验的。尽管有许多适用于所有论题的原理，但这些还没有成为构成某一本质或属的一类原理，就像否定一样；其他原理不归为这一类，而是某些领域专有的。因此，我们通过这些可以对所有论题进行检验，而且须借助于一种与证明不同的技能。争论者不是在所有方面都与画错图形的人相同，因为争论者进行谬误推理不是通过某一特定属类的原理，而是涉及各个属类的原理。

上述这些就是诡辩式反驳的所有类型。我们不难看出，对所有这些诡辩式反驳进行研究，并使其发挥作用正是辩证家的任务，因为关于命题的研究方法包括了这项研究的所有内容。

第十二节　谬误与悖论

关于表面上的反驳，我们就谈到这里。现在我们开始谈以下内容：证明回答者所断言的是谬误，以及证明他正在将论证引向悖论（这就是诡辩的第二个目的）。首先，要达成这一目的通常是通过对某种方式的探究以及提出问题。如果提出的问题与论题没有关系，而且其自身也不确定，那么就有助于达成上述目的；人们在随意交谈时更容易出错，而在论题不确定时他们就会随意交谈。即使辩论的主题是确定的，并且回答者被要求讲出他持有的观点，一旦提出的多个问题产生大量的论证，也会将论证引向谬误或悖论；另外，针对这些问题，回答者无论回答"是"或者"否"，都会将其引向有大量论据来反驳他的那些论题。然而，现在人们更不容易通过这些方法来制造陷阱，因为人们会对此提出问题："这与最初的问题有什么关系呢？"将论证引向谬误或悖论的原则，不是直接提出论题，而是以看起来抱着学习的心态提出问题，这样做就有机会进行论证了。

为了证明谬误，有一种专门的诡辩式方法，就是将对方引向自己有大量论据来反驳的那些论题。上文已经说过，我们这样做，可能会做好，也可能做得很糟糕。

接下来，为了将对方引向悖论，我们首先要观察与我们辩论的人是哪个派系的，然后向他提出这一派系中与普遍观点相悖的问题，因为每一个派系都会有这样的观点。对此有一个原则是，将几种不同派系的观点融入到自己的命题中。而对此的一个解决办法就是，通过引证得出，论证中没有产生悖论，因为辩论的另一方总是希望出现悖论。

另外，我们需要从人们的意愿与表面上的观点中发现悖论。因为人们心里想的与嘴上说的不相同，通常他们说着漂亮话，心里想的却只有自己的利益。比如，他们说，"高尚地死去"比"快乐地活着"更有必要；"公正廉洁"比"卑鄙富裕"更有必要。但是他们想的却与说的相矛盾。因此，按照自己意愿说话的人一定会被引向表面上的观点，而那些按照这些表面上的观点说话的人，一定会被引向隐藏的意愿。在这两种情况下，都一定会产生悖论，因为他们所说的不是与表面上的观点相矛盾，就是与隐藏的观点相矛盾。

将人们引向悖论最常用的方法就是以自然与法律为标准，也就是古希腊诡辩家卡里克利斯（Callicles）在《高尔吉亚篇》中所运用的方法。所有古人都认可这种方法是合理的，因为他们认为，自然与法律是相反的，以法律为标准，公正是好的；而以自然为标准，公正就不是好的。因此，对于那些以自然为标准进行论证的人，我们应该依照法规来应对他；而对于那些以法律为标准进行论证的人，我们应该依照自然来应对他。通过这两种方式，都可以将对方引向悖论。在古人看来，自然标准是真理标准，而法律标准则只是普通人持有的观点。因此，我们可以清楚地知道，古时的辩论者也像现在的一样，要么力图反驳回答者，要么将对方引向悖论。

对于有的问题，从两方面中的任何一个方面回答都会产生悖论，比如，"听从智者与听从自己的父亲，哪个是正确的呢？""我们应该做利己的事，还是应该做公正的事呢？"以及"被别人伤害与伤害别人，哪个更可取呢？"我们要将对方引向与普通人、智者的观点相对立的结论：如果对方像专业的辩论者那样说话，我们就将其引向与普通人的观点相对立的结论；如果对方像普通人那样说话，我们就将其引向与专业辩论者的观点相对立的结论。比如，有人说"快乐的人一定是公正的"，那么，"国王是不快乐的"这一观点就与普通人的观点相悖。因此，将对方引向这样的悖论，与将其引向与自然、法律的标准相反的观点，这两者是相同的。因为法律标准只是普通人持有的观点，而智者所说的是以自然为标准，也就是以真理为标准。

第十三节 赘语

那么，以上这些就是我们探究悖论需要的方法。至于在辩论中使对方说话啰嗦，在上文中我们已经谈过，也就是迫使对方多次重复自己所说的同一内容。下文将要谈到的所有论证都属于这种情况。如果名称与词句所表示的含义是相同的，那么，"两倍"与"一半的两倍"也是相同的；如果把"两倍"替换为"一半的两倍"，那么，"两倍"就等同于"一半的一半的两倍"；而且，如果再用"一半的两倍"替换"两倍"，那么，"一半"这个词就会重复三次，变成"一半的一半的一半的两倍"。再比如，"欲望不就是对于快乐的欲望吗？"，再加上"欲望是对于快乐的欲求"，那么，"欲望就是对于快乐的快乐的欲求"。

所有这些论证都出现在关系项中，不仅这些关系项的属表述关系，这些关系项本身也表述关系，它们都表示与同一个事物的关系。比如，欲求是对于某一个事物的欲求；欲望是对于某一个事物的欲望；两倍是某一个事物的两倍，也就是一半的两倍。以下这些词本质上虽然不是关系项，但它们表述事物的状态、承受或者其他类似性质，而且在事物的定义中出现。比如，"奇数"是"有中心的数"，如果存在"奇数"，那么就存在"有中心的数"。再比如，如果"塌"是"鼻子凹进去的状态"，如果存在"塌"，那么就存在"鼻子凹进去的状态"。

有时候看上去我们让对方陷入了赘述，但实际上却没有。这是因为我们没有加上下面的问题："两倍"单独出现时是否表示某一含义，如果是的话，那么表示的含义是否相同。如果加上了这些问题，那么，对方就会立刻得出结论。因为名称是相同的，所以表示的含义也是相同的。

第十四节　语法错误

在上文中我们已经谈过语法错误是什么。有时候，可能人们是真的犯了语法错误，也可能不是真的而只是看上去犯了错，还可能真的犯了错但看上去却没有犯错。正如普罗泰戈拉（Protagoras）所言，如果 μῆνις（愤怒）与 πήληξ（头盔）是阳性的，那么，将"愤怒"称作"破坏女神"的人就真的犯了语法错误，尽管在别人看来没有犯错；而将"愤怒"称作"破坏者"的人，看上去犯了语法错误，实际上却没有犯错。因此，显而易见，人们也可以借助自己的技能做到这样。也正是因为这个原因，许多论证看上去推断出了语法错误而实际上却没有，在反驳中就会出现这样的情况。

几乎所有表面上的语法错误都是关于下面这些情况的："hoc"（这个）本身表示中性，不表示阳性，也不表示阴性；"hic"（这个）表示阳性；"hac"（这个）表示阴性；虽然"hoc"（这个）本身应该表示中性，但通常也表示阳性或者阴性。比如，问："这个是什么？"答："这个是卡利奥佩（Calliope）。""这个是木头。""这个是克瑞斯卡斯。"对于阴性词与阳性词，格的形式不相同，而对于中性词，有的是相同的，有的是不同的。因此，通常给出"hoc"时，人们似乎在用"hunc"（"hic"的宾格形式）进行推论，在所用的格的形式与应该使用的不符合时，就会出现同样的语法错误。之所以出现这样的语法错误，是因为"hoc"所有格的形式都是一样的，"hoc"有时表示"hic"（主格），有时则表示"hunc"（宾格）。与不同类型的词连用，应该使用不同的格：当与"est"连用时，应使用主格的形式；当与"esse"连用时，应使用宾格的形式。

对于阴性名词以及符合阴性或阳性词性变化的物品词，也是同样的情况。那些以"o""v"结尾的名词都属于这类物品词，比如，ξύλον（木头）、σχοινίον（绳子）。有些不以"o""v"结尾的名词也符合阴性或阳性词性变化，那么它们就也属于这类物品词，比如，阳性词α'σκδζ（酒囊）、阴性词κλίνη（床）。因此，在使用"est""esse"的情况下，词性就会发生变化。从某种意义上来看，语法错误类似于由于使用同一个词表述不同的事物而产生的反驳。原因在于，在上述一类的反驳中，我们是在事物上犯了语法错误，而我们一直谈的语法错误则是在于词，比如，"人"与"白色"都既是事物，又是词。

显然，我们应该从上述的词形变化来推断语法错误。以上这些就是争论式论证的种类、对其种类的细分以及应用方法。然而，如果以某种方式安排所提问的内容是为了隐藏什么，那就会产生很大的区别了，就像辩证式论证中的情况。因此，现在我们接着上述的内容继续讨论。

第十五节　问题的安排与提出

反驳的第一个有效办法就是拖长论证，因为在短时间内很难考虑那么多内容，而为了达到拖长论证的目的就要运用上文所述的那些原则。第二个有效办法是加快论证的速度，因为当人们落在后面时，思考的内容就更少。第三个有效办法是制造愤怒与争论，因为当人们激动时，就不太可能保持警惕。激起愤怒的原则就是揭示某人的不公平之举及厚颜无耻。第四个有效办法是交替着提出问题，并考虑这个人的多种论证是否在证明同一个论点，还有他的论证是否得出了矛盾的结论，这个时候对方就须同时提防多种论证以及矛盾结论。简而言之，上述的所有办法都有助于隐藏自己，隐藏自己是为了避免被察觉，而避免被察觉则是为了欺骗别人，另外这对于争论式论证也有帮助。

有些人否认有助于对方进行论证的所有东西，为了对付这样的人，提问者就必须以否定的形式提出问题，就好像提问者想得到相反的答案；或者提问时保持中立的态度，因为只有在回答者不知道提问者想要得到什么样的答案时，回答者才会放松警惕。其次，有些人对于全称问题，只会认可其中几个例子，那么，在归纳时，提问者就一定不能提出全称的问题，而要将此作为前提加以利用。因为有时回答者会认为，他们自己已经认可这些了，听者似乎也表示认可——他们只关注归纳的过程，并且认为，所提出的例子一定有其目的。在没有合适的名称表示例子的共性时，提问者可以利用例子的相似性达成目的，因为相似性通常能够避免被察觉。

此外，为了提出命题，我们应该在问题中将命题与其相反项进行比较。比如，如果想要提出命题"在所有事情上听从自己的父母是正确的做法"，那么，就需要问"我们在一切事情上都应该听从自己的父母，还是在一切事情上都应该不听从他们呢"。如果对方的回答是"我们通常应该听从自己的父母"，那么，我们就要问"是在多数事情上，还是少数事情上呢"。这是因为，如果回答是"应该听从他们"，那么似乎在多数事情上都应该听从。因此，通过将两个相反项放在一起比较，人们就容易判断事物的更大与更小、更恶与更善。

提问者遭到诡辩的指控，通常是在他们没有通过演绎推理的方式得出任何结论时，他们不将最后的命题以问题的形式提出，而是以结论的形式表述为"不是如此这般"，就好像是证明出的一样。通常因为这个原因，提问者看上去就好像被反驳所驳倒。

这也是一个诡辩的技巧：在已经提出悖论时，要求回答者针对最初提出的似乎真实的命题说出自己的看法，而且以"你是否这样认为呢"这种方式进行提问，如果这个问题是论证的其中一个前提，那么，就一定会产生反驳或悖论。如果对方认可这个前提，那么产生的就是反驳；如果对方不认可这个前提，也否认其表面上的真实性，那么产生的就是悖论；对方不承认这个前提，但肯定其表面上的真实性，那么产生的就是形式上的反驳。

此外，正如在修辞辩论中一样，在反驳辩论中也是同样的情况。我们应该以同样的方式来探究回答者所言与下列各项的矛盾之处：回答者自身的观点、回答者认为言行公正的人持有的观点、看起来言行公正的人持有的观点、持有与回答者相同观点的人的观点、大多数人的观点和所有人的观点。而且，正如回答者在遭到反驳时，他们通常会说，似乎被反驳之处是有双层含义的。提问者有时候也会使用这种方法来对付其反对者，如果反对者反对的是其中一层含义，而没有反对另一层含义，那么，提问者就会说自己只认可第二层含义，比如，在《门得罗布洛斯篇》中，克莱丰（Cleophon）就是这么做的。如果回答者在回答前就已经觉察到了提问者的意图，他就应先提出异议，并进行论证，那么，就可以打断提问者的论证，并结束来自他们的攻击。

有时候，如果不能攻击已经确立的论点，那么就应该攻击其他不同的观点，正如里可弗朗（Lycophron）所做的那样，那时他所提出的论题是对七弦琴的赞颂。因为阐述理由似乎是应该的，但阐述某些理由时须多多警惕。所以，为了对付那些要求进一步论证的人，我们必须说，"在反驳中，通常辩论双方所主张的就是相矛盾的"——"我们否定对方所肯定的内容，肯定对方所否定的内容"，但一定不能说，"我们是在试图证明矛盾命题的其中一个方面"。比如，相反项的知识相同的还是不同的。然而，我们不能以命题的形式来质疑结论，因为命题不能用来提问，而是用来陈述观点。

□ 德谟克利特与普罗泰戈拉
萨尔瓦多·罗萨　冬宫博物馆藏

普罗泰戈拉（约公元前490—前420年）是最早的智者学派代表人物，一生收徒无数，传授修辞、演讲、辩论的知识，在当时广受尊敬。然而他的后继者逐渐成为"诡辩家""怀疑论者"，受到同时代哲学家们的指责。

第十六节　对诡辩式反驳的回答

现在我们已经清楚了问题从何而来以及在争论式论证中应该如何提出问题。下面我们要谈一下，如何回答问题，怎样恰当地解决问题以及这种论证对什么有用、有什么样的用处。

这种论证对哲学是有用的，体现在三个方面：第一，因为这种论证在极大程度上依赖于语言，所以，它能够使我们更好地知道每个词表示多少层含义以及在事物与其名称之间有哪些相同之处、不同之处。第二，有助于一个人自己进行探究，因为如果有人容易被另一个人的谬误推理欺骗，甚至对此也没有察觉，那么他就会经常使自己陷入这样的境地。第三，也就是最后一种，使人们获得声望，也就是让人显得在每件事情上都接受过良好的训练，以及在任何事情上都有经验的声望。因为如果辩论者指责对方的论证，但却不能指出其中的错误何在，就会让人愤怒地表示怀疑，这不是因为真理，而是因为对方缺乏经验。

因为我们在前文中已经正确地论述了谬误产生的原因，而且在很大程度上说明了提问时各种欺骗对方的方式，所以，回答者该如何应对这些论证已经很清楚了。然而，对论证进行分析并解决其中的问题，与快速应对提问者的提问，并不相同。原因在于，如果我们知道的东西出现时变换了形式，那么我们就会经常失去对它们的了解。

另外，正如在其他方面，我们通过训练可以调整速度，对于论证也是同样的情况。因此，尽管有的东西对我们而言是显而易见的，但如果我们对其不加思考，就会经常在一些情况下对它们缺乏了解。有时在图形的问题上也会发生同样的情况，比如，我们在分析图形之后，有时候却不能重现这个图形。在反驳中也是如此，我们虽然知道论证是如何连接在一起的，但却无法将其分开。

第十七节　基于被普遍接受的方式的解决办法

首先，正如我们所言，有时我们倾向于以被普遍接受的方式而不是从真实情况出发进行推理，因此有时我们也倾向于以被普遍接受的方式而不是从真实情况出发来解决论证中遇到的问题。简单来说，当我们与争论者进行争论时，他们不是真的在反驳我们，而只是看上去在反驳我们。因为我们认为他们不是在通过推理的形式得出结论，所以就要指出他们看上去没有进行反驳。如果反驳是由一些假设得出的不具有歧义的矛盾命题，那么我们就无须区分含糊与有歧义的词语了，因为这根本没有形成推理。

然而，我们又必须要对其作出区分，只因为得出的结论显得像是一种反驳。因此，我们要注意的不是被反驳，而是似乎被反驳。因为提出的问题含糊、问题中包含有歧义的词语以及其他此类的欺骗行为，都使真正的反驳变得不清楚，而且这个人是否被反驳驳倒也无法确定。因为最后得出结论时，回答者有可能会说，他不是在否认自己之前所断定的内容，而只是其中产生了歧义。有可能他碰巧始终坚持的是一种看法，我们也无法确定这个人是否被提出的反驳驳倒，因为我们不知道他现在所说的是否真实。然而，如果有人已经对含糊与有歧义的词语作出区分，那么，即使提出的问题含糊或者问题中包含有歧义的词语，反驳也不会变得不清楚。而且，争论者的要求没有之前严格，也就是说，在之前被提问者需要回答"是"或"否"；现在因为提问者没有以适当的方式提问，被提问者为了纠正命题中的错误，就要在回答中增加一些内容。如果提问者充分区分了含糊、有歧义的词语，那么，回答者就一定要回答"是"或"否"。

事实上，如果假定它是一个由歧义得来的反驳，那么回答者不可能以任何方式通过反驳来驳倒对方；因为对于有形物，一个人必然要否定对方肯定的名称，肯定对方否定的事物。对此进行纠正并没有益处，比如，他不是称克瑞斯卡斯是音乐爱好者和非音乐爱好者，而是称这个克瑞斯卡斯是音乐爱好者，那个是非音乐爱好者。由于"克瑞斯卡斯是如此"与"克瑞斯卡斯是非音乐爱好者或音乐爱好者"是相同的句子，那么他在同一时间既肯定又否定。它们可能表示的不是相同的事物，而"克瑞斯卡斯"这个名字表示的也不是相同的事物，所以，二者存在不同之处。然而，如果他指定某一事物是不加限定的克瑞斯卡斯，而指定另一事物时加上了"某一个"或"这个"，那么这是荒谬的。在一事物中不可能限定得比在另一事物中多，因为无论给哪一个增加限定都无关紧要。

那些没有区分歧义的人是否被反驳驳倒是不确定的。但是，因为在争论中可以对有歧义的词语作出区分，所以，很显然，如果他没有进行区分，而只是简单地获准提问，就会犯错误。即使他本人没有被驳倒，但看起来他的论证也被反驳驳倒。这种情况经常出现，那些看到歧义的人对区分有歧义的词语犹豫不决，因为这些词语出现的频率很高,他们如果区分就会显得对任何事都刻意阻挠。再则,如果一个人认为论证不取决于此,他就会经常遇到悖论。因此,由于可以进行区分,那么正如我们前面所说的,不要犹豫不决。

事实上,除非有人将两个问题合成一个,否则不会出现由含糊与歧义而来的谬误推理,而是形成或者不形成反驳。比如,问卡利亚斯(Callias)和塞米斯托克利斯(Themistocles)是否是音乐爱好者,与问名字相同的两个不同的人是否都是音乐爱好者,有什么差别?如果一个名称表示多个事物,那么使用它来提问的人就是问多个问题。如果要求我们简单给出一个答案对应两个问题是不正确的,那么很显然就不能简单回答有歧义的事物,即使如有些人要求的那样,它在所有情况下都为真。比如下面的这种情况,"克瑞斯卡斯和卡利亚斯是否在家呢"与"克瑞斯卡斯和卡利亚斯是否都在家,或者不在家呢",是相同的问题。因为在两种情况下,命题都有多个。如果断言为真,也不能得出只有一个问题,因为会问出数以万计的不同问题,对所有问题而言,回答"是"或"否"都可能为真。尽管如此,也不能只给出一个答案,因为这样争论会无法继续。这与相同的名称被指定给不同事物是相同的情况。如果将一个答案与两个问题对应是不正确的,那么很显然,我们必然不能对有歧义的事物回答"是"或"否"。按照这种方式回答的也是不正确的,而仅仅是表达。这种情况是在众多争论中被断言的,因为结果是隐藏的。

因此,正如我们所说,有的反驳实际上不是反驳,只是看起来是;同样地,有些解决方法实际上不是解决方法,只是看起来是。而对于在争论式论证中出现欺骗性的谬误推理的对立情况,有时我们必然要举出不是真实事物的例子;同样地,对于看起来真实的事物,我们必须以"是这样"回答。由此,会产生在细微处上的反驳。但如果有人被强迫断言某些悖论,就必须加上"看起来"。由此,便既不会产生反驳也不会产生悖论。

然而,最初的命题如何成为假设已经很清楚了,人们都认为是这样形成的:如果它接近问题,我们就必须推翻,而且由于是提问者提出的默认前提,所以我们也不能表示认可。如果有人宣称这个结论必然从论题中得出,但却是虚假的或是悖论，那我们就必须为同一论题辩护，因为必然性的结论是论题本身的部分。此外，如果全称命题不是由名称给定的而是由对比给定的，那么我们就应该说，提问者这个全称命题既不是在得到认可的情况下给定的，也不是像他提出的那样，因为反驳通常由此产生。

然而，如果不能做到这些，我们就必须断言结论没有被恰当地证明，并通过之前给出的定义来反对。

以这种方式称呼，那么我们必然要以简单的方式来回答，或对其作出区分。然而，对于我们认可的事物，我们可以从中察觉。所有没有清楚地被提出而是以省略形式被表示的问题，就会产生反驳。例如，"属于雅典人的事物，是雅典人所有吗？""是的。"对于其他事物也是如此，"人属于动物吗？""是的。"因此，人是动物所有。我们说人属于动物，因为他是一种动物。来山德（Lysander）属于斯巴达人，因为他是斯巴达人。因此，很清楚，命题模糊的地方，我们必然不能不加限定地表示认可。

如果两个存在的事物，其中一个真实时，另一个似乎也一定真实；而后者真实时，前者不一定真实。回答者被问到哪个事物真实时，就应该说有更少前提的事物真实，因为前提越多，进行演绎推理得出结论就越困难。如果有人认为其中一个有相反项，而另一个没有，那么即使断言为真，我们也应该说另一个有相反项，只是另一个的名称还未确定。

尽管如此，对于有些普通人的观点，如果有人不认可，他们就会说这个人在虚假地回答，而在其他观点上就不是如此。对于一些问题，人们本身就持有相反的观点（比如，对于"动物的灵魂是否永恒"这个问题，普通人各持己见）。那么，为了确定在这个问题上所提出的前提是什么意义，（回答者）就可能会被问到是否是格言，因为人们将真实观点与被普遍接受的断言都称为格言，比如，正方形的对角线与其边是不可通约的。另外，对于有双重含义的真理，一个人可以变换其名称而不被察觉，因为不确定哪种含义的真理是真实的，所以他不会显得像是在诡辩；而且，由于真理具有双重含义，他也不会显得像是在虚假地回答。因为借助于变换名称，他可以不被反驳驳倒。

此外，一个人如果预见到了问题，就一定要提前反对并声明，由此他可以阻碍提问者。

第十八节　真正的解决方法

真正的解决方法是揭露虚假推理，说明哪个问题中出现了谬误。有两种方式称推理是虚假的（或是结论为假，或是一种看起来是实则不是的推理），现在所说的解决方法是纠正表面上的推理，说明哪个问题中出现谬误。因此，结论虚假的论证由否定命题解决，而表面上的推理由区分解决。再则，对于以正确的方式进行推理的论证，有些结论为真，而有些则为假。对于那些结论为假的论证，我们可以通过两种方式解决，或者推翻某一个前提，或者直接证明结论不真实。

然而，对于前提虚假的论证，我们只能推翻虚假的前提，因为其结论真实。对于想要解决问题的人而言，他首先要考虑论证的方式是否正确；其次，要考虑结论是真还是假可以通过区分来解决，或以我们之前所说的两种方式进行推翻来解决。在解决问题时，一个人是否提问，会产生很大不同，因为在被提问时预见问题是困难的，而在没有被提问时考虑问题是容易的。

第十九节　对于由含糊与歧义产生的反驳的解决方法

在由含糊与歧义产生的反驳中，有些包含具有多层含义的问题，而有些包含具有多层含义的结论。比如，在"沉默的人说话"的论证中，结论有双重含义；而在"知道的人同时也不知道"的论证中，一个问题是歧义，另一个问题是有双重含义，有时为真、有时为假，因为"双重"就表示有的是、有的不是。

因此，在这些论证中，结论有多层含义，除非对方提出矛盾命题，否则就不存在反驳。比如，在"盲人可以看见"的论证中，如果没有矛盾命题，那么就没有反驳。但在有多层含义的问题中，就无须提前否定双重含义，因为这不是论证的目的，而是方式。那么，在最开始，由于名称与句子都具有双重含义，因此，我们必须回答，在一层含义上是，在另一层含义上不是。比如，"沉默的人说话"在一层含义上为真，而在另一层含义上不为真；"应该做必要的事"对某些事物应该为真，而对其他事物不为真，因为"必要的事"有多层含义。

如果歧义是潜在的，最后我们必须加上一些内容来纠正问题。"沉默的人说话，是真实的吗？""不是，这个沉默的人说话是真实的。"对于前提有多层含义的论证，我们应该以同样的方式回答。"他们是否在同一时间不知道他们知道的事物？""是，但并非是以这种方式知道的人。"因为知道的人在同一时间不知道他们知道的事物，与以这种方式知道的人在同一时间不知道他们知道的事物，这两者是不同的。简言之，即使对方得出的结论没有歧义，回答者也必须断言他否定的不是他所肯定的事物，而是名称，所以这不是反驳。

第二十节　对于由合并与拆分产生的论证的解决方法

源于拆分与合并的论证如何解决已经显而易见了。如果一个被拆分的句子与合并的句子表示不同的含义，与结论相反的必然被断言。所有论证都源于合并或拆分，比如，"他用你看到他被打时用的东西打他吗"与"你看到他正在被他被打时用的东西打吗"这两个有歧义的问题源于合并。由拆分产生的事物不具有双重含义，因为在拆分时不会产生相同的句子，除非 δροζ 在重音不同时，表示不同的事物。但在写作中其名称是相同的，因为它源于相同的字母，字母又以相同的方式排列。事实上，其重音标志也是相同的，但其发音是不同的。因此，源于拆分的反驳不具有双重含义，同样地，很清楚的是，不像有些人说的那样，所有反驳都源于双重含义。

因此，回答者必须拆分。因为有人说"他用他的眼睛看到某人正在被打"，与"他的眼睛看到某人正在被打"，不是相同的事。尤西德姆斯（Euthydemus）的论证"你在西西里能看到比雷埃夫斯有三层桨的战舰吗"就属于这种情况。再比如，"一个好人可以是一个坏鞋匠吗？"一个好鞋匠可能是一个坏人，所以一个好人可以是坏鞋匠。此外，"一些行为的知识是值得的，那么这些行为也是值得的吗？"如果是，那么一个坏人的行为就是值得的。因此，坏的事物是值得的行为，而坏的事物既是行为又是坏的，所以坏的事物是坏的行为。"现在说你出生了是真实的吗？""是。""那么你就是现在出生的。"或者拆分后,这个句子就表示其他含义,因为现在说你出生了是真实的,但说你是现在出生的就不是真实的。再比如,"在你能做到时,你就能做你能做的事吗?"在不弹竖琴的时候,你也有弹竖琴的能力,因此,不是正在弹竖琴的时候你也能弹。或者,我们不是说你没有能力在不弹竖琴的时候去弹竖琴,而是说你不弹竖琴的时候也有弹竖琴的能力。

有人以其他方式解决诡辩,如果回答者认可他有能力做这件事,也不能得出他不弹竖琴的时候也能弹竖琴。因为回答者没有认可他以任何可能的方式弹竖琴,而且说"这是可能的"与说"以任何可能的方式去做"也不相同。显而易见,他们没有恰当地解决它,因为源于同一论点的论证有同样的解决方法,但这种解决方法并非适应所有情况,也不适合所有方式的提问——而它可以有效地反驳提问者,但不能有效地反驳他的论证。

□ 缪斯演奏七弦竖琴 古希腊花瓶画
公元前440—前430年

竖琴是一种非常古老的乐器,据说最先出现在西亚,后传入欧洲和亚洲。亚里士多德此处提到的竖琴,应该是古希腊的七弦竖琴,又叫里拉琴,当时的学生学习音乐和诗歌都要用到里拉琴。

第二十一节 对于由重音而产生的论证的解决方法

无论是在书写还是在发音中,谬误论证都不是源于重音的,除非在少数情况下有例外。如这一论证,"τὸ οὐ καταλύεις(居住的地方)是房子吗?""是。""τὸ οὐ καταλύεις(你不居住)是τοῦ καταλύεις(你居住)的否定命题吗?""是。""但你说τὸ οὐ καταλύεις是房子,因此房子是否定命题。"因此,如何解决便清楚了,因为重音更高、更低时,ου所表示的含义不相同。

第二十二节　对于由语言形式而产生的论证的解决方法

我们已经很清楚如何解决那些语言形式相同而表示事物不同的论证了，因为我们已经了解范畴的类型。有可能一个人在被提问时已经认可一个指谓实体的词不属于本质的范畴，但另一个人表明它属于关系或数量的范畴，而且其语言形式似乎又属于本质的范畴。例如，在这一论证中，"在同一时间，可能做并且做完同一件事吗？""不可能。""但在同一时间，以同一种方式，可能看见并且已经看见同一事物。""任何承受的事物可能施加行为吗？""不可能。"比如，"他被割破了""他被烧伤了""它被感知"，它们都是同一种语言形式，都表示承受。

再比如，"说""跑""看"也都是同一种语言形式，但"看见"是感知到某些事物，所以是在同一时间既承受又施加行为。有人认可不可能在同一时间做并且做完同一件事，但又说可能看见并且已经看见同一事物。如果他说"看见"不是做某事，而是承受某事，那么他就没有被驳倒。这里仍然有必要提出这个问题，在听者认可了"割破"是做，"已经割破"是已经做过某事以及其他以同样的语言形式表述的任何事物之时，就可以假定他已经认可上述观点。听者自身认定意义相同，但实际并不相同，只是由于语言才看起来相同。在由歧义产生的论证中，同样的事情也会发生，因为忽略多层词义的人认为对方否定了回答者肯定的事物，而非仅仅是名称。提出这个问题仍有必要：他是否认为这个有歧义的词语只有一层含义，如果他承认了，就会出现反驳。

下面的论证与上述相同：某人是否失去曾经拥有之后又没有的东西呢？因为已经失去了一颗骰子的人将不会拥有十颗骰子，或者我们不能说，他已经失去了他现在不再拥有而之前拥有的东西。但并不是说，他没有多少，就表明他已经失去了多少。问的是他拥有的东西，在结论中说的是拥有的数量，十个是数量。如果在最开始问，之前拥有的数量现在没有了，是否是失去了呢？没有人认可这一点，但会说他失去了所有或是失去了其中一个。还有一个同样的论证，一个人可以给出他没有的东西，因为他没有的东西仅仅是一颗骰子。或者说他不能给出他没有的东西，是以他没有它的方式，即单个的方式。因为"单个"不表示特定事物，也不表示性质与数量，而是它以何种关系存在，例如，单个存在，与其他事物无关。因此，就像某人会问："一个人是否能给出他没有的东西？"如果得到了否定答案，那么他会问："一个没有很快拥有某物的人是否能很快给出某物？"如果得到了肯定答案，那么会得出结论："一个人可以给出他没有拥有的东西。"很显然，这也不是通过推理得出的。因为"很快地给出"不是给出某物，而是以一种方式给出某物。一个人可能以不同于他拥有的方式给出某物，比如，高兴地拥有，而痛苦地给出。

其他论证亦是如此。"一个人可以用一只他没有的手打，或者用一只他没有的眼睛看吗？"可以，因为他不止有一只眼睛。有人为了解决问题，会说有不止一只眼睛的人只有一只眼睛，其他事物也是如此。还有一个论证，"他接受的就是他拥有的"，因为他仅仅有一颗骰子。他们便说，这个人拥有的仅是他的一颗骰子。再则，其他人很快推翻这一问题，说"可能拥有他没接受的东西"。例如，他接受了甜酒，但在接受的过程中甜酒变质了，那么他拥有的就是酸酒。

就如我们之前所说的那样，这些问题解决了，不是针对论证，而是针对人。如果这是解决方法，有相反论证的人没有能力解决问题，就如在其他例证中那样。因此，如果这是解决方法，那么一部分是，一部分不是。如果不加限定地认可了，那么就会产生结论；但如果没有结论，那么就不会有解决方法。在之前的例子中，尽管所有前提被认可，我们也没有认可推理产生。

其他论证亦是如此。"有人写下了正在被写下的东西吗？"被写的是"你现在坐着"，这是一个虚假的陈述，但在被写时它是真实的。因此在同一时间，被写的东西既是真实的又是虚假的。然而，某一断言或论证是真或假，表示的不是这一特定事物，而是这种性质。因为其逻辑推理是相同的。再则，"学习者学习的东西是他所学习的吗？"有的人会很快地学习什么是慢，因此，这里说的不是他学的是什么，而是他如何学。此外，"一个人会踩在他散步的东西上吗？"但他整天都在散步，说的不是他在什么上面散步，而是他什么时候散步。我们说"他喝了一杯"，说的不是他喝了什么，而是他用什么喝的。"一个人知道他所知道的东西，是否或是通过学习，或是通过发现？"如果假定有两个事物，一个通过学习知道，另一个通过发现知道，那么他既不是通过学习也不是通过发现知道了这两个事物。他所知道的东西指的是单个的，而不是他知道的所有。

再则，除了人本身与个体的人之外，还有第三类人。因为人与所有普遍意义的谓项不表示特定事物，而是表示某一种性质或关系，或是以某种方式，或是某些此类的东西。同样地，在"克瑞斯卡斯"和"音乐爱好者克瑞斯卡斯"是相同或不同的问题上，因为前者表示特定事物，而后者表示具有某种性质的事物，所以能将其区分。阐述不能形成第三类人，但认可可以。因为普遍意义的谓项表示这个特定事物，这一特定事物不是卡利亚斯，也不是人。如果有人说被区分出来的事物不是特定事物，而是具有某种性质的事物，也不会产生任何不同。因为除了多个事物之外，将有某一个事物，例如"人"。因此，我们很显然不能认可，在普遍意义上表示多个事物的谓项是特定事物，但它表示性质、关系、范畴、数量或是某些此类的东西。

第二十三节　一般意义上的相同

简言之，源于语言的辩论，其解决方法始终取决于论证所源于的对立面。因此，如果论证源于合并，其解决方法就是拆分；但如果论证是源于拆分，那么它将通过合并来解决。再则，如果论证源于更高的重音，那么更低的重音将是解决方法；但如果论证源于更低的重音，那么更高的重音将是解决方法。然而，如果论证源于歧义，那么可能通过举出对立的名称解决问题。

因此，如果我们通过否定它不是有生命的，来说明它是有生命的，我们可以表明它是有生命的。但如果回答者说它是无生命的，而辩论者得出结论它是有生命的，我们必然要说它是无生命的。对于歧义亦是如此，但如果论证源于语言的相似性，其对立面将是解决方法。如，"一个人可以给出他没有的东西吗？""不能，他无法给出他没有的东西，他只能以其没有的那种方式给出他没有的东西。例如，仅仅有一个骰子。""一个人是通过学习或发现知道某事物的吗？但不是他知道的所有。""他踩在他散步穿过的东西上，但经过的不是时间。"其他事物亦是如此。

第二十四节　对于由偶性产生的谬误的解决方法

对于由偶性产生的论证，一种解决方法就能用于所有情况。某一断言是否由源于偶性的事物形成是不确定的，有时这种情况会出现并得到认可，但在其他情况下，我们会否认它是必然的。因此在类似情况下，我们就应该说结论不是必然的。现在就举例说明，所有此类论证都源于偶性。你知道我将要问你什么吗？你知道正在走近的人吗？你知道遮住面部的人吗？这个雕像是你的作品吗？这只狗是你父亲的吗？数量少的事物重复几次之后数量还少吗？很显然从这些事物不能必然得出结论。对于偶性真实的事物，事物本身也是真实的。源于本质的事物没有不同之处，都是同一的，所有事物都存在于相同之中。但好的事物与将是好的事物不同，与正要被问的也不同。向我们走来的与正向我们走来的不同，遮住面部的人与克瑞斯卡斯也不同。因此，如果我知道克瑞斯卡斯，但不知道正向我们走来的人，那么不能说我既知道又不知道同一个人。如果这是一个作品，它也是我的，那么不能说这是我的作品，它只是我所拥有的，或是物品，或是其他事物。我们也要以同样的方式解决其他情况下的此类论证。

然而，有的人通过区分问题来解决。因为他可能既知道又不知道相同的事物，但并非在同一方面，如，当不知道向我们走来的人，但知道克瑞斯卡斯时，他们说他们知道又不知道相同的事物，但并非在同一方面。首先，正如我们已经说过的，对源于同一观点的论证必然地会有相同的纠正方法，但如果不是从相同的公理"知道"进行假定，而是从"存在"或"以某种方式存在"进行假定，那么就不会有相同的解决方法，例如，这只狗是父亲，它是你的，那么它是你的父亲。在某些情况下这种情况为真。虽然有的人可能既知道又不知道相同的事物，但我们所说的解决方法并不适合这种情况。

没有什么能阻止同一论证有多个错误，但并非揭露所有错误就是解决方法。一个人可能表明由演绎推理得出的结论是虚假的，但并未表明其虚假的来源，正如芝诺作出"运动不可能"的论证。因此，尽管有人努力证明其不可能，且已经证明了多次，但他仍犯了错误。因为证明其不可能不是解决方法，其解决方法应该是揭露虚假推理，表明其虚假的来源。如果对方没有得出任何结论，无论他是否努力证明其虚假或真实都不是解决方法，只有揭露出来才是解决方法。可能没有什么阻止这种情况出现在某些例证中，但它不会出现在上述例证中，因为他知道克瑞斯卡斯就是克瑞斯卡斯，向他走来的人向他走来。对于看起来似乎既知道又不知道相同的事物，我们可举例：知道一个人是白色的，但不知道其是音乐爱好者。因此一个人既知道又不知道相同的事物，只是不在同一方面。对于向他走来的人和克瑞斯卡斯，他既知道向他走来的是克瑞斯卡斯，也知道那是克瑞斯卡斯。

同样地，说所有数都小的人和我们提到过的人，都犯了错误。如果有人没有得出任何结论，便忽视这一点，说已经得出了真实的结论，说所有数既是大的又是小的，那么他就犯了错误。有的人通过双重意义解决这些推理，如，他是你的父亲、儿子或是奴隶。很显然，如果反驳源于多种意义，那么其名称或句子必然有多个。但如果一个人是孩子的主人，那么没有人会说这个人是他的孩子，但其合并是源于偶性。"这是你的吗？""是。""他也是孩子，因此这个孩子是你的。"他只是恰巧是你的，又是一个孩子，但他不是"你的孩子"。

由结论得出的解决方法亦是如此，恶中有些事物是善的，因为审慎是恶的知识。但"是这个的"不具有多层含义，而是作为所有物。如果它有多层含义（我们说人是"动物的"，但不是其所有物。如果任何与恶有关的事物都是确定的事物，那么它并非源于恶，也就不是恶的），那么它似乎从"某一方面"与"完全意义"进行假定。然而，从双重意义上讲，某些善的事物可能是恶的，如果不是在这一论证中，那么就是在那一论证中。"一个恶的主人可能有一个善的奴隶吗？"但或许并非如此。因为如果他是善的，而且属于这个人，不能推出他同时是这个人的善。如果我们说"那个人是动物的"，那么也不具有多层含义。如果我们通过省略的方式表示任何事物，也不具有多层含义。因为我们在用省略的方式表达时，都会表示同样的含义，比如，我们要表示"给我《伊利亚特》"时，只说（给我）"歌唱吧，女神，愤怒……"

第二十五节　对于因完全断言而产生的论证以及其他类型的论证的解决方法

对于那些由于特定条件而产生的论证，也就是在某一方面、某个地方、某个时间、某一方式或者某一关系上进行限定，而不是完全不加限定的论证，我们就需要通过考虑结论的矛盾命题来解决，看论证中是否可能出现上述情况中的任何一个。对于相反项、对立项、肯定、否定，它们根本不可能完全符合同一事物，尽管没有理由可以否认，它们中的每一个都在某一方面或某一关系上，或以某一方式符合同一事物；也没有理由可以否认，一个是在某一方面符合，而另一个是完全意义上的符合。因此，如果一个是在某一方面符合，而另一个是完全符合的，那么，这就不是反驳。我们必须通过考虑结论的矛盾命题来解决。

以下所有这些都属于此类论证：比如，"非存在"有可能是存在的吗？因为"非存在"也是某种事物。同样地，"存在"也有可能是不存在的，因为它不是任何一个存在者。再比如，同一个人在同一时间，是否有可能既发真誓又发假誓呢？同一个人在同一时间，是否有可能既相信又不相信同一个另外的人呢？再比如，"存在一个事物"与"存在"是相同的吗？对于"非存在"，如果它是一个事物，那么它也不会完全是如此。如果一个人在某种情况下发真誓或者在某一方面发真誓，不一定就是发真誓；因为他可以发誓说自己发的是假誓，在这种情况下他是在发真誓，但不是完全的真誓，仅仅是在这种情况下是真实的。有人相信那些不相信的人，也不是完全地相信，仅仅是在特定情况下相信。同一个人在同一时间既说真话又说假话，也是类似的论证。但因为很难看出一个人说的是否完全是真话或者完全是假话，所以想要解决这个问题似乎就变得很困难。

然而，虽然事实上没有理由可以否认他说的完全是假话，但是在某一方面或对于某一事物，这也是真实的，但这种真实并不是完全真实。对于在某一关系、某个地方或某个时间进行限定的论证，也是同样的情况。以下所有这些都属于此类论证：比如，健康或财富是好的吗？显然是好的，但对于没有正确利用它们的愚人来说，又是不好的。因此，健康或财富既是好的，又是不好的。再比如，对于公民而言，身体健康或权利强大是好事吗？显然是好的，但有时又一点儿也不好。因此，同样的事情对于同样的人来说既是好的又是不好的。或者没有理由可以否认，完全好的事物对于某一个人而言不是好的；或者对于一个人是好的，但在此刻或此处对于他而言不是好的。审慎的人不渴望的东西就是恶的吗？但他不

□ 法庭上的芙里尼　让–莱昂·杰罗姆　1861年　德国汉堡艺术馆藏

因为苏格拉底被判有罪并服毒而死，亚里士多德对雅典的陪审法庭抱有怀疑态度。油画中是古希腊一次著名的审判事件，交际花芙里尼被判亵渎神明，在最后一次庭审的关键时刻，她的辩护人希佩里德斯扯下了她身上的长袍。陪审团看到这么美丽的胴体，认为她的美就是一种神性，最终判定芙里尼无罪。

渴望失去善，因此"善就是恶"。然而，事实上，"善是恶"与"失去善是恶"不是相同的。同样地，关于小偷的论证也是同样的情况，因为如果"小偷是恶的"，不能得出"将小偷抓走的人也是恶的"。因此，希望将小偷抓走的人所渴望的就不是恶的东西，而是善的东西。原因在于，将小偷抓走是善的，就像疾病是恶的，但治愈疾病就不是恶的。

再比如，"公正的"比"不公正的"更可取，"公正地"比"不公正地"更可取吗？显然是的，但不公正地死去更可取。再比如，每个人都应该有自己的财产是公正的吗？显然是的，但某人按照自己的意愿宣判财产归属，显然是错误的，因为按照法律规定财产是属于另外一个人的。因此，同一件事既是公正的又是不公正的。同样地，应该指责说话公正的人还是说话不公正的人呢？显然应该指责说话不公正的人。然而，受伤害的人应该充分说明他所遭受的一切，这些是不公正的事，因为如果"不公正地遭受某事"是可取的，不能得出"不公正地"

比"公正地"更可取。"公正地"完全比"不公正地"更可取，但是没有理由可以否认，对于特定的事，"不公正地"比"公正地"更可取，如，每个人拥有自己的财产是公正的，而拥有别人的财产就不是公正的。

然而，没有理由可以否认，判决会是公正的，比如依照法官的意见判决就是公正的；但因为只是在这种情况下或以这种方式来看是公正的，所以不能得出这是完全公正的。同样地，对于不公正的事物，也没有理由可以否认，"谈论不公正的事物"是公正的；因为如果"谈论这些事物"是公正的，不一定能得出这些事物就是公正的，正如，如果"谈论这些事物"是有益的，不一定能得出这些事物就是有益的。因此，如果"所谈论的事物"是不公正的，不能得出"谈论不公正事物的人"就获胜了；因为对于这些事物而言，只是谈论起来是公正的，但是遭受这些事物完全是不公正的。

第二十六节 对于由反驳之定义产生的论证的解决方法

对于那些由反驳的定义产生的论证，正如上文所说的那样，我们必须通过比较结论与其矛盾命题进行考虑，看两者是如何处在同一方面、同一关系、同一方式、同一时间的。如果一开始就提出这样的问题，我们一定不能认可"同一事物似乎不可能既是两倍又不是两倍"，而是必须表明，在出现反驳时可能是这样的情况。以下所有这些论证都与此有关：比如，知道A的人，知道这个事物是A，但他知道A本身吗？同样地，不知道A的人，不知道这个事物是A，那他就不知道A本身吗？知道克瑞斯卡斯的人，知道这个人是克瑞斯卡斯，但可能不知道克瑞斯卡斯是一个音乐家，因此，一个人对同一事物既是知道的又是不知道的。再比如，规格为四肘尺的东西是否比规格为三肘尺的东西更大呢？当然是的，但一个四肘尺长的东西可能是一个三肘尺长的东西做成的，那就是"更大的"比"更小的"更大。因此，一个事物在同一方面，既比它本身更大，又比它本身更小。

第二十七节 对于因默认有争议的前提而产生的论证的解决方法

对于那些因默认有争议的前提而产生的论证，如果前提是显而易见的，即使很有可能提问者说的是事实，我们也不应该认可这个前提。然而，如果我们没有发现论证中潜在的错误，那么由于表现糟糕，我们就一定要将责任推给提问者，并且说反驳在最开始就不应该有默认前提。另外，还应该说，我们之所以认可这个前提，不是因为对方将其作为前提，而是为了论证其相反项而借此推理。

第二十八节　对于由结果产生的论证的解决方法

对于那些由结果产生的论证，我们必须从论证本身解决。目前有两种得出结果的方式：第一种是从普遍到特殊的方式，比如，从"动物"到"人"，因为人们认为，如果A伴随B，那么B也伴随A；第二种是从事物本身到其对立项，如果A伴随B，那么A的相反项也伴随B的相反项。麦里梭的论证就是运用了第二种方式：如果生成的东西有最初事物，那么非生成的东西就没有最初事物。因此，如果"天堂"是非生成的，那么它就是无限的。然而事实并非如此，因为原因与结果的顺序颠倒了。

第二十九节　对于由补充假设而产生的论证的解决方法

对于那些由补充假设而产生的论证，我们必须考虑，如果去掉这些补充假设，是否仍会得出同样的结果。如果是这样的话，回答者必须清楚说明，他之所以认可补充假设，不是因为它看起来真实，仅仅是为了论证需要，但争论者使用它并不是出于任何论证目的。

第三十节　对于因为将多个问题合成一个而产生的论证的解决办法

对于因为将多个问题合成一个而产生的论证，我们必须一开始就运用定义将其区分开。因为如果问题只有一个答案，那么问题也只有一个。因此我们既不能肯定一件事或否定多件事，也不能肯定多件事或否定一件事，而是应该一一对应。在词语有歧义的情况下，有时候一种属性同时符合两者，但有时候两者都不符合，因此所提出的这个问题并不止一个答案，但只给出一个答案也无妨。上述例子都是这种情况。

因此，当多种属性符合一个事物，或一种属性符合多个事物时，只给出一个答案不会产生不一致之处，尽管这是错误的。然而，如果一种属性只符合一个事物，而不符合其他事物，或多种属性符合多个事物时，那么，从一种意义来说，两者在一定程度上符合两者；而从另一种意义来说，两者在一定程度上都不符合两者，我们须警惕这种情况。以下论证就属于这种情况：比如，如果A是善的，B是恶的，那么说"它们是善的又是恶的"就是真实的，而且说"它们既不是善的又不是恶的"也是真实的。因为A与B有不同的属性，所以，A与B作为整体，既是善的又是恶的，同时既不是善的又不是恶的。

再比如，是否每个事物都与其本身相同，而与其他事物不同呢？如果没有将其看作是两个问题来回答，就会说：因为一些事物中有几个与其他不同，所以这些事物与其本身就是不同的；又因为这些事物中有几个与其他相同，所以这些事物与其本身就是相同的。所以，同样的一些事物既与它们本身不同，同时又与它们本身相同。比如，如果善的事物变为恶的，恶的事物变为善的，那么它们就变成两个事物，这两者不相等，但两者中的每一个都与其本身相等。因此，这两者既与本身相等又与本身不相等。

对于此类论证，我们也可以采用针对其他类型论证的解决方法，因为"两者"与"所有"都有多层含义。因此，除了在名称上，同一事物不会既是肯定的又是否定的，但这种不属于反驳。显而易见，除非对于许多问题只有一个答案，否则回答者就不可能肯定或否定一件事。

第三十一节　对于引起赘语的谬论推理的解决方法

对于那些引起赘语的谬论推理，显然我们不能认可：关系词在与其有关的词分开后，还有意义。比如，"两倍"离开"一半的两倍"，很显然就没有意义。再比如，"10"存在于"10减去1"中才有意义；"做"存在于"不做"中才有意义。一般说来，肯定存在于否定之中。然而，如果有人说这不是白的，就不能得出，他本该说这是白的。"两倍"单独出现时，可能没有任何意义，"一半"单独出现也没有任何意义；即使这两者单独出现时有意义，也不同于这两者合在一起作为整体时的意义。

在种方面的"知识"（比如"医学知识"）就与普遍意义上的"知识"不同，因为后者指的是"关于可知者的知识"。的确是这样，那些显示主体属性的语词，单独使用时，与在句子中其他部分合在一起时，这两种情况下所表示的意义是不同的。比如，"凹形"在"塌鼻"与在"弯腿"中的普遍意义是相同的，但如果它在一种情况下指鼻子，在另一种情况下指腿，那么就没有理由可以否认这两者表示的意义不同。因为在第一种情况下，"凹形"表示"塌"，在第二种情况下，"凹形"表示"弯曲"。但"塌鼻"与"凹鼻"之间不存在差别。另外，我们千万不要认可直接的语言，因为这是错误的。就上面的例子而言，"塌"并不是"凹鼻"，而是表示鼻子的一种状态，因此，如果"塌鼻"是指具有凹形的鼻子，并无荒谬之处。

第三十二节　避免语法错误

关于语法错误，在上文中我们已经指出其产生的表层原因，那么，关于我们应当如何解决，在论证过程中就能够变得很清楚。下面的所有论证都是为了产生上述结果：一个事物真的是你真实称呼的那样吗？如果你说某一事物（主格）是石头，那么这个事物就是石头。但是如果你说某一事物（宾格）是石头，并不是说的某一事物的主格，而是某一事物的宾格，不是"hoc"（主格），而是"hunc"（宾格），那么就有人要问："这个事物真的是你真实称呼的那个（宾格）吗？"这个人就会被认为说的不是标准的希腊语，如果他说的是："'hic'（阳性）是你称之为'hac'（阴性）的那个人吗？"也是同样的情况。

但是对于木头，或者其他本身应该表示中性，但通常也表示阳性或者阴性的这类词，主格与宾格就没有差别。因此，如果你说"这是你称之为'hoc'（中性）的东西吗"，就没有犯语法错误。如果你说"那个是木头"，那个就是木头。然而，"石头"与"hic"（主格）都是阳性词，比如，有人问："他是她吗？"那么就会有人问："什么？他不是克瑞斯卡斯吗？"然后说："因此，他是她。"然而，如果克瑞斯卡斯这个名称的确指的是"她"，那么就不能证明上述论证有语法错误。但如果回答者不认可这一点，那么就须将此作为一个问题提出来。

然而，如果事实并非如此，而且回答者也不认可这一点，那么不仅在事实上提问者不能证明有语法错误，而且对于被提问的人而言也是同样的情况。于是，在上述的例子中，提问者就须明确"hic"（阳性）指的就是石头，因为如果所说的既不是事实，也不被认可，就无法表述得出的结论；尽管看上去像是事实，那也只是因为词形看上去相同，并不是真的相同。"'hac'就是你称之为'hanc'（"hac"的宾格形式）的东西，这是真实的吗？"如果你称之为盾牌，那么"hac"就是盾牌。或者不是这样，如果"hac"不表示盾牌（宾格），而是表示盾牌（主格），那么，盾牌（宾格）就是"hanc"。另外，如果你称之为"hunc"（"hic"的宾格形式）的东西，就是"hic"；而你称之为克里昂（Cleon），那么"hic"就是克里昂。事实上，"hic"不是克里昂，因为在此指的是主格的"hic"，而非宾格的"hunc"，这就是名称所指的意义。因为如果以这种方式提出问题，那么这个问题就不合乎语法了。"你知道这个吗？""这个是石头，你就知道是石头。"在"你知道这个吗"与"这个是石头"两个表述中，"这个"的意义是否相同？是否前者是宾格形式，后者是主格形式？"当你拥有一个事物的知识后，不就是知道它了吗？""你拥有石头的知识，所以你知道石头。"但事实上并非如此，因为其中一个是所有格"石头的"，而另一个是宾格"石头"。然而，人们认可这一点，你拥有它的知识，你知道的是"它的"，不是"它"；于是，你拥有石头的知识，你知道的是"石头的"，不是"石头"。

综上所述，这样的论证并没有证明语法错误，虽然看上去好像证明了。为什么看上去好像证明了以及应该如何应对，我们已经讲得很清楚了。

第三十三节 判断论证类型的方法

我们必须知道，对于所有的论证，其产生的原因以及在什么情况下欺骗了听者，有一些比较容易被发现，而另一些则很难被发觉，尽管前者与后者是相同的

□ 芝诺向年轻人展示真理和谬误的大门

芝诺是爱利亚学派的代表之一，巴门尼德的学生。芝诺以他提出的几个悖论而知名，亚里士多德认为他对辩证法有很大的贡献。20世纪著名哲学家、数学家伯特兰·罗素称芝诺的悖论"无与伦比的微妙和深刻"。

论证。如果论证是对于同一论点，我们就将其称作同一种论证。然而，对于同一种论证，有人认为是由于语言而产生的，有人认为是由于偶性而产生的，有人认为是由于其他原因而产生的。这是因为同一论证出现在不同情况下，明显程度不一样。那些因歧义而产生的谬误，它们似乎是最平常的谬误推理方式，其中一些对每个人来说都是显而易见的。（因为几乎所有荒谬的句子都关于语言，比如，"一个人把货车从起点拉起来。""你到哪儿去？""到帆船去。""这两头母牛中哪一头在前面生产？""都不是，它们都在后面生产。""北风干净吗？""绝不干净，因为他（风神）引起一个乞丐与一个商人死亡。""他是厄万查斯（Eyarchus）吗？""不是，他是阿波罗尼德（Apollonides）。"其他大多数因歧义而产生的谬误也是这种形式。）然而，还有一些甚至连最有经验的人也难以察觉。可以证明这一点的就是人们经常争论所使用的名称，比如，"唯一"与"存在"表示的含义相同，还是不同呢？因为有人认为"唯一"与"存在"含义相同，而也有人说"唯一"与"存在"都各表示多层含义，后者还以此来解决芝诺与巴门尼德（Parmenides）的论证。同样地，那些由于偶性而产生的论证以及由于其他原因而产生的论证也是如此，有些论证容易察觉，有些就很难察觉。要判断一个论证属于哪一类以及是否属于反驳，在不同情况下难度不同。

尖锐的论证最让人进退两难，因为它的攻击性很强。进退两难有两种情况，第一种出现在演绎推理的论证中，关于如何推翻所提出的问题；第二种出现在争论式论证中，关于以何种方式表述所提出的问题。在演绎推理的论证中，论题越尖锐，就越能激发更深刻的探究。如果一个演绎推理的论证能够从最为普遍接受的前提出发，并且推翻了一个最为普遍接受的结论，那么它就是最尖锐的。如果在一个论证中，结论的矛盾命题发生改变，由此得出的演绎推理就是相同的。因为一个人总是从被普遍接受的前提出发，推翻或确立同样被普遍接受的结论，所以毫无疑问会处于两难境地。那么，这样的论证就十分尖锐，因为结论与前提处在同等的地位。

接下来我们谈第二种尖锐的论证，也就是从一些处在同等地位的前提出发的论证，在决定推翻哪一个前提的问题上同样会让人面临两难境地。另外，对于这样的问题，很难作出推翻哪一个的选择，是因为必须推翻某个前提，但不确定究竟是哪一个。在争论式论证中，最尖锐的论证一开始就存在不确定性——不确定结论是否通过推理的方式得出，也不确定解决方法是依据虚假前提还是拆分；而余下的论证则必须通过拆分或去除来解决，问题就在于不确定余下的这些论证是什么，也不确定拆分或去除针对的是结论还是其中一个问题。

因此，有时假设的前提非常不可信或者是虚假的，那么，没有正确推理的论证就十分愚蠢，但有时候也不能忽视这种前提。因为一旦缺少了一个与论题有关的此种假设前提，那么推理既不能推出这样的前提，也不能通过该前提进行论证，这种推理就是愚蠢的。然而，即使此种假设前提是多余的，也不应该被忽视。因为虽然论证正确，但是提问者没有恰当地提出问题。

正如解决问题的方法有时针对的是论证，有时是提问者，有时是问题，有时问题不针对任何一个，当解决方法需要比现在所提供的时间更多时，问题与推理就有可能针对论题、回答者或者时间。

第三十四节 结论

争论中出现的谬误有多少种类型，每种类型是什么，如何证明对方的谬误，以及迫使对方说出悖理的话；还有，推理的依据是什么，如何提出问题，如何安排问题的顺序以及所有这些论证有什么用处；对于以上这些问题，我们都逐一回答了。对于如何解决论证与推理中的错误，我们也已经充分论述了。现在，我们就回到我们最初的论题，简单地说几句，并对上文的论述进行简短的总结。

我们这样做是为了认识一种推理能力——从最为普遍接受的前提出发，对所提出的问题进行推理的能力。因为这不仅是辩证技能本身的任务，而且也是检验技能的任务。然而，因为这种推理能力与诡辩术关系密切，所以我们还需要再补充一些内容，也就是，具备这种推理能力的人，不仅能够以辩证的方式进行检验，而且还能显示出很有知识的样子。因此，本文研究的目标，不仅包括上文所述的提出论证的能力，还包括，在辩护这个论证时，我们需要从最为普遍接受的前提出发，以同样的方式为自己的论点进行辩护。

这样做的原因我们在前文已经作出论述，也正是因为这个原因，苏格拉底总是提问却不回答，因为他承认自己的无知；而且，在前文中，我们已经论述了，要实现上述目标，需要准备的材料，需要的数量是多少以及如何获得这些材料。此外，我们也谈到了如何提出问题，如何安排每一个问题以及对于推理相关问题的回答与解决方法。我们也阐明了属于同一论证方法的一些其他问题。

另外，正如上文所述的那样，我们还讨论了各种类型的谬误。显然我们的目标已基本实现，但我们也不应该忽视有关这项研究的其他内容。就目前所有发现而言，一些前人的研究成果被继承，而且之后在一定程度上得到阐述，并且被那些继承这些成果的人不断向前推进。虽然一些发现在最初阶段时规模小、发展缓慢，但是从由其发展而来的成果来看，它们的作用又是巨大的。因为"对于每个事物而言，开端是最重要的部分"，所以它也是最难的。因为它意义重大，规模小，所以就很难被察觉。然而，一旦发现这些开端，那么对其进行补充以及进一步发展其他部分就会更加容易。对于修辞论证以及其他所有技能，都出现了同样的情况。那些发现最初原则的人只是将研究推进了一小步，而当今著名的学者，因为继承了众多前辈的研究成果，推动了修辞论证发展成熟。开拓者之后，首先是提西阿斯（Tisias），之后是斯拉西马库（Thrasymachus），再往后是塞奥多罗斯（Theodorus），还有许多其他人也都在这一领域作出了重大贡献，因此，这项

□ 亚里士多德与荷马胸像　伦勃朗　1653年
纽约大都会艺术博物馆藏

这幅画又名《亚里士多德在荷马半身像前沉思》，是大画家伦勃朗对先哲的一种独特追思。画面宁静、肃穆，色调沉稳，哲学家和诗人仿佛在进行一场超越时空的对话。

技能发展得如此成熟也就不足为奇了。

然而，对于我们目前的研究，只能说完成了一部分，还剩下一部分没有完成，甚至于根本没有开始。那些为了谋利而指导学生进行争论式论证训练的职业教师，与高尔吉亚的做法相同。因为这些职业教师中有人让学生记下修辞论证的演说辞，并且以问答的形式演说，其中包括了论证双方的大多数论证。因此，他们教学生虽然教得很快，但是却缺乏技能训练。因为他们认为，训练学生应该教给学生这种技能带来的结果，而不是技能本身。这就像有人自称他能教给别人消除脚痛的知识，却不教他做鞋的技能，也不教他从哪儿获得可以缓解脚痛的东西，只是拿出各种各样的鞋让他挑选。事实上，他只是帮助别人满足了需要，却没有教他任何技能。

另外，关于修辞论证，以前就有大量的论述了。然而，推理这个领域几乎是空白的。但长期以来我们持续努力，尝试对此进行研究。所以，如果你们仔细去了解我们的研究，就会知道，考虑到缺少材料的现状，相比于其他以继承最初传统而发展的方法，我们的研究已经足够完备。对于你们所有人或者了解我们所做的研究的人来说，只剩下一件事，就是要请你们原谅我们的研究中存在的不足，并对我们的研究发现表示感谢。

文化伟人代表作图释书系全系列

第一辑

《自然史》
〔法〕乔治·布封 / 著

《草原帝国》
〔法〕勒内·格鲁塞 / 著

《几何原本》
〔古希腊〕欧几里得 / 著

《物种起源》
〔英〕查尔斯·达尔文 / 著

《相对论》
〔美〕阿尔伯特·爱因斯坦 / 著

《资本论》
〔德〕卡尔·马克思 / 著

第二辑

《源氏物语》
〔日〕紫式部 / 著

《国富论》
〔英〕亚当·斯密 / 著

《自然哲学的数学原理》
〔英〕艾萨克·牛顿 / 著

《九章算术》
〔汉〕张苍 等 / 辑撰

《美学》
〔德〕弗里德里希·黑格尔 / 著

《西方哲学史》
〔英〕伯特兰·罗素 / 著

第三辑

《金枝》
〔英〕J.G.弗雷泽 / 著

《名人传》
〔法〕罗曼·罗兰 / 著

《天演论》
〔英〕托马斯·赫胥黎 / 著

《艺术哲学》
〔法〕丹纳 / 著

《性心理学》
〔英〕哈夫洛克·霭理士 / 著

《战争论》
〔德〕卡尔·冯·克劳塞维茨 / 著

第四辑

《天体运行论》
〔波兰〕尼古拉·哥白尼 / 著

《远大前程》
〔英〕查尔斯·狄更斯 / 著

《形而上学》
〔古希腊〕亚里士多德 / 著

《工具论》
〔古希腊〕亚里士多德 / 著

《柏拉图对话录》
〔古希腊〕柏拉图 / 著

《算术研究》
〔德〕卡尔·弗里德里希·高斯 / 著

第五辑

《菊与刀》
〔美〕鲁思·本尼迪克特 / 著

《沙乡年鉴》
〔美〕奥尔多·利奥波德 / 著

《东方的文明》
〔法〕勒内·格鲁塞 / 著

《悲剧的诞生》
〔德〕弗里德里希·尼采 / 著

《政府论》
〔英〕约翰·洛克 / 著

《货币论》
〔英〕凯恩斯 / 著

第六辑

《数书九章》
〔宋〕秦九韶 / 著

《利维坦》
〔英〕霍布斯 / 著

《动物志》
〔古希腊〕亚里士多德 / 著

《柳如是别传》
陈寅恪 / 著

《基因论》
〔美〕摩尔根 / 著

《笛卡尔几何》
〔法〕笛卡尔 / 著

中国古代物质文化丛书

《长物志》
〔明〕文震亨/撰
《园冶》
〔明〕计 成/撰
《香典》
〔明〕周嘉胄/撰
〔宋〕洪 刍 陈 敬/撰
《雪宧绣谱》
〔清〕沈 寿/口述
〔清〕张 謇/整理
《营造法式》
〔宋〕李 诫/撰

《海错图》
〔清〕聂 璜/著
《天工开物》
〔明〕宋应星/著
《工程做法则例》
〔清〕清朝工部/颁布
《髹饰录》
〔明〕黄 成/著 杨 明/注
《鲁班经》
〔明〕午 荣/编

"锦瑟"书系

《浮生六记》
刘太亨/译注
《老残游记》
李海洲/注
《影梅庵忆语》
龚静染/译注
《生命是什么？》
何 滟/译
《对称》
曾 怡/译
《智慧树》
乌 蒙/译
《蒙田随笔》
霍文智/译
《叔本华随笔》
衣巫虞/译
《尼采随笔》
梵 君/译

中华文化经典著作

《周易》
金 永/译解
《黄帝内经》
倪泰一/编译
《山海经》
倪泰一/编译
《本草纲目》
倪泰一 李智谋/编译